近世建築指図の総合的研究〔第三巻〕

建築指図の修補技法に関する研究

―島原市本光寺蔵　深溝松平藩の指図を事例として―

中央公論美術出版

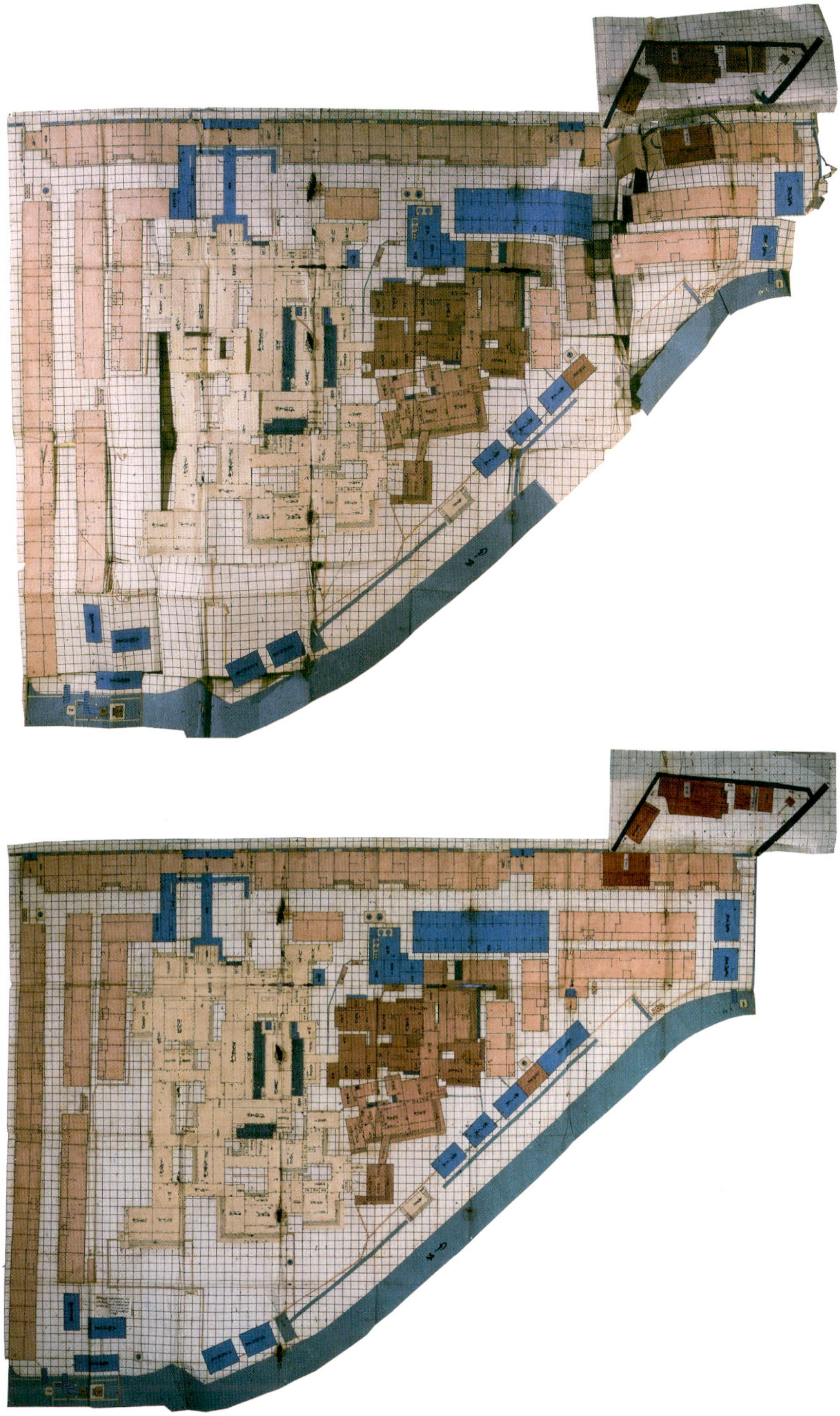

「数寄屋橋御上屋敷惣御絵図」（貼絵図、架蔵番号1159、上：修補前、下：修補後）

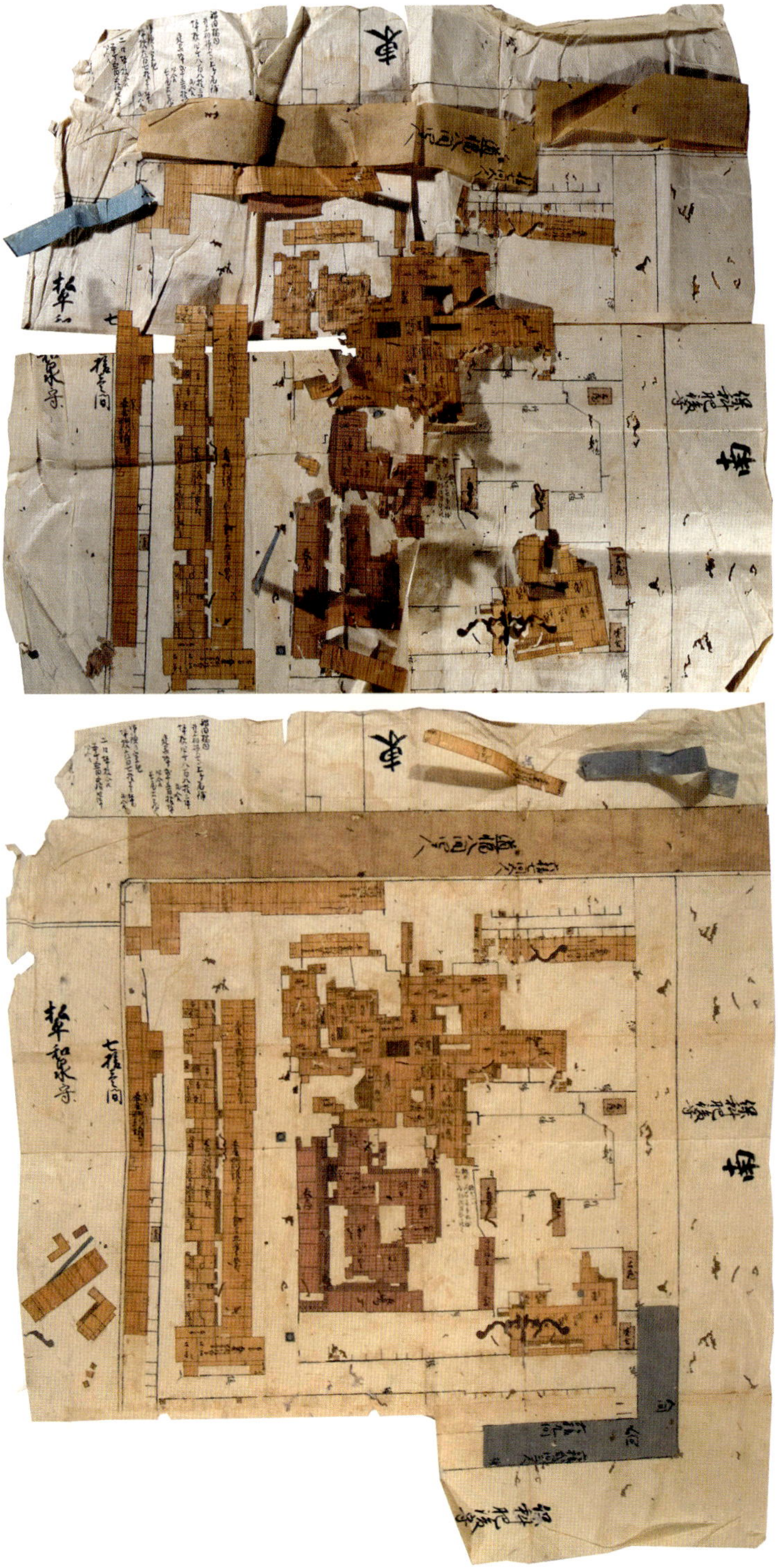

「〔江戸御屋敷指図断簡〕」（神田橋屋敷指図）（貼絵図、架蔵番号M1903、上：修補前、下：修補後）

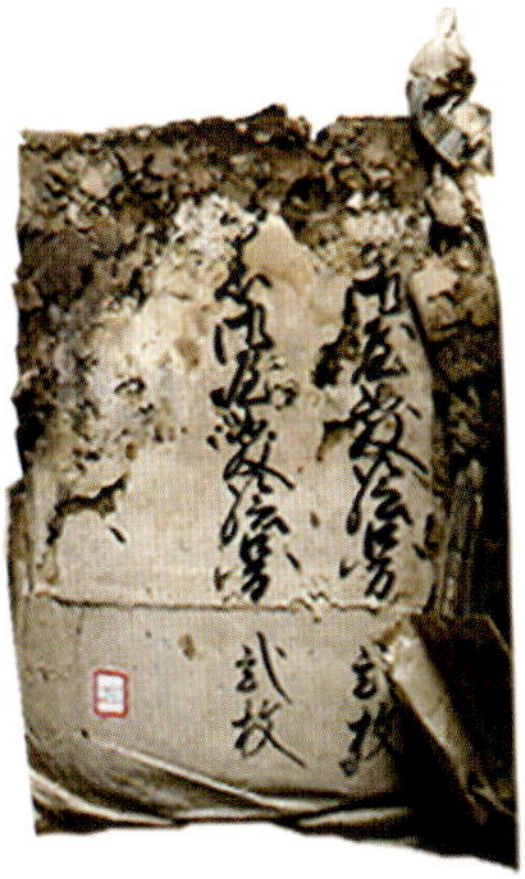

「[江戸御屋敷図]」（架蔵番号 M1902、修補前）

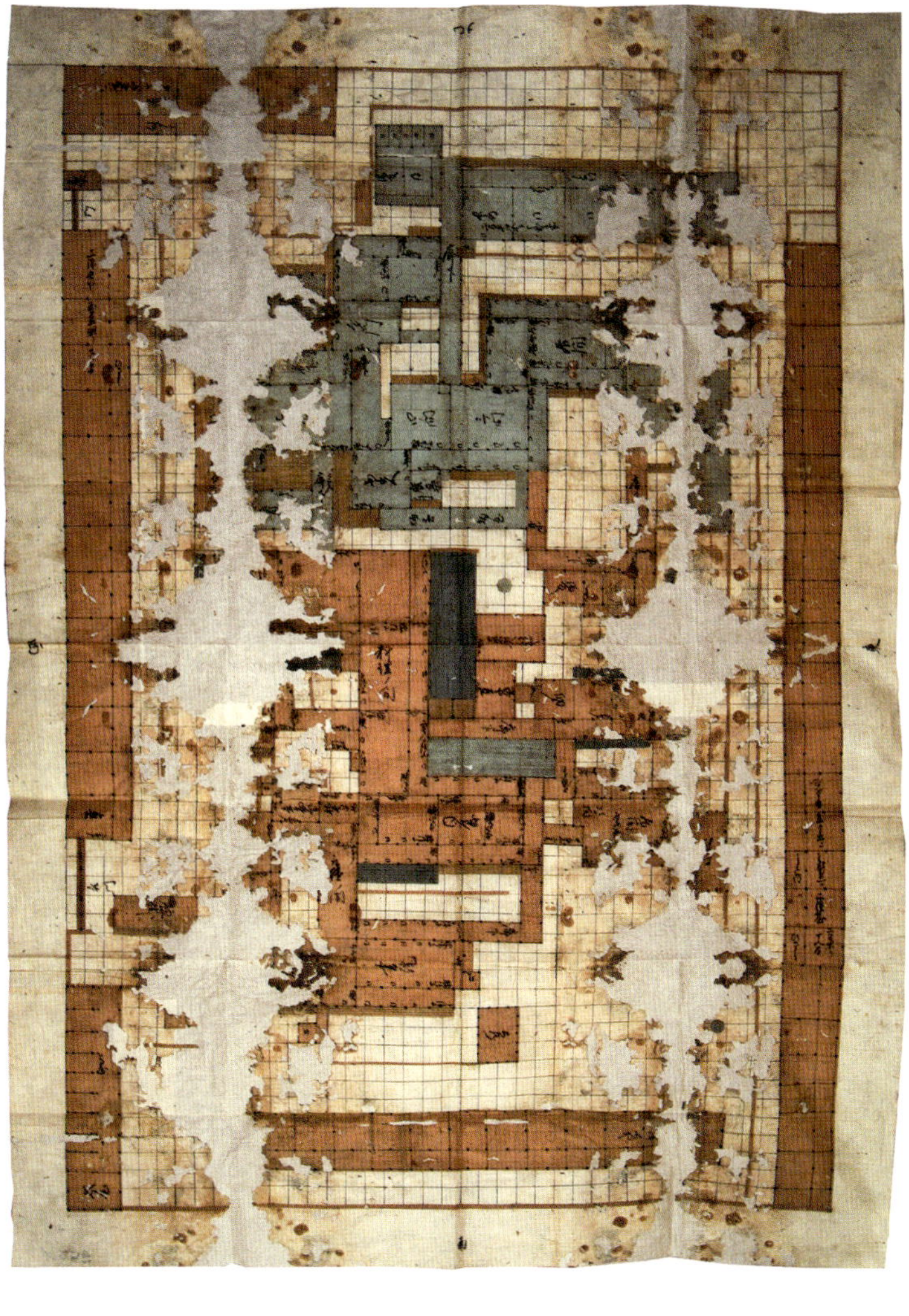

「〔江戸御屋敷図〕」（貼絵図、架蔵番号 M1902-1）
M1902中から修補によって見出された図（この図の修補については、本文201頁参照）。

「〔江戸御屋敷図〕」（貼絵図、架蔵番号 M1902-3）
M1902-1と共に、M1902中から修補によって見出された図（この図の修補については、本文207頁参照）。

近世建築指図の総合的研究〔第三巻〕

建築指図の修補技法に関する研究

―島原市本光寺蔵　深溝松平藩の指図を事例として―

執筆
伊東龍一
木村充伸
後藤久太郎
山口俊浩
吉野敏武

協力
櫛笥節男
斎藤英俊
松井みき子
吉田純一

（以上、五〇音順）

〔本書は独立行政法人日本学術振興会平成二二年度科学研究費補助金（研究成果公開促進費）の交付を受けた出版である〕

目次

附

凡　例

一　本書は『近世建築指図の総合的研究』（全三巻）の内の、第三巻「建築指図の修補技法に関する研究—島原市本光寺蔵　深溝松平藩の指図を事例として—」である。

二　本書に掲載された京大工頭中井家が作製を指示した指図に付けられた番号は、『中井家文書の研究　第一～一〇巻　内匠寮本図面篇一～一〇』（中央公論美術出版、一九七六年～八五年刊）で付した通し番号である。また、その他の機関等所蔵の指図に付けられた番号は、それぞれの機関の出納（整理）番号である。

　島原市の本光寺所蔵の指図に付けられた番号も同様で、これは『島原市本光寺所蔵古文書調査報告書』（島原市教育委員会、一九九四年）における整理番号である。また、本光寺所蔵の指図の名称も同報告書によっている。

三　本書では、指図の表裏について、図の描かれている面を「表」と呼び、その反対面を「裏」と呼ぶこととする。

四　史料の引用部分については、次のように記号を用いている。

・判読不明の文字は、一文字の場合は、□を用い、文字数が不明の場合には、［　　　］を用いて表現した。

・改行の位置は、基本的に原文通り示したが、／の記号を用いた部分がある。

・原文に註がある場合には、その部分を（　）で示した。

五　付属ＤＶＤについて。

　普通のＤＶＤプレイヤー（二〇〇〇円程度で市販）・レコーダー（各社から発売されているが高価）で視聴可能であるが、アスペクト比（画面の縦横比）を四：三（ノーマルと呼ばれることが多い。旧来のテレビの縦横比）でご覧下さい。ブルーレイレコーダーは試してないが、ＤＶＤプレイヤーの上位互換性を持っていると思われる。パーソナルコンピュータで視聴する場合は、ＯＳのヴァージョンによって異なる。WindowsXP 以下の場合プレイヤーソフトが必要になる場合がある。フリーのプレイヤーがVectorやForest 等に各種出されているが試していない。市販ソフトＤＶＤプレイヤーソフトは、パッチファイルが随時出されており、原則サポートが受けられる。最新版のWindows MediaPlayer で再生できる場合もあるが、機器の環境によっても異なる。パーソナルコンピュータや何かの付属機器類にバンドルされているものでも可能である。購入する場合、安価な物は二千円以下で、購入またはシェアー可能である。なお、購入する場合、特に高価なcprm 対応のソフトである必要はない。調査団は比較的安価なWinDVD

を使っている。最新ヴァージョンは2010である。価格はインターネット経由で購入すると、五〇〇〇円前後で入手可能（調査団は、バンドル版）。マッキントッシュのユーザーは、ご自分で調べて下さい。レンタルの映像ＤＶＤが再生できれば可能。ちなみに録画形式は、ＶＩＤＥＯ－ＴＳです。

なお、本ＤＶＤにはコピーガードは付けていない。本研究会は著作権者として出来るだけ多くの方に見ていただきたいので、改変しない限りコピーすることは許諾するが、ＤＶＤはあくまでも本文を補完するものであることを認識下さい。実務担当の方は、本文に一度目を通してからＤＶＤをご覧になると、理解が深まると勘案します。

第一章　序論

第一節　本研究に至る経緯と本研究の位置付け

宮内庁書陵部には、幕府京大工頭中井家の指揮下に作製された、優に三、〇〇〇点を超える御所関係建築図面が所蔵されている。図面の種類は、平面図としての「指図」が圧倒的に多いとはいうものの、立断面図（初期には地割、後に建地割・立地割と呼ばれた）[1]、大縮尺の一枚指図・小指図、棚展開図や炬燵矢倉等の詳細図、上棟などの儀式図や、築地や門の位置を描いた図、百棚図などの雛形類、河原に作られた大工小屋・材料小屋を描いた小縮尺の軸測投影図、火災の際の類焼部分を描いた図（平面が簡単に記されたものが多い）、門の位置を示した公家敷地図など様々であるが、多くが傷みを生じていた。

かつて、本研究のメンバーである後藤・斎藤が、宮内庁書陵部蔵中井家文書内匠寮本の整理作業を故藤岡通夫先生から引き継いだ平井聖先生のご指導のもとに、そのお手伝いをした際、建築指図の整理は、まず、その修補[2]から始めなければならなかった。

近世の建築平面図には、図面を描く用紙（以下、台紙）となる料紙に直接墨書された「書絵図《かきえず》」と、料紙の上に建物平面を別紙に描き、その外郭で切り取った平面料紙を貼り込んだ「貼絵図《はりえず》」、あるいは「張絵図」（以下、貼絵図）の二種類がある。[3]中でも貼絵図は、三〇～六〇cm程度の長方形の和紙[4]を貼り継いで作られている台紙や、台紙に貼り込んだ平面を描いた料紙が、糊の劣化のために剥離しており、これを固定しないと畳まれている図面を開くこと（以下開陳）をためらわれる程のものもあった。また、書絵図でも台紙料紙の糊継ぎが剥離しているものがあった。[5]

書陵部蔵の京大工頭中井家の建築指図は、元禄八年（一六九五）頃の中井役所成立の際に、第三代中井主水正正知《もんどのかみまさとも》によって、修補と整理が行われていたようであるが[6]、それから二〇〇年以上を経過し、再び修補が必要となったのである。

これらの建築指図の場合、宮内庁内匠寮《たくみりょう》が京大工頭中井家より引き継いだ明治以来、未公開で、書庫に仕舞われており、虫損はわずかに見られたものの、水損等の劣化・汚損はほとんどなく、多人数の手を使い、十分に注意を払いながら修補を行えば、ほぼ開陳できるものがほとんどであった。

しかし、一回開いてしまうと、貼り込まれた平面料紙が剥離してしまうため、糊差しを行わないと再び畳むことは困難なものも多く、平面料紙が完全に剥離して畳んだ指図の隅に固まってしまったものもあった。しかし、糊差しの作業を十分注意して根気よく続ければ、ほぼ元の状態に戻すことは可能であった(7)。後藤・斎藤は、この剥離して固まった平面料紙を、他の、同じ御所の破損の少ない指図を参照したり、糊跡、建築史的見地などから復原する作業を行ったが、その際、作図の際の基点や、一間間隔で引かれた格子罫の作図技法が、別途調査を行っていた山口県文書館所蔵の萩毛利藩関係指図等の大名家に残された指図調査の知見から時代や大工組織によってかなりの違いがあることに気がついた(8)。

宮内庁書陵部内匠寮本の図面類で修補整理が終わった御所関係指図類は、『中井家文書の研究　第一〜一〇巻　内匠寮本図面篇一〜一〇』として中央公論美術出版から昭和五一年（一九七六）から一〇年をかけて出版された(9)。その論考中には、そこで行った指図の修補の過程については取り上げなかったが、糊差し等の修補は、『中井家文書の研究　内匠寮本図面篇』の出版がほぼ終わるまで続けられた(10)。その修補技術については、図書課修補係の吉野敏武氏・櫛笥節男氏（当時）に御指導を頂き、作業自体は当時の平井研究室の大学院の院生であった後藤・斎藤をリーダー格として、後藤・斎藤の後輩の学生・大学院生を中心にして行なわれたのである。

吉野氏らも冊子本・巻子本の修補は常に行っているが、図面類の修補は初めてのことで、建築史側からの希望を述べ、それに合わせて工夫をし、試行錯誤の末、指図修補法は一応の完成を見た。

一方、先述のように併行して行っていた全国の公的機関所蔵指図調査の際、後藤・斎藤は、各地公的機関で保存されている諸大名屋敷等の指図類には、誤った修補のため、元の指図の詳細情報が失われていることが多いこと、作図時期がはっきりしない指図が多いこともわかってきた。

そこで、平成五年頃平井研究室で、日本近世建築を研究テーマとしていた同窓生間の談話中、改めて全国に残される建築指図の所在や、その作図技法・表現法、そして保存状態の調査することを企てたらどうかという話が出た。かつて東京工業大学の平井研究室で机を並べ、現在大学に所属する研究者四名で企画案を作り、大学院以来、指図の研究を続けてきていた後藤が研究代表者となり、科学研究費補助金を申請したところ、採択・交付を受けることができ（基盤研究（A）（1）研究課題番号 09305040 平成九～一二年度）公的機関所蔵の建築図面類について全国的調査を行った。

沖縄県[11]を除く全国の都道府県の図書館・資料館・教育委員会等の公的機関へのアンケート調査を行い[12]、研究者・研究協力者の複数人で構成される小チームごとに、複数図面類を所蔵していることが確認された機関等へ出向いて閲覧させていただいたところ、かつて後藤が訪れて閲覧できた図が現在では開陳不能のため閲覧不可となっている例が増えていることが明らかになった。

そこで、そのような機関に対して、プロジェクトチームを組み、その中に研究者の他、修補の専門家も含まれていることを伝えた上で、修補をしたいことを申し出たが、公的機関では主に行政上の理由から許可を得ることが出来ないことが多かった[13]。中には予算を組むから業者を紹介して欲しいという申し出もあったが、指図類を修補するには指図を扱うことになれた建築史研究者と指図修補の専門家が連携して行わなければならず、指図類を修補できる業者がないこと、当時それが出来るのは宮内庁書陵部図書課修補係と科研研究者の混成チームくらいであることを説明してお断り申し上げると共に、司書や学芸員が簡単にできる修補法が分かる指図修補マニュアルの必要性を痛感した。古図書類の綴じのやり直し方や、簡単な修補法については図書が出版され[14]、講習会が各地で開かれている。しかし、指図修補を専門とする修補家はなく、確実な知識をもって、修補を引き受けることの出来る文化財保存関連の業者もない。

公的機関とは異なり、寺社は比較的我々の修補に寛容であった。伊東のチームが調査に当たった、長崎県島原市の深溝《ふこうず》松平藩の菩提寺である本光寺には、日本でも有数の質と量を誇る建築指図が所蔵され、修補マニュアル作製には好例の図面類が多く所蔵されていることがわかった[15]。島原本光寺所蔵史料については、島原市教育委員会の調査報告も刊行されていて、それには林一馬氏による現状報告が載せられていた[16]。そこで当時のご住職であった故片山秀賢和尚に修補をさせていただきたい由申し出たところ、修補してもかまわないという承諾を得た。しかし、後藤を研究代表者とする、このときの科学研究費の研究計画には建築指図の大規模修補を行うことは申請時の研究目的に入れておらず、研究計画の変更を日本学術振興会に申し出て経費使用変更する余裕もなく、本格的な修補実施は不可能であった(17)。

そこで、同じメンバーで翌年、伊東を研究代表者とする科学研究費を、本光寺所蔵指図の、修補の方法や技術の開発についての研究として科学研究費を申請した。その結果、申請が受理され（「島原市本光寺所蔵建築指図の復原的研究　―古文書修補技法と書誌学的復原技法を用いた建築指図の復原研究―」基盤研究（B）（1）研究課題番号 13450253 二〇〇一～二〇〇三年度）、これを使って本光寺所蔵建築指図の修補を行うことになった。その由を、御住職に報告したところ、本堂の二室を除いた部屋全てを使って下さいというお申し出を受け、ようやく修補を開始することが出来るようになった(18)。

修補は補助金の交付期間三年のうちにすべてを終わらせることはできなかったが、重要と思われる図面類についてはほぼ終了することができた(19)。

その後、修補済みの指図を使って、熊本大学伊東研究室の木村充伸が「深溝松平藩の屋敷地の変遷と屋敷指図―深溝松平藩建築指図の復原的検討に基づく作図・表現技法に関する研究（1）―」と題して、日本建築学会計画系論文集に論考を発表している(20)。

一方、修補法の公開については、既に、複雑な修補作業の現場を撮ったＶＴＲや修補過程の写真、修補を完成した指図の写真等を元にＤＶＤを作製し、さらに、詳細な過程を本書により公開するに至った。

我々のこれまでの指図研究の成果は、全三巻の予定で出版計画が組まれている。本巻は、その最後の巻を成すものであるが、危機に瀕しているともいえる指図の修補・保存という最も緊急性の高い内容であることから、内容的には三巻目ではあるが、他の二巻に先がけてここに公開するものである。

最後になりましたが、指図修補の機会を与えていただいた本光寺御住職の片山弘賢和尚に感謝の言葉を申し上げます。また、科学研究費補助金を拠出して頂いた独立行政法人日本学術振興会にもお礼を申し述べる。

〔註〕

1 幕府大工頭でも系統によっても呼称は異なっていたようで、五畿内担当の中井家の御所関係図書では、「地割」「建（立）地割」と二種の呼称を用いているが、江戸在住の大工頭鈴木家作製の図には今のところ「地割」と記されているものしか見い出されていない（出雲大社・日御碕神社蔵）。「地割」の呼称が立断面図を指すことは、後述のように、中世から見られる。しかし、近世に入ると、立断面図は次第に「建地割・立地割」と呼ばれるようになり、「地割」は、敷地境界図を指すようになるが、その変換期は江戸中期頃であることは明らかであるものの、現況において断言はできない。

2 古典籍や古文書・古記録は、いくら十分な保存庫に保存されていたとしても必ず糊の劣化や・綴じ糸の劣化によるほころび、虫損等による料紙の劣化が生じ、披見することが困難になってくる。宮内庁書陵部では、これらの破損した資料を披見できるように最低限の修理を行うことを「修補」と定義している。

3 詳細は、第二章第二節で述べる。

4 漉桁によって異なる。漉桁には地域性がある。

5 中には貼り込んだ平面を描いた紙がはみ出した糊や虫損の粘着物のために台紙の折りの対面に付着しているもの、あるいは完全に遊離して台紙内に固まっているものもあった。

6 平井聖編『中井家文書の研究　第一巻～第一〇巻　内匠寮本図面篇一～一〇』、中央公論美術出版　一九七六年～八五年　第一巻第一編第一章参照

7 註6第一巻第一篇参照

8 後藤久太郎「近世指図の作図技法と図面表現—諸藩江戸藩邸指図を中心に—」生活科学研究所研究報告　一九九一年　五〇頁～六九頁、宮城学院女子大学生活科学研究所

9 平井聖編『中井家文書の研究　内匠寮本図面篇』　第一巻参照、中央公論美術出版　一九七六年

10 註2と同じ。修補の定義については、本章第二節註2を参照

11 沖縄県は文化が異なり、戦災にあっているという点から調査対象からはずした。

12 アンケートの結果は第一巻に掲載予定
概要は、後藤久太郎・山口俊浩・斎藤英俊・吉田純一・伊東龍一「近世諸藩の建築指図の所在調査報告（概報）」生活環境科学研究所研究報告

第三三巻　宮城学院女子大学生活環境科学研究所　二〇〇一年三月参照

13　かつて島原市公民館では修補を許可された。

14　例えば、遠藤諦之輔『古文書修補六十年——和装本の修補と造本』汲古書院　一九八七年

15　保存状態があまり良くなかったため、単に糊差しで済むものから、虫損・水損が激しく、大がかりな修補を行わなければならないものまで、様々な段階の破損状態にある指図類が所蔵されていて、修補マニュアル作成には最適と考えた。

16　『島原市本光寺所蔵古文書調査報告書』長崎県島原市教育委員会　一九九四年の「資料解説（六）建造物・建築指図類」、および林一馬「島原市本光寺所蔵建築指図類について」日本建築学会九州支部研究報告　一九九四年

17　ただ、この研究課題にあった一枚だけ試験的に簡易的な修補を行い、ご住職に具体的作業内容をお見せした。

18　本堂は禅宗の塔頭様式を持ち、内陣と旦那の間の二室を除いた全てを使って良いとのことであった。大型の指図の修理、修補結果の撮影には、広い面積を必要とする。特に、修補の手を加えた指図類は、糊が乾くまで、最低一日は広げたままにしておく必要があるので、広い場所が必要となる。

19　木村充伸、伊東龍一、後藤久太郎、斎藤英俊、吉田純一、松井みき子、山口俊浩「深溝松平藩の屋敷地の変遷と屋敷指図—深溝松平藩建築指図の復原的検討に基づく作図・表現技法に関する研究（1）—」日本建築学会計画系論文集　No.629　二〇〇八年　一六〇一頁〜一六一〇頁。

20　DVDは、付属資料として本書末尾に添付

第二節　研究の背景と研究組織

本研究は、既述のごとく「近世建築指図の総合的研究」と題した一連の研究の一環である。

第一節で詳述したように、各地の個人所蔵・寺社所蔵の指図類はもちろん、図書館・資料館等の公的機関が所蔵するものにおいても、十分な修補は行われておらず、保存環境が劣悪なことも多く、その結果、糊の経年劣化が進み、いっそう破損は進行するばかりとなっている様子も明らかとなった。修補の専門家と建築史研究者が連携して修補に取り組めた恵まれたケースはなく、破損が進んで開陳困難となった指図類の多くは閲覧停止に至っても仕方がないともいえる。また、おそらく指図の修補を行った経験のない、経師関係者によって誤った修補が行われ、その結果、本来指図類の持つ情報が失われてしまったものも多い。ひどいものでは化学糊を使用したため、現在の科学技術ではまったく修理不可能となり、すでに破壊が始まっているものさえ披見した。

これらの状況は、指図が和紙で出来ており、それらが糊で貼り継がれているという作製方法である以上、このままに放置しておけば今後も破損[1]の進行が加速されてゆくことを示している。一方、多くの場合、糊差し程度の簡単な修補を行えば、多くの指図は、大きな破損につながる事態を避けることができる。学芸員や司書など日常指図類の出納を行う方々が、本書によって簡単な修補法を学べば、修補を施すだけで良いのである。

本巻は、そのような背景の下に、指図の基本的な作図方法や表現方法を理解した上で、それらを正しく保存するための指図特有の修補法マニュアルとして作製した。

とくに気を遣ったのは、修補や保存のための予算が組みにくい場合においても、多額の費用や特別な施設がなくても行える方法である。しかも技術的に高度で複雑な手順や、長時間を有するような方法ではなく、まずは、安全で失敗のない、素人でも実施でき、誤った場合も仕直しできる修補法[2]、すなわち、素人（とはいえ、常日頃指図の出納に携わっている方）でもできる簡便な方法のマニュアル作製である。もちろん、修補専門家や建築史研究者のグループで対応しなければ手に負えないような状態に破損が進んだ指図もある。それがどのような状態かは、付属ＤＶＤで具体例をもって示した。

本書の内容の基になった研究は、伊東龍一を代表とする科学研究費補助金を受けた研究である[3]。しかし、研究の源をたどってゆくと、後藤久太郎・斎藤英俊らの参加した京大工頭中井家の指図修補に至ることになる。また、直接的には後藤久太郎が研究代表者として科学研究費補助金を受けた「近世指図の作図技法・描法の展開に関する研究[4]」から派生した研究でもある。したがって、本研究および本書における総指揮も後藤久太郎がとって、本書の筆頭編者となり、科学研究費研究費補助金（研究成果公開促進費）の申請も後藤が行った。ただ、本光寺とのリエゾンは伊東が行ったこともあり、本書においては共同編者を務めることとした。

斎藤は、中井家文書の整理・修補以来、自らの研究活動の傍ら後藤の研究を支え、吉田純一は、一〇年にわたる宮内庁書陵部蔵の中井家文書の整理・修補作業の後半を支え、中井家文書を用いた大工研究や北陸を中心とする地域での指図研究を進めてきていた。

指図の修補や保存のための道具・材料の準備は研究協力者の吉野敏武が中心となって行い、修補を行うにあたっての指導者として、技術的な面で常にリードした。実際の修補作業は熊本大学の伊東研究室所属の木村充伸を中心とする大学院生を中心とする実務作業メンバーも加わり、吉野の指導の下、全員でこれに当たった。なおその際、修補作業の経験のない伊東を除き、宮内庁書陵部蔵京大工頭中井家御所指図修補に携わった建築史研究者は、報告書論文や本書執筆のために、修補作業には出来るだけ手を出さないようにし、写真・ＶＴＲ・撮影など記録係を主担当とした。

松井みき子は、後藤の研究室の出身で、博士号も後藤の指導のもとでおこなった（博士（工学）（日本工業大学））。松井は、宮内庁書陵部所蔵の中井家の指図類はもちろん、関連諸史料にも通じており、後藤の指図研究を支えてきた経緯から参加してもらった。文化財保存学を専攻する山口俊浩は、東京芸術大学の斎藤英俊研究室の出身で、建築史と保存の両方に明るく、それぞれの分野で研究に寄与すると共に両者の繋ぎ役としても貢献した。

作業は、修補の専門家で和紙研究者でもある研究協力者の吉野同席のもと、研究協力者が複数人参加した他、人間や機器類運搬や修補作業は木村充伸をリーダー格とした伊東研究室所属の大学院生が担当した。

また、大掛かりな修補で、修補専門家が吉野一人では対応できない場面もあった。その際の修補に研究協力者として参加して頂いたのが、吉野と同じ宮内庁書陵部図書課修補係に勤務した経験を持つ櫛笥節男であった。指図の「修補」を掲げる研究がなんとか体を成しているとすれば、それは修補に関する一流の技術と深い学識を有し、阿吽の呼吸で共同して手を動かされる二人を迎えられたことがその第一の要因である。

以下に、研究組織構成員の作業時点での所属と現職を列記する。

後藤久太郎：宮城学院女子大学・学芸学部・教授（研究分担者）
伊東　龍一：熊本大学・工学部・助教授（現在は大学院自然科学研究科教授）（研究代表者）
斎藤　英俊：東京芸術大学教授を経て、東京文化財研究所センター長・筑波大学教授（現在は京都女子大学教授）（研究分担者）
吉田　純一：福井工業大学・工学部・教授（科学研究費交付時は助教授）（研究分担者）
吉野　敏武：宮内庁書陵部・図書課修補係・係長～師長（現在東北芸術工科大学非常勤講師）（研究協力者）
櫛笥　節男：宮内庁書陵部・図書課修補係をへて出納係（現在は和洋女子大学・東洋美術学校非常勤講師）（研究協力者）
松井みき子：宮城学院女子大学・学芸学部・副手（研究協力者）
山口　俊浩：東京芸術大学大学美術館美術情報研究室・学芸助手（現在は、文化庁文化財部美術学芸課　美術館・歴史博物館室　審査係・文部科学事務官）（研究協力者）
木村　充伸：熊本大学大学院博士前・後期課程、（現在は、熊本県教育庁施設課技師）

〔註〕

1　現在の科学技術で修補出来ないものは除く以外に方法はない。

2　宮内庁書陵部では、これらの破損した資料を披見できるように最低限の修理を行うことを「修補」と定義している。具体的には次の通りである。

一、指図の持つ情報は必ず残す。

　例：篦眼のある図は裏打ちを行わない。

二、必要最小限の修補とする。

　過剰な修補をすることで、史料の貴重な情報が失われ原装破壊になるため、史料に対して修補は必要最小限の修補が重要である。

三、元装幀を崩さぬ修補とする。

　古文書・古書籍のほか、畳み物の指図においても内容だけが表現されているのではなく、書写や作図などが当時の形態と料紙の材料が重要な情報源になるためである。

四、可逆性のある修補とする。

　なんらかの事情で再修補が必要となる場合、史料を損傷させることなく剥離でき再修補が可能な糊材料を使用して、修補をすることで再修補可能となる。

五、材料及び作業方法をまず設定し記録を作製しておく。

　史料の汚染・損傷が起こらない材料の設定と、史料を損傷させない修補法、及び修補前と修補後の情報を記録しておく。

3　「島原市本光寺所蔵指図の復原的研究—古文書修補技法と書誌学的復原技法を用いた建築指図の復原研究」基盤研究（B）（1）研究課題番号13450253　二〇〇一～二〇〇三年度、研究者：後藤　久太郎・斎藤英俊・吉田純一・伊東龍一、研究協力者：吉野敏武・松井みき子・山口俊浩・櫛笥節男

4　科学研究費（基盤研究（A）（1）研究課題番号09305040　一九九七～二〇〇〇年度）

第三節　研究の目的と意義

既述のように、指図類には作製時期が記されているものもあるが、明確でないものが多いことから、建築史研究者は、描かれた内容の状況証拠から作製年代を推定することで時代を推定して利用することが多かった。この点は、日本建築史研究者の間で、論文審査などの際にしばしば問題視されていた。

そこで、作図時期の推定法の開発の必要性があると考え、それを明らかにすることを第一の目的として交付申請し採択されたのが「近世指図の作図技法と描法の展開に関する研究」（基盤研究（A）（1）課題番号 09305040 一九九七～二〇〇〇年度）である。

これは「作図技法と描法」の違いによって作図年代を推定しようとするもので、研究は初年度に数度にわたって検討・ディベートを重ねた結果をもって作製した四名の研究者共通のアンケート用紙をつくり、沖縄県をのぞく全県の美術館、博物館、歴史資料館、県・市・町の教育委員会を対象としてアンケート調査を実施し、その結果のデータベースを作製した[1]。その後、そのデータベースを使い、建築図面類の所蔵数の多い機関等を対象に、各研究者毎に、和紙の知識を持った研究協力者と学生・院生を加えた六名程度で構成されるチームを作り、研究者の所属する大学にできる限り近隣の県や地域を分担して、一九九八～一九九九年の三年間をかけてアンケート用紙と同様の検討を加えて作った共通の調査シートを使って調査を実施した。これもデータベース化して、各研究者で共有して分析を行った。

その際、後藤は、すでに三〇年以上にわたり各地公的機関や寺社・個人事務所等に所蔵・寄託されている指図類を閲覧して大名家関係の藩邸の意匠について研究を続けてきていたが、第一節で述べたごとく、かつて閲覧可能であったものが破損のため閲覧停止になっている指図が多数あることに気がついた。また、三〇年余の間に誤った「修補」[2]が行われ、そのため元の指図の詳細情報が失われている例も多数見た。

また、現地調査の際の、図書館司書・博物館学芸員や教育委員会など地元の人々の情報から寺社や旧大名家の個人事務所や大工を祖先に持つ個人など、公的機関以外にも近世期の建築図面がたくさん残っていることもわかってきた。

そこで科研研究期間の終了年度に、同一メンバーで「近世指図の作図技法・描法の展開に関する研究」の「Ⅱ」として「社寺及び個人蔵の江戸時代諸藩関係指図の研究」の副題をつけて継続的研究を申請したところ、これも採択された（基盤研究（A）（2）課題番号 1330542 二〇〇一～二〇〇四年度）。その結果これによって指図情報のデータベースはより精度の高いものとなった。

第一節でも若干述べたが、建築指図調査の過程で、深溝松平藩の指図を所蔵される長崎県島原市本光寺の建築指図類は、台紙の上に建物平面を描く色紙を貼った貼絵図の残存数が多い点で、山口県立文書館毛利家文庫（萩・毛利家）や熊本大学へ寄託されている「永青文庫（熊本・細川家）」・岡山大学付属図書館所蔵の「備前・池田家関係」の建築指図類にも匹敵する量と質を誇ることを知った。しかも熊本大学寄託永青文庫・山口県文書館の萩毛利家文書・岡山大学付属図書館の池田家関係の指図類は、定温定湿の書庫にしまわれていて指図の傷みは少ない[3]。しかし、本光寺に残る指図類は第四章で述べるように保管室の環境が劣悪で、貼絵図の大半は、糊の劣化が進み、すべての指図の台紙や建物平面を描く色紙に剥がれが生じていた。台紙に直接建物平面を描く書絵図でも台紙に糊剥がれは生じており、さらに、水損・虫損による傷みも激しく、触れるだけで破損するような状態の閲覧不能なものが多くあった。

第一節で述べたように、修補の必要性を我々が申し上げたところ、幸い、本光寺の御住職が積極的にこの主旨に賛同されて、本堂を修補場所として提供する由のお申し出があった。そこで伊東を代表者として科学研究費補助金を得て三年にわたる、試行錯誤の作業研究がスタートした。

指図の修補において必要とされるのは、古文書修補技法と、建築史の知見を踏まえた書誌学的復原技法の二つの技法である。前者については、これまでは主に文字だけで書かれた指図以外の古文書に対しての手法として、裏打ちや虫損直し・造本の技法が開発され、それ適した糊や紙・刷毛・筆・ピンセット・はさみ・千枚通し・作業台等の道具立てと、その使用法が確立されているが、建築指図類に対しての修補手法・技法は、法量が大きいだけに、まだ開発の余地を残している。

後者は、建築指図類についての書誌学的研究成果に基づいた復原ということになる。指図の書誌学的な成果については後藤が中心となって執筆した平井聖編『中井家文書の研究　内匠寮本図面篇』第二～九巻所収の第三編・指図の表現法や描法の研究と、指図の作成過程の研究(4)、後藤・斎藤・吉田・伊東が科学研究費補助金の交付を受けて一九九七～二〇〇〇年度に実施した「近世指図の作図技法と描法の展開に関する研究」・「近世指図の作図技法と描法の展開に関する研究　Ⅱ」の報告書が主なものである。すなわち本研究の共同研究者による成果がそのほとんどすべてといって過言ではない。

主な特徴は、近世指図には、台紙に平面を描いた色紙を貼る貼絵図と台紙に直接平面を描く書絵図の別があること、台紙に様々な手法で格子罫を描くこと、すなわち、格子の幅にも数種あり、篦引きしたものと墨引き（黒墨・朱墨）したものがあること、建物平面を描く色紙の色分けや建具や柱の表現方法、図中の書込みの種類などやそれらの変遷等の知見が得られている。

修補マニュアルとしての本書を執筆するには、このような成果を踏まえた復元手法のより具体的な開発が必要なわけで、例えば、台紙に篦引きされた格子罫がある場合は、それが消えてしまう裏打ちは絶対しない、といった事柄もその一つの例になろう。なお、本書を第三巻とする「近世指図の総合的研究」が主目的としたのも修補の過程から読み取れる作図時期の推定法を見いだすことで、指図修補法の開発は副産物ともいえることを付記しておく。

〔註〕

1　データベースは本研究の第一巻に掲載予定である。なお、急ぎその内容をお知りになりたい方は、科研の報告書「近世指図の作図技法・描法の展開に関する研究」の付属資料編に記載してあるので、国会図書館関西館で公開されている同書をご利用いただきたい。
また、一部は、生活研研究報告、沖縄県については第二節註11参照。

2　修補という用語の定義は第一節註2に記した。
その意味では「修補」というのはためらわれる。

3　貼絵図の張り込まれた建物の糊は劣化が進んでおり、早晩修補の必要はある。

4　特に『中井家文書の研究』第四巻所収の「第三篇　延宝度の指図についてⅡ　延宝度（宝永）慶仁親王御所の造営経過と作図時期」、後藤「近世指図の作図技法と図面表現――諸般江戸藩邸指図を中心に――」生活科学研究所研究報　第二三巻　宮城学院女子大学生活科学研究所　一九九一年

第二章　近世建築指図の概要と技法

第一節　近世建築指図概論

近世の建築図面の作図技法や表現法については本研究の第一巻、第二巻で記す予定であるが、本節では、本書を読むにあたって最低限必要な、近世建築指図が登場するまでの建築指図の歴史やその種類、作図技法・表現法について概観しておきたい。

本研究では、建築指図関係の用語を、『中井家文書の研究　第一～一〇巻　内匠寮本図面篇　一～一〇』(1)の第一巻に所収された「第二編 宮内庁書陵部蔵「内匠寮本」について 第二章 三 作事関係文書（図面類）」に記された図面類についての平井聖の分類(2)にならって、次のように分類定義する。

「図面類」は、「建築指図」と「その他」（儀式図・地図・その他）からなる。この「建築指図」に「大工関係」と「その他の職種関係」があり、「大工関係」の中に「指図（平面図）・建（立）地割類（立断面図）・築地関係図・大工小屋配置図・その他」という構成である。すなわち、狭義の「指図」は平面図を意味するが、「建築指図」といった場合には、現在の立面図や断面図に相当する建地割類なども含むものとする。

一　指図の歴史と近世指図

建築を造営するに当たって、図を描いて計画・施工することは、現在では一般の人にも常識になっているが、今の建築関係者が作製する図面の作図法・描法は、明治に入って西洋から招いたJ・コンドルをはじめとする外国人教師や技術者達が伝えた描法・

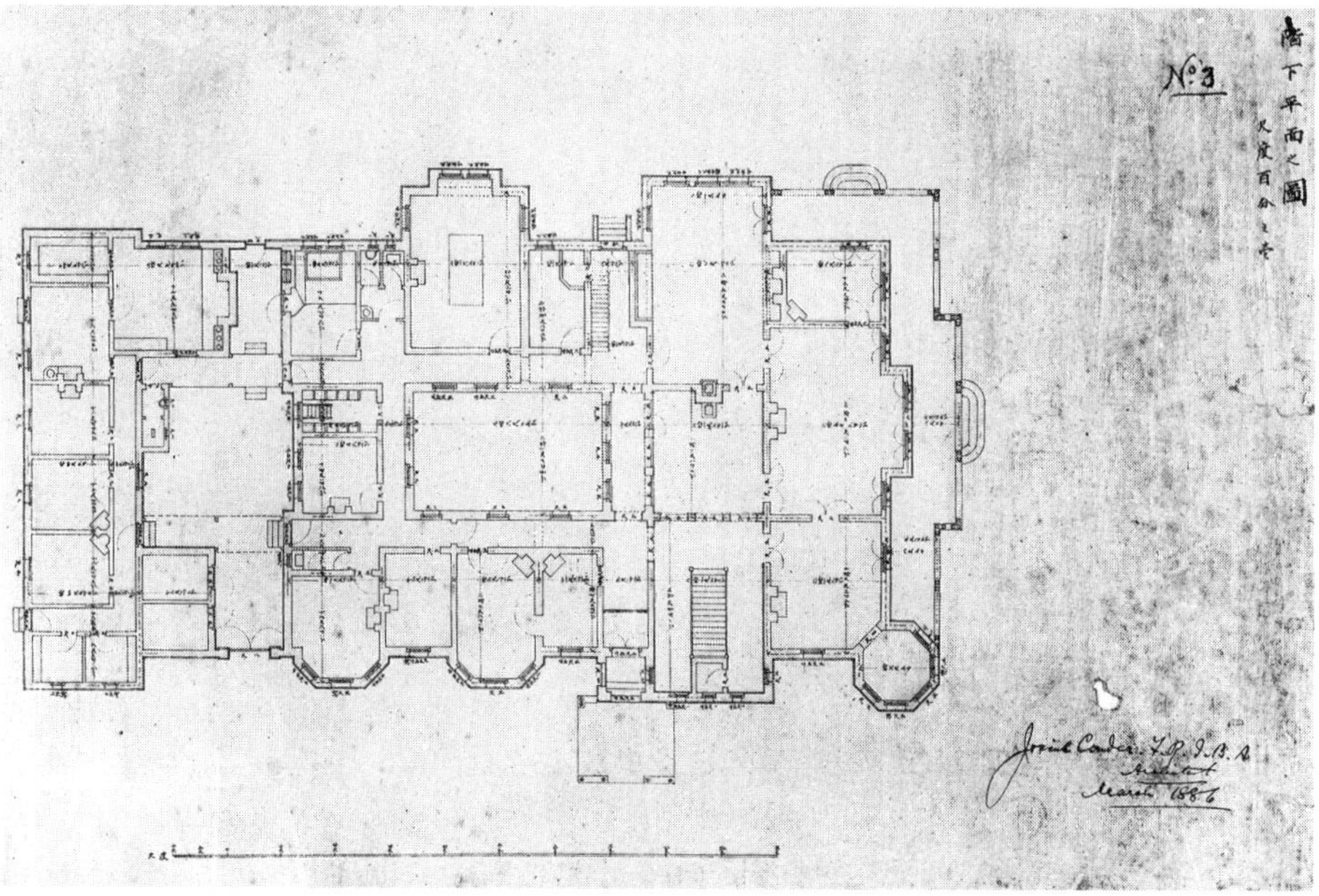

第Ⅰ巻　8－1　岩崎家得深川別邸　一階平面図

第Ⅰ巻　8－19　同付属屋立面図

図2－1－1　J・コンドルの図

規格が基準となっている[3]（図2―1―1、ISO・JIS規格）。

一方、江戸時代までの日本には独自の詳細な図面の描き方があった。ちょうど和算が西洋の数学とは独立して代数などを発達させていたのと同様である。日本の在来の建築図面は、「指図」または「差図」・「絵図」と総称されていたようで、現在の西洋風建築図面類とは大きく異なる作図法・描法を採っていた[4]。

図面を作製する材料は、ヨーロッパでは、石版・羊皮紙からパルプ紙に変わって行ったが、日本では麻布から桑科の樹木「楮」、沈丁花科の「雁皮」の皮の繊維を使った、いわゆる「和紙（楮紙・雁皮紙）」に変わって行った。これは、古代中期以降のことと考えられる。さらに中世末頃から沈丁花科の「三椏」も用いるようになるが、楮に混ぜて漉いて「楮紙」として扱われることも多い。また、雁皮と三椏を混ぜて漉いたものもある[5]。

古代中期以降になると、公家の日記に、明らかに建築図面を指すと見られる「指図」や「差図」（以後、指図と総称）」の用語が多く見られるようになり、技術者ではない上層の人々が図面を読めるようになっていることが判明する[6]。すなわち、「指図」が建築の造営に関わる専門家・技術者だけの特殊な建築用語ではなくなっていたことが分かる。しかし、古代の建築図面で確認できる残存例は、今のところ、正倉院蔵の麻布に書かれた東大寺「講堂院図（仮称・配置図）[7]」のみである。この図については、明治以来未公開で、披見できず作図法の詳細も明らかでない。ただ、施主としての公家や寺社家の人々が見た図面＝指図は平面図（X―Y軸図）であったようで、日記には、当時の立面図・断面図（現代で言えば、軸測投影を含む）を示す「地割・後に建（立）地割（以下、建地割）」の語はまったく見られず、立面に関しては「（本）様《ためし》」と呼ばれた模型を使って検討したようである。

中世に入ると指図の実物が複数現存するようになるが、その数はそれほど多くはない[8]。その古い例の一つとして建物の立断面を描いた「元亀四年　円覚寺仏殿地割之図」（図2―1―2）を見ると、図の裏書きに「地割」とある[9]。この図には「差図」の裏書きを持つ平面図が付属し、この二葉で一組であったと思われる[10]。中世に入ると、他に、立断面図と平面図を併記した図、平面だけの図、立断面面だけの図も残されている。

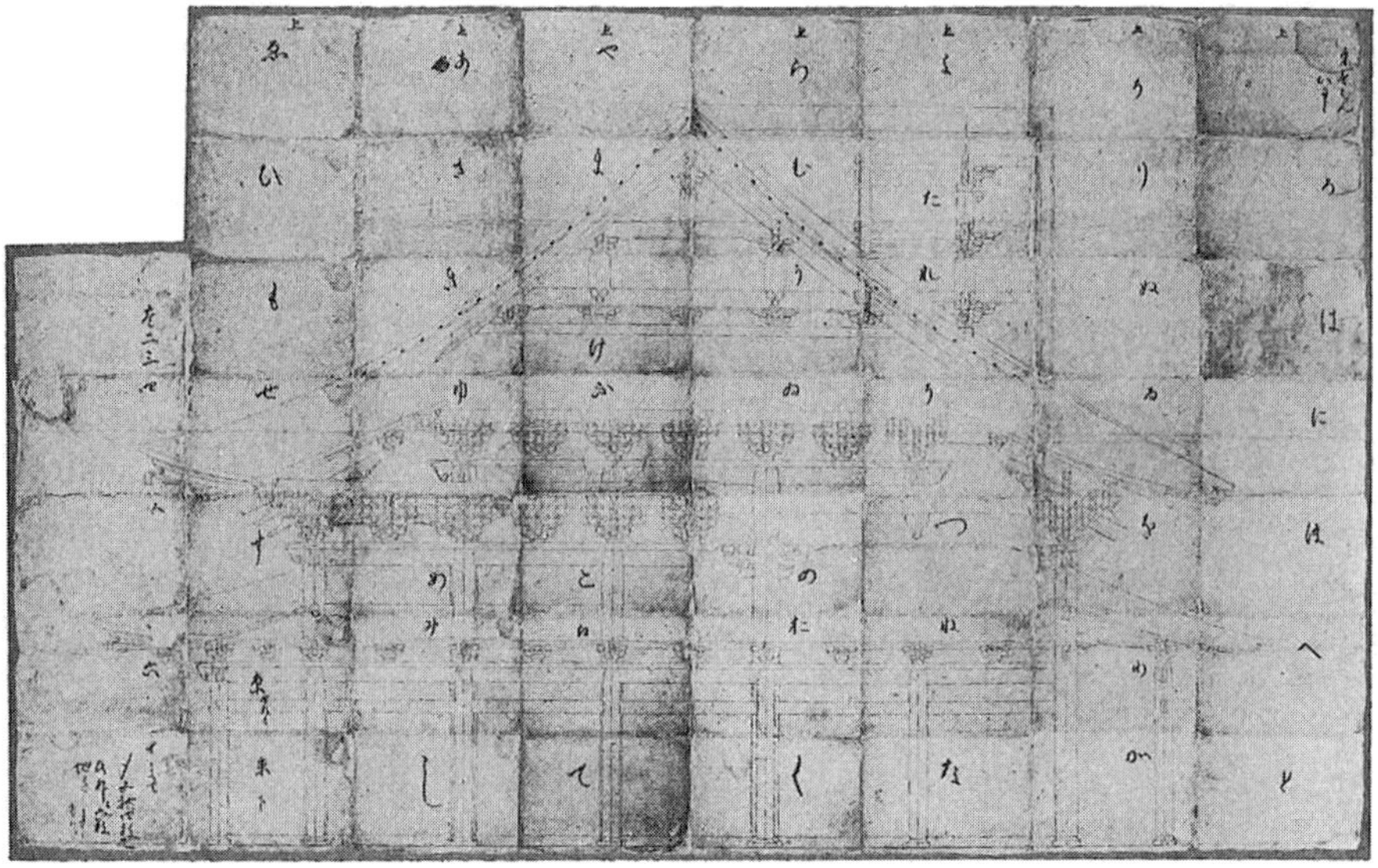

図２－１－２ａ「円覚寺仏殿地割之図」

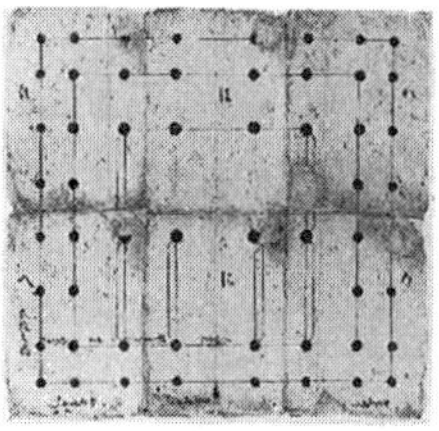

図２－１－２ｂ「円覚寺仏殿平面図」
（高階家旧蔵。現在は鎌倉国宝館へ寄贈）

筆者らは本図を写真でしか披見しておらず、作図法の詳細は分からない。ただ、料紙一枚ごとに「イ・ロ・ハ・ニ・・・・・」と右上から、順番を振ってある。写真で見る限り台紙料紙は完全ではなく、周囲がやや欠損しているようにも見えるが、全ての台紙料紙の四周が同じように欠損しているのはやや不自然である。

もしはじめから、イロハニの番号が振ってあったとすれば、本図の台紙料紙は当初より糊代がなく、独立していた可能性を考えざるを得ない。本図を使用する際は、大きな作業台の上に番号に従って並べて利用した可能性を考えたくなる。あるいは、作業台にははがしやすい柿渋を塗って、糊で仮止めして使用したのではないか。写真で見る限り各台紙料紙に折れ損の跡がほとんど見られないこともこの推定を補完する。台紙料紙の材質は不明であるが、もし湿気による伸び変化の少ない雁皮紙であったとすれば、糊継ぎは極めて高度な技術を必要とする（日御碕神社蔵の建地割では、細い料紙を繋ぎ役として挟んでから台紙料紙を貼り繋いでいる）。

以上本図はごく初期の大型図面の好例である。正倉院の「東大寺講堂院配置図」が糊継ぎが不要な麻布を用いているのは、このような理由があった可能性を暗示するのである。

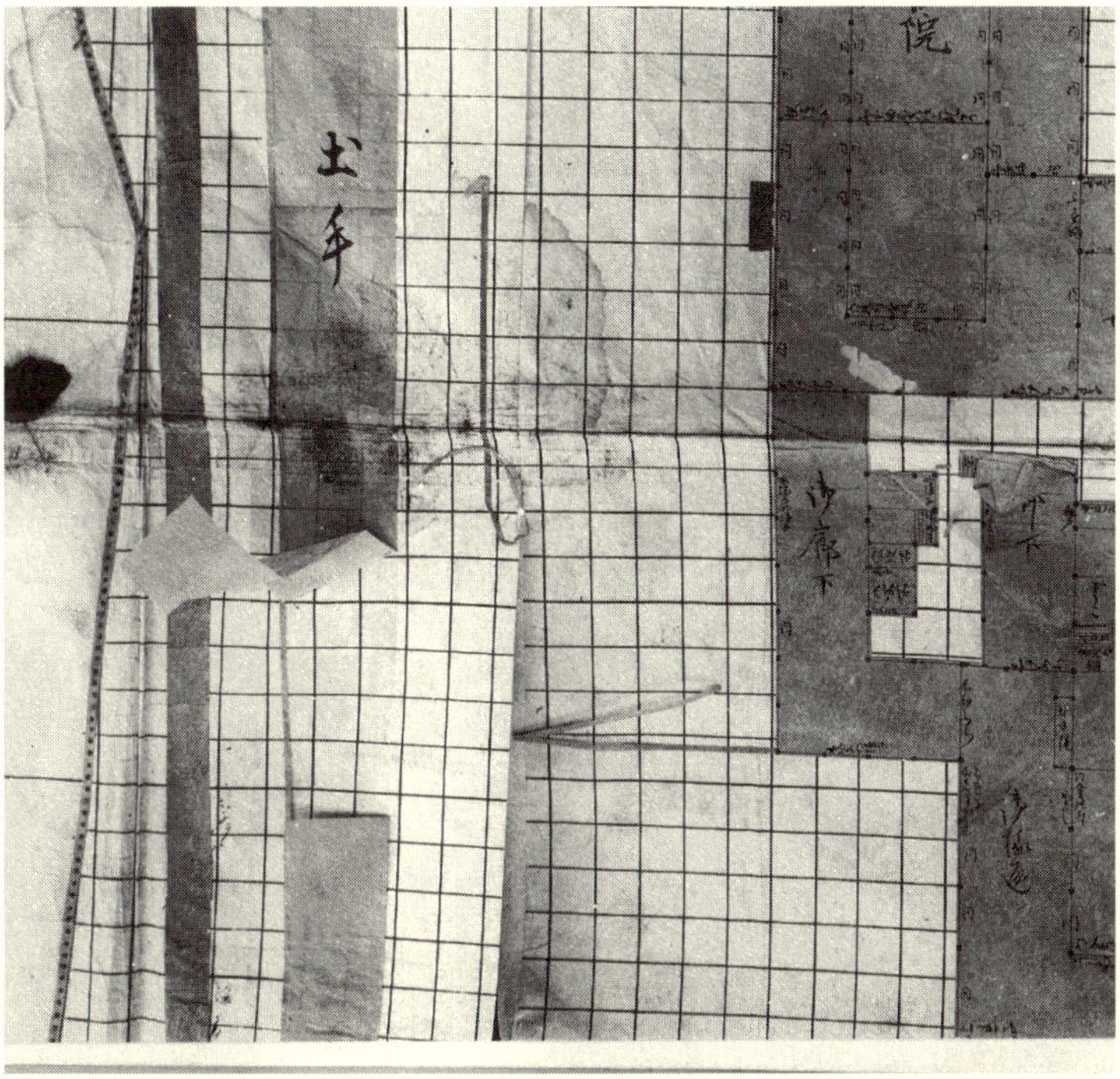

貼絵図－貼り込んだ平面料紙が剥がれていることに注意

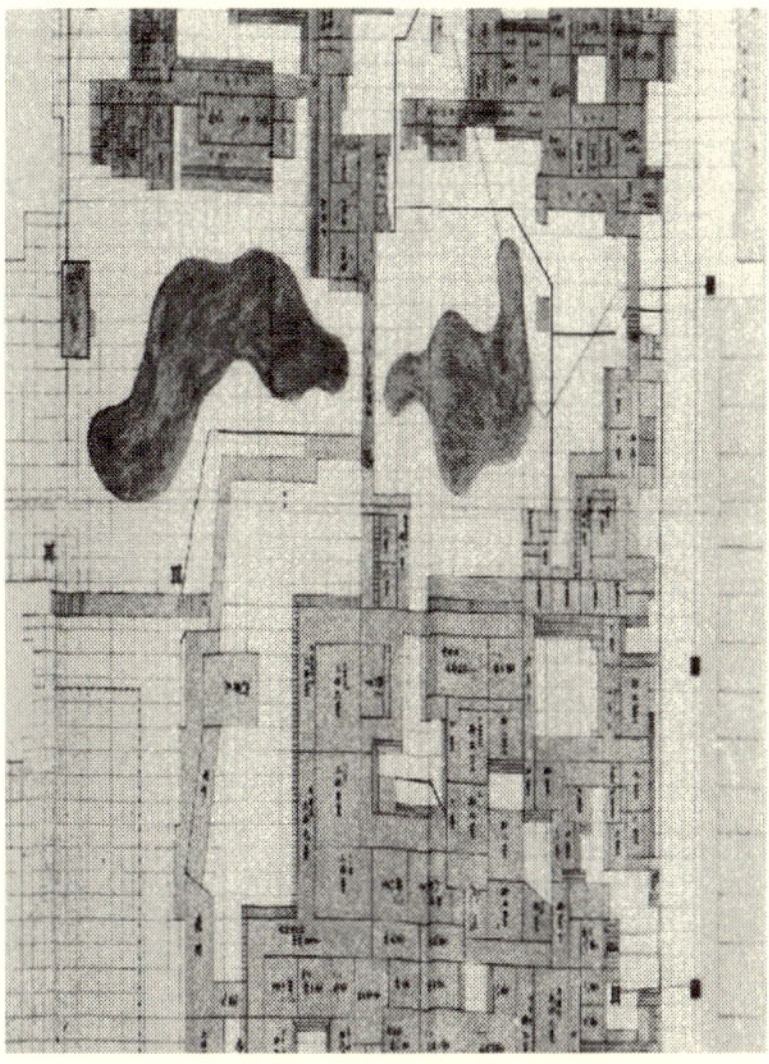

書絵図－色むらがあることに注意

図２－１－３　貼絵図と書絵図

近世に入ると残存例は飛躍的に多くなるが、元和期までの「指図」の数はそれほど多くはない(11)。寛永期に入ると残存数も増え、建物平面図を示す「指図・差図（以下指図）」の他、建物平面と庭の景色を描いた「庭絵図」も現れる(12)。

残された中世や近世の「指図」の多くは、図面を描く紙として、一定の規格（産地、漉き簾によって大きさは異なる）の楮紙・雁皮紙を(13)、糊で貼り継いで作った大きな図面用紙（以下、台紙）に描かれている（付属DVD参照）。図面の描き方は西洋と同様に、直接台紙に墨で平面を描いたもの（以下、書絵図）もあるものの、料紙の上に建物平面を描いて外郭で切り取った建物平面を配置に従って台紙に貼り込んだ「貼（張）絵図（以下、貼絵図）」が多い(14)。

台紙に貼り込む平面を描いた料紙も、当初は台紙と同じ白紙が用いられていたが、一七世紀初頭には、色付けした料紙が多くなる(15)。

また、単に建築平面のみを描いた図面の他、建物平面図とともに、庭の景色を描いた「絵図」もある(16)。しかし、「庭絵図」のようなものだけが「絵図」と呼ばれるだけでなく、平面を描いた図も「絵図」と書かれる場合があり、現在のところ「指図」と「絵図」の用語の区別はなお明確ではない。

また、一枚の料紙に、一・二棟の建物を大縮尺で描く「一枚指図」、二枚程度の貼り継いだ料紙に一・二棟の建物平面を必ずしも配置にとらわれずに大縮尺で描く「小指図」と呼ばれる図も数多く残されるようになる。

地割・建（立）地割（以下、建地割）と呼ばれる立面図・立断面図も残されているが、数は指図・絵図に比べ圧倒的に少ない。

江戸幕府京大工頭中井家の指揮下に作製された御所関係指図は、優に三、〇〇〇点を超す。これを見ると、圧倒的に平面図としての「指図」の残存例が多く、立断面図の残存例はごく僅かである(17)。

これら以外の御所関係指図には、棚展開図や炬燵矢倉図等の詳細図も存在するが、数は多くはない(18)。この他、上棟などの儀式図や、築地や門の位置を描いた図、百棚図などの雛形類、河原に作られた大工小屋・材料小屋を描表いた小縮尺の平面図材料小屋を描いた小縮尺の平面図・軸測投影図、火災の際の類焼部分を描いた図（建物平面を簡単に記したものが多い）、門の位置を示した公家

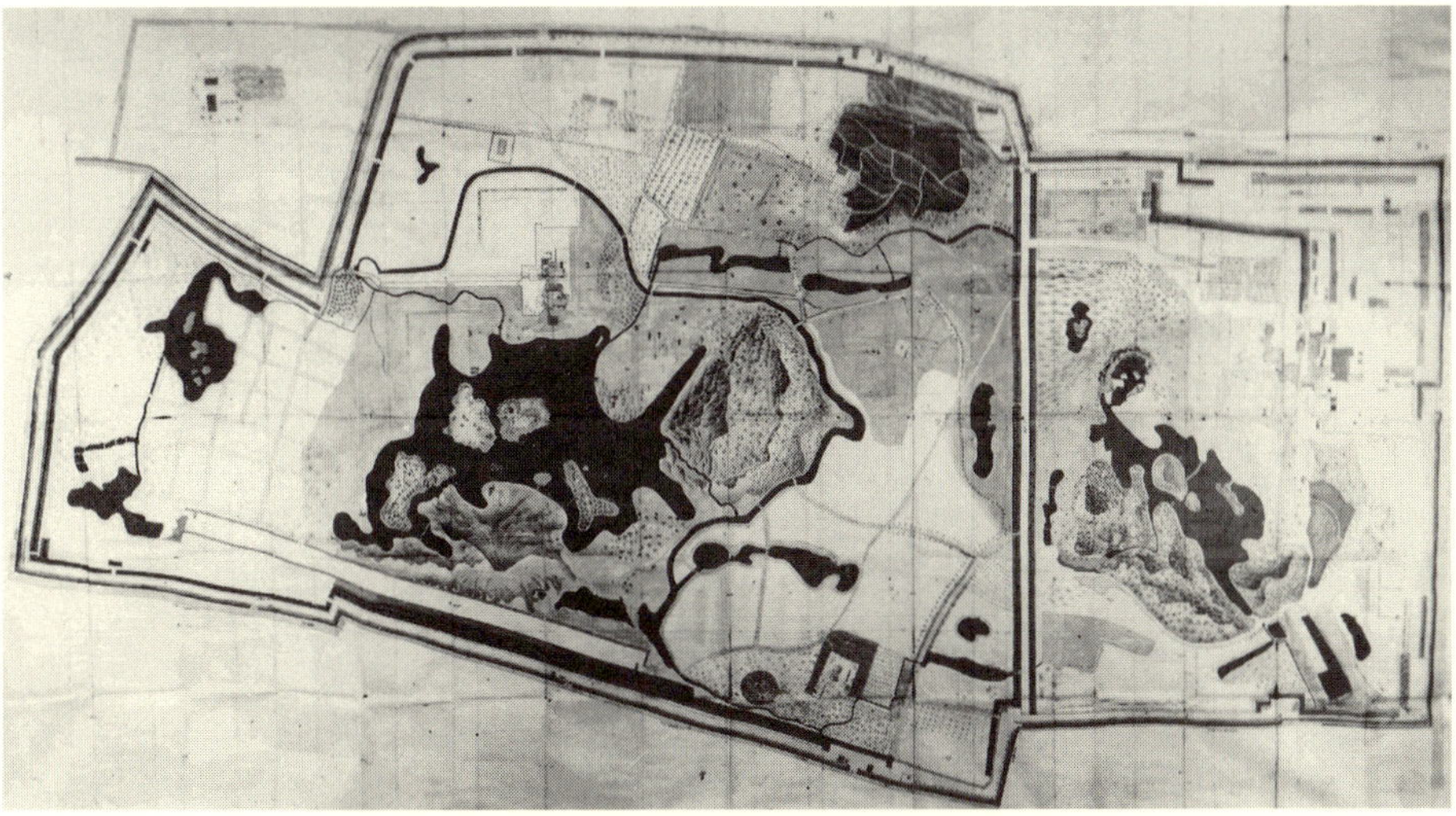

全　体

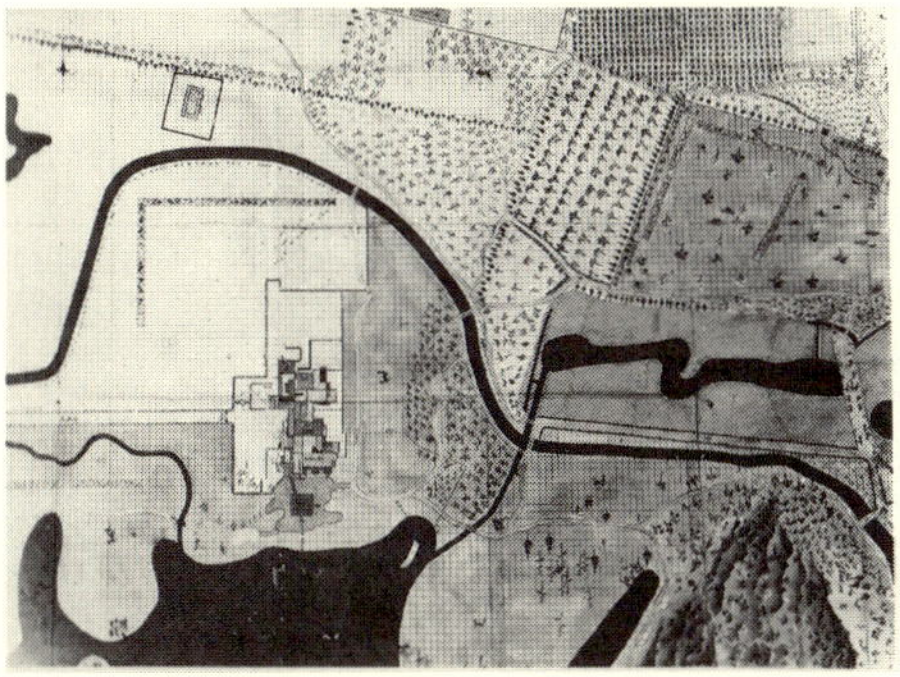

部　分

図２－１－４　建物平面と庭を描いた絵図
（熊本大学寄託・肥後熊本細川藩永青文庫、細川藩戸越下屋敷　8.4J7）

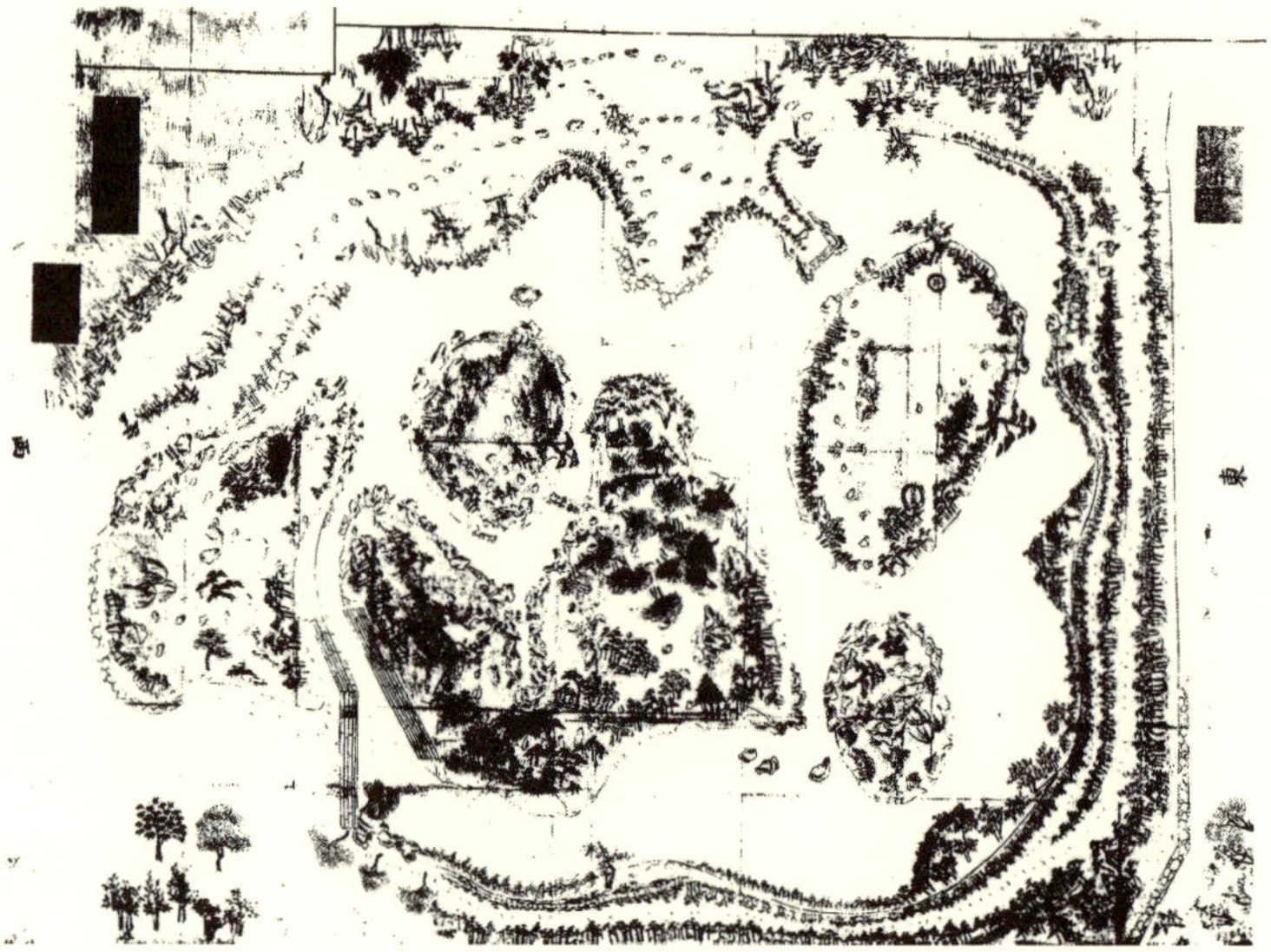

図2－1－5　庭だけを描いた絵図
（宮内庁書陵部蔵・内匠寮本　－209－）

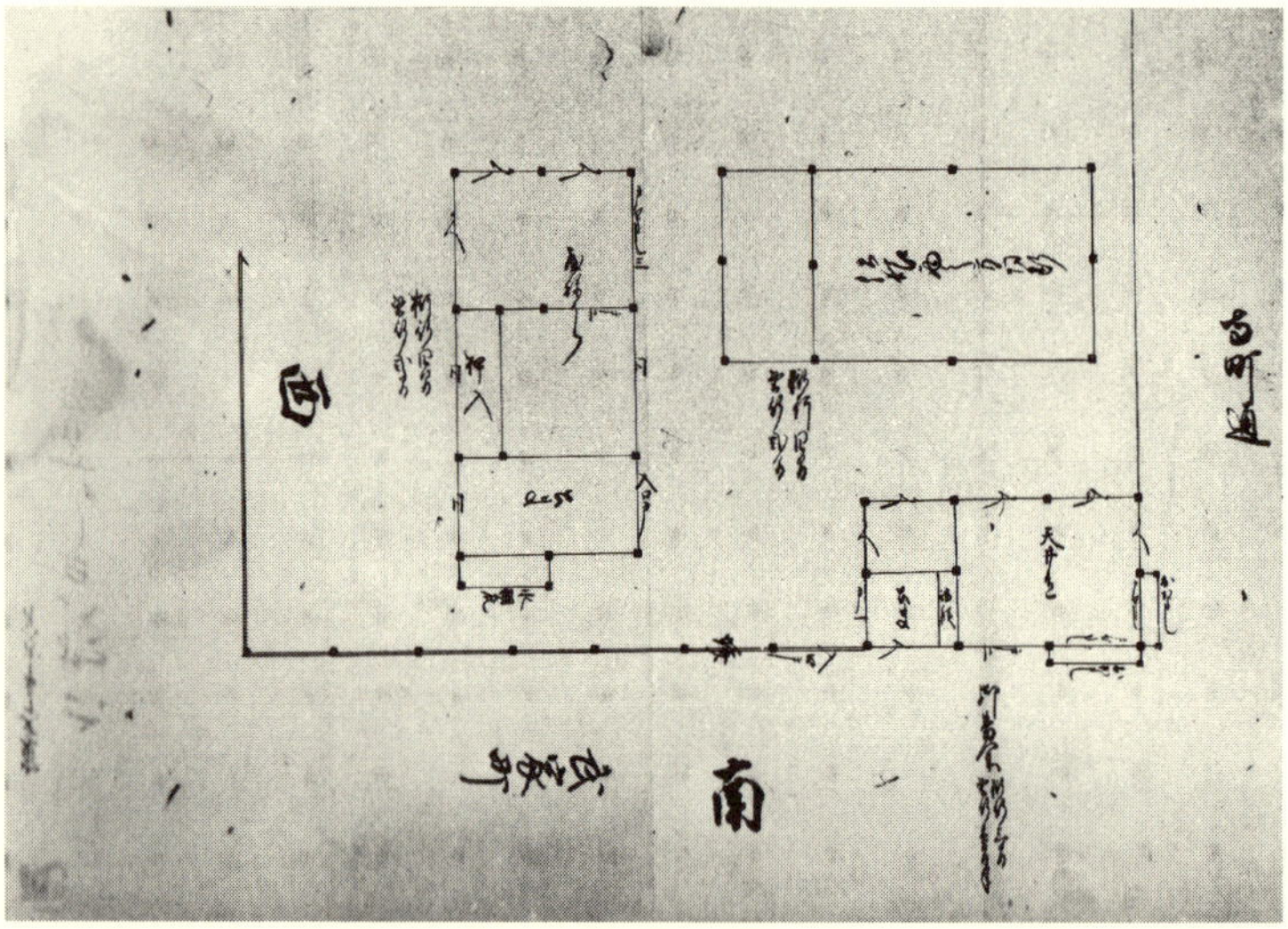

図2－1－6　一枚指図（宮内庁書陵部蔵内匠寮本　－120－）

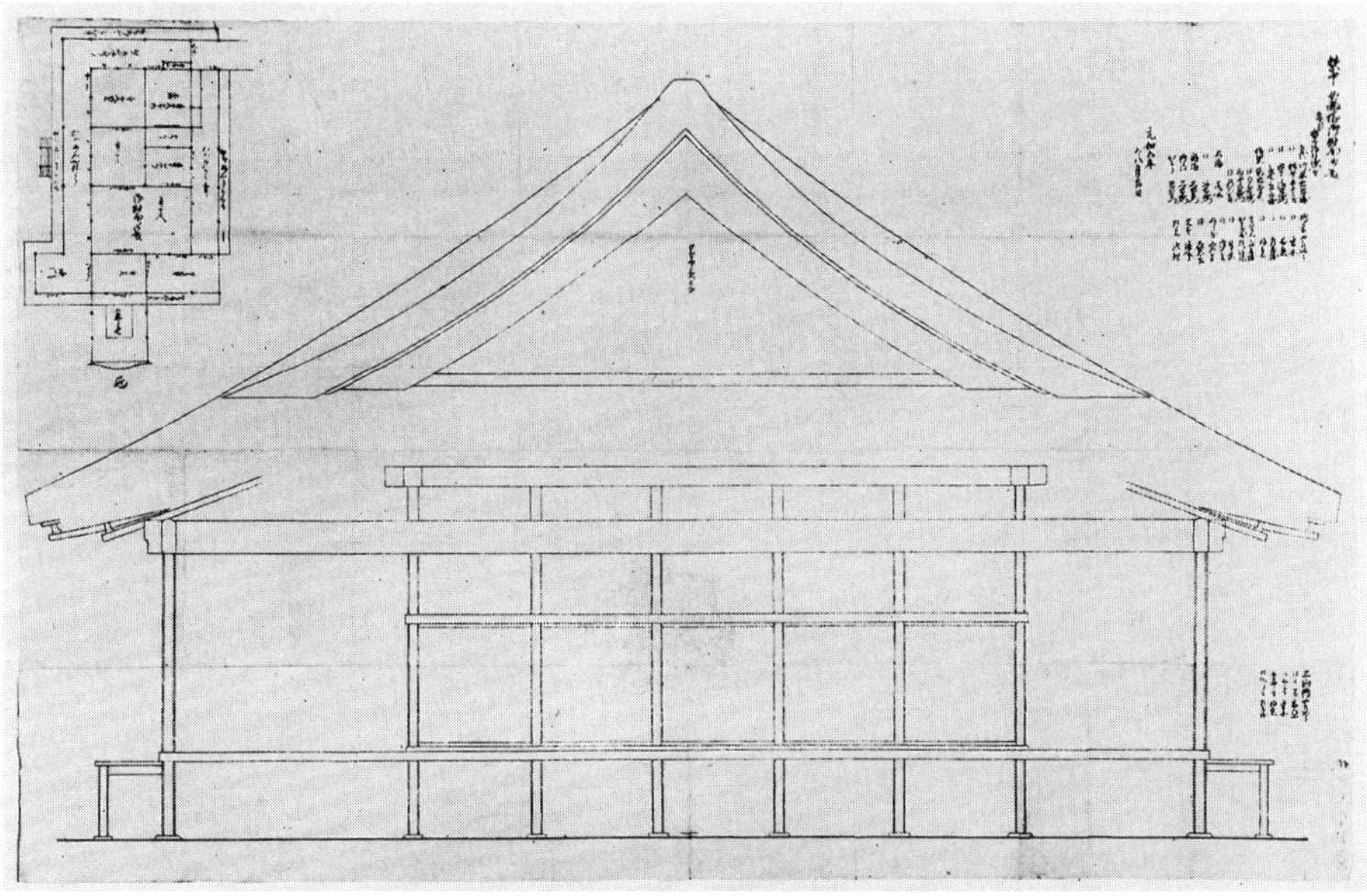

図2－1－7　京大工頭中井家の建地割（京都府立総合資料館蔵）

地敷地図などがある。さらに測量して描いたと見られ現代の地図と比べても見劣りのしない精度の高い洛中地図も、京大工頭中井家の手によって作られ、残されている[19]。

近世も中期以降になると、中井家の作製したもの以外にも、多くの指図類が残されている。それらのうち、まとまって残されているのは、やはり幕府関係の大工組織、とくに作事方に所属する大工家の建築指図類と、外様の大大名家のものである[20]。

近世における建築に関する組織のうちで、これまで最も明らかなのは幕府の作事方の組織である。

従来の研究によって、幕府の大工関係の職制はほぼ明らかにされており、幕府の場合、作事方においては、奉行の下に技術者は次頁上図のごとく、ピラミッド形に組織化されていた[21]。一方、大名家の作事組織はあまり詳らかにされていない。

幕府の建設（土木・建築）技術者の最高の地位である「大工頭」には、江戸方・幕府直轄領において木原・鈴木・片山家等が当たり、この他五畿内担当として京の中井家がそれぞれ世襲でつとめていたことが知られている[22]。幕府のこれら御大工頭家の中では、京大工頭中井家が作事に関する図面および帳簿類を最もよく残しており、現在、宮内庁書陵部や京都府立総合資料館・京都市歴史資料館・岡山大学付属図書館池田家文庫[23]等に所蔵・保管されている。また、江戸

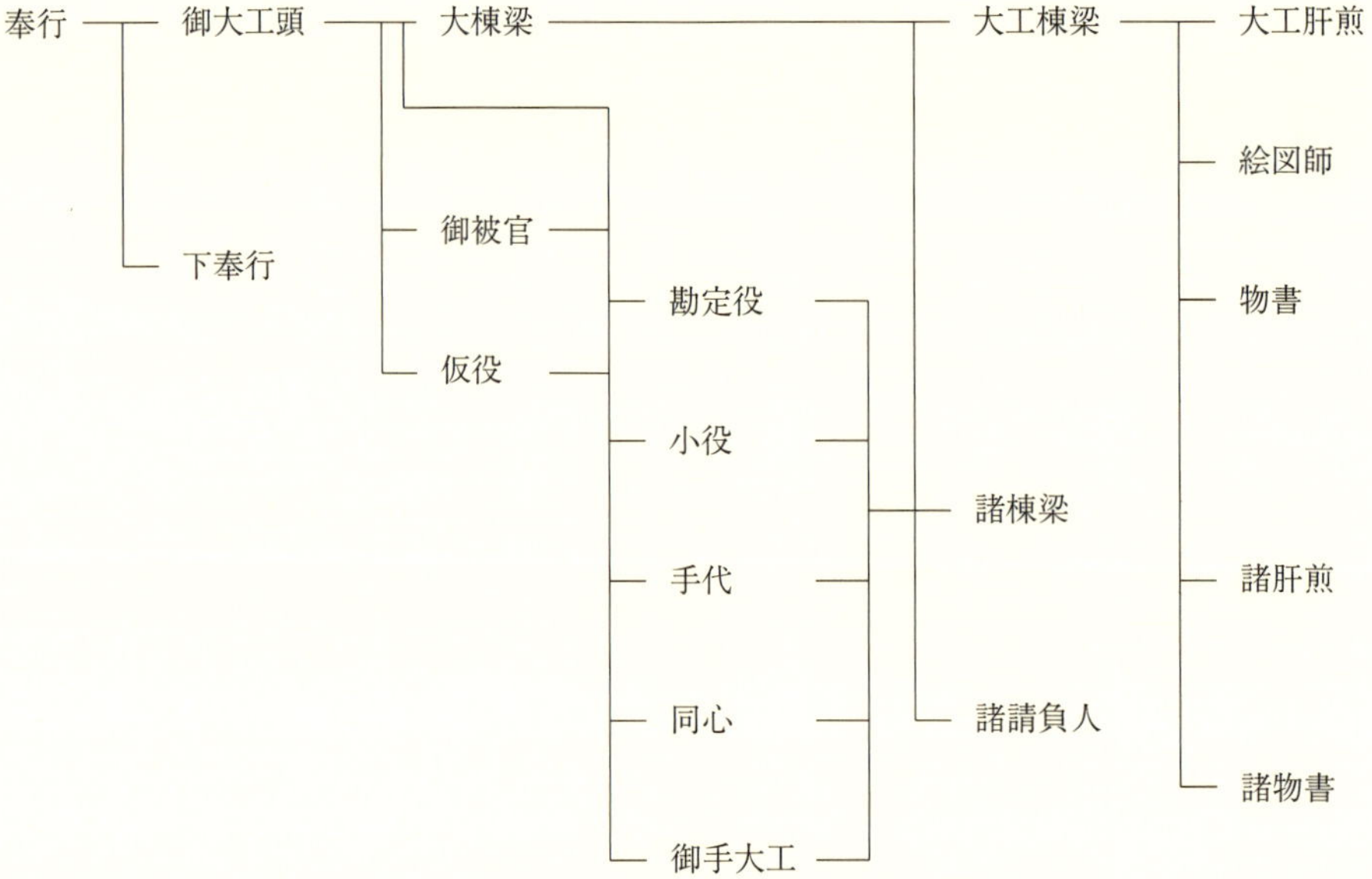

図2－1－8　幕府作事方の組織

方の大工頭の木原・鈴木家配下の大棟梁・甲良家の図面がよく残されており、江戸城関係の図面を中心に東京都立中央図書館特別文庫室等に収蔵されている。(24)

二　図面の種類

次に、数や種類が豊富な中井家・甲良家の図面について、種類や作図法・表現法について大工組織による違いを概観する。

1）京大工頭中井家の図面

宮内庁書陵部蔵の「内匠寮本中井家文書」中にみえる図面類は、「指図」「建地割・立地割、（以下、建地割）」「部分図」「その他」に大別できる。以下『中井家文書の研究　第一巻　内匠寮本図面篇一』に基づいて記すと次のようになる。

指図は、建物の平面を描いたもので、内裏や上皇御所などの全体やその部分に含まれる複数の建物の配置と各建物平面を描いたものと、個々の建物の平面を描いた「小指図・一枚指図」と呼ばれるものがある。「京大工頭中井家文書」中の図面類で枚数の多いのは小指図・一枚指図であり、これと配置図を兼ねた指図でその多くを占め、それら以外の図面は少ない。指図の縮尺や、そこに表現されている内容は、使用目的によって様々である。これらの詳細については、本章の第二

表２－１－１　『中井家文書の研究　内匠寮本図面篇』に見る、指図と建地割

（儀式図・部分図等を除く）

	指図	（建）地割	地割表記あり	建地割表記あり	表記なし
慶長度	7	2	0	0	2
寛永度	17	0	0	0	0
承応度	28	0	0	0	0
寛文度	93	1	1	0	0
延宝度	452	9	3	0	6
宝永度	460	32	1	2	29
寛政度	102	1	0	0	1
安政度	77	0	0	0	0
計	1236	45	5	2	38

節一「近世指図の技法」で述べる。

建地割は、断面図と立面図を合わせて表現した図面が多いが[25]、中には立面のみ、断面のみのものもある。建地割は、作事にあたって、すべての建物に必要とされたものと考えられるが、残存しているのはきわめて僅かである。建地割は作事現場で消費されてしまい、また、平面図ほど保存の対象として重要とされなかったためとも思われる。

部分図には、違棚や建具の形、錺金物、彫刻、絵様、襖の模様などを示したものがある。作事にあたっての検討用、あるいは伺いのために作成されたものと見られるが、建地割と同様に残存しているのは極めて僅かである。これらも重要な保存対象とされなかったためであろう。

その他の図面類としては、御所の築地を示す図、庭の池の形や石組、植栽を描いた「庭絵図」、大工小屋場の図、「御礎立柱絵図」や「上棟図」などのような儀式用の図、火災で炎上した区域を示す図などがある。

また全体の平面を描いた指図にしても二分計・四分計・六分計など縮尺の違うもの、貼絵図と書絵図の作製方法の違うもの、書き込まれた内容の違いなど、多種多様である。これらの図面は、作事の進行にともなって必要に応じて作られるが、それらの数多くの図面がすべて残っているわけではない。

２）万延度江戸城本丸御殿造営で作製された図面

『東京市史稿　皇城篇三』に、万延度江戸城本丸御殿造営のときに作製された図面類の記録「御普請絵図類仕立方」が収録されている[26]。この記録によると、

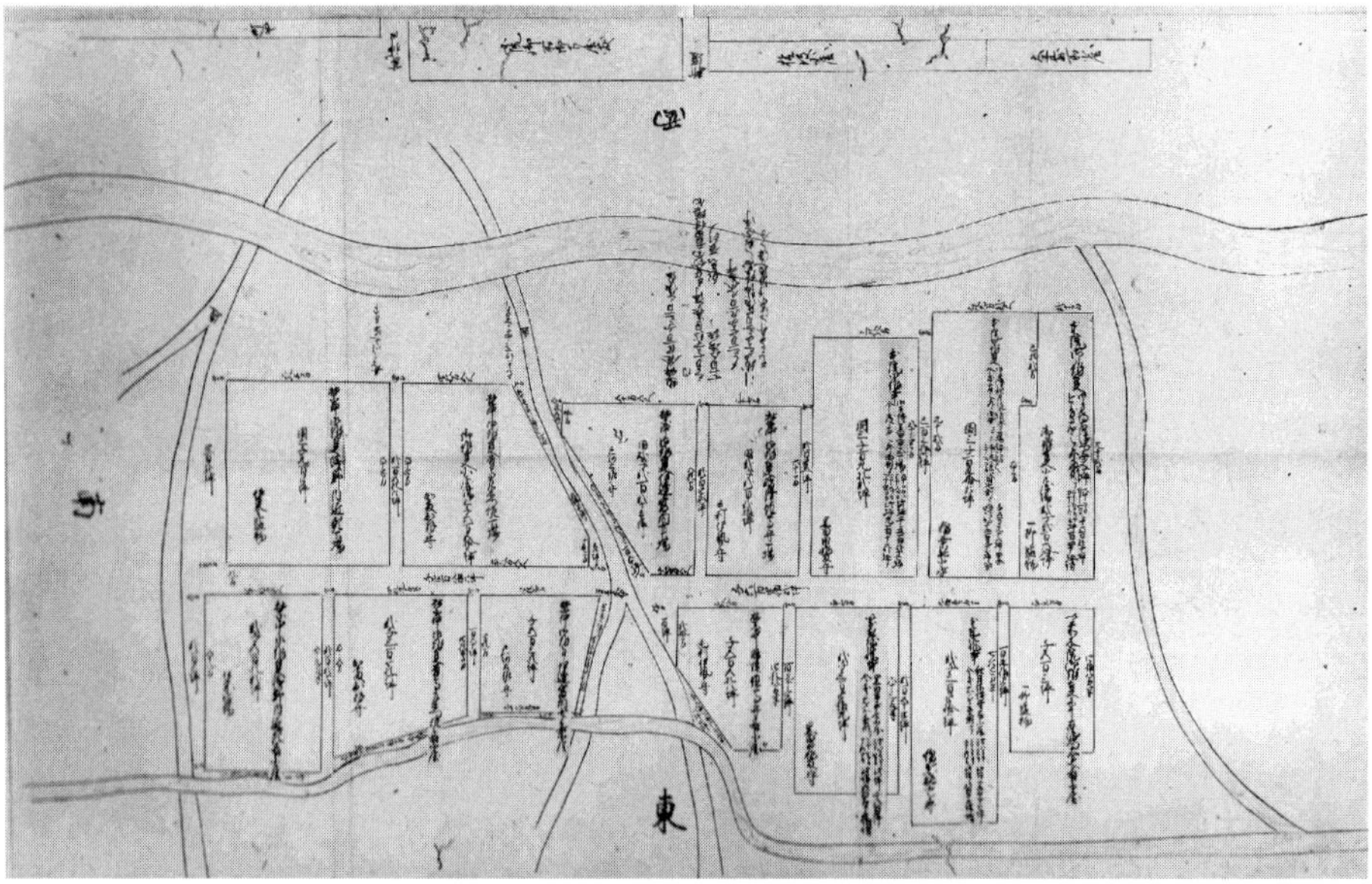

図2－1－9　寛文度後水尾院・東福門院両御所作事大工小屋場絵図　－146－

図面としては「地絵図」「地形絵図」「土臺絵図」「足堅メ大引絵図」「二階梁配絵図」「小屋梁配絵図」「屋根水取絵図」「天井絵図」「建地割絵図」「軒矩計絵図」「正寸絵図」「御床御棚廻り」「絵様類正寸」の一三種類が列記されており、各々の縮尺、書き込むべき内容などが記されている。このうち、「地絵図」・「地形絵図」は平面図、「屋根水取絵図」は軒先や棟・谷などを書き込んだ屋根伏図で、屋根の重なる部分の高低の関係も示されている。「建地割絵図」は前述の「建地割」と同じく立面図と断面図を兼ねた図、「軒矩計絵図」は軒廻りの断面詳細図で、軒桁の高さ、軒の出寸法など高さ関係の寸法等も細かく記される。「正寸絵図」は内法長押、天井長押、鴨居、棚廻りなどを一／一の縮尺、すなわち実長で描く現寸図である。「絵様類正寸」は懸魚や鬼瓦、虹梁、蟇股、拳鼻など、曲線や彫刻のあるものの図で、これも原寸図である。

また、障壁画を描く絵師のために、今で言う「起絵図」や展開図が作成されたことが明らかにされている。「起絵図」は、各部屋の周囲の壁面を描いた図を、台紙の平面図の対応する部分に合わせて貼り付け、壁面を立体的に見ることができるようにしたものである。弘化度の江戸城本丸御殿の白書院や虎之間の「起絵図」は、国立公文書館内閣文庫に残されており（図2－1－10）、絵師はそれに基づいて、障壁画作成にあたったことが明らかにされている。[27] 同様のものは、茶室建築

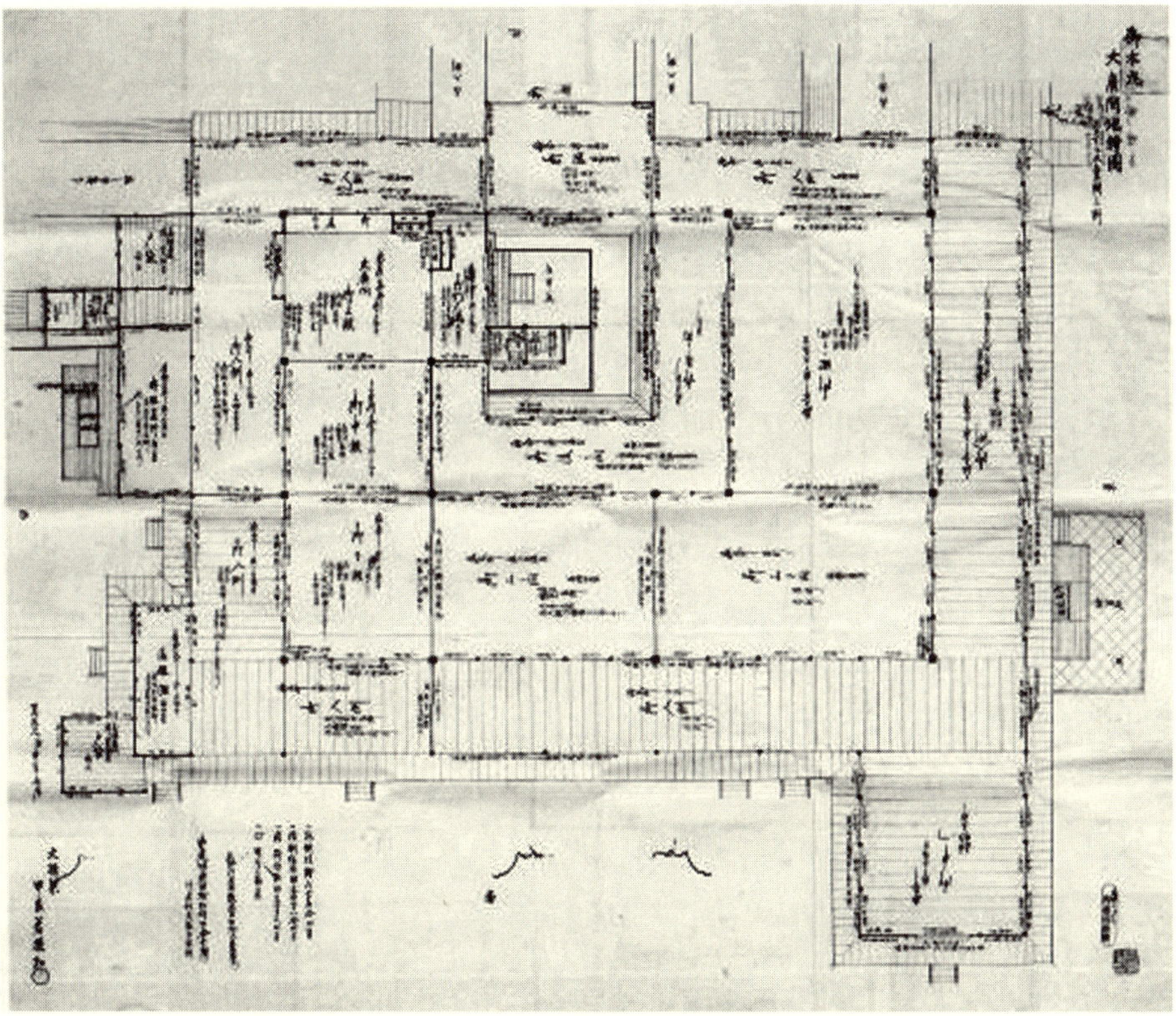

万延度江戸城本丸御殿平面図（東京都立中央図書館特別文庫室蔵　6162-９）

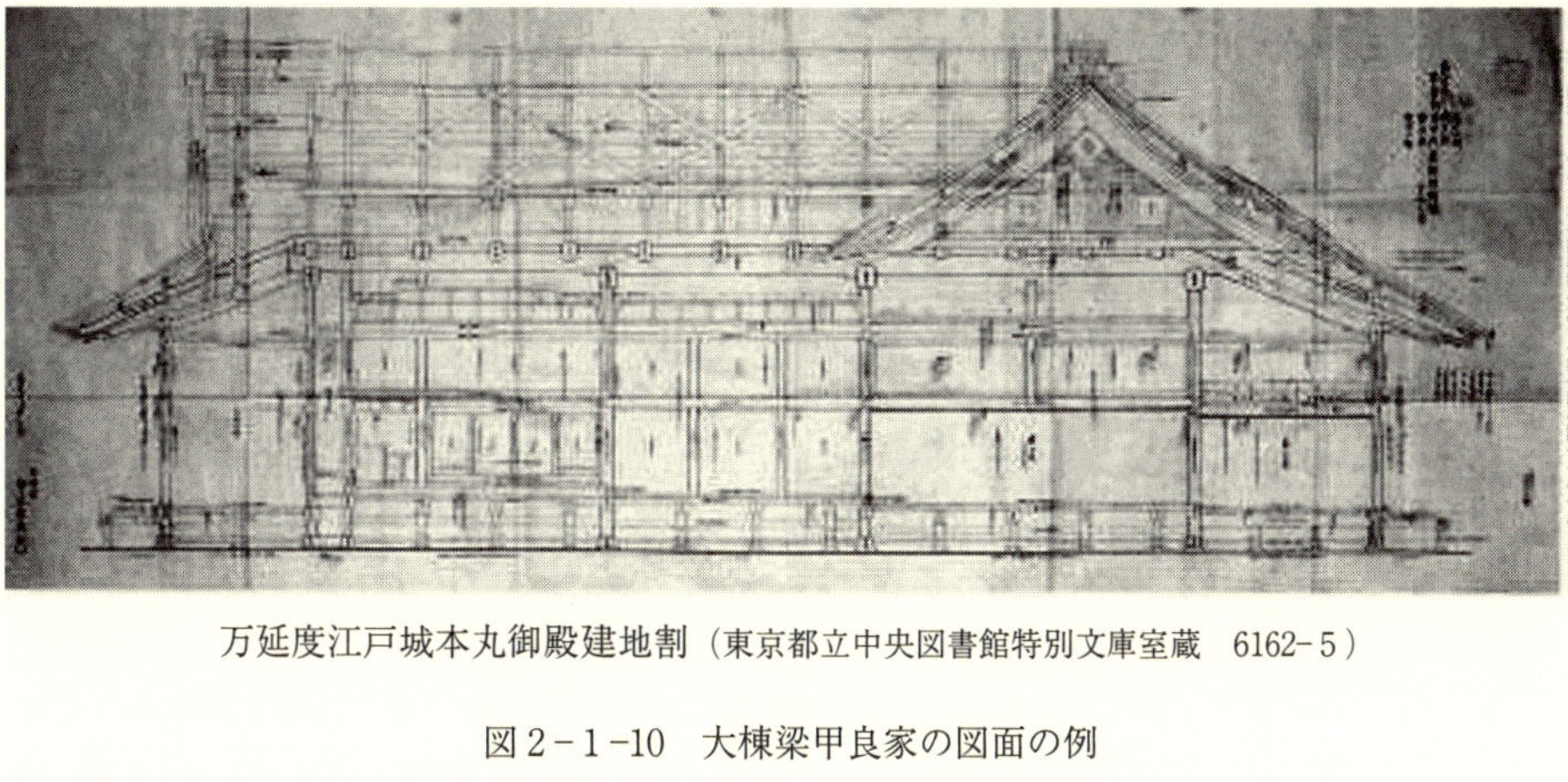

万延度江戸城本丸御殿建地割（東京都立中央図書館特別文庫室蔵　6162-５）

図２－１－10　大棟梁甲良家の図面の例

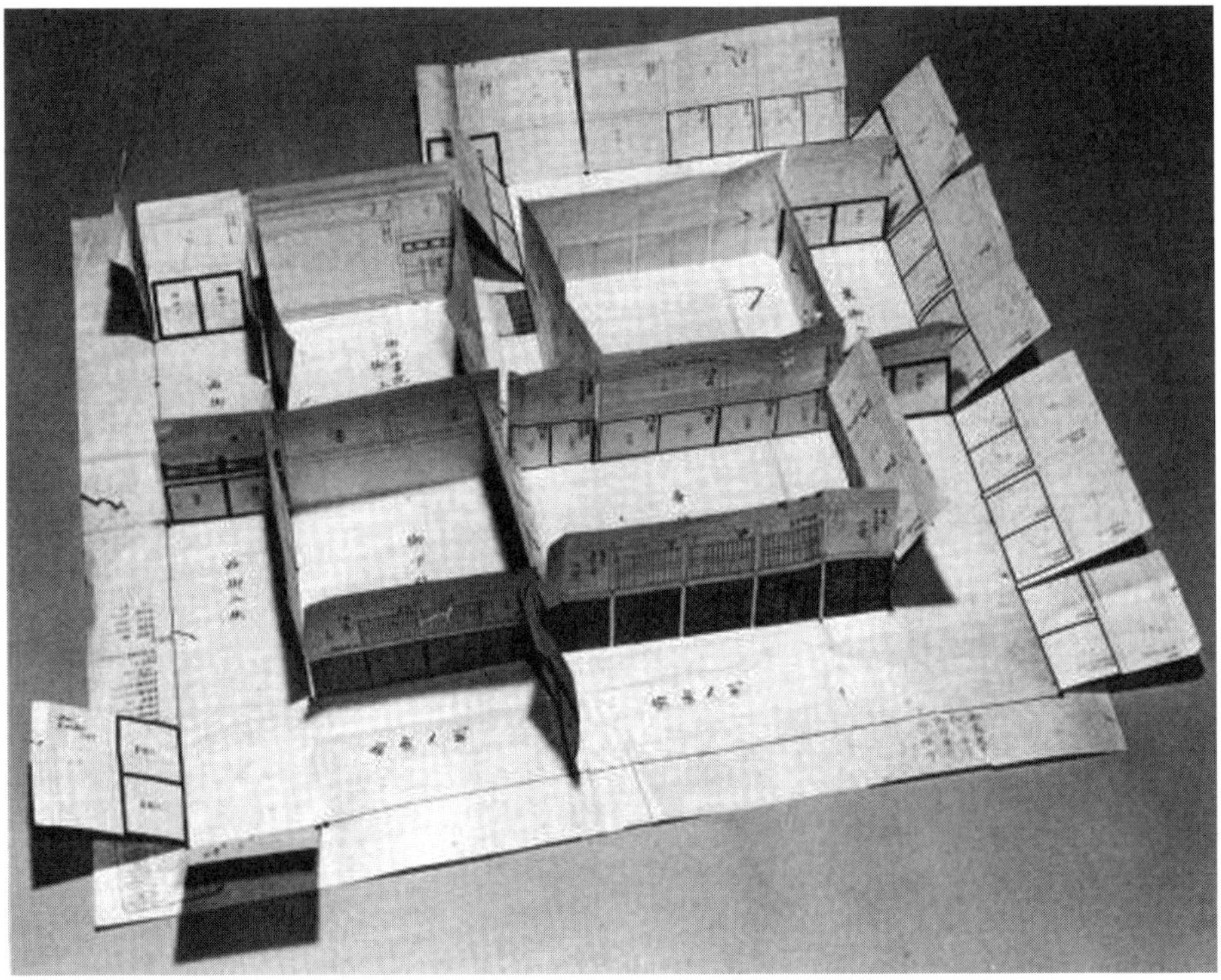

「柳営起絵図」のうち白書院（国立公文書館内閣文庫蔵）
（『日本名城集成　江戸城』小学館　1986年より転載）
図2-1-11　起絵図の一例

（草庵）の「起絵図」がよく知られている。

　また、東京国立博物館蔵の弘化度江戸城造営に際してつくられた、絵師用の展開図・天井の図（小下絵）もよく知られている。(28)

　このように、実際の作事では実に様々な図が必要とされ作成されていた。なお、ここに記された万延度江戸城本丸御殿の造営図面類は、現在、東京都立中央図書館特別文庫室に「江戸城造営関係史料（甲良家伝来）」として保存されている。(29)

三　作事の経過における図面の作製時期

以上のように、様々な種類の図面が、その目的に応じてそれぞれに適した作図技法・表現方法で作製されていたわけである。それでは、建物をつくる作事の経過の中のどの段階で、どのような指図が作製されていたのであろうか。以下では、中井家が関与した延宝度内裏作事の場合、同じく延宝度慶仁親王御所作事の場合、寛文度の出雲大社造替における場合の三例の具体例について述べる。

このうち、延宝度内裏の指図については、『中井家文書の研究　内匠寮本図面篇』第三巻（一九七八年）の「延宝度の指図について　作図にあたった棟梁と作図時期」、同じく延宝度（宝永）慶仁親王御所の場合については、『同』第四巻（一九七九年）の「延宝度の指図についてⅡ　延宝度（宝永）慶仁親王御所の造営経過と作図時期」という論考がある。以下、平井聖による前者は一部訂正の上再録し、後藤による後者についてはその概略を記すことにする。

また、寛文度の出雲大社造替に関しては、内容がやや専門的である。先の二例で、本項の概要は把握できるので、やや難しいと思われる場合には、この部分を読み飛ばしていただいても結構である。

1）延宝度内裏の場合

江戸時代に幕府が造営した内裏の場合をみると、京大工頭中井のもとで作られた指図は、計画段階には朝廷・幕府に提出され、検討を経て計画が定まると奉行に渡され、また大工が木積や大工工数を出すなど工事の準備に用いられている。作事中に指図・小指図・建地割など多くの図面が使われるのは当然であるが、作事終了後も勘定極をはじめ作事の締に使われ、完成図面は助役大名や幕府などへ勘定帳などと共に差し出されている。

現在残されている図面をみると、袋や本紙表紙に図面の題と共に年次が記されているものが多くみられる。この年次は年のみ記したもの、月まで、あるいは日付まで記したものがあるが、これらの年月日は必ずしも図面が作られた時期を示しているとは限らない。特に中井家文書では、元禄の中井主水正正知が整理した袋等に入れられているものが多いが、その書き込みは正知によると判断できるものが多く、間違いの可能性を検討する必要がある。

本誌の外題や、内題は合っているものも多いが、後に指図を利用した際に書き込まれたものもあり、注意が必要である。具体的には、年のみ記されている場合には、描かれた建物の造営が行われた年を示していて、図面の整理上つけられたものであることが多い。これに対して月または日付まで記している場合には、作図された時期を示していることが多いが、時にはその図面を必要とした時期を示していることもある。後者の場合には、付箋や註記でその理由が記されており、その目的のために作図されたと考えられることが多いから、記されている年月日が作図の時期と考えて問題はない。しかし、このように作られた時期が明らかになるもの以外の図面を編年にするには、図面に描かれた平面の変化、付箋などによる註記に頼らざるをえない。

ところで、残されている図面のほとんどは中井役所で保管されていたもので、幕府ほか作事関係の役所や奉行などに提出した控である。工事に直接必要な図面の多くは、不要になったとき整理され、伝わらないものの方が多かったと思われる。したがって、残されている図面だけでは、作事にあたってどのような図面が、いつ頃、作事の経過とどのような関連で作られたかなどの作事図面の全貌を明らかにすることができない

図面の製作の経緯を考えるとき、どのような人々が作図に携ったかは、江戸時代の設計の過程を知る上で興味のあることである。図面に作図した者の名が記されていることはまずない。しかし、唯一延宝度の造営に関しては、図面作製に触れた史料が二部ほど「内匠寮本」の中に存在し、作図者と作図時期が多少ながら明らかになる。

延宝度の内裏・後水尾院御所・東福門院御所・明正院御所・後西院御所の作事にあたって、京大工頭中井主水正正知の下に技術上の作事組織が作られた。組織された大工や木挽の作業場は、御作事小屋場として加茂川の東河原に設けられた。御作事小屋場には、大工・木挽の小屋のほかに、監督にあたった奉行らの小屋も設けられた。また、このような作事小屋とは別に、作事をとりしきる勘定場が設けられた。勘定場は延宝度には後水尾院御所の東側に位置する専念寺と三福寺が充てられ、五人の棟梁を中心に棟梁たちが詰めていた。(30)

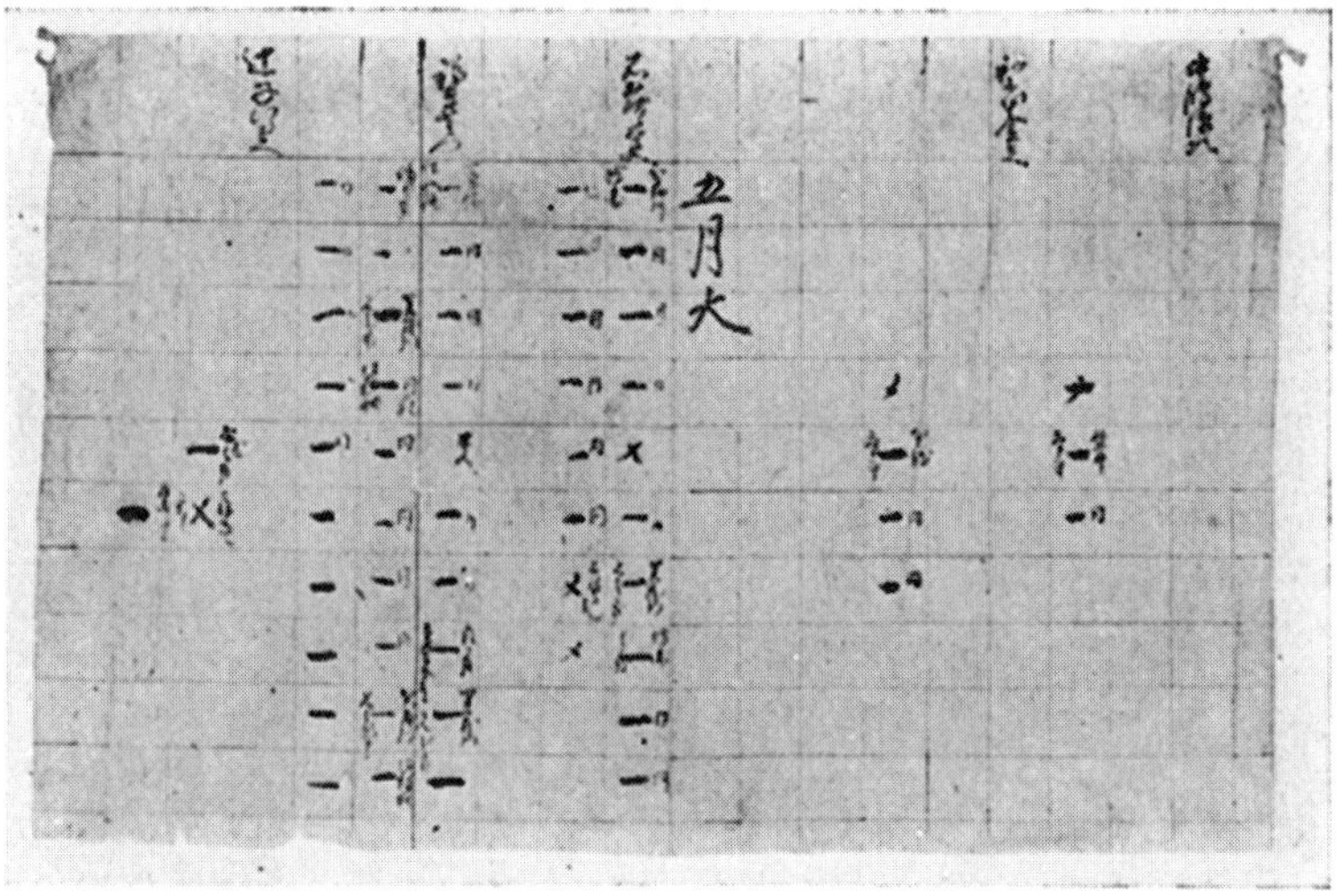

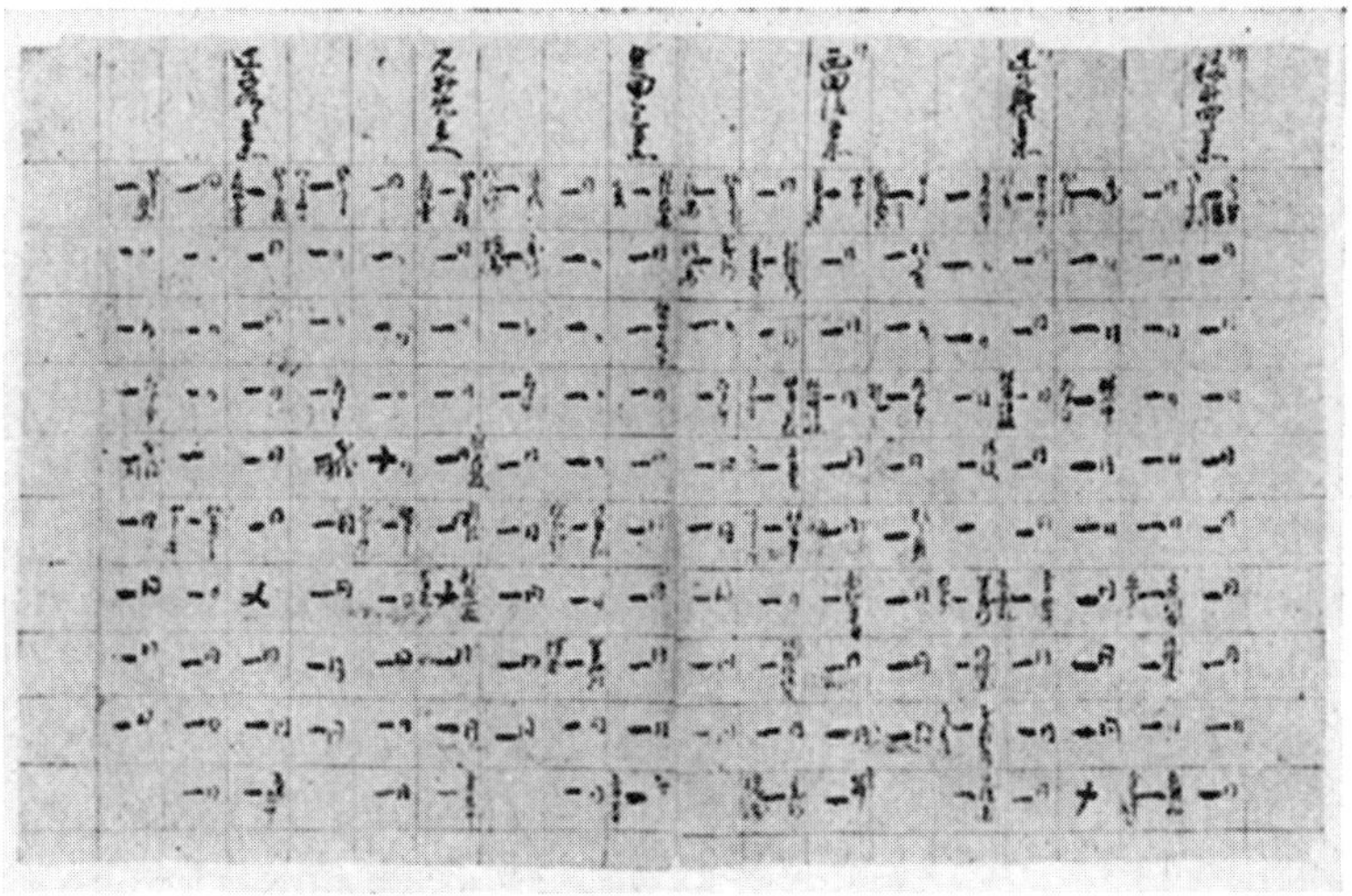

図2－1－12　出面帳の例（宮内庁書陵部蔵）

五人の棟梁とは、延宝度の作事において中井正知を補佐した受領級の棟梁たちのことと考えられ、「愚子見記」の「二禁庭」の項によれば、平政隆出羽少掾今奥吉兵衛・平長次備後少掾今村安大夫・橘栄次越中少掾乾兵衛・平幸次甲斐少掾今村吉右衛門・平政越前少掾（後ニ志摩少掾）西村市左衛門であった。この勘定場で図面や帳簿類が作られ管理されていたと考えられる。

「内匠寮本」の延宝度の史料中、図面作製に関わる内容をもつ二史料のうちの、まずその一は、「延宝四年辰正月吉日　禁裏院中御作事勘定場日々記」と題する作事中に勘定場でつけられた日次記で、正月から一二月までの一年間の事項を箇条書きにした一冊である。以下の出面帳については平井聖の論考を再構成したものである。

その内容は、一例をあげれば、

正月十日

一、今度新院六分計御指圖　一枚

　　女院六分計　　　　一枚　西村越前

十一日

一、新院女御様方御造作付　五冊　平井源三郎

十二日

一、先年禁中仕様帳　四冊　今村孫大夫

のように、一日ごとに作製した図面や帳簿類の題名等とかかわった棟梁の名を記している。その内から一年間に勘定場において図面や帳簿類の作製にかかわった棟梁の名を拾い出すと、前述の五人の受領級の棟梁のほか一〇〇人以上の名がみられ、図面作製にかかわった者に限ると、受領級の棟梁は五人のうち今村安大夫と乾兵衛の二人で、その他の棟梁は三〇人余である。

その二は、作事にあたった棟梁の出面帳の残欠で、現在反古として九紙が伝えられている（図2-1-12）。

京大工頭の中井家では、中井役所としてその組織が公になった一七〇〇年頃に、それまで伝えられて来た図面および帳簿類を整理し、保存するものには袋や畳紙を作っている。これには要らなくなった帳簿類や書状などの反古紙が利用されている。反古紙の中に、仕様帳・材木帳・大工割帳などのほか、大工の出面帳がみられる。

同 福井四郎兵衛	一先年禁中 禁中貳分計 御さしす之用	一同	一同	一同	一同	一同	一同	一同	一同	一同
	一同	一同	一同	一同	一同	一五條川原 見方	一同檜圓	一同	一畫同ゟ西 土手見分ニ参候
同 辻子権兵衛	一先年 貳分計	一同	一同	一禁中 六分計	一同	一同	一同	一同	一同	×
	一禁中何も 礼之用	一同	一同	一同 禁中坪帳	一同	一同	一先年禁中 差圓礼	一同	一同	一同
		一同	一同	一同	一御役	一	一賀茂川 見分	一同檜圓	一本田新右衛門 様へ参候	一同檜圓
	一早々ゟ参候 前田安藝様	一礼之用	一同	一六分計 礼	一同	一礼之用	一同	一同	一同	
同 西田清兵衛	一禁中 立具書付之用	一同	一同	一同 禁中坪帳	一同	一同	一新院立具付	一同	一同	一先年禁中 同
	一同	一新院女御 立具付	一同	一禁中壱枚 さしす	一立具書 つけ	一禁中 小さしす	一同	一三條 假橋根帳付	一同	一加茂川 檜圓
	一禁中 小指圖	一加茂川 檜圓	一同	一六分計	一同	一同	一同	一同	一同	
芝田輿三兵衛	一新院御指圖 之用	一同	一禁中六分計	一同	一同	一同	一同	一同	一同	一同 先年禁中
	一同	一同	一同	一同	一同	一同	一同	一同	一同	一同
	一法皇様 貳分計	一加茂川 檜圓	一同	一六分計	一同	一法皇様 貳分計	一同	一賀茂川 檜圓	一同	
石井忠兵衛	一禁中石積 壱枚指圖用	一同	一同	一同	一新院一枚 同	一新院 同	新院一枚 ≁ 差圓	一同	一同	一先年禁中
	一同	一同	一同	一同	同 ≁	一禁中 小さしす	一同	一同	一同	一
	一禁中 小さしす	一同	一同	一六分計	一本院 同	一同	一同	一同	一同	
辻子九郎兵衛	一禁中石積 壱枚指圖用	一同	一同	一同	一同	一同	×	一同	一同	一先年禁中
	一同	一同	一同	一同	一	一禁中 小さしす	一同	一同	一同	一同
	一禁中小指圖	一同	一同	一六分計	一本院 同	一同	一同	一同	一同	

図２－１－13

大工の出面帳は、作業日数に応じて飯米と作料を与えるために大工の出勤状態を記録したもので、通常一枚のやや厚手の紙に墨の格子を引き、上欄に名前を書いてその下の格子の中に出欠勤・休日などの符号を書き入れている。格子は上から下へ一日から晦日までの三〇日を表しているのが普通である。書式は、大工を組ごとに分け、各組の始めに組名を記し、そのあとに組頭以下の名を連ね、その終りに一日ごとの出勤者数とひと月の延人数を記している場合が多い。この出面帳は、史料として意図的に残されることはほとんどない。さて、「内匠寮本」の九紙は一枚紙の形式ではなく、帳簿の形式をとっていたと考えられるもので、一紙の大きさは縦二八・七センチ、横四八センチほどである。書式は、一紙を半分に折り、左右とも縦罫で一〇行に分け、上部を少し大きくあけ、その下を横罫で一〇に分けている。上部には大工の名を記し、下の一〇欄を十日にあて、三行を一人分とし、左右とも通常三人ずつの一箇月の出面となっている。一日ごとの出欠は、格子内に出勤「一」、欠勤「×」、半日を「半」・「ナ」と記入し、出勤の場合にはその格子内に、その日に従事した仕事を註記している。これら九紙には、年次を示す記事はなく、紙のほぼ中央に「五月大」と記された一紙があるだけである。そのほか前述の註記によってどの造営度に関するものかをたどると、内裏・仙洞・女院・本院・新院が並行しているところから寛永度か延宝度に当たり、本院に関しては対屋だけを対象としているとみられるところから延宝度のものと考えられる。すなわち寛永一三年（一六三六）の火災には、本院にあたる明正院の御所は対屋が焼けただけであり、その後の延宝三年（一六七五）一一月二五日に明正院御所が焼失して、全体の作事がはじまるのである。したがって、この出面帳は、明正院御所が焼失する延宝三年一一月以前のものとなる。一方、延宝度の作事に際して作られた出面帳であることは、大工の名からもたしかめられる。この九紙に記された大工は、いずれも苗字を持っている棟梁級の者であり、延宝度の大工に関する「内匠寮本」の「禁裏御上棟行列之次第」など大工の名を記した帳簿類と対比すると、すべて延宝度の作事に携っていたことが確認される。

さらに、この出面帳の一紙ごとの年月を確定するために、記載された棟梁の名の重複、仕事の内容等を検討すると、九紙は五つに分類され前後関係が明らかになる。その内に先に述べた「五月大」と書かれた一紙があることによって、これらは五月と正月・三月・四月にあたるもの、および月を明らかにできないが五月より後と考えられるものとなる。それぞれ出面帳の三〇日にあたる所が使われているかどうかで月の大小を判断していくと、延宝二年のものであることが明らかになる。

以上の二史料から、図面に関する記事を抜き出し、「内匠寮本」中に伝えられている図面の内、年次の明らかなものを加えて作製したのが表—1である。

はじめに図面類の作製にかかわった棟梁についてみると、まず史料二の出面帳に記されている棟梁の名をもとに、それらの棟梁が作事組織の中でどのような役割を果していたかを「内匠寮本」「延宝三年十二月禁裏上棟御用棟梁並ニ諸職人江被下御折紙料手形帳」・「延宝三卯年十一月十六日巳刻禁裏御上棟行列之次第」・「延宝三年卯三月新院御所御作事諸御殿棟梁印帳」と対比して検討する。

出面帳	禁裏手形帳	禁裏上棟行列	新院棟梁印帳	勘定場日々記
石井次郎太夫			常御殿	○
石井忠兵衛	棟梁くわへ役者	青襖		
今村伊（猪）兵衛	棟梁くわへ役者	青襖		
今村太郎兵衛	棟梁くわへ役者			図
今村平四郎	棟梁くわへ役者			図
岡島弥平次	棟梁くわへ役者			図
幸前兵部太夫			女御玄関	
芝田与惣（三）兵衛	棟梁くわへ役者	青襖		
塚本一郎兵衛	棟梁くわへ役者	青襖		図
塚本九左衛門	棟梁くわへ役者	青襖		
塚本孫兵衛	棟梁役者	布衣	女御玄関	図
辻安兵衛	棟梁くわへ役者	青襖		
辻子九郎兵衛	棟梁くわへ役者	青襖		

表—1

	延宝元年（寛文13年）（1673）	延宝2年（1674）	延宝3年（1675）
内裏	5・8 焼失 7・11 奉行任命	2・11 助役・惣奉行任命 2・18 公卿奉行任命 3・1 一枚指図か 3・5 指図 3・24 指図 3・27 指図二分計 4・1 先年指図 4・2 指図三分計 4・16 指図六分計 4・21 先年指図三分計 4・21 小指図 4・21 先年小指図 4・24 指図六分計 5・9 指図六分計 **11 御春屋指図六分計**	1・4 縄張 1・19 釿始 3・23 小屋入 **閏4 御春屋指図（極）** 7・2 立柱 **8・19 書棚絵図** **10・17 賢聖障子絵図** 11・10 地鎮 11・16 上棟・安鎮 11・23 請取 11・27 移徙
明正院御所	5・8 焼失 **6 仮対屋指図** 12・8 対屋釿始	3・21 対屋小屋入 4・24 対屋指図六分計	**3 対屋指図（勘定極）** 11・25 焼失
後水尾院御所	5・8 焼失 8・27 指図四分計（江戸へ） 9・5 釿始 9・8 十字縄張 9・26 家縄張 10 小屋場絵図 **10 小屋場絵図** 10・6 小屋入 10・8 立柱 12・7 安鎮 12・15 上棟 12・19 移徙 12・21 仕廻	**2・18 番所指図** **3 指図六分計（勘定極）** 4・16 指図二分計	
東福門院御所	5・8 焼失 **8 指図六分計（江戸へ）** **8 指図六分計（江戸より）** **10 小屋場絵図** 12・8 釿始	**2 御鹿指図** **2・18 番所指図** 3・21 小屋入 3・27 立柱 5 指図二分計 8・23 上棟 9・6 安鎮 9・19 移徙	**3 指図六分計** **3 指図四分計（勘定極）**
後西院御所	5・8 焼失	2・11 助役・惣奉行任命 3・18 指図六分計 3・27 指図四分計 3・29 指図二分計 4・5 一枚指図	**3 指図四分計** 3・27 釿始 5・21 小屋入 7・26 立柱 11・24 安鎮 12・2 上棟・移徙
その他		4・18 賀茂川指図 5・1 賀茂川絵図 5・23 賀茂川見分絵図	

凡例

一、表中小文字は作事に関する事項である。

一、図面名のうち延宝二年は『出面帳』、延宝四年は『勘定場日々記』によっている。

一、太字で示した図面名は「内匠寮本」にみられる図面の名称である。

延宝4年（1676）
1・22 紫宸殿一枚指図（増減帳共） 1・24 清涼殿方・常御殿方一枚指図 1・24 指図二分計 1・24 指図二分計 2・5 指図二分計 2・5 指図二分計 4・19 指図二分計 6・17 指図六分計 7・8 指図一寸計 8・26 指図六分計・立具有 **9** **里・春屋指図六分計（勘定極）** 9・5 指図六分計（江戸へ） 11・12 指図六分計 11・30 絵図
1 指図六分計 1・15 焼失の図 1・15 先年指図六分計 1・15 先年指図六分計 1・17 築地見分絵図 1・18・19 指図 1・24 焼失図 1・26 指図（極） 2・2 立具付指図 2・3 指図六分計 2・16 対屋指図 3・28 小屋入 **4** **指図六分計** 4・5 焼失図 4・6 指図 4・10 指図六分計 4・23 指図六分計 4・24 指図二分計 4・23 指図二分計 6・3 立柱 6・17 指図 7・9 指図二分計 7・24 四半石指図 7・27 春屋指図 8・10 指図二分計 9・24 上棟 **9・24** **上棟絵図** 10・2 安鎮 10・10 移徙 11・24 指図（見合） 11・30 絵図 12・29 指図六分計 12・29 指図六分計
1・20 指図六分計 2・8 指図六分計 4・20 指図（増減帳共） 12・4 寛文の指図 12・27 焼失 12・27 焼失絵図四枚
1・10 指図六分計 12・27 焼失 12・27 焼失絵図四枚
1 **指図六分計（極）** 1・10 指図六分計 2 小指図 2・8 指図六分計 4・19 指図二分計 7・8 指図一寸計 8・26 絵図六分計・立具有 9・5 指図六分計（江戸へ） 11・12 指図六分計 11・30 指図 12・4 寛文の指図
1・9 公家衆町絵図 1・19 築地絵図 2・1 築地指図 2・3 内裏新院大工小屋絵図 2・3 東河原居小屋絵図 2・7 公家衆町絵図 2・11 築地絵図 **2・11** **本院小屋場絵図** **2・13** **本院奉行衆居小屋絵図** 2・20 本院居小屋指図 2・21 内裏奉行会所絵図 2・28 本院奉行衆番所絵図 3・6 本院大工台所小屋指図 3・8 本院番所指図 **3・9** **本院番所小屋指図** 4・10 洛中洛外大絵図 12・4 公家町筋絵図

辻子権兵衛	棟梁役者	布衣		図
辻子八郎兵衛	棟梁役者	布衣		図
寺田伝右衛門	棟梁くわへ役者			○
中島源次（郎）	棟梁くわへ役者	青襖		図
中野五郎兵衛	棟梁くわへ役者	大紋	御輿寄	
中村八郎兵衛	棟梁くわへ役者	青襖		図
梨本金兵衛	棟梁くわへ役者	青襖	女御御殿	図
梨本平兵衛	棟梁くわへ役者	青襖		
西田清兵衛		大紋	東宮御殿	○
平井源三郎			女御玄関	○
福井四郎兵衛	棟梁くわへ役者	青襖	東宮御殿	図
福井長右衛門	棟梁役者	衣冠		図
福井藤兵衛	棟梁くわへ役者	青襖		図
古宮久左衛門	棟梁役者	衣冠		○
塀内一（市）郎右衛門	棟梁役者	布衣		図

この中で、「禁裏手形帳」による項は、上棟の式に際して棟梁や諸職人に給分が出されたときの記録から拾ったものである。給分を受けとったのは棟梁役者四五人、棟梁くわへ役者四五人、組頭二五人で、棟梁役者は三石づつ、棟梁くわへ役者は五斗づつ、組頭は三斗づつを受取っている。この出面帳にみられる二八人の棟梁のほとんどは、上棟の式に参加し、役者として役を分担しているが、四人だけ上棟の式に加わっていない。この四人の名は「新院御所御作事諸御殿棟梁印帳」にみられ、後西院御所の作事に携っていたことがわかる。したがって、この四人は主として新院御所の作事に当っていたのではないかと考えられる。

『禁裏御上棟行列之次第』は内裏の上棟に際して、中井正知を中心に工事に携った棟梁の行列次第書である。このとき、行列に加わった大工の名が行列の順のままに記録されている。表の三段目に衣冠・青襖・布衣・大紋と記入してある棟梁は、上棟行列に参加した棟梁で、衣冠等は行列に参加した時の身分に従っている。「内匠寮本」の「新院御所御造営之節御木造始御上棟之覚」によると、上棟の際には、頭棟梁は衣冠、平棟梁は青襖、中老棟梁は衣冠あるいは布衣、中井主水正は束帯と定められている。したがって出面帳の二八人のうち、衣冠は福井長右衛門と古宮久左衛門の二人、布衣は四人で共に棟梁役者となる。青襖を着る平棟梁は一三人、大紋は二人となる。二八人の内福井長右衛門と古宮久左衛門の二人は頭棟梁であったのではないかと考えられる。

「新院御所御作事諸御殿棟梁印帳」は、後西院御所の作事に携った棟梁の印帳である。表の四段目に常御殿・女御玄関などと書いてある棟梁は、その建物を分担していたことを示している。その中に「禁裏手形帳」にも「禁裏御上棟行列之次第」にも名前がなく、「新院棟梁印帳」に名前があらわれる棟梁が三人いる。あとの五人は内裏の作事と並行して両方の作事に携っていたことになる。

表の最後の欄は、史料としてあげた『勘定場日々記』に名前のみられる棟梁を拾い出した結果で、「図」は延宝四年中に勘定場ほかで指図作製の作業にかかわっていた棟梁を示している。〇印は帳簿類の作製に携った棟梁たち、空欄は延宝四年の「勘定場日々記」に名前がみられなかった棟梁である。

以上からみて、作図にあたった棟梁は、特定の二人の受領級の棟梁（今村甲斐・乾越中）とそれぞれ建物を分担して作事にあたっていた棟梁たちであったようである。作事にあたったすべての棟梁たちが作図に携ったのではなく、三分の一ほどの棟梁がその作業を行ったと考えられる。また、各地から集められた組頭の名は両史料にみられず、作図には携さわらなかったのであろう。

次に作図時期についてみると、作事期間に対し両史料はそれぞれ次のような時期にあたる。

内裏に関してはこの出面帳が作事の前年で、ちょうど助役・惣奉行等が任命された後の準備期間にあたり、この時期に二分計・三分計・六分計の指図が作られ、また、寛永度の指図や小指図も作られている。一方「勘定場日々記」は、作事が終った一箇月あとからの一年間にあたる。この一年間に作事に関する工数・工費などの増減を記した帳簿と共に小指図、数枚の二分計の指図、記録用の六分計の指図など、作事終了後の決算記録用の図面が作られている。特に九月五日付の六分計の指図は、江戸の幕府へ提出された。この指図は桐箱に納められている。この時期の年次を持つ指図として「内匠寮本」中に内裏の御里御殿と御春屋《つきや》の六分計の指図指図番号一七〇が伝えられている。九月一日のこの指図には「勘定極」とあって、この指図が決算に際して作られたものであることを示している。

内裏と同じ経過を示すのは後西院御所である。後西院御所についても出面帳は、助役奉行任命後の準備期間にあたり、二分計・四分計・六分計の指図や小指図がこの時期に作られている。「勘定場日々記」はやはり移徒の行われた一二月二日の一箇月後から一年間の記録で、この間に内裏同様二分計・六分計・一寸計の指図や小指図が作られ、その内の六分計の一枚は江戸に送られている。

内裏と後西院御所の場合は、両史料共、実際に工事が行われている期間からはずれているが、工事の準備段階から移徒の少しあとまでの、ちょうど工事が行われた期間に相当しているのが明正院御所である。明正院御所は、寛文一三年（一六七三）の火災に対屋を焼いただけで主要部分は焼け残った。しかし、延宝三年（一六七五）の一一月二五日の火災で焼失してしまった。このため幕府は直ちに作事の準備をすすめ、翌四年三月二八日には作事小屋入のはこびとなった。その間準備期間が四箇月しかなく、「勘定場日々記」をみると、この短期間に焼失前の寛文度の明正院御所の六分計の指図、延宝度の計画図などが作られている。さらに工事がはじまると、工事と並行して、二分計・六分計の指図が多く作られている。玄関などの敷石に関する細かい指図が立柱から上棟までの間に作られたこともわかる。作図時期は大工小屋入りの一月半ほど前の正月から二月のなかばまでと、立柱の前後それぞれ二箇月の間に集中している。内裏や後西院御所の例からみて、工事が終って移徒があった後も一年ほどの間は、決算等の図面が作られたと考えられるが、「勘定場日々記」が延宝四年の分だけで、五年のことはわからない。

延宝度の作事は、後水尾院御所・東福門院御所についても行われているが、後水尾院御所は延宝元年中に終わり、時期的に両史料とほとんどかかわりがない。また、東福門院御所の工事と出面帳の時期は重なるが、この御所に関する指図は、一枚しか作られていない。これは出面帳にみられる棟梁たちがいずれも内裏の作事に携った棟梁たちであったからと考えられるが、これらの棟梁たちが後水尾院御所・東福門院御所の造営にかかわりがなかったとは考えられず、後水尾院御所・東福門院御所の指図がこれらの棟梁たちによってこの時期に作られなかった理由は明らかではない。

以上、二つの史料から、作事の経過と作図時期との対応関係を、おおよそ明らかにすることができた。史料が、一つの御所の作事について計画段階から最後の締に至るまでの全期間に対応しているのではないので、主として内裏と明正院御所の場合を合せ検討することによって、全貌をおおむね把握することができる。作図に当った棟梁と作図時期について明らかになった点を次に掲げる。

一　内裏の場合、作事に携った棟梁は九〇人で、その内作図に当ったのは二人の受領級の棟梁を含む三分の一ほどの棟梁である。

二　作事の準備期間には、二分計・三分計・六分計の計画用の指図および小指図が作られると共に、先例となる御所の指図・小指図も作られている。

三　釿始から移徒までの工事が行われている期間に作られる図面には、二分計・六分計の指図のほかに、建具付指図・四半石指図のような細部に渉るものがみられる。

四　工事終了後に作られる図面には、工数などの増減に対する小指図や幕府などへ差し出す指図等、勘定極に関連する指図がみられる。

（平井聖）

2）延宝度（宝永）慶仁親王御所の場合

この御所の作事の経過は次の通りである。まず、宝永四年（一七〇七）三月二二日に儲君決定後、四月二二日に御所を禁裏南の後西院御所旧地に建てることが決まり、八月五日釿始があり、九月十六日に木挽小屋入、一一月一日に常御殿立柱、翌宝永五年一月二六日上棟、二月二日に安鎮法を行い、同二月一一日に移徒されている。

作事に関する史料には、図面の他に、作事方の日記「寶永四丁亥年三月ヨリ同五戊子年　親王様御殿御造營御用日記佃市右衛門田宮源之丞」（以下、「御用日記」）が残されていて、大工や材料の調達等の記事とともに、作事奉行等に差し出した図面の作製や提出先に関する記事が多く見られる。これらの記事と、中井家の図面との対比を編年したのが『中井家文書の研究　内匠寮本図面篇』第三巻所収の表―1である。

詳細は『中井家文書の研究』第四巻の「延宝度（宝永）慶仁親王御所の造営経過と作図時期」にゆずることにし、結論だけを記すと、次のようになる。

一、儲君決定後、所司代では、中井家に残る先例の東宮御所の指図等を提出させて、それを基に新御殿の計画を立てる。

二、この計画は、全体構成の概念的なものだけでなく、御殿の配置・平面・建具の種類・雪隠等の付属施設に至る詳細なもので、書付ではなく、指図によって示される。

三、この指図は、主要御殿群と付属屋の二枚に分けて、それぞれ五月二九日と六月一〇日に作事奉行をへて中井主水正正知に渡されている。

四、中井正知は、渡された指図により御所・所司代・作事奉行へ伺いを立てながら計画を進めている。

五、変更された部分については、作事奉行の許にある御本指図と中井正知の控指図が訂正されている。御本指図は、最初に所司代から中井正知に渡された図のことと考えられる。

六、作事奉行と中井正知との間で遣り取りされる指図は、変更の都度貼り直すだけで新しく指図を作ることはないが、御所へ献上する場合は新しく作図している。

七、所司代より指図が渡された直後から築地の計画が行われているが、全体図とは別に築地絵図を作って計画を進めている。

八、御殿の計画がほぼ固まった一〇月初めに計画極の指図を作製して、御所・所司代・作事奉行に差出している。なお、これまでに作られた全体図は、すべて六分計である。

九、小指図は、立柱頃から数多く作られ、御所や作事奉行に差し出されている。それらは、棚・建具など細部に関するものである。

十、一二月中旬以後上棟までの間は、雪隠や湯殿等付属建物に関する小指図が作事奉行へ差し出されている。

十一、上棟後もなお若干の小指図が作られているが、これらは、上棟後に指示された追加工事に関するものである。

以上のように、所司代と作事奉行、京大工頭の中井正知の間で、建物の計画についての遣り取りがあり、それは建築指図をもって行われたこと、計画段階の図、計画決定後の図、全体計画の図と建具や棚などの細部に関係する図が、作事のそれぞれの段階に応じて作製されていることが明らかになる。

また、『中井家文書の研究　内匠寮本図面篇』第四巻の論考中の指図に関連する事柄として興味深い部分について、いくつかを述べておこう。

結論の六に記した御所に献上される図について記した「御用日記」には、

七月十一日

一、新御殿御指図今一通新敷仕直可申候、只今迄之御指図ハ度々張替悪敷成候間、御所江献上ノためあたらしく仕直し申様ェと被仰付之旨

九月十三日

一、親王様新御殿御指図六分計、地紙鳥ノ子小指図黄紙其外色譯有　新出来

右之御指図ハ御所江被上ヶ候御用ニ出来仕候

とある。まず、これまでの指図は、貼り直しによって状態が悪くなっているので、新しく指図を作るとしている。貼り直しというのはどういうことであろうか。詳しくは後述するが、指図には、白い台紙の上に、建物平面を描いた色紙を糊で貼ってつくった貼絵図という方法で作製された図があった。貼り直しは、この図の平面の貼り直しと考えられる。すなわち、台紙に一度貼った平面を、何度も剥がし貼り直して建物の配置を検討していることがわかるのである。

また、ここで新しく作製する指図は、台紙に鳥の子紙（雁皮紙）を使用し、平面を描く色紙には黄紙をはじめとして別の色紙も用いて「色譯」（色分け）している。

紙については、宝永五年の一月二一日に新御殿の全体的な指図三枚の作製を命ぜられたときの記事に、

一、会所ニ而小左衛門、出雲へ御渡候

覚

此度之御殿大絵図三枚御用ニ候紙ハ、程村之上々紙ニ而随分きれいニ入念仕立可申候、来月廿六七日時分出来候様致度候、張直シ削目無之様ニ可仕候、以上

正月廿一日

とあって、こちらは程村《ほどむら》紙の上々のものを使用して、きれいに入念につくることが指示されており、紙の使い分けも見ることができる。

3）出雲大社の場合

次に出雲大社の寛文度造営について検討する。

寛文度の出雲大社遷宮に関する造営は、寛文七年（一六六七）に完成した。幕府によって造営の許可が出された万治三年（一六六〇）以降、幕府と大社側との間で、本殿設計の考え方に隔たりがあり、そのための計画決定に対する遣り取りが度々あったことが知られている。

従来の研究としては、福山敏男・藤沢彰・三浦正幸等による、寛文度以前の造替も含めた社殿建築についての論考があるが[31]、とくに川上貢・山崎裕二の研究は造替の経過を直接扱ったもので、川上は、造営の経過とともに図面類の作製についても詳細な考察を行っている[32]。しかし、より具体的に作業内容や、図面類の作製過程を検討しうる余地があると考える。

出雲大社の寛文度造替の経緯を記す基本史料は出雲大社の上官であった佐草家の「御造営日記」[33]で、その他にも造替関係文書がある。また、出雲大社所蔵の寛文度造替の建地割と指図が残されており、それらの史料をもとに考察を進める。

なお、出雲大社の位置は、松江藩内にあるが、歴史的経緯から、その造替は、幕府の支出と管理下に、幕府江戸方大工頭と松江藩の大工組織の共同でおこなわれた。

一、造替の経過の概要

はじめに造替経過について概観しておく。

万治三年（一六六〇）一一月二一日　幕府より造営許可が仰せ付けられる
寛文二年（一六六二）五月五日　松江藩主松平直政を造営物奉行に任命する
寛文四年（一六六四）九月一六日　釿始

寛文五年（一六六五）七月二〇日　本殿普請始
寛文六年（一六六六）四月三〇日　本殿柱立
寛文七年（一六六七）三月二六日　本殿棟上
寛文七年（一六六七）三月二九日　国造《こくそう》千家尊光により正遷宮執行

出雲大社の寛文度造替は、鎌倉時代の宝治度以来の正殿式遷宮の再興であり、神仏分離事業を伴うものであった。それ以前の境内の様相は、例えば「紙本著色杵築大社近郷絵図」（千家《せんげ》・北島両国造家所蔵）がよく伝えている。(34) この図を見ると、本殿をはじめ摂社・末社は朱塗で、その他境内には大日堂や三重塔などの仏教施設が建ち並んでいたことが確認できる。寛文度造替はそうした姿を一変させるものであった。勧進聖でもあった本願の活動を停止させ、社殿を朱塗から素木に変え、境内から仏教施設を撤廃し、仏像や仏具等は周辺の寺院に移した。三重塔は但馬国妙見山（現兵庫県養父市）に移築され、現在も名草神社の境内に建っている。(35)
造営料全額（白銀二千貫目）を幕府が負担したため、当時、土石流で地形が悪くなっていた境内地の地均しや境内両脇に流れる河川の護岸工事のほか、玉垣・端垣・荒垣の石垣築造、北島国造邸の移築、千家国造邸ならびに社家屋敷の新築、さらに社家町の新造まで行うことができた。

二、設計の検討経過と作製された設計図書

二―一　造替初期の設計検討

「御造営日記」によれば、本殿の設計は、寛文元年（一六六一）から翌寛文二年にかけて集中的に行われ、その後、寛文四年になって再度検討されている。最初の検討では、まず大社に計画案を作製・提出させ、その後幕府案が示された。しかし、その隔たりは大きく、幕府と大社側との間で、案をめぐって遣り取りが行われている。

まず、最初の設計の検討から見てゆく

寛文元年八月に造替決定が大社側に伝えられた後、最初に行われた設計案の検討は、大社側の上官衆と宮大工によって行われている。これは松江藩奉行所の村松内膳ら奉行衆から「地割木割」をするようにとの指示があったからである。

「御造営日記」寛文元年（一六六一）八月一一日条

松江奉行所村松内膳殿岡田半右衛門殿瀬田与右衛門殿香西太郎衛門殿社奉行垂水十郎衛門殿四人衆より御造営可被仰付旨首尾能御到来、江戸より有之候間、宮大工召連長谷佐草両人早々松江へ参候様ニ、村次飛脚状来、

十三日佐草長谷宮大工共神門《ごうど》権之進名代ニ、神門次郎左衛門外ニ渡部勘兵衛両人也、松江へ参垂水殿岡田殿へ面談、

一四日村松殿へ参江戸よりの目録塩見殿より覚書弐通請取、松江ニて宮大工ニ地割木割仕せ候へと御申候、

宮大工の神門次郎左衛門（神門権之進の代理）と渡部勘兵衛が佐草と長谷に同行して松江に出向いていることから、この大工らが中心となって「地割木割」が行われたのであろう。このとき佐草は江戸に滞在している松江藩士塩見屋成からの「大社御造営覚書」(36)を受取っている。

この覚書の内容から、当時の幕府側の社殿の造替方針は、

・御本社は正殿造で、規模は六間四面、四周に縁有、高さ石口から千木まで八丈
・本柱九本、剥柱、朱塗
・御本社、小宮に至るまで組物・彩色・金物等、今の古宮を踏襲する
・塔・大日堂などの仏閣は、中古に出来したものなので、修理・上葺になるであろう

ということがわかる。つまり幕府側は正殿式の本殿ではあるが、慶長度造替の社殿に倣おうとしており、神仏分離のことは全く考えていなかったこととなる。また、幕府作事方の御大工（大工頭）鈴木修理にこの段を申し入れたことも記している。

寛文元年の八月中には、本殿を「正殿造」とするために、同じく正殿式遷宮であった宝治度の記録類に目を通しながら、上官衆と宮大工は日々「地割木割」の検討をしている。

「御造営日記」寛文元年（一六六一）八月一一日条

一六日帰宅、両家談合日々宮ニて地割木割仕候、

一、御神室の儀御正殿造ニ被仰付事ニ候間、宝治二年御造営の記録守候ハんと両家より御出シ被成候江と上官中申ニ付、千家

殿より宝治御作事の間大体目録一巻　御神室目録一巻出ル、北嶋殿より遷宮次第の目録一巻出ル、此記録共両家御覧被成候

同年閏五月二日には「御地割木割」は一両日中に出来上がりそうだが、その「御地」を持参した方がよいか、御宮地形等を見立てに誰か来られるのか、と藩社奉行垂水十郎衛門に書状を出している。その二日後に藩・社奉行の岡田半右衛門が宮地形を見立てた後、七日には寺社奉行が大社を訪れ、「宮地割」を閲覧している。

「御造営日記」寛文元年（一六六一）閏八月二日条

松江社奉行垂水殿迄御宮地割木割一両日中出来可申候、其御地持参可申候哉、御宮地形等乍御見立何れ様成共御出可被成候哉、と書状遣ス、

同年閏八月四日条

岡田半右衛門殿宮地形見立被成候、

同年閏八月七日条

村松内膳殿御越、長廊ニて宮地割御覧被成候、

こうして検討された大社側の「地割木割」は同月一三日頃には完成し、その他にも、後述する「大社石垣積り地形積り」等の目録が作製され幕府に提出されたことが次の「垂水十郎右衛門書状」(37)（巻紙）からわかる。この書状は松江藩寺社奉行の垂水十郎右衛門から国造北嶋恒孝宛に出されたもので、「地割絵図目録等」を幕府への使者に渡すので提出するようにと伝えている。ここにこの段階における大社側の新本殿の方針が窺える。

「御造営日記」寛文元年（一六六一）閏八月一一日条

夜、於廳屋両家寄合、御本社天井を折上ニ小組ニぬりふちニ間々金箔を入、八雲をほり物ニ仕候ハんと被申候得共、佐草申様ニハ、花美（華美）の至いかが候ハん哉、殊ニ八雲ハ大社の一大事、絵師代々秘事ニ仕儀に候間、只今之通かがミ天井ニ八雲を　かき候へと申、如前ニ相成ル

一、本社組物を二手先ニ地割仕候をも、致無用出組ニ仕候、

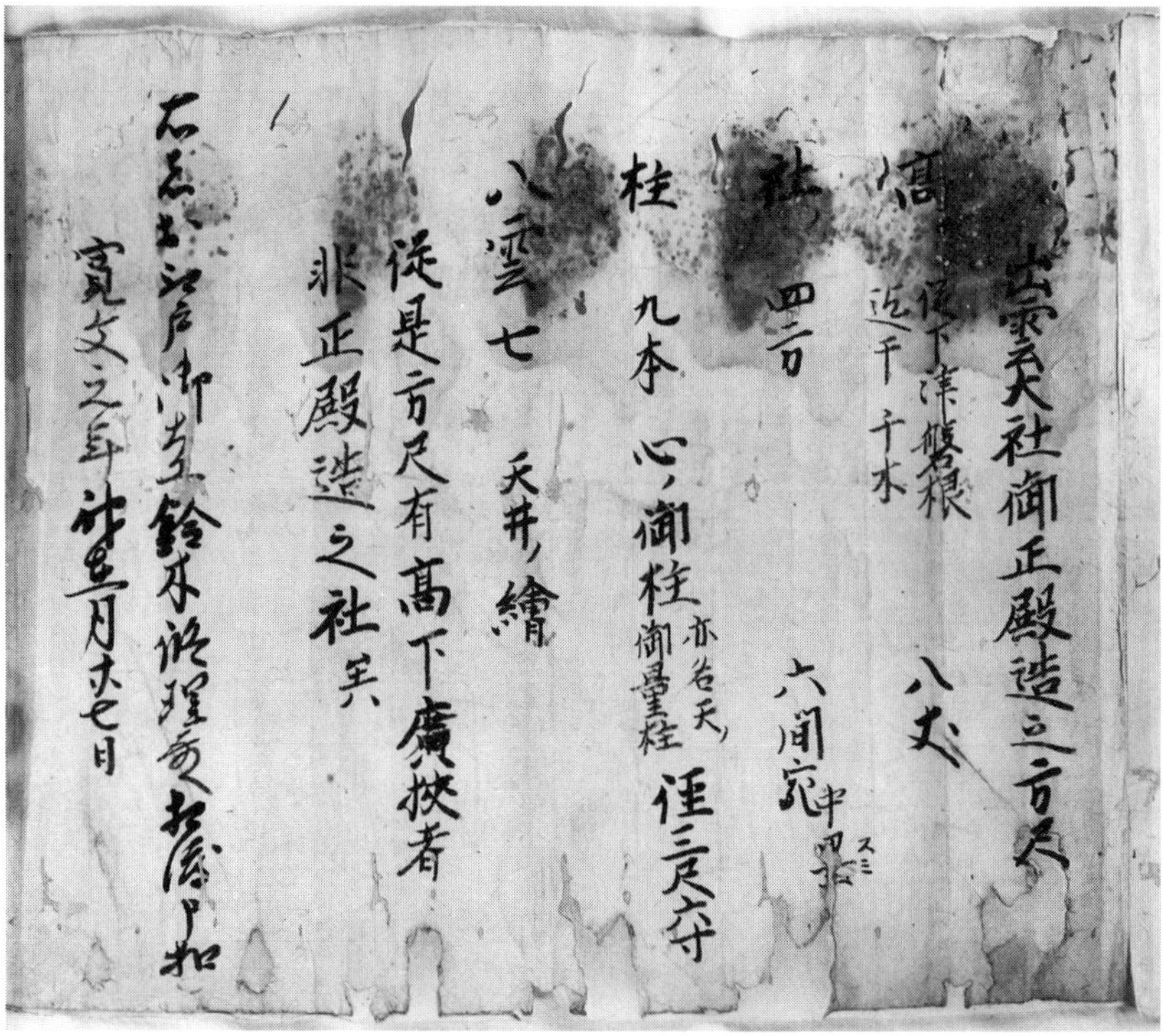

図2-1-14　佐草家文書5-1-4「出雲大社御正殿造之方尺扣」

すなわち、本殿天井は折上小組格天井、格縁は漆塗仕上げ、格間に金箔を入れ、八雲を彫物に仕上げようとの意見が出されたが、大社国造家にあって社奉行をつとめる佐草自清が、華美すぎではないだろうか、とくに八雲は大社の一大事であり、今のように鏡天井に八雲を描くべしと主張したため、これまで通りになったとある。また、組物を二手先に「地割」したが、出組に変更したとしている。この時期、幕府に限らず両国造や上官衆の間でも、慶長度本殿のような華美な形式が考えられていたことがわかる。

幕府へ大社側の検討案を提出した後、次は江戸で幕府作事方による検討が行われた。寛文元年閏八月一七日に佐草と嶋市之丞（倫重、千家方上官）は大社側の礼使として江戸に出発し、寛文三年二月一七日に帰宅するまで幕府方の大工や寺社奉行の井上正利らと折衝を重ねている。

寛文元年一一月から同三年の二月にかけて幕府作事方大工頭の鈴木修理や、御被官大工の鈴木三郎左衛門を頻繁に訪れている。佐草は、一〇月二七日の段階で、鈴木修理へ本殿の正殿造の規模等を記した「出雲大社御正殿造之方尺扣」（佐草家文書5-1-4）（図2-1-14）

を送っている。大社側との話し合いは主に鈴木三郎左衛門が応じていたようであり、「地割」を見ながら両者が話し合いをしている内容が日記から窺える。

「御造営日記」寛文元年（一六六一）一一月一四日条

宮両大工鈴木三郎左衛門へ参ル、大社御宮立組物定て出組ニて可有之候、二手先ハ有間敷と申候間も、京間六尺五寸ハ中古よりの事也、昔ハ六尺一間也、然ば御宮六間四方六尺ニシテ六々三拾六、心ノ御柱の割合申タル由、三郎左衛門被申由、然共ソレデハセバキト申候ヘバ、京間に地割可仕候、二手先も日本様ニ地割可仕と三郎左衛門被申由、

同年二月六日条

三郎左衛門へ参、御本社の地割一見仕ル、御正殿如古法方六間六尺間ニ仕候、昔名人の間尺定タル物ト三郎左衛門感入被申候、

同年十二月一九日条

鈴木三郎左衛門殿へ参面談、大社地割弥六尺間ニ仕候江と申談候、六尺五寸間ニも五六百年已前の出来物ニ候得共、京間ニ仕候へバ心の柱三尺六寸六歩ニ仕候ハねば、割ニ不合由被申候、只如古法六尺間ニ可仕由被申候儀定仕罷帰ル

翌二年二月一四日条

鈴木修理殿へ見舞、三郎左衛門ニ面談、此中大社差図仕由、然ば五社の宮出組かつくあしく候間ミつと《三斗》ニ仕直シ可申旨被申候間、兎も角もと申候、御本社六尺間ニ仕、殊外よき由被申候、

（中略）

一、大社地割は修理殿ニて有之候、木割ハ内匠殿ニて、

具体的な内容は以下の三つである。

①大社の組物について

大社側の意見は、出組であるべきで、二手先は受け入れられないとしているが、鈴木三郎左衛門は二手先も日本様に「地割」してはどうだろうかと提案している。

②「五社の宮」（端垣内の天前社、御向社、筑紫社、門神社二社と思われる）の組物について　大社側は出組としていたが、三郎左衛門か

ら三ッ斗にやり直すべしと指示された。

③本殿の平面規模について

三郎左衛門は、一間六尺五寸は中古以来の事で、昔は六尺一間なので六尺の六間四方にすることを提案している。しかし、大社側はそれでは狭いので京間にすべきだとしているが、後日、京間では心柱三尺六寸六歩にしなければ合わなくなるので、古法のように六尺一間に決定している。

大社側には、本殿の組物は出組であるという認識があったようであり、当初の案は出組で、一間が六尺五寸であったことがわかる。両者の話し合いの末、大社の「地割」は鈴木修理が、「木割」は木原内匠が行うことになったこともわかる。

寛文二年（一六六二）二月二九日には、「地割清書」と「惣差図」が完成し、佐草自清が一覧している。「地割」は棟梁大工衆二四〇人の内、上手な者を六〇人選び、鈴木三郎左衛門の指し引きにて行ったことが次の記述によりわかる。

「御造営日記」寛文二年（一六六二）二月二九日条

内匠殿修理殿へ罷出ル、地割清書一覧申候、惣差図も出来申候、地割ハ棟梁大工衆二百四拾人の内より上手を六拾人勝り出シ、鈴木三郎左衛門指引ニて仕由、其中福田徳兵衛随一仕由也、

この地割を行う棟梁の内訳も日記で明らかになる。すなわち、

「御造営日記」寛文二年（一六六二）三月六日条

福田徳兵衛見舞被申、今度の地割棟梁六人の名字を承候、江戸ニて大社ノ御地割仕ル、棟梁大工衆六人の覚

一、本社　五社　若宮　一宮　拝殿　廳屋　鳥居五ツ

右は福田徳兵衛　鈴木三郎左衛門弟子也

一、樓門　玉垣　廻廊　厩　鐘撞所

右は清水徳右衛門、福田徳兵衛弟子

一、小内殿　八足門　客座　三十八社

　　右は坂本三右衛門
一、御竃殿　御蔵　舞臺　常燈所　鷺宮　假宮　門客人社
　　右は井出清左衛門、福田徳兵衛弟子
一、鷺社　假宮
　　右は大橋喜右衛門　鈴木三郎左衛門弟子
以上五人外ニ川合利兵衛（鈴木三郎左衛門一ノ弟子惣ノ地割横目仕候）萬事の差図鈴木三郎左衛門
一、木原内匠　八百石
一、鈴木修理　五百石
御被官大工衆
　片山源右衛門　百石ニ二百俵
　鈴木三郎左衛門　七拾俵
　同　与次郎　四拾俵
此外ニ十四人御被官衆有之
江戸町中棟梁大工二百六拾人有之由

とある。これらの棟梁の分担を整理すると、次のようになる。

福田徳兵衛（鈴木三郎左衛門弟子）――本社・五社・若宮・一宮・拝殿・廰屋・鳥居五ツ
清水徳右衛門（福田徳兵衛弟子）――樓門・玉垣・廻廊・厩・鐘撞所
坂本三右衛門――小内殿・八足門・客座・三十八社
井出清左衛門（福田徳兵衛弟子）――御竃殿・御蔵舞臺・常燈所・鷺宮・假宮・門客人社
大橋喜右衛門（鈴木三郎左衛門弟子）――鷺社・假宮
川合利兵衛（鈴木三郎左衛門弟子）――「惣の地割横目仕候」

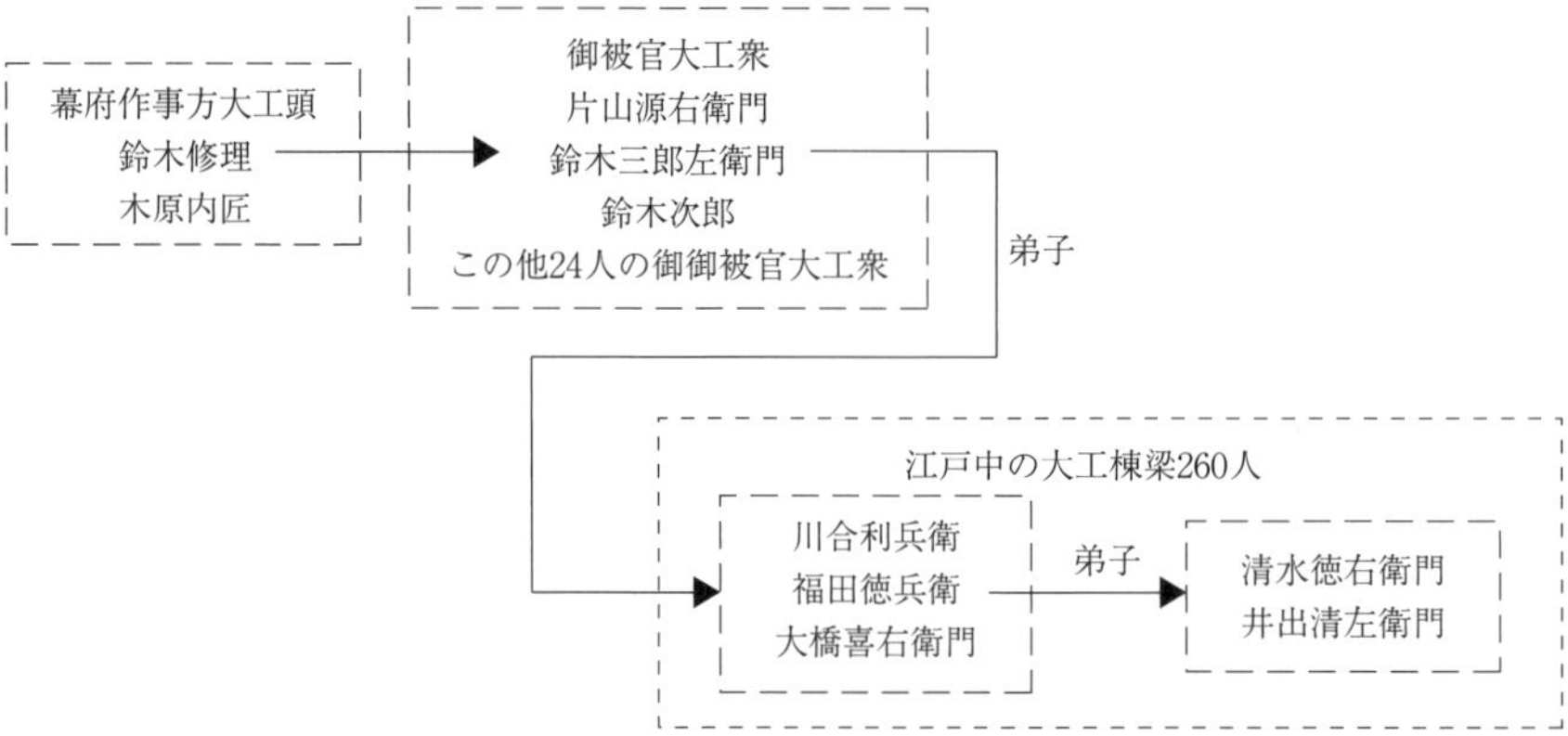

図2−1−15　「地割」を行った幕府方大工組織

鈴木三郎左衛門――――――――「萬事の差図」

そして「地割」は大工頭の鈴木修理の下、御被官大工の鈴木三郎左衛門が指示を行い、三郎左衛門弟子の川合利兵衛が全体の監督を務めながら大工棟梁衆の手により行われた（図2−1−14）。

鈴木家が主に「地割」の作製を担当しているなかで「木割」は木原内匠が行っている。同じ幕府大工頭であった木原[38]家も提携して作事方の仕事に従事していたようである。

こうして江戸で完成した「地割」は一帳に仕立てられ、鈴木修理が幕府の寺社奉行井上河内守正利に提出している。

「御造営日記」寛文二年（一六六二）二月二九日条

一同日修理殿ニて鈴木三郎左衛門杵築よりの地割を爰元ニて署仕たる趣、一帳ニ仕立、是を河内守殿へ懸御目由被申候、

また、様々な目録類の確認作業も行われている。昨年大社側が提出していた「大社石垣積り地形積り」の帳面のやり直しを鈴木修理らに求められ、江戸の石屋仁兵衛、大坂の久儀久右衛門、和泉の石屋多兵衛の三人を呼び寄せ、三日間をかけて石切夫手間の見積もりをしている。松江藩勘定奉行の筒井惣兵衛、玉井源兵衛、小出佐左衛門が積算し、帳面にした後、再び鈴木修理らに提出している。この「石垣帳」とも呼ばれる帳面には社殿の礎は含めずに、「材木帳」に入れるよう指示されている。

このやり直しを含めて、これまでに以下のものが幕府に提出されたことになる。

・「地割」帳面（前述寛文二年二月二九日条）
・「石垣地形の帳一巻」（「石垣地形の日用積り」、「石垣積り」、「地形積り」とも呼ばれる）

・「材木帳」
・「釿始より御遷宮御神宝御簾畳目録」
・「日御崎の御神宝銀付の仕タル目録二通」
「御造営日記」寛文二年（一六六二）三月二九日条

その後、寛文二年（一六六二）五月に幕府からの造営料二千貫目が決定したのを始まりとして、造営惣奉行に藩主直政が命じられ、大社からの本願追放など、これまでの造替方針が大きく転換することになる。

「御造営日記」寛文二年（一六六三）六月三日条には、

塩見殿へ両人見廻申候序、ケ様逗留の内御宮地割等御大工衆へ仕直シ申請度と申候へバ、尤ニ候併御大工衆出羽様より御帷子袷等持参申、其後頼候へと被申候、尤と申扣ル事ニ候

などとあって、佐草らも江戸で作製された「地割」に不満を持っていたようで、江戸に逗留している間に御大工衆に「地割」をやり直してもらいたいと願い出ている。その結果、その後、設計案が変更されることになったと考えられる。

ここで寛文三年二月一四日に大社側から松江藩社奉行へ出された手紙の覚によると、「下地割」は去年、すなわち寛文二年の八月と秋の二度行ったことがわかる。

「御造営日記」寛文三年（一六六三）二月一四日条

垂水十郎右衛門殿へ手紙を以断申覚

覚

杵築御宮の下地割去年の八月、去年の秋、両度仕候、大工共扶持方手間ちん、紙の代銀、当分ハ先修理銀借用仕、拂申候

寛文二年八月から寛文三年二月一四日までの期間は日記の記載が無いため、その詳細は不明であるが、佐草と嶋はこの期間も江戸に逗留しており、大社側が希望した「御宮地割等」のやり直しがなされたと考えてよいだろう。

寛文四年閏五月二四日の日記によると、大社宮大工が行った「御宮地割差図」は寛文元年と二年に行ったとある。

「御造営日記」寛文四年（一六六三）閏五月二四日条

丑寅両年ニ御宮地割差図、杵築大工共仕候、入目ノ米銀御造営料の内ニ候ハん哉、または修理亮より出可申哉ヲ半右殿へ窺申
候へと、去年垂水十郎左殿御申の通申候へば、御造営料の内より御出し可被成と長谷佐草へ半右殿御申候、

寛文元年は大社で行った「地割」のことで、寛文二年とあるのはこのやり直しの分に当たると考えられる。寛文二年中には佐草らは江戸逗留中であるので、江戸で大社宮大工も交えて「地割」が作製されたと考えられる。また、費用は造営料から出されたことがわかる。

二―二　「木形」の作製と「地割」の再検討

寛文三年から寛文四年四月までは、社殿造替前の各種工事で忙しいためか、「地割」等の設計に関すると思われる記述はみえない。次に検討が行われているのは、寛文四年閏五月一九日に、造営大工の惣棟梁を命じられていた江戸の大工松井茂左衛門と日向少助が大社に到着してからである。

「御造営日記」寛文四年（一六六四）閏五月一九日条

一、同日江戸大工松井茂左衛門当着、是ハ庄助同前ニ御造営大工方惣棟梁被仰付ニて罷下り申候、

両大工は、その翌日に造営奉行の岡田半右衛門より本殿の「木形」（模型）を作るよう命じられる。「鷺浦ニ在之檜しし料」を用いて作るよう指示しているが、これは四月に大坂から鷺浦に到着していた社殿用の材木だと思われる。「しし料」とは「宍料」[39]で、社殿用の木材が「木形」に使われたことがわかる。これを宮木挽の七郎兵衛・仁左衛門が引き、部材の加工は宮大工の神門長兵衛・渡部内蔵丞と、江戸大工の松井茂左衛門・日向少助が行っている。彼らを中心に工数二五〇人をかけて、「木形」は一ヶ月半後の七月一三日に完成している。

「御造営日記」寛文四年（一六六四）閏五月二〇日条

御本社木形仕候様ニと茂左衛門少介ニ被仰付候、木は鷺浦ニ在之檜しし料取寄可申由、

同年閏五月二五日条

同日木形の板（檜木壱《ママ》料）宮木挽共へ引せ申候

同年六月一日条

同日水曜鬼宿曜宿相応大吉日、御本社木形仕始ル、末代残し置申様ニと念を入仕候、并地割をも仕始候故、吉日兼《ママ》て佐草撰申候、木形ノ木造りハ去ル廿六日より仕候、大工ハ神門長兵衛渡部内蔵丞松井茂左衛門日向少助也、板引分ルハ宮木挽七郎兵衛仁左衛門仕候、茂左衛門少介弟子三人罷出仕候、

同年七月一三日条

御本社の木形今日迄ニ調、末代の手本ニ仕永御宮立の様子見せ可申ため四方のはめ板または階《はし》かくしも不仕候、御本社ニ階かくし仕候事慶長御造営の宮より始り申候、此度木形の工数弐百五十人手間入申由

この「木形」は、現在出雲大社の神祐殿に所蔵されているものとみなされている。和田嘉宥「寛文度の出雲大社造営について「大社造営一紙目録」を中心に」[40]によれば、「材は檜で縮尺は三〇分の一である。向拝はなく、壁や扉は付けられず、床下も吹き放しとなっていて、本殿の構造形式がわかる。柱は礎石の上に建ち、心の御柱が最も太く、宇図柱《うずばしら》は側柱より太く、わずかに外に突出している。また、階の上り鼻、高欄に付く柱は一際高い丸柱（模型で約一三cm、実際には四mの高さ）である。軒は一軒で、繁垂木の化粧垂木は直線であるが、小屋束に乗る野垂木には反りがある。」とある。

同時期に、「地割」の再検討が奉行衆と佐草・長谷の両上官と宮大工、江戸大工の二人を交えて行われている。「并地割をも仕始候」（「御造営日記」六月一日条）とあることから、新たに「地割」の作製が始まったことがわかり、より実施設計に近い「地割」が作製されたと考えられる。

「御造営日記」寛文四年（一六六四）閏五月二三日条

御本社ヲ始、末社等地割相違の事も在之候哉と、奉行衆佐草長谷茂左衛門少介宮大工、会所ニて吟味仕、御本社屋ね檜皮下地立板二枚垂木ノ上ニ打、其上ニこまい其檜皮ニて莚目可然と談合儀定、次ニ御床ノ板ノ厚さ五寸ハ薄ク候て見懸ケ如何ニ候間、七寸ニ可仕ニ儀定、廳屋丸柱さし渡シ一尺二寸ハ七尺間、十五間ノ差図、去年六尺五寸間ニ仕替申ニ付、柱ふとく見苦ニ付、さし渡シ九寸ニ儀定仕候

同年閏五月二四日条

昨日御本社を始廳屋等の地割差図吟味被成旨国造殿へ佐草長谷披露、就夫御本社御床の下天正八年假殿造営の社迄ハ如古法あけはなしニて有之候、慶長御造営より御宮造華美ニ罷成、御床の下迄はめ板在之候、然ば此度御正殿造ニ罷成候上ハ、可成儀ハ古法ニ被成度、国造殿思召ニ付、長谷佐草を以て半右門殿へ右の通あけはなしニ被成、心柱ヲバ柱《ママ》ニて包ミ鳥の糞ニても懸不申様ニ仕度御所存之趣申候、半右殿御申候ハ、其段ハいか様も御好の通ニ可仕候、併あけはなしニ仕候ハバ、諸人御床の下へ入見物可仕も如何、または自然乱世ニ罷成、軍士共の居所かなと入候ハんも不知、然ば未来ヲ御鑑ミ被成候事専一ニ候間、とくと御志案被成候へと被申候、伊勢内外宮も御床の下あけはなしにて候、但礎ニて、東西の棟木の下すて柱一本宛ハ掘立也、当社も天正御宮造迄ハ礎ニて無之候、万事慶長ノ社より古法を背候事、苦々敷存、此節可成義ハ古法ニ任事ニ候、内外宮も礎ニて候へバ是ハ礎ニ成一段能御座候、此度御正殿造大さう成屋ねニて候故、棟木両ノ桁ニ内外宮のごとくすて柱可仕哉、または臂木ニて能候ハんやと半右殿佐草など吟味仕候へ共、御柱九本ニ定り在之上ハ、不入物か臂木ハ棟木両桁先ばかりニ仕候ハ見懸もつよミも能候ハんと、大工茂左衛門佐草相談の趣、半右殿へ申談儀定仕候、木形ニて様子がつてん被申候、

　同年六月一六日条

同日御本社木形いかにも堅メつよく被仕候ニしかじ《ママ》た候へば、梁ヲ左右の桁ばかりニてつなぎ候てハよハミたるべきと為候間中桁二通り入又其ニつか柱ヲ立候て小屋梁ニ取付候ハバ可然候ハん哉と佐草差図申候へば、大工庄助いかにも尤と候て中桁右の差図ノ通り仕候、末代残シ置木形の事ニ候間随分被入念候へと申渡し候

「木形」については、「末代残し置申様ニと念を入仕候」（六月一日条）「末代の手本ニ仕永御宮立の様子見せ可申ため」（七月一三日条）との記述から、最終的には実施設計段階の「木形」を作り、後世への記録保存用とすることが目指されたようである。しかし「木形ニて様子がつてん《合点》被申候」（閏五月二四日条）とあるように、設計の検討に「木形」が用いられたことも間違いない。「木形」は佐草が六月一日から作り始めたと日記にはある。しかしそれ以前にも「木形」を見ながらの検討は行われていることとなる。このことから、検討のなかで「木形」はいくつか作製され、最終的な「木形」の作製後も設計の検討は継続していたと考えられる。

　次にその検討内容であるが、本殿の形式について以下の事項が議論されている。

①柱を掘立にするか礎石上に据えるかが検討され、最終的に礎石立と判断された。
②棟木を受ける両妻の柱（宇図柱）は伊勢神宮内・外宮正殿のように棟持柱として独立させるか、肘木を柱上に組むかが検討され、肘木を組むのが見掛けが良く、強さを増すという大工茂左衛門の意見が了承される。
③本殿の床下側廻りにはめ板を張るか否かについては、床下側廻りには板をはることになった。
④小屋組は、梁を左右の桁につなぐだけで良いかが検討され、中間に桁を入れ、束柱を立てて小屋梁に取り付けることになった。
⑤本殿の屋根の葺き方は、檜皮下に地立板二枚を垂木に打ち、その上に小舞、檜皮で「莚目可然」と決まった。なお、「莚目可然」の意味は解釈できていない。
⑥床の板厚は、御床の板厚が五寸では薄くて見かけが悪いので、七寸にすることに決まる。

二―三　配置計画の検討

これまでは主に社殿の設計案の検討をみてきたが、次に配置計画について述べる。江戸から佐草らが大社に戻り、造営事業が動き出した寛文三年五月に、藩主・松平直政より造営奉行に任命された岡田善兵衛が境内を見分した上で、「宮うち惣地形のこばんわり」を宮大工に作製させている。おそらくこの図面は建物の配置を検討するための境内の敷地図と考えられる。この図は一週間後に完成し、「宮内物指図」と呼ばれている。

各種造替工事が始まっている寛文四年四月には次の記事にみられるように、松江の足軽や杖突が「地形坪割」をしている。

「御造営日記」寛文四年（一六六四）四月二一日条

一、同日地形坪割ノため山本七右衛門と中足軽松江より来り、今日より坪割仕

同年五月七日条

一、同日地形坪割り足軽佐川長兵衛昨日松江より来り、今日より丁場へ出ル

同年五月九日条

杖つき足軽大田兵左衛門昨日松江より来リ、今日より丁場へ出ル

ここで行なわれた「地形坪割」とは何であろうか。「惣地形のこばんわり」の「宮内惣指図」の作製後の作業であり、杖突という土地の測量に当たる役人が行っていることから、「宮内惣指図」を基に実際に境内地の測量をし、計画の位置を実際の敷地にプロットする作業ではないかと思われる。

五月末の藩主直政の社参を前に五月一五日には、「御本社廻廊玉垣拝殿廳屋建所のごばんわり差図」を用いて宮大工が建物の建つ位置に傍示杭を差している。この際の配置を目録にした「御宮地こはんわり間尺覚」（佐草家文書　史料57-6-1）、がある。この記録には境内の各建物の間隔寸法と、および社殿規模が記されている。本紙裏書の年紀に「辰ノ五月十六日」とあり、日記の記述と一致する。「傍示の間尺積り」を覚書にするよう造営奉行松井半之介から指示されて目録を作製しており、本記録はこの目録の写しと考えられる。

「御造営日記」寛文四年（一六六四）五月一五日条

一、同日岡半右殿より村次飛脚の状五郎左殿へ到来、大守様昨十四日ニ御帰城、然ば当月中ニ御社参可被成御意ニ候間、其心得可被成旨申来候通佐草へ被申渡候、猶又御本社廻廊廳屋拝殿等の立所傍示迄さし、大守御社参の時、懸御目候様ニと申来候、

同年五月一六日条

白日　御本社廻廊玉垣拝殿廳屋建所の地形ごばんわり差図を以大躰の傍示佐草承りニて、宮大工両人ニささせ申候、奉行衆出会被申候、主水内蔵助左京長谷出合、

一、右傍示の間尺積り覚書ニ仕くれ候へと、松井半之介殿佐草へこのミ被申ニ付目録仕遣候、下書長谷も望申ニ付遣ス、御宮建所儀定傍示ニて無之候、大守様御社参被成候ハバ、大躰可懸御目ためばかり也、故ニ目録此覚書ニのせ不申候、

日記によるとこの建物の位置（立所）の傍示は決定したものではないので、直政へは大体を見せるだけだとしており、この時点では社殿配置は未だ検討段階だったことがわかる。このことを裏付けるように、記された配置と寛文度の指図とされている「社総絵図」を比較すると以下の点で相異している。

①本殿縁端から玉垣まで。

北：四間》一間広い。
南：一五間》四間半広い。
東：七間》二間広い。
西：一〇間》一間広い。
②玉垣から廻廊外側（瑞垣）まで。
北：五間》一致。
南：一一間》一間広い。
東：一二間》一致。
西：一〇間》一間広い。
③廻廊南端から拝殿まで：七間》七間半狭い（番所までとすると五間半狭い）。
④拝殿南端から庁屋の北端まで：一五間》四間広い。
⑤廻廊外端から一の鳥居築地外まで：五八間》格子計の引かれる範囲を「築地」とするとほぼ一致。
⑥廻廊南西の西角から御供所まで：一一間》方角は不明だが、「廻廊未申の西角より」とあることから、境内の西側であることは間違いない。
⑦御供所南端から一九社北端まで：三間》御供所の南に一九社がある。
⑧一九社南端から一宮まで：三間》一九社の南に一宮（現在の境内の東側にある釜社）がある。
⑨一宮から神馬屋北端まで：三間》御供所・一九社・一宮・神馬屋が三間間隔で寄せて計画されていた。
⑩廻廊南東の南角から会所まで：四間》方角は不明だが、「廻廊辰巳の南角から」とあることより、境内の東側であることは間違いない。
⑪会所南端から一九社北端まで：三間》会所の南に東一九社がある。
⑫一九社南端から若宮北端まで：二間》東一九社の南に若宮（現在境内西側にある氏社二社）がある。

以上より、この時期の配置計画は、玉垣と端垣は実施計画より広いものだったこと、端垣外の建物の配置は実施計画と大きく違っていたことがわかる。また本殿を「九間四面」としているが、これは縁の外端の寸法をとったものと思われる。建物の規模はほぼ一致するため、平面計画にこの後大きな変更はなかったと考えられる。

また、建物は東西それぞれで三間程の間隔で寄せて計画されており、この時点では北嶋・千家両国造邸の門をどう開くかについては検討されていなかったことがわかる。この点はその約一ヶ月後、寛文四年六月二一日の日記に、両者の門に御供所と東西の一九社、会所等がかからないように「ごばんわり」（詳しくは後述する）を用いて吟味している。境内西側では、御供所は南の方に寄せて、一九社をその北側に建てることになっており、東側も同様に検討し直されたようである。

寛文四年（一六六四）六月二一日条

時々小雨降、北ノ新地大門ノ所佐草門尺ヲ以ひらき申候、今度御宮立卅八社會所等門サキニふさがらざるやうニ吟味仕候、長谷をも呼寄申千家殿門先ニモ御供所卅八社さハらざるやうニごばんわりを以吟味仕、卅八社ノ内十九社宛東西ニ立申候所吟味仕、御供所初ハ北へよせ立申談合ニ候、然ヲ今日五郎左衛門と談合申長谷佐草吟味ニて南へよせ十九社ヲバ北へ上ゲ立申様ニ仕候、是ハ千家殿只今迄ノ大門ニさハらざるやうニと吟味申候、

では、そのような配置計画を「ごばんわり」を用いてどのように検討していたのであろうか。寛文四年八月の日記には以下の記述がある。

寛文四年（一六六四）八月一〇日条

御宮地こばん割ニ三十八社拝殿廳屋立列付紙佐草など仕せ候

佐草が三八社（東西一九社二棟）や拝殿、庁屋の「立列」を「御宮地こばん割」に「付紙」したとある。「立列」とは配置のことと考えられ、「御宮地こばんわり」に付紙を貼って配置を検討している様子が窺える。またこのような作業を大工などではなく、大社側が行っていることも興味深い。おそらく格子罫が引かれた境内の敷地図を大工が作製し、それを使って大社側が配置計画を検討していたと考えられる。

この後、九月一六日には釿始が行われ、社殿造営が始まるが、寛文四年の日記は九月一杯、また同五年の日記は七、八月分しか

見出せていない。そのため、前述した史料により判明した限りで経過を追ったが、上述の記事以降、配置の検討に関するような記述はみられなかった。釿始の一月前であるので、この検討が最後であるとすれば、この敷地図が最終的な配置図となったことになる。しかしこの日記は国造北島家上官の佐草自清の記したものなので、検討の図としては最後でも、実際の造営中に別の図面が作製されている可能性ももちろん考慮しなければならないだろう。

造営の完了後の、寛文八年（一六六八）一一月二五日に幕府へ提出された「大社造営一紙目録」(41)（佐草家文書56－８）の末尾に以下の記述がある。このとき一緒に「社中繪圖」も幕府へ提出されている。

一、社中繪圖并御造営入用銀高諸職人判形在之候一紙目録　出羽守様御添状共ニ　寛文八申十一月廿五日　御月番久世大和守様へ持参仕差上げ（後略）

一、此一紙目録　公儀え上ケ候　畱《留カ》如此諸職人判形之本書ハ御城ニ繪圖同然畱《留カ》リ申候

二―四　地割と木割、差図

以上、「御造営日記」を基に、造営経緯や設計の検討経過についてみてきた。日記の記述のなかには、設計に関連すると思われる用語である「地割」・「木割」「差図」などがみられる。ここでは、これらの用語の意味するところを検討しておきたい。まず「地割」について検討する。寛文元年中の記述を列記すると次のようになる。

・宮大工ニ地割木割仕せ候へと御申候（中略）日々宮ニて地割木割仕候（八月一一日条）
・御宮地割木割一両日中出来可申候、其御地《割脱カ》持参可申候哉（閏八月二日条）
・長廊ニて宮地割御覧被成候（閏八月七日条）
・一、本社組物を二手先ニ地割仕候をも、致無用出組ニ仕候（閏八月一一日条）
・近日地割絵図御目録等、江戸へ之御使者ニ指添被、爰許迄御指出成被可之由、其節御使者に申談可候（出雲国造家文書一五九「垂水十郎右衛門書状」）

「組物を二手先に地割仕候」などから、「地割」は立面・断面に関わる建物の形に関する様式・形状のように思える。それを図化

したものが「地割絵図」であろう。また、「宮地割御覧被成候」のような用例においては、「地割」が、地割を表現した図を示しているように思われる。

「杵築御宮地割木割入用目録」（佐草家文書57－6－2）には、このときの「地割木割」に要した経費の内訳を記した記録がある。その内容は大工の作料・飯米と「地割木割」に用いた材料代に関するものである。寛文元年（一六六一）八月一五日の年紀があるので、寛文度造替の初期のものであり、四人の大社上官衆から大和屋七郎兵衛と宇屋忠兵衛に宛てた控であることがわかる。二人は「大社造営一紙目録」（前掲）のなかに、「木口張之代」の項に請負人として記されており、また出雲の者であることは明らかである。日記にこの目録に関する記述はないが、この書状は、おそらく「地割木割」が完成した後に書かれたものと考えられる。

目録の内容から以下のことが読み取れる。

①「地割」は工数一六九人により行われている（その内「上」の大工一二二人と「中」の大工四七人）。
②「地割」には「地割板」が用いられ、その板は木挽八人により挽かれている。
③五寸釘一〇〇本、四寸釘四〇本、「鳶釘」が一〇〇本が使用されている。
④「地割板」は板を「合釘」で接ぎ合わせて、板の木口に「はしばみ」が付けられた。
⑤「志しろう」[42]三丁を「地割板」にしている。
⑥厚紙一五〇枚、越前鳥の子七〇枚など、大量の紙が使用されている。
⑦「地割木割」の経費は総額二六六匁四分で、その内訳は以下の通りである。

・大工の作料：一九三匁四分
・木挽の作料：八匁八分
・釘代：六匁
・紙代：三五匁二分
・「志しろう」代：二三匁

⑧「木割」という言葉は、「地割木割入用」という言葉で用いられるのみで、経費内訳のなかには出てこない。例えば「地割

仕候」はあるが「木割仕」等という言葉は出てこない。紙が用意されているのはもちろんであるが、「地割板」というものが作製されている点が注目される。五寸釘が使用されていることや、板をつなぎ合わせて作られていることから、東大寺大仏殿の板図[44]のようなものである可能性もある。断面図や立面図を表す「建地割」は、現寸や一〇分の一、二〇分の一の縮尺で作製されることが多く、規模の大きい建物であれば一つの図はかなり大きいものになる。一方、はしばみを木口につけているのは、板の反りや合わせ目のはがれを防ぐためと考えられるが、製図板に相当するようなものであった可能性もあろう。

江戸で幕府作事方の鈴木修理らが設計の検討を行った際は、「木割」と「地割」の担当は区分けされている。「木割」担当者は木原内匠一人しか記されていないのは、鈴木方の大工が「地割」を行い、「木割」は木原方で行われたことを示すためと考えられる。江戸での「地割」の検討内容をみると、組物から柱間寸法の検討にまで及ぶので、平面と立・断面の区別は無く、「地割」が用いられていることがわかる。幕府作事方が作製した図の写しと考えられている東京国立博物館所蔵の「出雲大社図」には、社殿の立・断面図全てに平面図が添えられている。寛文四年閏五月に「木形」を用いながら「地割」の再検討が行われた際も、屋根の葺き方から床板の厚さ、柱間寸法と柱太さの関係など平面・立面・断面のすべての検討が行われている。このことからも、平面に立面・断面も含めた検討のこと、あるいはそれを図面化したものを「地割」というのではないかと考えられる。

一方、「木割」については、北嶋国造邸の材木の調達のために「木割目録帳」の語が用いられ、左のような記事がある。

「御造営日記」寛文四年閏五月一一日条

半右殿内蔵《助脱カ》佐草ニ御申候ハ、北嶋殿材木の儀こころミニ取せ申候へども不慮の事候間、右の入札仕落札の者共ニ材木取せ可然候ハん由、就夫木割目録帳ヲ以材木の寄の注文仕せ候へと内蔵助ニ御申ニ付、大工惣右衛門ニ仕せ被申、

これは、新しい屋敷を建てるために必要な材木や部材寸法とその数量等を記した目録と想像される。このことから、上述の「地割木割目録」で「木割」という言葉が経費内訳のなかには出てこなかったのも理解できる。すなわち「木割」は、造営に必要な材木の部材寸法とその数量の検討や計画であったと考えられるのである。

また、「差図」（あるいは「指図」）は、日記の中では、立面や断面を含まない場合に用いられている。北嶋国造邸の新屋敷の水

縄引きにおいて、「家ノ差図」も見せたとあるが、これは水縄を引いて土地の面積を測っているので、ここでは平面図のことであると考えられる。設計の検討の中でも、平面に関することのみである場合は「差図」と呼んでおり、地割とは呼んでいない。

二―五　まとめ

以上、出雲大社の寛文度造営における造営経過と図面作製についてみてきた。本殿の形式を検討する際には、「地割」「木割」が検討されており、検討に際しては図面が不可欠で、幕府と大社側はそれらを遣り取りすることで計画を進めていった。また、建物の配置計画においては「ごばんわり（碁盤割）」絵図、すなわち墨引き格子罫の引かれた絵図が作製され、それをもとに大社側の社奉行らが付札をして検討している様子がうかがえた。

4）図面固有の情報を把握することの重要性

大工頭中井家の二例、出雲大社における例を検討してきたが、造営における諸段階において、それぞれ計画図が複数作製され、その後、計画決定後の図が作製されて計画検討用の建築指図と、提出用の図、保存用の図が作製されていた。また、計画用の図においては、内容検討のために付札されたり、貼絵図において平面を描く色紙が貼り直されることも判明した。

幕府作事方のうち江戸方が単独で行う作事における指図作製の例を示していないが、これは史料が極めて少ないためである。ただし、すでに引用した田辺泰の示した作事方の職制図（本書二八頁）は、万延元年（一八六〇）の江戸城本丸御殿における作事方の組織を示すものであるが、この職制図中の「絵図師」が建築指図作製の担当者であった可能性が高い。大工頭の下に大棟梁が、その下に大工棟梁が位置づけられ、大工棟梁の支配下に大工肝煎と並んで絵図師や物書が見られる。ちなみに、同図中の「物書」は造営に伴って作製すべき帳簿類の作製担当者であろう。

また、そのときの「御普請絵図類仕立方」によれば、絵図類は美濃紙で描かれ、すべて大棟梁の指図を受けて作製され、内容が決定したら、四手御役、すなわち勘定方・作事方・目付方・吟味方の調印を受けた後、三通の写しを作り、一通は大棟梁の控とし、各一通を上場所、下拵所に回送することとされていた。現存する万延度の江戸城本丸御殿の図は、大半が東京都立中央図書館特別文庫室に保存されているが、ほぼすべてがこの作図法や順序の通り作製されている。また、四手御役の調印や作図法は、東京国立博物館に所蔵される弘化度の江戸城本丸御殿の図面や、東京都立中央図書館特別文庫室に所蔵される天保度の江戸城西丸御殿の図面にも認められるので、同じやり方が天保九年（一八三八）頃まではなされていたことが明らかとなる。四手御役の調印などは、重要な指図作製上の手続きであったといえる。

したがって、図面が当初表現しようとした内容だけでなく、使用後の図面の表面や裏面に残る様々な痕跡のすべてが、造営の歴史や経緯を物語る貴重な史料となっていることは明らかである。

後述する指図類の修補や保存においても、忘れてはいけないのは、単に修補の技術や保存方法を知って実践するだけでは不十分であるということである。本章で述べた建築指図の歴史や作製目的を知り、作図方法・表現法に至るまでの、建築指図をとりまく多くの情報を把握しておくことが大事である。地域や大工、時代、造営や修理の事情によっても図は異なってくる。それぞれの図の固有性を掴んだ上で、図のもつ情報を長く保存し、かつ活用しやすいものとするための方法を探ることが重要なのである。

〔註〕

1　平井聖編『中井家文書の研究　第一～一〇巻　内匠寮本図面篇　一～一〇』中央公論美術出版　一九七六～一九八五年

2　註1『中井家文書の研究　第一巻　内匠寮本図面篇一』三二頁～三三頁（平井聖著より抜粋）
なお『中井家文書の研究　内匠寮本図面篇』に所収される後藤・斎藤の論考を再掲もしくは短縮したもの、あるいはそれを元に書き直したものは、原則として本文中には執筆者名は掲げなかったが、一部平井聖の論考から引用・抜粋した場合（著者了解済）は、本文末尾もしくは註に（平井聖）と記した。

3　河東義之『ジョサイア・コンドル建築図面集〈Ⅰ～Ⅲ〉』中央公論美術出版、一九八〇～一九八一年、四八頁「8–1　岩崎家深川別邸　一階平面図」、一五頁「8–19　同付属屋立面図」

4　江戸時代以前の建築指図の研究には、この他、川上貢「古絵図に見る禅寺の建築」『古絵図特別展覧会図録』京都国立博物館　一九六八年所収「古絵図に見る禅寺の建築」。同『建築指図を読む』中央公論美術出版　一九八八年、浜島正士「指図と建地割図について」『古図に見る日本の建築』至文堂　一九八九年が建築図面類の研究としてよく知られている。これらによれば、平面図としての指図の例としては、相国寺蔵「普広院旧基封境絵図」、鶴岡八幡宮蔵「鶴ヶ丘八幡修営目論見絵図」等がある。

5　「第二節二、近世指図に用いられる材料とその特徴」参照

6　後藤久太郎「古代・中世の指図と絵図（概論の1）」生活科学研究所研究報告　第二八巻　宮城学院女子大学生活科学研究所　一九九六年三月参照

7　正倉院に残されている東大寺「講堂院図（仮称）」。配置図であるが、建築についても柱位置などが書き込まれている。図面用紙は麻布が用いられているとされるが、一般公開されておらず披見していない。太田博太郎他編『南都六大寺大観　第九巻　東大寺　一』岩波書店　一九七〇年所収の、太田博太郎「東大寺の歴史　同塔の造営」の項に掲載された挿図及び、天沼俊一の「建築雑誌」二八三号　一九一〇年七月　三一五頁～三三三頁によると、「（前略）東京帝室博物館に、正倉院御物を模写せる「東大寺指図」を蔵す、図は紙面に一辺十尺の方眼を引き（九百分の一、原図は布地に画ける者にして、僧房及び食堂の附属建物の一部を欠損せり）（後略）」とあり、麻布とは書かれてはいない。しかし、当時絹布は輸入物で国産は既に始まっていたが紙より高価であったし、木綿も当時は国産化されておらず（国産化は室町時代と言われる）これも高価であった。よって、布とは当時庶民も着ていた麻布の可能性が一番高いのである。

当時、荘園の域内を描くいわゆる「荘園図」（建築物は、簡単に位置を示す程度しか書かれていないものが多いが）にも麻布に描かれているものが多いが、紙に書かれたものもある。また、正倉院には、戸籍を書いた紙の記録がたくさん残存しており、当時「和紙」が無かったわけではない。東大寺「講堂院図」を、なぜ線の引きにくい麻布を用いたかは明らかではない。第二節二、参照（なお、古代には、麻布以外に「竹紙」を図面用紙に使っていた可能性がある）。

8　現在知られている、中世期作製の建築図面は、「普広院旧基封境絵図」（相国寺蔵）、「鶴丘八幡宮修営目論見絵図」（鶴岡八幡宮蔵）、裏書きに「元亀四年癸酉三月廿三日瑞鹿山円覚寺仏殿地割之図」とある「円覚寺仏殿古図」（高階家旧蔵・現在、鎌倉国宝館蔵）、永禄二年（一五五九）七月の「談山神社古図類」（談山神社蔵）等である。

9　「円覚寺仏殿地割之図」については、関口欣也「円覚寺仏殿元亀四年古図について」日本建築学会論文報告集一一八号　一九六五年一二月（『関口欣也著作集一』「中世禅宗様建築の研究」中央公論美術出版、二〇一〇年所収）、同「円覚寺仏殿地割之図」（『神奈川県文化財図鑑・建造物編』一九七一年）

「円覚寺仏殿古図」は大型の立面図（台紙五四枚繋ぎ）と小型の平面図（台紙六枚繋ぎ）がセットになっていたと考えられる。

なお、図2-1-2a、-2bの写真は、未調査のため、神奈川県教育庁指導部文化財保護課企画編集『神奈川県文化財図鑑　建造物編』より転載した。

10　註9参照

11　慶長～元和期の図面で、現在までに確認出来たものは次の通りである。
萩毛利藩江戸桜田上屋敷図　表紙題箋「江戸御屋敷ニ而可有之候哉」元和七～九年
大工頭中井家御所関係図
内匠寮本
一　後陽成院御所指図　本紙表紙外題「院御所の御さしす」
二　同　本紙表紙題箋「慶長十六年　後陽成院様御殿御指図」
三　同　本紙表紙題箋「後陽成院様御殿御指図　慶長十六年」
六　慶長内裏築地指図　本紙表紙題箋「御位ノ御所　禁中様御築地須数ノ指図」図中書込「慶長拾八年丑十一月吉日」
七　慶長度内裏上棟図　本紙内題「御位ノ御所　禁中御位御所様上棟指図　慶長拾八年癸丑霜十九日時寅卯刻」
十二　慶長度内裏女御御殿（元和）御対面所御殿建地割　本紙表紙外題「元和年中　禁中女御様対面ノ御殿」
京都府立総合資料館本
慶長度内裏女御御殿御休息之間地割并指図
なお、『中井家文書の研究　第二巻　内匠寮本図面編二』第三章「寛永度から寛文度迄の貼絵図について」参照

12　「絵図」と呼ばれる図の、庭部分は絵師によって描かれたことが確認される例もあるが、大工によって描かれたものもあったと考えられる。

13　吟正麩糊が用いられたと考えられる。

14　第二節「近世指図の技法　一、図面類の作図技法・表現法」参照

15　染紙が多いが、紺紙や、白紙に墨を塗ったものも使われている。『中井家文書の研究　第二巻　内匠寮本図面編二』「第三章　寛永度から寛文度迄の貼絵図について」参照

16　庭のみを描いたものもある。

17　宮内庁書陵部蔵の御所の建物平面を描いた指図（小指図・一枚指図を除く）は、約一、二〇〇点強あるが、建地割はわずかに四五点しかない。以下に造営度別にその内訳を記しておく。慶長度二点、寛永度〇点、承応度〇点、寛文度一点、延宝度九点、宝永度三二点、寛政度一点、安政度〇点で、宝永度が突出している。これは中井役所設立と関係があるかもしれない。

18　例えば「炬燵詳細図」は一点しかない。

19　『寛永十四年洛中絵図』　宮内庁書陵部蔵　一九七九年　吉川弘文館
『洛中絵図　寛永後万治前』　京都大学付属図書館蔵　一九六九年　臨川書店

20　大工頭鈴木家配下の大棟梁甲良家の万延度江戸城関係図面類（第二章第二節一、二）参照）
萩毛利藩関係指図（山口県文書館蔵）・岡山池田藩関係指図（岡山大学付属図書館蔵）・弘前津軽藩関係指図（国立史料館・弘前市図書館蔵）
熊本・肥後藩細川家関係指図（永青文庫・熊本大学図書館寄託分）

21　幕府の作事組織については、次のようなものがあるが、とくに作事方については、田辺泰の1が詳しい。
1　田辺泰「江戸幕府作事方職制に就て」日本建築学会大会論文集　一九三五年四月
2　田辺泰「江戸幕府大工頭木原氏に就て」建築雑誌五九六　一九三五年三月
3　田辺泰「江戸幕府大棟梁甲良氏に就て」建築雑誌六〇九　一九三六年一月
4　大河直躬「幕府の棟梁と作事方」（『世界建築全集三』日本Ⅲ近世』平凡社　一九五九年所収）
5　渡辺保忠「建築生産」（『建築学大系4-1　日本建築史』彰国社　一九六八年）
6　西和夫『江戸建築と本途帳』鹿島出版会　一九七四年
7　西和夫「江戸幕府作事方石丸家について（町棟梁より登用の背景としての略系譜）」日本建築学会大会学術講演梗概集　一九七九年
8　内藤昌『江戸と江戸城』鹿島出版会　一九六六年
9　内藤昌「江戸の都市と建築」（『江戸図屏風』別巻毎日新聞社　一九六七年）
10　内藤昌『近世大工の系譜』ぺりかん社　一九八一年

22　註20および『中井家文書の研究　内匠寮本図面篇』第一巻第一編参照

23　『中井家文書の研究　内匠寮本図面編』第一巻第一編参照
　岡山池田藩は延宝度の内裏・後西院御所の造営に池田家はお手伝役（助役《すけやく》）を命じられており、それに伴って、指図を賜ったものと考えられる。残された指図は京大工頭中井家配下の大工が作製したものとみられ、岡山池田藩の大工が作製した指図とは作図技法・描法ともに異なる。

24　東京都立中央図書館（東京誌料、木子文庫）や東京国立博物館（弘化度江戸城本丸御殿図・出雲大社本殿図他）・清水建設（弘化度江戸城本丸御殿大奥関係図）に残されている。

25　中世には「地割」と呼ばれていた。近世になっても「建地割」と「地割」は、同じ意味に用いられていたが、江戸中期までに「地割」は、敷地を示す図面の呼称となった。

26　『東京市史稿　皇城篇三』東京市　一九一二年　一二五八頁　所収

27　山田由香里「天保度江戸城西丸御殿・弘化度江戸城本丸御殿における障壁画制作の様相―制作の手順・御用絵師の仕事・建築の把握方法など」日本建築学会計画系論文報告集　第五四五号　二〇〇一年七月　二七五～二八〇頁
　なお、中井家作製の御所図面には展開図はなく、代わりに室内の壁の展開図に当たる部分の仕様を列記した、仕様帳・造作（付）帳が作られている。これには天井・床の仕様も記されており、天井伏図・床伏図の代わりにもなっている。

28　『調査研究報告書　江戸城本丸等障壁画絵様』東京国立博物館　一九八八年

29　『江戸城障壁画の下絵（特別展観図録）』東京国立博物館　一九八八年
『江戸城造営関係史料目録（甲良家伝来）』文化庁文化財保護部美術部美術課　一九八七年

30　「内匠寮本中井家文書」
　『延寶四年辰正月吉日
　　禁裏院中御作事勘定場日々記』
　　正月五日条
一、三福寺御勘定場ニて五人ノ棟梁其外ノ棟梁衆勘定初有之候事、但専念寺ニても
　仕初御座候事

この五人の棟梁についての詳細は、吉田純一「内裏造営における中井配下の「受領の棟梁五人」について」日本建築学会論文報告集　第三四一号　一九八四年七月）を参照されたい。

31 福山敏男「出雲大社の社殿」（福山敏男『日本建築史研究』）墨水書房　一九六八年所収）
藤沢彰「出雲大社の慶長度造営本殿について」（日本建築学会計画系論文集　第五〇六号、一九九八年四月、一四九頁〜一五四頁）、藤沢彰「出雲大社の宝治・慶長・寛文度造営頃の境内建築の復元について」（『古代文化研究』島根県古代文化センター、第六号、一九九八年三月　一頁〜四九頁）、和田嘉宥「寛文度の出雲大社造営について—「大社造営一紙目録」を中心に—」（日本建築学会中国支部研究報告集　第二〇巻、一九九六年、千家和比古「出雲大社の、いわゆる神仏習合を伝える絵図の検討」（『古代文化研究』島根県古代文化センター、第四号、一九九六年三月、一頁〜七六頁）、三浦正幸「出雲大社慶長度本殿の復原史料—出雲大社本殿の復元研究（其一）—」、福本健司「出雲大社慶長度本殿の復原史料—出雲大社本殿の復元研究（其二）—」（ともに日本建築学会大会学術講演梗概集（近畿　建築歴史・意匠）一九九六年）一九五五頁〜一九五八頁）、西岡和彦『近世出雲大社の基礎的研究』（大明堂、二〇〇二年）

32 川上貢「出雲大社の建築」（上田正昭編『出雲の神々』筑摩書房　一九八七年　所収）、山崎裕二「出雲大社の寛文造替について」（『名草神社三重塔と出雲大社』八鹿町教育委員会　一九九七年所収）

33 「御造営日記」は、佐草平安氏所蔵、島根県古代文化センターが借用・保管している。架蔵番号は、56—14、—13、—6、—4、—7、—1である。『八鹿町ふるさとシリーズ第一〇集　名草神社三重塔と出雲大社』八鹿市教育委員会　一九九七年には翻刻が掲載されており、これを利用させていただいた。

34 前掲註31の千家和比古「出雲大社の、いわゆる神仏習合を伝える絵図の検討」

35 山田宗之「名草神社三重塔と出雲大社三重塔」（『八鹿町ふるさとシリーズ第一〇集　名草神社三重塔と出雲大社』八鹿町教育委員会　一九九七年所収）に詳しく論じられている。

36 西岡和彦は『近世出雲大社の基礎的研究』（大明堂、二〇〇二年）で、「御造営日記」八月一一日条にある塩見からの覚書は千家尊福『出雲大神』（大社教本院、一九一二年　訂正再販）所収の「大社御造営覚書」であるとしている。日付にある丑歳とは、寛文元年（一六六一）であることと、使者の塩見小兵衛（屋成）が雲州御奉行所に宛てた「大社御造営覚書」であることから、長谷・佐草両人が村松奉行から請け取った覚書が、この史料だと思われるとしている。

37　出雲国造家文書二五九『出雲国造家文書』（村田正志編、清文堂出版株式会社、一九六八年）

38　田邊泰「江戸幕府作事方職制に就て」『建築雑誌』Vol.49, No.598, 二七頁～三三頁、一九三五年、田邊泰「江戸幕府大工頭木原氏に就て」『建築雑誌』Vol.49, No.596 一九三五年三月、二五七頁～二六二頁

39　『建築大辞典』第二版（彰国社、一九九三年）によると、「ししりょう〔宍料〕：宍料：材木規格の一つ、史料上では室町時代から出てくるが、平安・鎌倉時代には既にあったと見られている。初期においては神社建築に使われていたことが知られている。江戸時代木曾山のものは一種の板子で、長さ七尺、幅一・二～一・六尺、厚さ〇・四～〇・五尺で、ヒノキの節なし心去り材である。」としているが、中村達太郎『日本建築辞彙』第二八版第二刷（丸善株式会社、一九五八年）では「ししりょう〔完料〕端柄物に対して、引割セザル、大丸太ヲイフ」とある。記録には、木挽が地割板を引くとあるので、この内容から後者の意味ではないかと推測される。

40　和田嘉宥「寛文度の出雲大社造営について（「大社造営一紙目録」を中心に）」日本建築学会中国支部研究報告集　Vol.20, 一九九七年　五六五頁～五六八頁

41　佐草家文書、『出雲大社社殿等建造物調査報告書』（独立行政法人文化財研究所奈良文化財研究所編、大社町教育委員会、二〇〇三年）五五～五九頁に翻刻所収

42　註39に同じ。

43　『奈良六大寺大観　十巻　東大寺　二』岩波書店　一九六八年、石田理恵・黒田龍二「東大寺大仏殿内建地割板図について」日本建築学会大会学術講演梗概集F-2　二〇〇四年　一一三頁～一一四頁

第二節　近世指図の技法

一　図面類の作図法・表現法

本項では一般的に図面類がどのように作られているかの概要を述べ、ついで具体的な例に沿って作図方法・表現法について概観する。

前節でみたように、図面には様々な種類があるが、圧倒的な数を占める指図類は、作図方法から大別して「書絵図《かきえず》」と「貼絵図《はりえず》」の二種がある。「書絵図」は、図面を描く台紙上に直接、筆などを用いて墨で建物の平面を描いたもので、「貼絵図」は、台紙上に、平面等を墨で描いた料紙を外郭で切り抜き、台紙上に貼り付けたものである。なお、「建地割」はすべて「書絵図」である。台紙は「小指図」などには、一枚の料紙を使っているものが多く、配置図を兼ねる指図の台紙は数枚の料紙を継ぎ合わせている大きいものが多い。台紙料紙は生産地の「漉桁」によって大きさが異なるが、およそ縦横五〇cm×四〇cm程度のものが多い。これを約三～五㎜程度の糊代で貼り継いで大きな台紙を作製するのが一般的である。

台紙には、表面に格子状に一間の幅を示す線が引かれている。これを本書では、格子罫と呼ぶことにする。(1)線には、箆状の道具を使って台紙にへこみを付ける「箆引」と呼ぶ方法と台紙に直接、墨で線を描く方法がある。(2)後者には、「墨引」と「朱線引」の二種がある。最も多いのは箆引と墨引である。

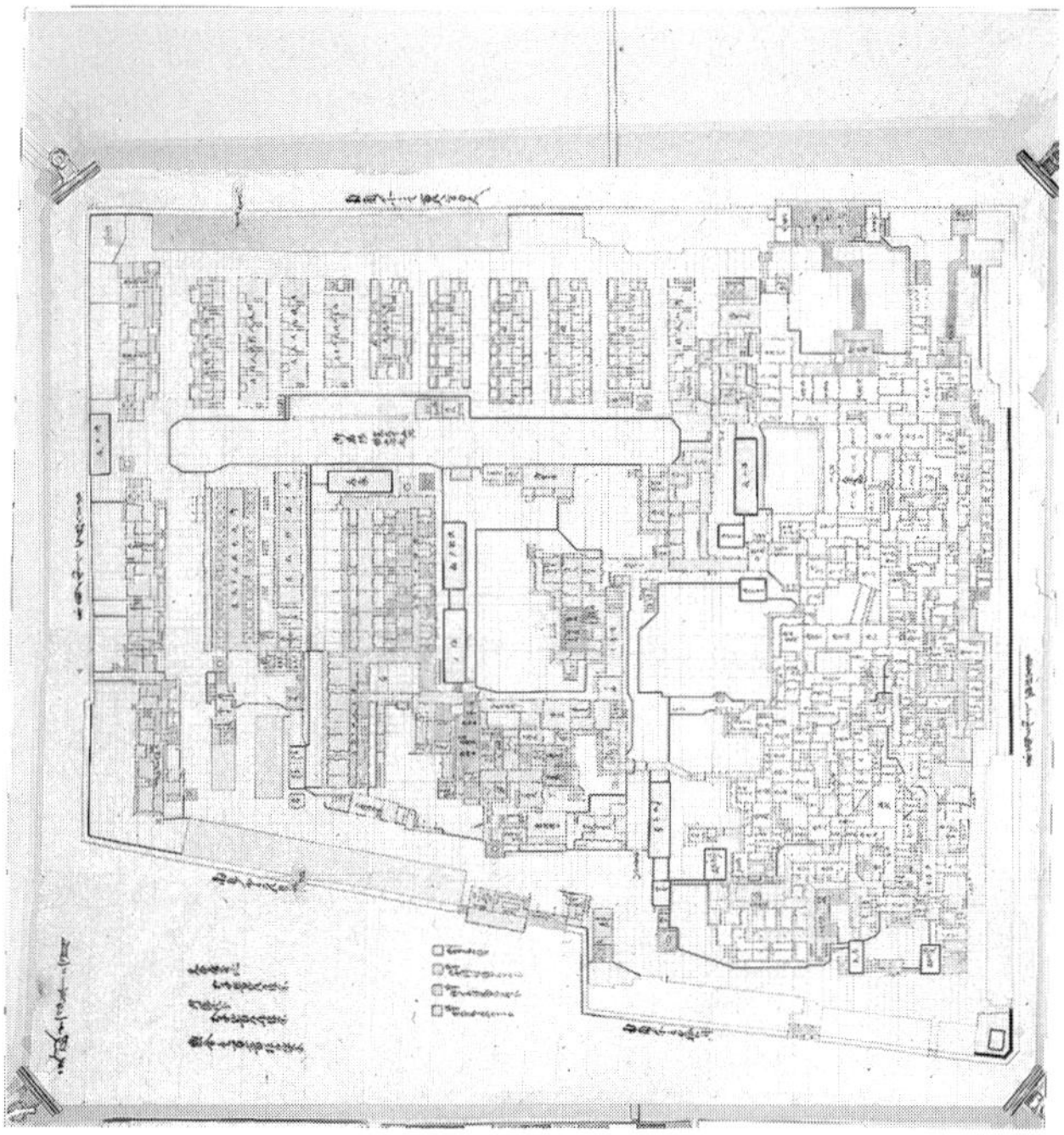

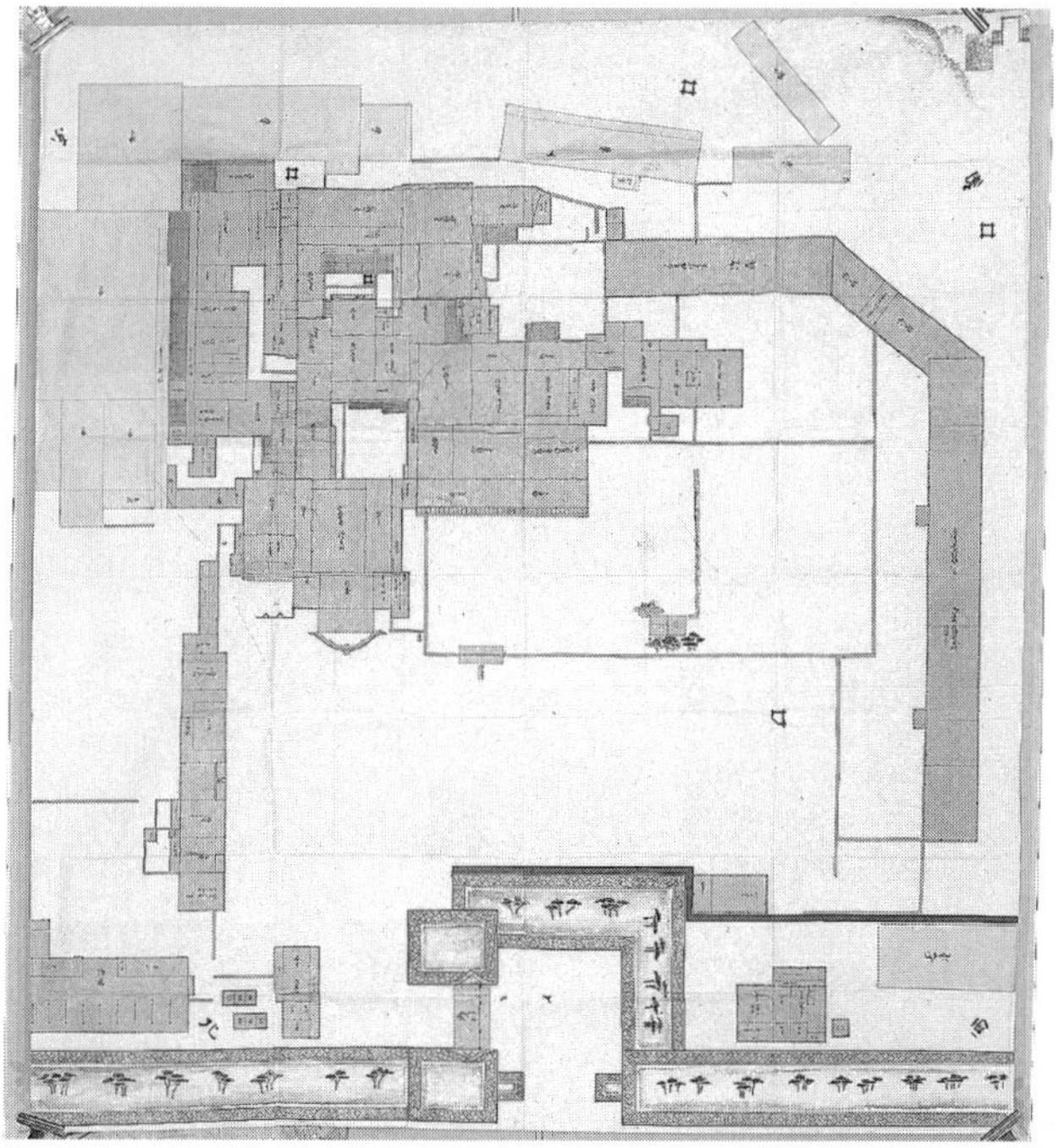

図２－２－１　書絵図（上)、貼絵図（下）の全体図

図2-2-2　LEDライトの光で浮かび上がった篦引き凹み

篦引とはいうものの、実際にどのような道具を用いたのかは、未だに根拠ある史料はなく、明確にするには至っていない。骨製（象牙製カ）の和裁に使われるような篦状のものか（形状は異なるであろう）、先の太さが様々なものを作ったのであれば「角筆」が用いられた可能性はある。[3] 篦引きの線は、台紙上の筋状に引かれた凹みであるから、一見しただけでは見落としがちである。[4] 同様の道具を用いたと思われるものに、図を作製するための下書き線や、寸法取りの点を見出すことができる。また、建地割に見られる屋根の「照り」や「むくり」の下書きとして篦引きの線が引かれているものも多い。

格子の幅は、建物あるいは、土地の一間の幅を示す。ただし、一間の幅は、六・五尺、六・〇尺をはじめ、地域や時代によって異なる。[5]

書絵図であれば、台紙に直接平面等を墨で描く。線に墨継ぎが見られ、明らかに筆を描いたことがわかる図が多いが、烏口《からすぐち》様の道具を用いたとしか思えない一直線が引かれたものも多い。しかい、現在のところ、この鋭い直線を引くのに使用した道具は確認できていない。この他、墨差しで描いたものと思われるもの、墨壺の墨糸を用いて直線を描いた例もある。後者の例としては、数少ない中世にお

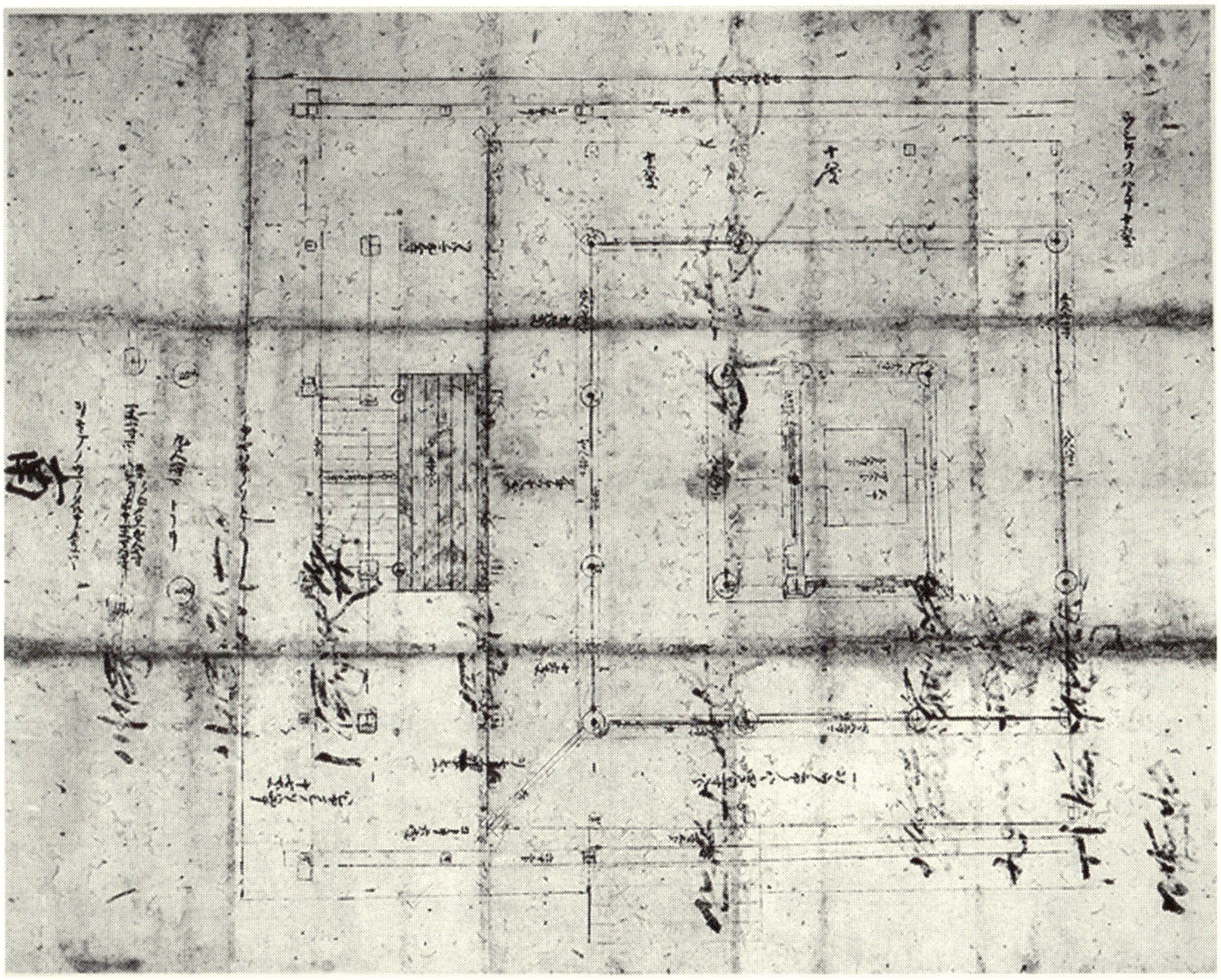

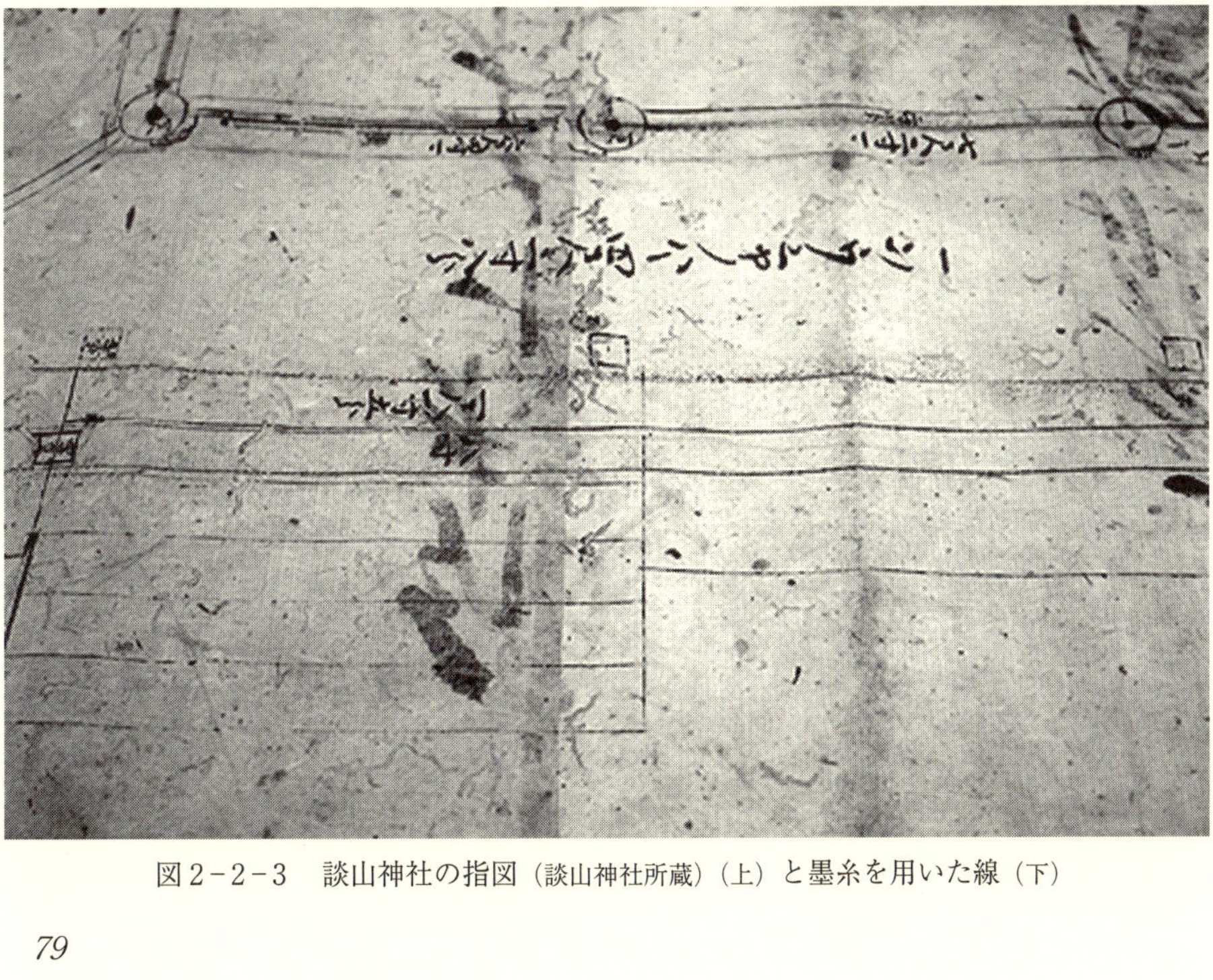

図２－２－３　談山神社の指図（談山神社所蔵）（上）と墨糸を用いた線（下）

図２−２−４　貼絵図の色凡例
（屋根葺材で色分けしている）

ける指図の一つである談山神社本殿の図（談山神社所蔵、図2-2-3）や元和期の作図と考えられる萩毛利家の「江戸上屋敷図（仮称）」(6)がある。

平面を描く指図には、簡単に間取りを線で示しただけのものから、柱位置や建具を描き、壁や天井、床の仕上げを詳細に文字で記入したものもある。柱については、手書きした例もあるが、判子を用いている場合が多い。

貼絵図では、同様の方法で別の料紙に平面を描き、それを台紙に糊づけしている。この平面を描く料紙には、白紙を用いる場合と色紙を用いる場合がある。白紙の例は、とくに江戸初期の古いものを中心にみられる。色紙を使ったものは、染料・顔料を用いて色付けし、図の目的に応じて色分けしているものが多い。それぞれの色は、初期には単色であるが、次第に色紙を使うものが増える。その中には、あえて華美にしたと考えるしか無いものもあるが、様々な意味をもって色分けされている場合も多く、色凡例が付けられている例もある（図2-2-4）。

この平面を描く料紙は、台紙に糊づけされているために、糊の経年劣化で、剥がれ易くなる。この点が指図の修補や保存において注意を要する点の一つである（詳細は第三章参照）。一方、貼絵図が作製された理由の一つに、一旦平面を糊で貼り付けても、水分を与えれば簡単に剥がして、台紙の別の場所に貼り直すことができるため、何度もやり直すことが不可欠な建物の配置計画の際に適していたと考えられる(7)。これに対して書絵図は、平面がはがれ落ちることがないので、貼絵図で検討後の清書の図として使用されるには向いており、その実例と考えられる図もある(8)。

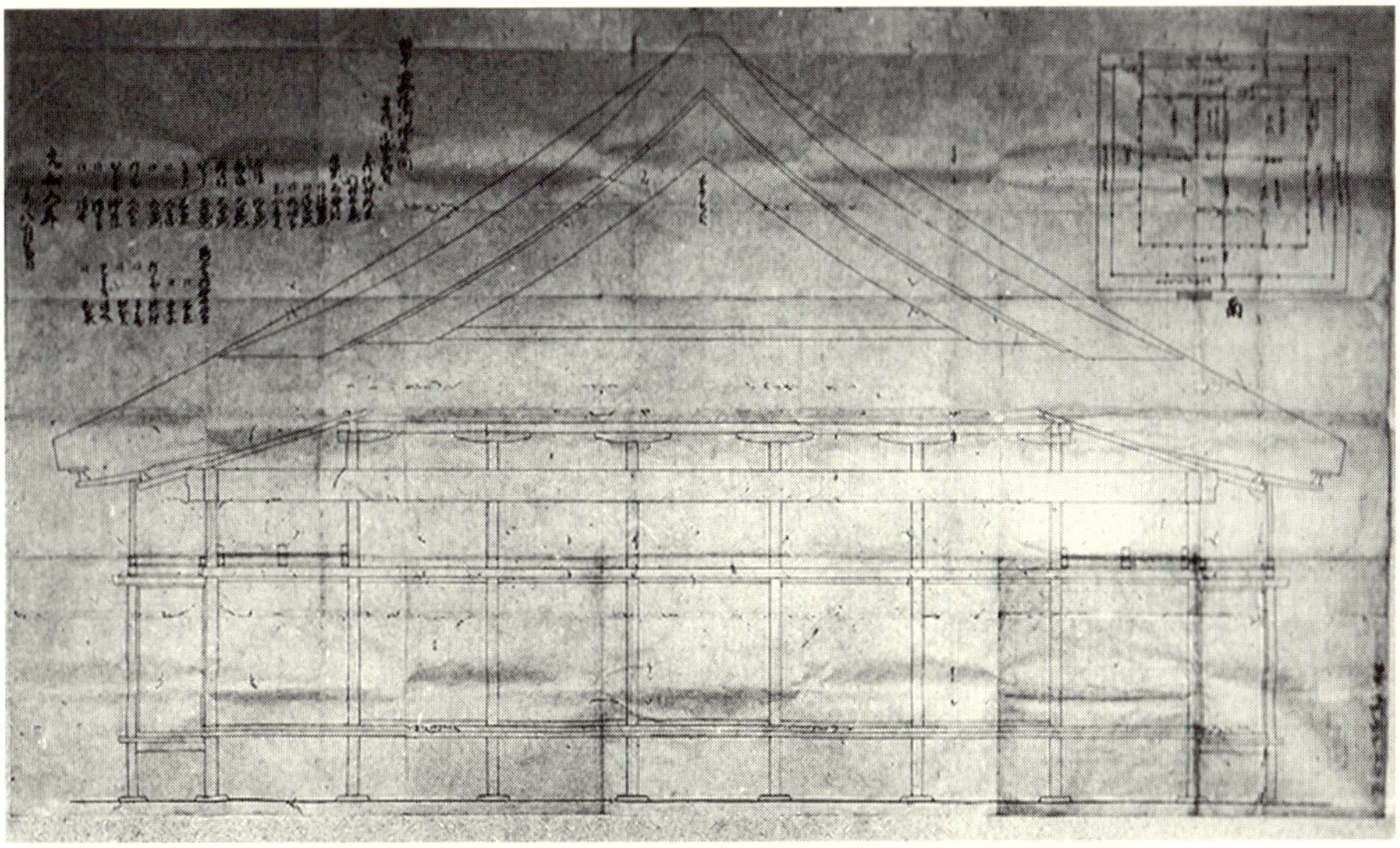

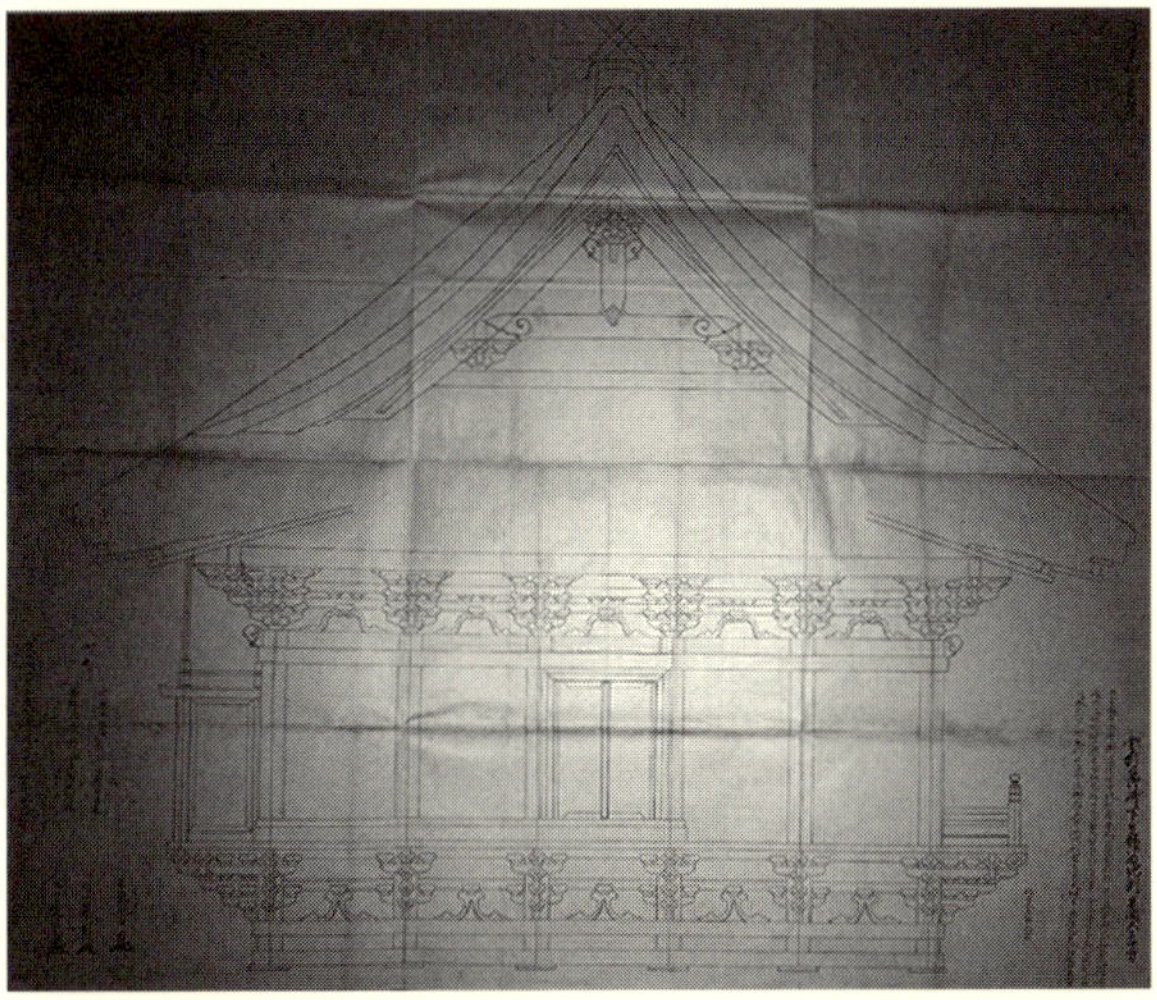

図2－2－5　楮紙を使った建地割（上：京大工頭中井家の元和度女御御殿対面所（京都府立総合資料館蔵））と雁皮紙を使用した建地割（下：日御碕神社所蔵）

ただし、京大工頭中井家の指図には、はじめから台紙上に計画図を書き込むものもある。この場合、計画変更が出たならば、貼り紙を使っていることが多い。

書絵図や貼絵図とも、二階平面は掛紙にする。一階の平面に合わせて、その上に二階平面が重なるように、一階平面の邪魔にならない位置に一部を糊づけする方法である。糊付けは一部であるので、上の二階平面をめくれば一階平面を見ることができるのである。これなどは、修補の際に、糊剥がれと間違えて全面糊づけなどをしないよう気をつける必要がある。二階を表現した図の場合には、必ず階段の表現がある。それで二階であるか否かは判断できる。一階に階段を描き、二階の掛紙では、一階の階段に相当する部分を切り抜いて穴を空けて、重ねると台紙に書かれた一階の階段が見える。この他、二階の表現法としては、一階平面の横に、柱筋を揃えて二階を描く場合がある。この例は、記録として残す目的で作製された図に多く、造営のために必要な図として描かれた例は少ないように思われる。

また、指図に使用される紙には、三椏が入る場合もあるが、楮紙が圧倒的に多い。造営時に使用する実用的な図面ではなく、保存用の図や彩色を使用する図には、厚手の「鳥の子紙」のような雁皮系の紙が使用されるのが普通である。建地割には雁皮紙が圧倒的に多く使われている。

以下に、各大工家ごとに指図の作図技法・表現方法の具体例を紹介する。

1）京大工頭中井家の指図

江戸初期から幕末まで一貫して幕府御大工頭を継承した京大工頭中井家の御所を中心とした指図にみられる作図法や表現について概観すると以下のようになる。

①平面図の呼称

近世の平面図を、一枚の図中に描かれる範囲や建物の数から大別すると、複数の建物の平面を、配置に従って記したものと、一棟ないしは少数の建物平面を、必ずしも配置関係にとらわれずに大縮尺で描いたものに大別できる。中井家の指図では、後者を「一枚指図」あるいは「小指図」と呼んで、前者の「指図」「絵図」とは区別することが多い（以下本稿では、特に記さない限り「指図」を前者の意味に用い、後者については「一枚指図」「小指図」と呼ぶ(9)。

作事の経過をたどってみると、計画から作事の初中期の段階で作られる図面はほとんどが「指図」で、「一枚指図」「小指図」は建方が相当に進んだ段階になってから作られる施工図的な用途をもつものが多かったようである。そのためか、「小指図」は記録として残されたものが少ないが、各棟毎に描くので枚数が多く、施工図類を比較的よく残す中井家の指図の内でも「一枚指図」「小指図」類は「指図」に比べて枚数単位では、桁違いに多い。

②作図法

作図法から見ると、前述のように、近世の指図には、平面を台紙上に直接墨書した「書絵図」と、台紙とは別の紙に描いた建物平面をその外郭で切抜いて台紙に貼込んだ「貼絵図」の二種の作図法があることは繰り返し記した。多くの指図はいずれか一方の作図法をとるが、数は多くないものの両法を併用した図もみられる(10)。

京大工頭中井家の指図では、初期にはすべて貼絵図で、宝永・享保期を境として、貼絵図から書絵図へ変化する。諸藩指図では、次第に書絵図が増える傾向はあるものの、このような明確な変化期は認められない。

③彩色

近世の指図の多くは、ごく初期のものを除いて貼絵図・書絵図ともに彩色を施している。貼絵図では貼り込む料紙に色紙を用いて彩色図としている。色紙はほとんどがいわゆる染紙で、一部に顔料を塗ったものがみられる(11)。書絵図でも過半の指図は建物平面を着色するが、京大工頭中井家の指図の中に、少数例ではあるが、建物と建物の間の空地部分を彩色しているものもみられる。書絵図の着色材としては、染料・顔料系とも使われている。

④台紙上の格子罫

京大工頭中井家系の指図では、格子罫はすべて台紙全面に引き込まれている。格子罫の幅は、中世の「普広院旧基封境絵図」と同様(12)、一間の幅を示すもので、御所指図ではすべて六・五尺一間として引かれている。そして指図の格子幅寸法には、二分、四分、六分、八分、一寸などがあり、それぞれ二分計、四分計、六分計、八分計、一寸計とよばれて、縮尺を示す単位になっている。

また、格子罫は書絵図の一部に朱引のものがあるが、ほとんどが篦引である。そして大部分の貼絵図には、貼込まれた平面料紙

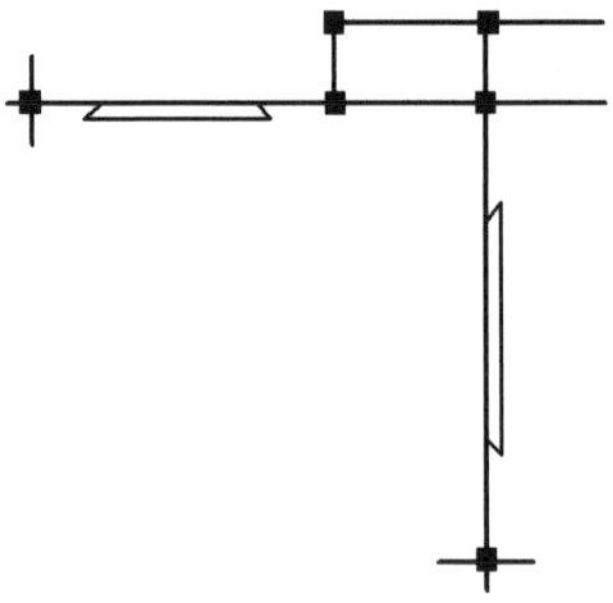

図２－２－６　中井家の帳台構の例

上にも篦引の格子罫が認められる。

⑤平面表記法

現代の西洋型平面図では、スケッチや縮尺のごく小さいものを除き、建物平面は壁や建具などの断面の外形線と、畳などの外形見切り線によって表しているが、京大工頭中井家の指図では、畳見切り線はもちろん、壁・建具も単線で表記し、その厚さを示す断面表記法はみられない(13)。同様に、柱も単に位置を表記するだけで、その太さを縮尺表記するものはなく、わずかに角柱の場合、大黒柱のように特に太い柱と区別を表記する例がみられるにすぎない。また、面皮柱や丸柱を●印で描いているものもある(14)。

⑥文字と記号による表記

指図には、現在同様、建物名や規模、方位などを文字によって図形表現を補完する記載も行われている。文字による書込の内容は指図ごとに異なり、建具や天井の仕様を記すものもある。記号による表記は概して少なく、中井家の指図では、井戸や帳台構が目につく程度である。

２）　江戸大工頭鈴木家の指図

幕府江戸方の大工頭鈴木家の指図として、鈴木修理が関与した寛永一一年（一六三四）の日御碕神社造営の際の建地割、および寛文度造営に関わる寛文八年（一六六八）の年紀がある出雲大社建地割、および指図がある。ここではおもに日御碕神社造営の建地割について触れる。

日御碕神社造営の際の残存建地割は完型で残っている図は一九枚ある。この他、糊継ぎがはがれた断片も多数残されている。料紙は雁皮紙で、紙の継目には墨点や墨線があり、貼り合わせる時に糊代となる部分をあらかじめ記していたとみられる。また、この糊代部分には、その幅に切った細い楮紙が挟み込まれるように入っている。これは糊付が難しく、互いに貼り合わせの難しい雁皮紙どうしの接着に対する工夫とみられる。完型で残存しているすべての建地割には、表題と建物の規模が京間間数で記されて

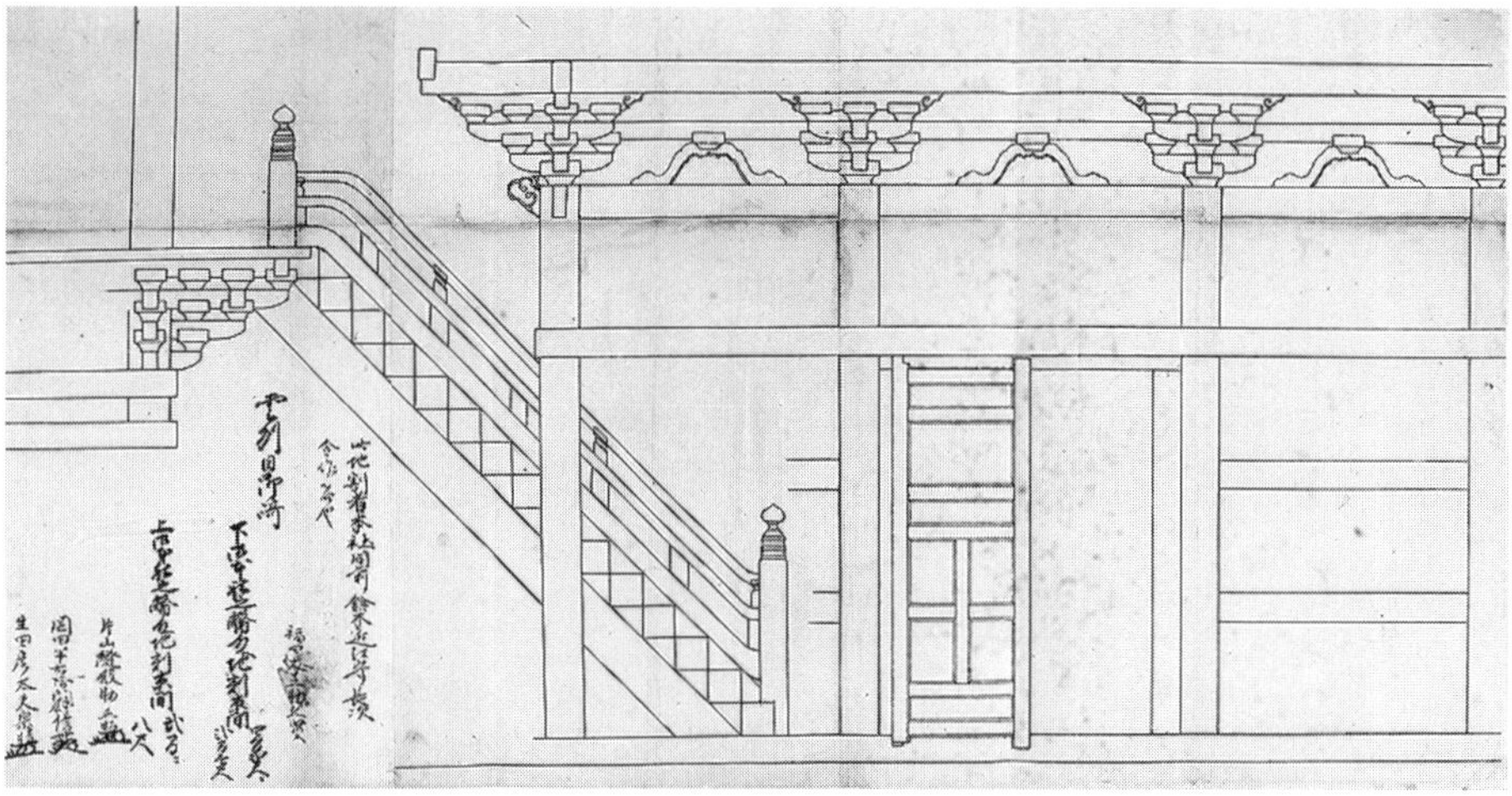

図２－２－７　雲州日御碕神社上御本社の建地割（日御碕神社所蔵）の一例

いる[15]。

次に、作図方法をみると、作図の基準となる軸部では、柱下部に柱真を示す墨点が打たれ、篦引きして抑えている。この点は最下部の水平方向に引かれる線、つまりグランドライン（地面の線）や地長押といった線に置かれている。また内法長押などの柱上端にかかる部分にも墨点が打たれる場合がある。また図によっては、柱真に実線が引かれるものもみられ、柱真に加えて妻の真にも墨点と篦引きがみられる。柱幅や面取りの線も端部に墨点を打ったり、薄墨細線で下描きするなどして線が引かれている。その他、長押や敷居など水平方向の線も同様である。これらの墨線は墨継ぎの無い均一な直線で引かれている。

組物部分にもは斗の成・幅とも縦横に篦引きがみられ、さらに墨点や細線で位置が抑えられている。肘木の下端曲線や支輪、実肘木や虹梁の細部の絵様は筆で描かれ、線に途切れやふるえがある。肘木の下端曲線や虹梁の眉は篦引きをし、線を引いているが、支輪や渦などの絵様は、まず破線で描き、それをつないで実線を引くという描き方をしている。また蟇股の足のように薄墨の細線で下書きされるものもある。絵様は他と比べて、おおまかに描かれている印象を受ける。

屋根や破風の反りを描くために、篦引きや墨点、細線による下書きがみられるが、他の部分に比べて実際に引かれている墨線とずれているものの方がはるかに多い。例えば実際の線の内側と外側にも篦引きの痕が残るものもある。同じ図でも一方の線は篦引きがされていても、他方では篦引きはされず墨点が打たれるなど、左右の線で描き方が違っていることもある。

表２－２－１　日御碕神社建地割一覧

架蔵番号	図面タイトル	法量mm	料紙寸法mm	図面種類	作図法		縮尺	内題	外題
1	雲州日御碕下御本社御殿地割	1430×1626	362×956	建地割＋平面図	柱心の墨線、擬宝珠の高さ位置や破風位置を示す墨線大瓶束の木鼻渦に墨点線、支輪の位置を墨点線で書いた上につないで実線とする。	雁皮	１／９程度	日沉宮御殿巽向也 雲州日御碕下御本社御殿地割　京間七間半ニ六間三尺五寸 磨（下略）	下御本社御殿
2	雲州日御碕下御本社拝殿地割	1420×2092	354×960	建地割＋平面図	柱心の箆引き・墨点の両方あり。	雁皮	１／10	日沉宮拝殿巽向也 雲州日御碕下御本社之拝殿地割　京間五間四方／出雲国日御碕御造営宮中地割者奉島田弾正忠利政上意御旨御大工鈴木近江守長次／雖作之社例傳之所者當社大工福田木工助久賢書加之造畢之後遷宮事終以地割／一紙目録於江戸御奉行所令遂御勘定畢此地割者自東武城有返為末代内殿令奉納畢／□／福田木工助久賢	下拝殿
3	雲州日御碕上御本社之御殿地割	1082×1063	363×772	建地割＋平面図	屋根の反りを箆引きし、その上に墨点線でマークし、清書	雁皮	１／10	神宮御殿西向也 雲州日御碕上御本社之御殿地割　京間弐間五尺弐間三尺五寸／地割者奉嶋田弾正忠利政上意御旨御大工鈴木近江守長次雖作之社例／傳之所者當社大工福田木工助久賢書加之造畢之後遷宮事終以地割一紙目録／於江戸御奉行所令遂御勘定畢此地割者自東武城有返進為末代内殿／令奉納畢／□／福田木工助久賢	上御本社御殿
4	雲州日御碕上御本社之拝殿地割	952×1236	360×974	建地割＋平面図		雁皮	１／10	雲州日御碕上御本社之拝殿地割 京間三間四方	上拝殿
5	雲州日御碕下御本社之幣殿地割上御本社之幣殿地割	512 ×997	366×442	建地割＋平面図		雁皮	１／10カ	此地割者本社同前鈴木近江守長次／令作者也／□／福田木工助久賢／雲州日御碕下御本社幣殿地割　京間四間弐尺ニ弐間壱尺／上御本社幣殿地割　京間弐間八尺／片山縫殿助正昭／岡田半右衛門信世／生田彦太夫宗晴	
6	雲州日御碕廻廊地割	358 ×972	358×972	建地割＋平面図	柱中心に箆引き	雁皮	１／10	雲州日御碕廻廊地割　京間四拾九間ニ壱間弐尺五寸 片山縫殿助／岡田半右衛門／生田彦太郎／下御本社之玉垣三拾弐間三尺弐寸京間／上御本社之玉垣弐拾八間京間　　　此二ツ一紙ニ本社同前鈴木近江守長次／所令作之者也／福田木工助久賢	玉垣／廻廊
7	日御碕門客弁才天地割	589 ×644	228×644 363×644	建地割＋平面図	柱・縁束の心、斗の両端、蟇股、屋根引き通し線に箆引き	雁皮	１／10程	雲州日御碕門客地割　七尺ニ五尺六寸／同弁財天地割　八尺ニ七尺 本社之地割与同前鈴木近江守令作之者也□／福田木工助 片山縫殿助正昭／岡田半右衛門信世／生田彦太夫宗晴	両門客／厳島
8	日御碕御禊所地割	1072×1269	360×960	建地割＋平面図	柱の心に箆上に短い墨線、屋根引き通し線・軒高に箆、屋根破風に短い墨線	雁皮	１／10	雲州日御碕御禊所地割　京間六間ニ四間／出雲日御碕造営中地割者春嶋田弾正忠利政　上意御旨御大工鈴木近江守長次／雖作之社例傳之所者當社大工福田木工助久賢書加之造畢之後遷宮　　事／終以地割一紙目録於江戸御奉行所速令遂御勘定畢　此地割者自東武城有返進為末代内殿令奉納也□／福田木工助 御奉行　前国司　京極若狭守源朝臣忠高／後国司松平出羽守源朝臣直政　片山縫殿助正昭／岡田半右衛門信世／生田彦太夫宗晴　　寛永御造営下奉行人数多雖有之於江戸奉行所被遂御勘定右三人判形畢	御禊所
9	日御碕御寶蔵地割	720 ×798	360×798	建地割＋平面図	校木の割付に墨点、ただし３本に一つ	雁皮	１／10	雲州日御碕御寶蔵地割　京間弐間四方／此地割者寛永御造営時鈴木近江守長次令作之／然共社例傳所者當社大工木工助書加之遷宮事終／於江戸御奉行所速令遂御勘定畢　此地割者自東武城／有返進之則令内陣奉納者也□／福田木工助 御奉行　前国司　京極若狭守源朝臣忠高／後国司松平出羽守源朝臣直政　片山縫殿助／岡田半右衛門尉／生田彦太夫／　　　　寛永御造営下奉行数多雖有之於江戸奉行所被遂御勘定右三人判形畢	御寶蔵

架蔵番号	図面タイトル	法量	料紙寸法	図面種類	作図法		縮尺	内題	外題
10	雲州日御碕御供所地割	714 ×810	364×810	建地割＋平面図		雁皮	1／10カ	雲州日御碕御供所地割　　京間五間ニ弐間	御供所
11	雲州日御碕楼門地割	1250×1152	360×937	建地割＋平面図		雁皮	1／10	雲州日御碕楼門地割　　京間壱尺七寸ニ弐間四尺六寸	楼門
12	日御碕御高門地割	1279×950	356×950	建地割＋平面図	柱中心に墨点	雁皮	1／10	雲州日御碕高門地割　京間三間壱尺ニ壱間五尺五寸／地割者奉嶋田弾正忠利政上意御旨御大工鈴木近江守長次／雖作之社例傳記所者當社大工福田木工助久賢書加／畢之後遷宮事終以地割一紙目録於江戸御奉行所／速令遂御勘定畢此地割者自東武城有返進為／末代内殿令奉納畢□／福田木工助御奉行　前国司　京極若狭守源朝臣忠高／後国司松平出羽守源朝臣直政／片山縫殿助正昭／岡田半右衛門信世／生田彦太夫宗晴　　寛永御造営下奉行人数多雖有之於江戸奉行所被遂御勘定右三人判形畢	高門
13	雲州日御碕御影堂地割	920 ×962	360×962	建地割＋平面図	柱心に篦引き、角や位置決めに墨点あり	雁皮	1／10程	雲州日御碕御影堂地割　京間弐間六寸四方／此地割者奉島田弾正忠利政　上意御旨御大工鈴木／近江守長次雖作之社例傳之所者當社大工福田木／工助久賢書加之造畢之後遷宮事終以地割／一紙目録於江戸御奉行所速令遂御勘定畢右／地割者自東武城有返進為末代内殿令奉納畢□／福田木工助久賢御奉行　前国司　京極若狭守源朝臣忠高／後国司松平出羽守源朝臣直政　片山縫殿助正昭／岡田半右衛門信世／生田彦太夫宗晴　　寛永御造営下奉行人数多雖有之於江戸奉行所被遂御勘定右三人判形畢	御影堂
14	雲州日御碕護摩堂建地割	990 ×961	358×961	建地割＋平面図		雁皮	1／10	雲州日御碕護摩堂地割　京間三間四方／出雲国日御碕御造営中地割者奉嶋田弾正忠利政　上意／御旨御大工鈴木近江守長次雖作之社例傳之所者當社大工／福田木工助久賢書加之造畢之後遷宮事終以地割一紙目録／於江戸御奉行所速令遂御勘定畢此地割者自東武城有返／進為末代内殿令奉納者也□／福田木工助久賢 御奉行　前国司　京極若狭守源朝臣忠高／後国司松平出羽守源朝臣直政　片山縫殿助正昭／岡田半右衛門信世／生田彦太夫宗晴　　下奉行人数多雖有之於江戸奉行所慥　被遂御勘定右三人判形畢	護摩堂
15	日御碕三重塔建地割	2153×1180	374×950	建地割＋平面図	柱心に篦引き、組物には縦横に篦、一層のみ柱心に墨線。篦引き上に高さを示す墨点を打つ	雁皮	1／10	雲州日御碕三重塔地割　京間弐間三尺四方／地割者奉島田弾正忠利政　上意御旨御大工鈴木近江守長次雖作之社例傳之所者／當社大工福田木工助久賢書加之造畢之後遷宮事終以地割一紙目録於江戸御奉行／所速令遂御勘定畢此地割者自東武城有返進為末代内殿令奉納事[佐草カ]／福田木工助久賢御奉行　前国司　京極若狭守源朝臣忠高／後国司松平出羽守源朝臣直政　片山縫殿助正昭／岡田半右衛門信世／生田彦太夫宗晴　　寛永御造営奉行人数多雖有之於江戸奉行所　被御勘定右三人判形畢（全体に脱字多し）	三重塔
16	雲州日御碕鐘楼堂地割	1226×952	354×952	建地割＋平面図	柱心・組物に篦引き、針点、墨点	雁皮	1／10	雲州日御碕鐘楼堂地割　京間弐間五尺弐寸ニ弐間／出雲国日御碕御造営中地割者奉嶋田弾正忠利政　上意／御旨御大工鈴木近江守長次雖作之社例傳之所者當社／大工福田木工助久賢書加之造畢之後遷宮事終以一／紙目録於江戸御奉行所速令遂御勘定畢此地割者／自東武城有返（信進カ）為末代内殿令奉納有之者也□／福田木工助久賢 御奉行　前国司　京極若狭守源朝臣忠高／後国司松平出羽守源朝臣直政　片山縫殿助正昭／岡田半右衛門信世／生田彦太夫宗晴　　寛永御造営下奉行人数多雖有之於江戸奉行所被遂御勘定右三人判形畢	鐘楼

架蔵番号	図面タイトル	法量	料紙寸法	図面種類	作図法		縮尺	内題	外題
17	雲州日御碕神宮寺地割	1066×1286	364×965	建地割＋平面図	柱の心に篦上に短い墨線、屋根引き通し線・軒高に篦	雁皮	1／10	雲州日御碕神宮寺地割　京間六間ニ四間半／出雲国日御碕御造営中地割者奉島田弾正忠利政　上意御旨／御大工鈴木近江守長次雖作之社例傳之所者當社大工／福田木工助久賢書加之畢之後遷宮事終以一紙／目録於江戸御奉行所速令遂御勘定畢此地割／者自東武城有返進為末代内殿奉納有之者也□／福田木工助久賢 御奉行　前国司　京極若狭守源朝臣忠高／後国司松平出羽守源朝臣直政／片山縫殿助正昭／岡田半右衛門信世／生田彦太夫宗晴　　寛永御造営下奉行人数多雖有之於江戸奉行所／被遂御勘定右三人判形畢	
18	雲州日御碕多宝塔地割	1916×970	366×970	建地割＋平面図	柱心や高さ関係、引き通し線に篦引き、柱心にはさらに墨点	雁皮	1／10	雲州日御碕多寶塔地割　京間弐間三尺四方／右地割者奉島田弾正忠利政　上意御旨／御大工鈴木近江守長次／雖作之社例傳之所者當社大工福田木工助久賢書加之／造営事畢之後遷宮成就之後／以地割一紙目録於江戸御奉行所速令遂御勘／定畢此地割者自東武城有返進為末代内殿／令奉納畢／□／福田木工助久賢 片山縫殿助正昭／岡田半右衛門信世／生田彦太夫宗晴／寛永御造営奉行人数数多雖有之於江戸奉行所被遂御勘定右三人判形畢	多寶塔
19	雲州日御碕本地堂建地割	1070×1246	356×950	建地割＋平面図	柱心に墨線、屋根のラインに墨点・竹の烏口か。墨溜りなく面相筆ではない。型板使用か。	雁皮	1／10	雲州日御碕本地堂地割　京間三間四尺九寸四方／此地割者奉嶋田弾正忠利政上意御旨御大工鈴木近／江守長次雖作之社例傳之所者當社大工福田木工／助久賢書加之造畢之後遷宮事終以地割一／紙目録於江戸御奉行所速令遂御勘定畢／此地割者自東武城有返進為末代内殿令／奉納者也□／福田木工助久賢	
20	雲州日御碕廻廊地割　写	290×573	290×576	建地割＋平面図		楮紙	1／10		無
21	雲州日御碕御禊所地割　写	1120×835	285×423	建地割＋平面図		楮紙	1／10		無
22	不明（床下六尺）写	288×345	288×345	建地割＋平面図		楮紙	1／10		無
23	不明（床下六尺）の続きか　写	290×444	290×444	建地割＋平面図		楮紙	1／10		無
24	雲州日御碕両門客神社地割　写	572×675	278×439	建地割＋平面図		楮紙	1／10		無
25	雲州日御碕薬師堂建地割　写	291×245	295×245	建地割＋平面図		楮紙	1／10		無

図2-2-8　日御碕神社細部写真

軒廻りをみると、軒の出は茅負下端の位置を垂直な箆引きの痕で記されている。軒先の各端部にもそれぞれ箆引き跡があり、さらに墨点で角を抑えるなどして墨線を引いている。

高欄の高さや擬宝珠の紐の位置まで墨点を打ち、位置が抑えられている。

また、校木の断面を示す図では、その割付に墨点を打ってはいるが、三つに一つしか対応していなかったり、別の割付を示す箆で打たれた点もあり、異なる形の校木が箆引きされている。描き損じかあるいは計画の変更によって、貼紙された上に描き直されている部分や、墨線を料紙を削って消している部分もある[16]。

さらに表現内容の特徴として、ほとんどの建地割は梁間方向の断面図を兼ねる立面図として、建物全体が描かれている。軒は断面として表され、屋根の妻部も妻飾りが表されるよう、破風板を透かすように描き、懸魚や桁隠は全て省略されている。一層左側は一間内側を描く断面図とし、他は立面図として描かれている図もある。

また、建物の桁行方向に取付くもの、例えば組物部の木鼻などはすべて省略されている。組物でも鬼斗は略され、純粋に梁間方向の構成がわかるよう描かれていることから、

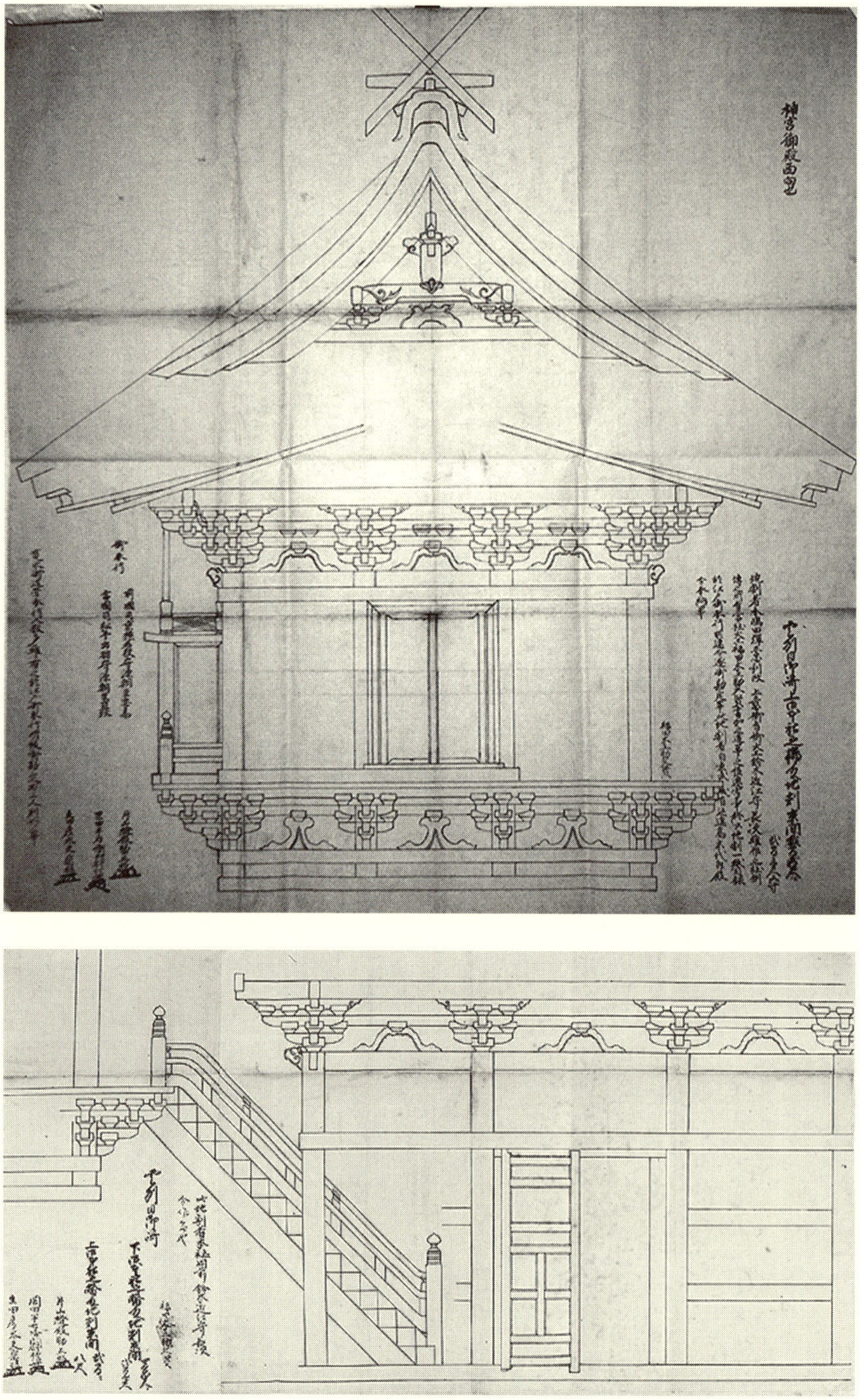

図２−２−９　日御碕神社神の宮（上の宮）本殿を描く建地割（日御碕神社所蔵）上：本殿、下：幣殿および本殿前方

図２－２－10　日御碕神社神の宮（上の宮）本殿外観

断面的要素を持つ立面図となっていることがわかる。しかし、桁行方向に取付いている脇障子は、本来ならば端部の見えがかりとしてのみ表されるが、脇障子の形式がわかるようにわざと背部に展開させて描いている。そのため、図面だけをみると建物の背部に脇障子が取付いているような表現になっている。柱間装置は、出入り口となる板扉装置は描かれるが、それ以外は省略されている。蟇股や手挟の彫物は省略され、飾金物や彩色も記されない。

このほか、表現の省略ではなく設計の変更が行われたとみられる箇所もある。しかし、それは斗の数や渦・若葉などの絵様、木鼻の形状などの細部に留まり、描かれる建物自体としては、軸部や屋根、規模など現在の姿とほとんど変わらない。

また、数枚の図で表現する内容を、同様の内容は省略して描く効率のよい表現も見られる。例えば、神の宮（上の宮）の幣殿を描く図では、幣殿に接続する本殿前面の腰組三手先や回り縁手摺の擬宝珠までを表現しているが、神の宮（上の宮）本殿そのものを描く図では正面の擬宝珠を描かず、背部の脇障子に重ねて描いている。このように一枚の建地割で完結したものを描くのではなく、表現するものを図面間で描き分け、計画して描いていたと考えられる。

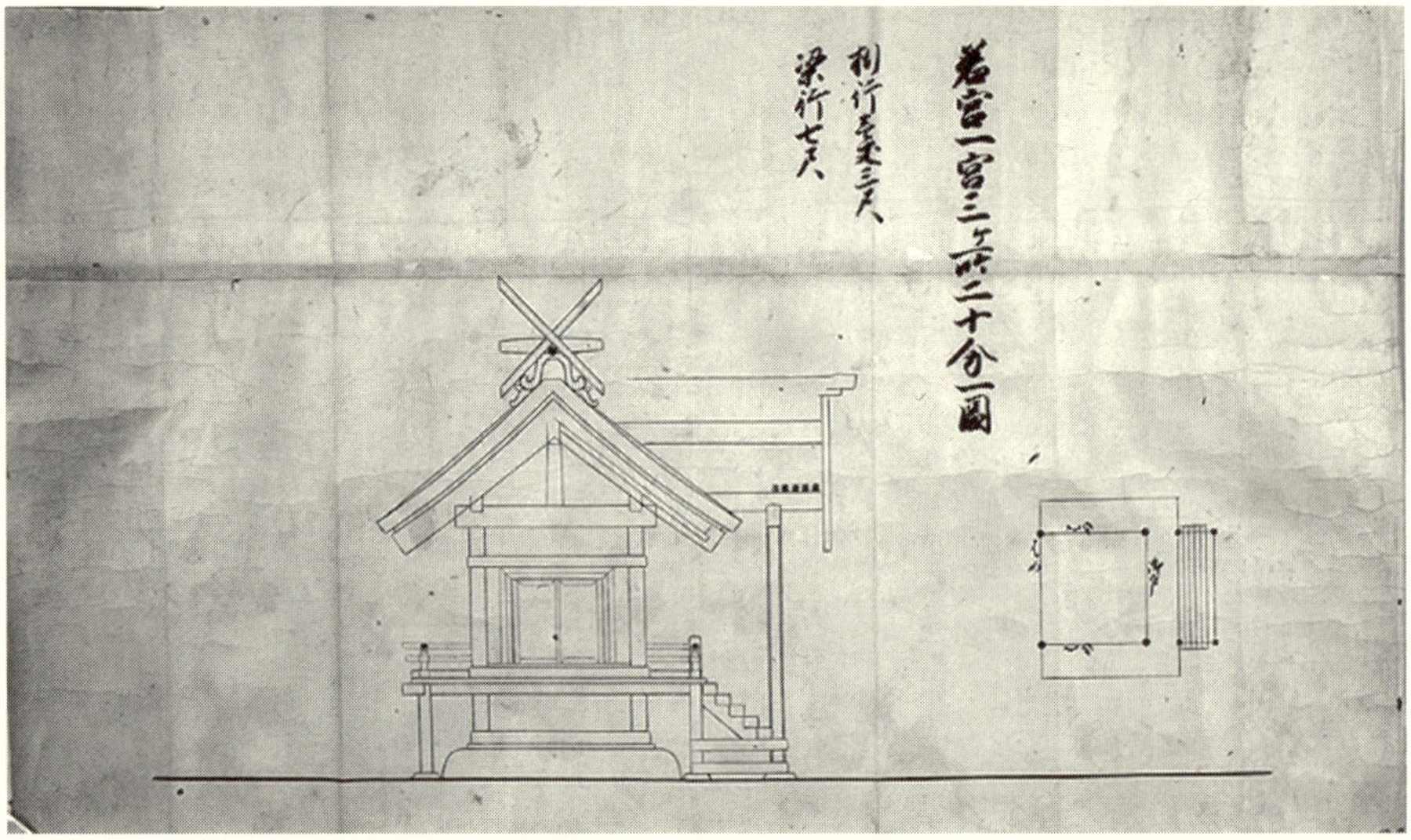

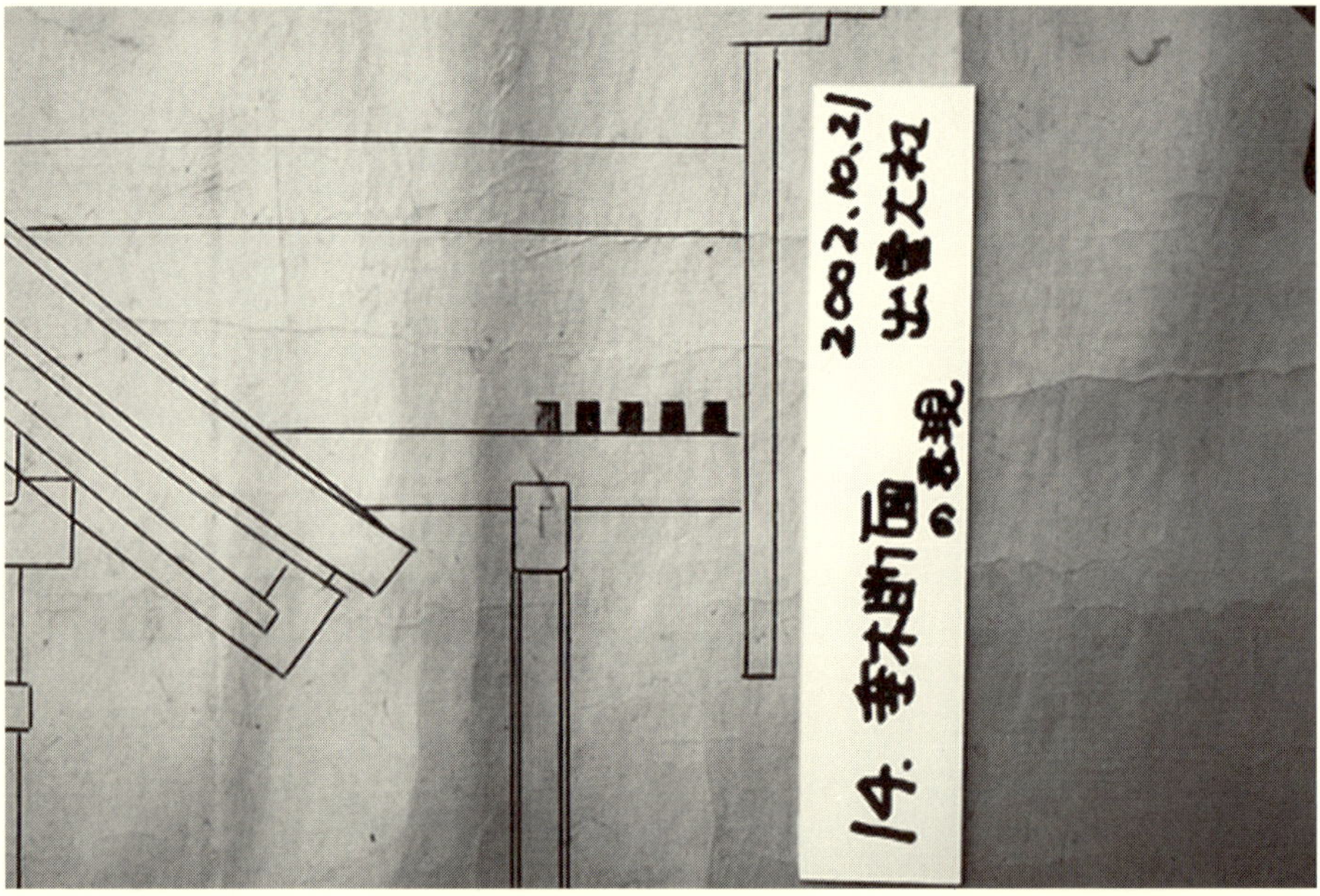

図2-2-11　出雲大社若宮建地割（出雲大社所蔵）上：全体、下：垂木部分

表２－２－２　出雲大社・国造千家家蔵図面一覧

凡例：大社蔵指図番号は、架蔵番号乙内九八號の枝番号

架蔵番号 指図番号	図面種類	表題等	外題等	装丁	作図法	南北寸法mm	東西寸法mm	台紙紙質	格子罫 書法	縮尺	所蔵
1	境内建物図	本紙外題	社総繪図	軸巻	書絵図	2550	935	雁皮	墨・箆	6分計（ばらつき大）	大社
2	境内建物図			掛幅	掛幅	3192	505	鳥の子	墨・箆	6分計（ばらつき大）	大社
3	建地割図（＋平面図）	本紙内題直書	表紙「拝殿」本紙「拝殿」	軸巻	書絵図	704	366			1／20	大社
4	建地割図（＋平面図）	本紙内題直書	表紙「楼門」	軸巻	書絵図	685	350	鳥の子		1／20	大社
5	建地割図（＋平面図）	本紙内題		掛幅	書絵図	1368	379	鳥の子		1／20	大社
6	建地割図（＋平面図）	本紙内題直書	表紙「御供所」	軸巻	書絵図	520		鳥の子		1／20	大社
7	建地割図（＋平面図）	本紙内題直書	表紙「御棚所」	軸巻	書絵図	522	360	鳥の子		1／20	大社
8	建地割図（＋平面図）	本紙内題直書	表紙「素我社」	軸巻	書絵図	534	367	鳥の子		1／20	大社
9	建地割図（＋平面図）	本紙内題直書	表紙「文庫」	軸巻	書絵図	522	363	鳥の子		1／20	大社
10	建地割図（＋平面図）	本紙内題直書	表紙「八足門」	軸巻	書絵図	692		鳥の子		1／20	大社
11	建地割図（＋平面図）	本紙内題直書	表紙「會所」	軸巻	書絵図	522	360	鳥の子		1／20	大社
12	建地割図（＋平面図）	本紙内題直書	表紙「十九社」	軸巻	書絵図	366	366	鳥の子		1／20	大社
13	建地割図（＋平面図）	本紙内題直書	表紙「御蔵」	軸巻	書絵図	500	350	鳥の子		1／20	大社
14	建地割図（＋平面図）	本紙内題直書	表紙「若宮一宮三ヶ所」本紙「若宮一宮」	軸巻	書絵図	526	376	鳥の子		1／20	大社
15	建地割図（＋平面図）	本紙内題直書	表紙「廰舎」本紙「廰舎」	軸巻	書絵図	694	357	鳥の子		1／20	大社
16	建地割図（＋平面図）	本紙内題直書	表紙「御供所」	軸巻	書絵図	358	358	鳥の子		1／20	大社
17	建地割図（＋平面図）	本紙内題直書	表紙「神馬屋」本紙「神馬屋」	軸巻	書絵図	516	366	鳥の子		1／20	大社
18	建地割図	本紙内題直書	本紙「御内殿　客座五社」	軸巻	書絵図	519	362	鳥の子		1／10	大社
19	建地割図	本紙内題直書	本紙・表紙「橋五ヶ所」	軸巻	書絵図	356	356	鳥の子		1／10	大社
20	建地割図	本紙内題直書	表紙「鳥居二ヶ所」	軸巻	書絵図	530	370	鳥の子		1／20	大社
21	建地割図（＋平面図）	本紙内題直書	表紙「鷺社門」	軸巻	書絵図	478	364	鳥の子		1／10	大社
22	屋敷図	本紙・表紙外題直書	表紙「鷺社碁盤指圖」本紙「鷺社宮地之繪圖」	軸巻	書絵図	715	366	鳥の子	墨・箆	6分計	大社
23	建地割図（＋平面図）	本紙内題直書	表紙「鷺社御本社」本紙「鷺宮御本社同拝殿」	軸巻	書絵図	718	364	鳥の子		1／20	大社
24	建地割図（＋平面図）	本紙内題直書	表紙「鷺社御本社」本紙「鷺宮御本社同拝殿」	軸巻	書絵図	705	370	鳥の子		1／10	大社
25	建地割図（＋平面図）	本紙内題直書	表紙「仮宮御本社拝殿幣殿」 本紙「仮宮御本社拝殿幣殿」	軸巻	書絵図	508	367	鳥の子		1／20	大社
26	建地割図（＋平面図）	本紙内題直書	表紙「仮宮門同下宮」	軸巻	書絵図	508	352	鳥の子		1／10	大社
27	境内建物図			軸巻	貼絵図 一部書絵図	2500	352	楮	墨	4分計（ばらつき大）	大社
28	参道図	裏外題直書	延享度勢溜までの参道	軸巻	貼絵図 一部書絵図	2782	楮	墨		4分計	大社
29	建地割図（＋平面図）	本紙内題直書	表紙「廻廊上段　観祭楼」	軸巻	書絵図	698	355	鳥の子		1／20	大社
30	建地割図（＋平面図）	本紙内題直書	表紙「廻廊」	軸巻	書絵図	530	365	鳥の子		1／20	大社
31	建地割図（＋平面図）	本紙内題直書	表紙「廻廊」	軸巻	書絵図	510	375	鳥の子		1／20	大社
32	建地割図（＋平面図）	本紙内題直書	表紙「脇宮三ヶ所」	軸巻	書絵図	485	353	鳥の子		1／20	大社
33			表紙「鳥居二ヶ所」	軸巻	書絵図	900	430	鳥の子			大社
34	建地割図（＋平面図）	本紙内題直書	表紙「御棚所」	軸巻	書絵図	500	430	鳥の子		1／20	大社
35	建地割図（＋平面図）	本紙内題直書	表紙「脇宮三ヶ所」	軸巻	書絵図	502	351	鳥の子		1／20	大社
36	建地割図（＋平面図）	本紙内題直書	表紙「鷺社門」	軸巻	書絵図	530	363	鳥の子		1／10	大社
37	建地割図（＋平面図）	本紙内題直書	表紙「脇宮三ヶ所」	軸巻	書絵図	530	360	鳥の子		1／20	大社
38	建地割図（＋平面図）	本紙内題直書	表紙「脇宮三ヶ所」	軸巻	書絵図	526	350	鳥の子		1／20	大社
39	建地割図（＋平面図）	本紙内題直書	表紙「脇宮三ヶ所」	軸巻	書絵図	504	346	鳥の子		1／20	大社
40	建地割図（＋平面図）	本紙内題直書	表紙「八足門」本紙「八足門」	軸巻	書絵図	699	計測不能	鳥の子		1／20	大社
41	建地割図（＋平面図）	本紙内題直書	表紙「十九社」	軸巻	書絵図	352	352	鳥の子		1／20	大社
42	建地割図（＋平面図）	本紙内題直書	表紙「仮宮門同下宮」本紙「仮宮門同下宮」	軸巻	書絵図	544	370	鳥の子		1／10	大社
43	建地割図（＋平面図）	本紙内題直書	表紙「會所」	軸巻	書絵図	532	計測不能	鳥の子		1／20	大社
44	建地割図（＋平面図）	本紙内題直書	表紙「仮宮御本社拝殿幣殿」本紙「仮宮御本社拝殿幣殿」	軸巻	書絵図	533	367	鳥の子		1／20	大社
45	建地割図（＋平面図）	本紙内題直書	表紙「文庫」	軸巻	書絵図	529	367	鳥の子		1／20	大社
46	建地割図（＋平面図）	本紙内題直書	表紙「楼門」	軸巻	書絵図	726	367	鳥の子		1／20	大社
47	建地割図（＋平面図）	本紙内題直書	表紙「廻廊」	軸巻	書絵図	516	358	鳥の子		1／20	大社

架蔵番号 指図番号	図面種類	表題等	外題等	装丁	作図法	南北寸法mm	東西寸法mm	台紙紙質	罫線書法	縮尺	所蔵
48	建地割図	本紙内題直書	表紙「御内殿　客座五社」	軸巻	書絵図	509	357	鳥の子		1／10	大社
49	建地割図（＋平面図）	本紙内題直書	表紙「廳舎」本紙「廳舎」	軸巻	書絵図	710	357	鳥の子		1／20	大社
50	建地割図（＋平面図）	本紙内題	御本社	軸巻	書絵図	1450	359	鳥の子		1／20	大社
51	参道図				書絵図	1752	計測不能	鳥の子			大社
52	建地割図（＋平面図）	本紙内題直書	本紙「神馬屋」	軸巻	書絵図	169	計測不能	鳥の子		1／20	大社
53	建地割図（＋平面図）	本紙内題直書	本紙「御供所」	軸巻	書絵図	175	計測不能	鳥の子		1／20	大社
54	建地割図（＋平面図）	本紙内題直書	鷲社御共所　同鳥居	軸巻	書絵図	350	計測不能	鳥の子		1／10	大社
55	建地割図（＋平面図）	本紙内題直書	本紙「□□御本社同拝殿切」	軸巻	書絵図	630	計測不能	鳥の子		1／20	大社
56			本紙「若宮一宮」			計測不能	計測不能				大社
57	建地割図	本紙内題直書	本紙「橋五ヶ所」	軸巻	書絵図	337		鳥の子		1／10	大社
40−31	境内建物図	本紙外題	本紙「杵築大社宮中繪図面」	折り	書絵図	910	575	楮紙	箆	2分計	千家家

なお、寛文度の出雲大社造営に関わる建地割は五四点ある（千家家蔵）。いずれも雁皮系の本紙に縮尺二〇分の一あるいは一〇分の一で描くことが共通点である。また、若宮を描く図では、垂木断面に判子を使用している。平面柱以外に判子を使用したの例は珍しく、建築指図の表現技法上、興味深い。

3）諸藩の指図

個々の大工家の指図に関しては、中井家や鈴木家のように近世の指図が多数残存する例は少なく、大工家ごとの指図を体系的に把握することは難しい。そのため、個々の大工家よりも藩を単位として総括的にみざるを得ない。こうした観点に立ち、諸藩の指図の作図法を京大工頭中井家の指図と比較してみると、次のような特徴や相違点を指摘できる。以下ではおもに平面図の種類や呼称、書絵図と貼絵図、格子罫と縮尺、彩色方法、文字や記号による書込み、の五項目についてみることにする。

①図面の種類や呼称

京大工頭中井家では、複数の建物の平面を配置に従って記したものを「指図」、一棟ないしは少数の建物平面を大縮尺で描いたものを「小指図」あるいは「一枚指図」と呼ぶが、各藩にあっては、中井家のような呼称の統一、一貫性はみられず、「指図」の他に「絵図」あるいは単に「図」と呼ぶ場合も多い。そして「小指図」という呼称が使われた例は管見にして知らない。高知県安芸市の安芸市歴史民俗資料館に所蔵される藩家老・五島家文書中の指図には、図の外題等に「旨図」、「大旨図」と記されるものがある。これは手偏が落ちた、あるいは省略した表現で、「指図」、「大指図」と同義であることはほぼ間違いない。

②書絵図と貼絵図

京大工頭中井家の指図は、江戸初期にはすべて貼絵図で、宝永・享保期を境として書絵図へと変化している。[17] 諸藩指図でも貼絵図・書絵図とも使われている。少しずつ貼絵図が減少傾向にはあるようであるが、貼絵図から書絵図への明確な転換期は認められない。例えば、萩毛利藩や佐賀県武雄の鍋島藩の指図、長崎県島原の深溝松平藩では、江戸後期あるいは幕末になっても、貼絵図が作成されている。また、白い台紙に色紙などを貼る技法は、深溝松平藩においては、室内の部屋境の展開図においてもみられた。

③格子罫と縮尺

1）格子罫：京大工頭中井家の指図では、貼絵図の場合は、一部の写図を除いて全て格子罫がみられ、いずれも篦引である。書絵図の場合は貼絵図と比べると、格子罫がみられる割合は低いが、これらは写図である可能性が高い。格子計がある場合は篦引が一般的で、一部朱墨を用いた朱引もみられる。諸藩の指図は、残存例は少ないが、貼絵図の場合はやはり篦引の格子罫が多いが、墨引きも使われている。中には、貼り込まれた建物の下は墨引計が省略され、篦引きだけのものもある。そして書絵図の場合は多くが墨引であり、墨の色には黒墨（墨引）と朱墨を用いた朱引の二種がある。ただし、書絵図には黒墨引の例は少ない。墨引の罫が用いられないのは、塗色に使われた着色材、特に染料系の着色材では色濃度を高くすることが難しく、黒墨の罫は平面上に現れ間取りと区別が困難になるためと考えられる。

墨引と朱引の罫線は、面相筆などの細筆で引かれたと考えられる墨継ぎの認められる例もあるが、烏口様のものを使ったとしか考えられないものが多い。また、墨壺に用いる糸で書いたものも少数ではあるが残されている他、墨壺に使う竹製の墨さしで引かれたと見られるものもある。なお、墨引罫の指図には、罫を引く際の「見当」とした墨点が台紙周囲に打たれたものがある。これらは比較的初期の指図に多い。また、墨を引く前に一度篦引きしそれをなぞるように墨引きしているものもある。この場合、貼り込まれた平面料紙の下は篦目のみの場合もある。

2）縮尺：京大工頭中井家の指図にみられる格子罫の幅は二分、四分、六分、八分、一寸などの間隔で引かれ、それぞれ二分計、四分計、六分計、八分計、一寸計と呼び、これが縮尺の単位にもなっている。ちなみに一マスは実長の一間分で、一間六・五尺の京間であれば、二分計は縮尺約三二五分の一、四分計は約一五六分の一と、建地割と違って、中途半端な縮尺になる。すなわち、分計型の縮尺は絶対縮尺ではなく相対縮尺といえる。これは日本には「間」という単位が歴史的経過の中で刷り込まれていたことによると考えられる。

諸藩指図でもほぼ同様であるが、一間を一・五分や三・五分、四分、五分、九分などにとっている例もある。一間の基準柱間を六尺とすれば、六分計ならば現行の一／一〇〇の縮尺に合致するが、多くは区切りのよい縮尺になるとは限らない[18]。

④彩色と色分け

1）彩色：貼絵図、書絵図を問わず、大部分の指図の平面には彩色が施されている。無彩色の指図は「白色」指図ともいわれる場合もあるが[19]、明らかな写図と彩色図の中の一部の建物が料紙の色のままの平面で描かれた場合を除くと、京大工頭中井家の指図では慶長・元和期のものに限られている。これに対し諸藩の指図では、例は多くないが、元和以降にも無彩色のものがみられる。また、京大工頭中井家の指図の書絵図の中に、建物平面を無彩色のままとし、建物の建たない空地部分を彩色した例がある。しかし、今のところ諸藩指図にはこのような例はみられない。このほか庭木や石・池などを彩色して描いたものがある。

平面の彩色に使われた色の種類は、京大工頭中井家の指図では、青・緑・柿・赤・黄の各色と灰色および白で、柿色・黄色の二色については、濃淡数種に使い分けた図もある。諸藩指図でも同じ色種が使われているが、さらに、紺色を用いた指図がみられ、柿色・黄色の他、緑色・赤色を濃淡を加味しながら使い分けたもの、漉す簀目の残る紙裏と紙表を使い分けた例もある[20]。

2）色分け：中井家の指図では、基本となる平面の色分けには次の六種がある。

（イ）一つの御所に属する建物を一つの色で示す・・・御所分け
（ロ）屋根葺材によって建物を区別して色分けする・・・屋根葺材分け
（ハ）作事奉行・助役大名・大工の担当分担区分を色分けする・・・丁場分け
（ニ）新築部分と古屋を色分けする・・・新古分け（新造古屋分）
（ホ）床の仕上げ材の種別で色分けする・・・床材分け
（ヘ）使用する主な材木の種類によって色分けする・・・材木種分け

諸藩指図の基本となる色分けは、新古分けで、他に柱間寸尺の相違を色分けする（柱間分け）もみられる。そして中井家の

（イ）御所分けに相当するものとして屋敷の表向・奥向の区分けを示す「表奥分け」もある。

諸藩では寛永から明暦頃まで色分け表示法についての試行が繰り返されたようで、熊本細川家の指図では五種、毛利家の指図には六種、池田家の指図に至っては簾目の表裏を使い分けたものを含めると一三種もの色紙が使用されている例もある(21)。

明暦以降になると、諸藩指図でも単純色分け、表奥分けと新古分けの三種にほぼ限られ、他に津軽家屋敷の指図の「柱間分」が見られるだけである(22)。

なお、京大工頭中井家の指図と比べると、諸藩指図には色凡例が付されていないものが多い。

⑤文字の書込と、建具・柱の記号表記

1）文字の書込：指図には、建物名や規模、方位など文字や記号による表現をみられる。これを「書込」と呼ぶことにする。書込には台紙や平面料紙に直接書込む方法と、付箋に書いて貼込む方法の二種がある。書込の多くは、作図時になされたものと見られるが、付箋によるものには、作図後、例えば後の修理の際の図面再利用にあたって貼付けられたとみられるものも多いものの、宇和島伊達家の指図のように、はじめから色紙の付箋を使っているものもある。

殿舎名の書込は、中井家の指図ではほとんど全て付箋によっている。これに対し、諸藩指図では大部分が直接の書込であり、付箋によるものはわずかにすぎない。また、寛永末以後の京大工頭中井家の指図では、ごくわずかの例外を除き、殿舎名付箋の下部に殿舎規模が梁間×桁行の間数で併記されているが、諸藩指図ではこの面積表記法は蜂須賀家の指図に一例みられるだけである。

一方、諸藩指図では京大工頭中井家の指図には例の少ない部屋毎の畳数記載が多くみられる。

部屋名の記載がある場合は、中井家の指図・諸藩指図とも大部分が直接の書込みによっている。

仕上仕様などの作事関係の書込は、どの指図にも必要とされたものではない。京大工頭中井家の指図では、この種の記載は三分計以上の縮尺のものに限られるものの、六分計以上の大縮尺の指図の中にもこれらの書込のまったくない例もある。これに対し諸藩指図では、精粗の違いはあるが、ほとんどすべての指図に何らかの仕上げ仕様の書込がある。これは、諸藩指図の大部分が記録保存を意図して作られて、藩に上げられた指図であったことと関係しよう。

仕上仕様の表記は、京大工頭中井家の指図・諸藩指図とも多くは直接の書込であるが、宇和島伊達家の指図にはすべて付箋による例がある。

仕上仕様以外の作事関連の文字書込としては、天井上り口の位置指定や建物毎に異なる柱間寸尺のためにおこった間延び寸法や、柱間寸尺の種別の註記、修理の際の指示事項記載等があり、その内容・記述法とも指図により様々である。これらの記載は、修理の際など作図時以後に書き加えられたものを含め、過半が付箋によって示されている。なお、京大工頭中井家の指図・諸藩指図を通じて、近世の図面には寸法の記載はほとんどない。津軽弘前藩の江戸屋敷図には、江戸大火で焼失したため、材木が手に入らなかったためか、表向き御殿を一間を六尺五寸材で作事し、奥向の主要御殿を一間六尺三寸、長屋を一間六尺材を使用して造営した例があり、建物の継ぎ目の寸法調整に関して付箋で寸法を記した物が見られる。しかし、他にそのような例を知らない。

この他、諸藩指図に多くみられる書込内容として、建物・部屋の使用者名や部屋の使い方、さらに長屋居住者名などの書込み事例がみられる。

付箋の料紙は、白紙の例が多いが、色紙を使っている例もある。とくに中井家の指図では、寛永以前の指図に色紙付箋が多く使われ、諸藩指図では文字表記をすべて付箋で行っている宇和島伊達家の指図は殿舎名や部屋名に青色の付箋紙、仕上げの仕様には白の付箋紙と使い分けている。

また、書込みではないが、御殿の壁や襖に貼る唐紙の一部を部屋毎に平面中央に貼り込んだ例が、島原の深溝松平藩の江戸屋敷の指図にみられる。意匠的な部分は、書き込みではどうしても表現できない面があるという一例であろう。

2）建具と柱の記号表記：現代の平面図では、縮尺のごく小さいものを除き、建物平面は壁や建具などの断面の外形線と、畳などの外形見切り線によって表している。中井家の指図では、見切り線はもちろん、壁・建具も単線で表記し、その厚さを示す断面表記法はみられない。同様に、柱も単に位置を表記するだけで、その太さを縮尺表記するものはなく、わずかに円柱と角柱の違い、台所の大黒柱と他の柱の区別を表記する例がみられるにすぎない。この傾向は幕末までほぼ踏襲されている。

一方、諸藩の指図では、寛文・延宝の頃より建具を記号化して建具割りなどを表記する指図が作られているが数は多くない。建具を単線以外の表記法で示したものは、津軽家の寛文～延宝の指図にみられ、また、内法長押上小壁に取られた開口部の「木格子障子」の位置を記号で記している。しかし、長押下の建具は依然として単線と文字で記しており、また、長押上の建具も全てが記

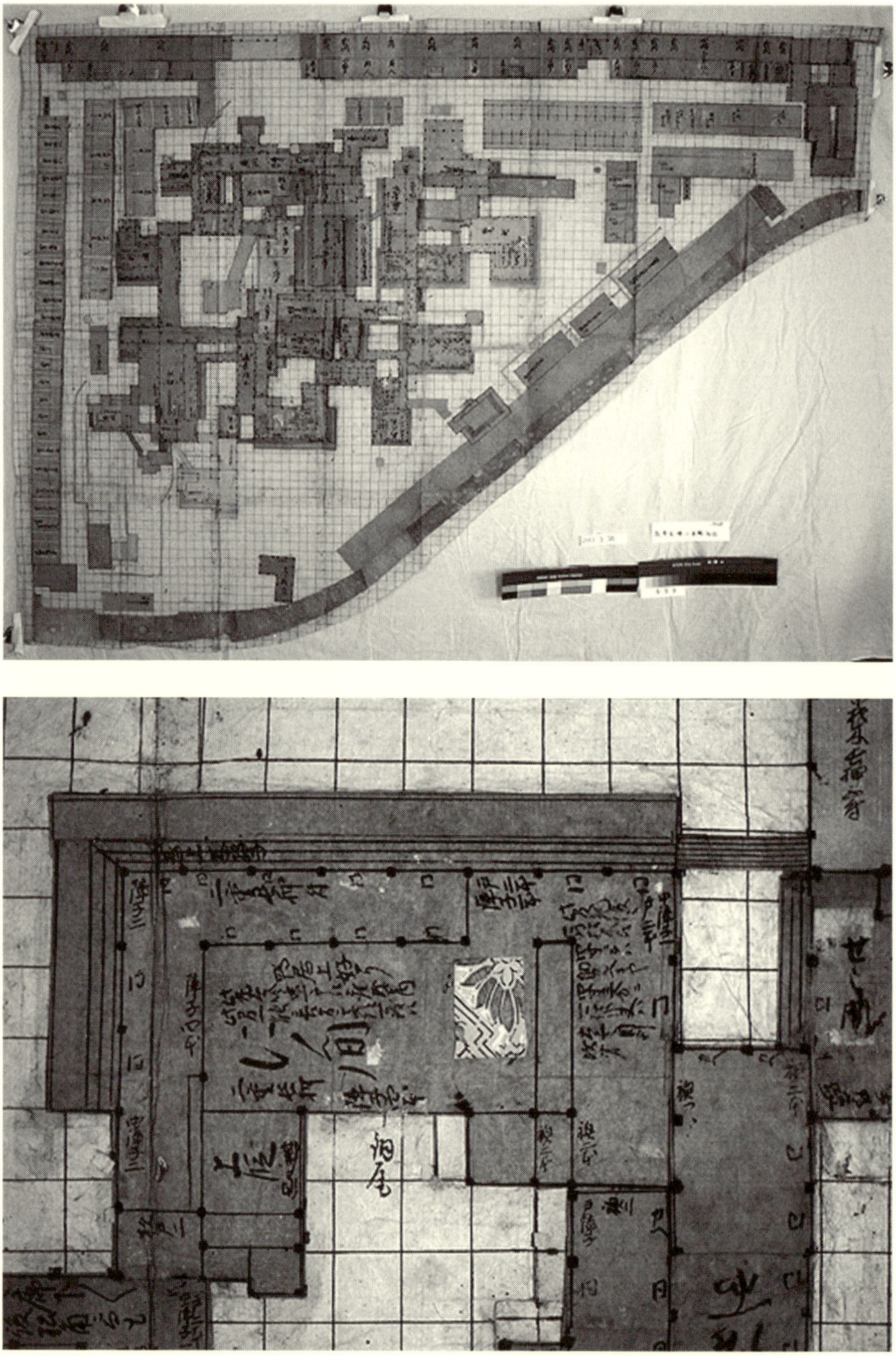

図２−２−12　唐紙を貼り込んだ指図　上：全体、下：唐紙を貼った部分
（深溝松平藩「数寄屋橋上屋敷指図」M1908　本光寺所蔵）

号化して表記されたものではない。また元禄年間の指図では長局・長屋の一部の建具の開口位置指定に内法長押下の建具を表す表現がみられる。ただし、建具の種類を区別して示すことはない。

これに対し池田家と蜂須賀家の指図では、寛文前後までは建具表記をすべて単線と文字によっているが、元禄以降ほとんどの指図で断面表記的な建具表現になる。この二藩では、元禄以降建具の記号表記法が定着したとみてよかろう。とはいえ、この二藩の指図においても、建具形式の違いを記号化して表記する指図はなく、建具の記号表記化も建具割りと建て方表示にとどまっている。

柱の記載は、前述のように、中井家の指図・諸藩指図とも位置を示すことに重点があったとみられる。台所などの特に太いいわゆる大黒柱などを除き、柱太さの別を表記した指図はない。柱の断面形の違いも、角柱を四角で表し、丸柱と面皮柱を丸印で示す指図が多いが、角柱の面取りの大小を区別する例はない。なお、柱の記載は、印型（判子）による型押しによったとみられるものがほとんどである。

〔註〕

1　『中井家文書の研究　第一～一〇巻　内匠寮本図面篇一～一〇』（一九七六年～一九八六年）の用語にしたがう。

2　註1に同じ。

3　角筆は、象牙や木、竹などでつくられ、尖らせた先端を紙に押しつけるようにして、紙を凹ませて罫を印す道具で、写経のために作られたとされる筆記具である。例えば、小林芳規『角筆のみちびく世界』（中公新書、一九八九年）の「下描きに凹線を引いた筆記具」の章において、絵の下書きに凹線が用いられ、「尖端のある針」などと表現され、一般的には「篦で押した」等と記されることの多い線は、角筆によって記されたものではなかったか、と記している。指図にも使用された可能性はあるが、直線を引くには篦より安定性で不利であることは否めない。小林氏の衣鉢をつぐ広島大学角筆資料研究室では、角筆資料を公開されている。一般的な角筆の篦眼は指図の篦眼より幅が広いので、角筆を使用したのであれば、先を細くしたものが作られ、使用したと考えねばならない。
角筆資料研究室ホームページ：http://home.hiroshima-u.ac.jp/kakuhitu/index.html

4　直進性の高い、LEDライトなどの光を、四五度の角度から当てるとよく見える。

5　津軽弘前藩では、江戸の大火で上屋敷が焼失した際、材木が江戸では払底していたため、急遽国元からや地方から取り寄せた。通常大名の江戸上屋敷は京間（一間六・五尺）で建てられるが、手に入れた材木が、京間基準（六尺五寸ないしは七尺）のもの、中京間のもの（六尺三寸前後）、国元産出の田舎間（六尺）と手に入れられた材木の基準寸法がばらばらだったため、大名の使用する建物近辺は京間で造作し、裏方は中京間、長屋周りは田舎間で造作した。このため、大工は間数の違う建物の取り合いに苦労しており、指図に付箋で注意書きを記している。

6　談山神社の指図については、櫻井敏雄「談山神社本殿古指図について」（『別冊〈歴史研究〉神社シリーズ　談山神社　―大化改新一三五〇年―』新人物往来社　一九九五年）に墨糸使用の指摘があり、その後筆者らも奈良国立博物館にて図を観察し、確認した。
　また、山口県文書館所蔵「江戸御屋敷ニ而可有之可有之候哉」架蔵番号五一〇　には、図の墨線周辺に飛び散った墨飛沫や、墨線そのものに糸目が観察され、墨壺の墨糸の使用が判明する（参考文献：後藤久太郎・平井聖「毛利藩江戸上屋敷について」生活科学研究所研究報告第一二巻一九七九　宮城学院女子大学生活科学研究所、北野隆・尾道建二「毛利家書〝江戸屋敷の指図について〟」日本建築学会中国・四国支部研究報告　一九七二年三月）

7　第二章第一節3）参照

8　後藤久太郎・伊東龍一「出雲大社関係指図に描かれた社殿」（「出雲大社社殿等建造物調査報告」国立奈良文化財研究所編、大社町教育委員会二〇〇三年）

9　基本的には、一枚指図は台紙料紙が一枚のもの、小指図は二枚程度の料紙を貼り繋いだものと考えている。

10　後藤久太郎「近世指図の作図技法と図面表現―諸藩江戸藩邸指図を中心に―」生活科学研究所研究報告第二三巻　一九九一年　宮城学院女子大学生活科学研究所

11　京大工頭中井家の内匠寮本を見ると、貼絵図の塀は、多くが料紙に墨を塗ったものを細く切って使っている。

12　この図は、箆引きの格子罫を建物周辺のみに引いている。これは、建物の一間の基準が、京間・中京間・田舎間と異なることによると考えられる。

13　これらの断面的な要素は、「仕様帳」「造作帳」「造作付帳」と呼ばれる帳簿に文字として記された。一例として、延宝度後西院御所の「広御所」仕様帳の一部を次に引用する。

（前略）
右の御造作仕様柱太サ削立五寸六分広縁柱削立五尺六分（中略）内法長押ニ蓋有西広縁六間半壱間半天井棹縁縁桧板はき板敷桧釘打（後略）

14 数寄屋風書院に多い。例えば、延宝五年（一六七七）に成った東福門院女院御所奥対面所がある。（修学院離宮中の茶屋客殿として現存している。旧林丘寺書院。明治時代になって皇室に献上）

15 弘前津軽藩の江戸屋敷指図で、同じ屋敷について、六尺格子計と六尺五寸格子計の二種類を作っている例がある。

16 削る技法はＤＶＤ参照

17 『中井家文書の研究　第六巻　内匠寮本図面篇六』一九八一年

18 後藤久太郎「近世指図の作図技法と図面表現─諸藩江戸藩邸指図を中心に─」生活科学研究所研究報告第二三巻　一九九一年　宮城学院女子大学生活科学研究所。

19 白色と称しているが、実際には料紙の色である。料紙の色は、生産地によって異なり、また白土を入れて白っぽくして漉かれたものもあるが、現代のアート紙のような白にはなっていない。

20 註18に同じ。

21 註18に同じ。

22 津軽家の江戸屋敷図には、この他、同じ屋敷の建物を、六尺五寸計（京間）と六尺計（田舎間）で描いたものが一例ある。

二　近世指図に用いられる材料とその特徴

1）麻　布

麻布は文字通り紙ではなく布であり、被見した麻布に描かれた荘園絵図では、かなり粗い目の、所謂、麻袋の様な物が使われていた。建築図面類で麻布を使ったのは今のところ、正倉院蔵の東大寺「講堂院図」（仮称）のみで、現在は被見できず記法の詳細は明らかでない。

ただ物理的に言えることは、麻布が伸縮性が大きく、また、墨を載せるとにじむ性質があることである。当時すでに指図作製に向いた和紙（楮紙・雁皮紙）があったにもかかわらず、なぜ東大寺「講堂院図」に麻布が使われたかは明らかではないが、当時、紙が高価であったため、庶民の着物にも使われ、紙と比べ比較的安価で入手しやすい麻布が使われた可能性はある。

麻布を指図の台紙として使うには、何らかな加工をしなければ、にじみがおこるので、膠に明礬を少量加えた礬水《どうさ》を塗布して滲み止めをしたか、墨の膠《にかわ》を濃くしていた[1]可能性は否定できないが、いずれにしても披見できないので、断定はできない。

とはいえ、それほどの精度を必要としない荘園図には平安時代に至っても麻布が用いられていることから、古代には一般的な図面の「料紙」として普及していたことは明らかである。

２）雁皮紙

雁皮紙の材料である雁皮は、沈丁花科雁皮属の落葉低木の樹木の樹皮である。関東以南の暖地の山地斜面に自生しており、和紙材としては栽培不可能な樹木であるため、自生種を採取して使っている。雁皮は高さ一・五ｍ前後の大きさの樹木の樹皮で、繊維長は三㎜前後・太さは〇・〇一八㎜と細い繊維である。そのため、簀漉きでは繊維が簀から漏れて流れ落ちるために、簀の上に紗布を引いて漉かれているので簀の目がなく、漉かれた紙面は光沢があり、紙色が鳥の卵に似ているため「鳥《とり》の子紙《こかみ》」と称されている。

雁皮紙は古代から用いられている。しかし、栽培が難しい樹木で自生種を材料としているため貴重で高価な紙であり、平安時代から中世までは主に貴重書の書写用には用いられてはいたが、図面用紙としてはあまり使われていない。

ただし、室町末期から江戸時代になると、襖や屏風などに絵を描くための紙として使われるようになり、さらに中世末より各地で漉かれるようになって、生産量が増えたことにより、図面用紙として使われるようになったと考えられる。書写用紙や図面台紙には紙厚が〇・一～〇・一三㎜位のものが使われている。また、図面に貼り込まれる平面を描く雁皮紙は、貼絵図の部屋・廊下・屋根ほかに、染色され、色付けされ貼り込まれた。貼り込む平面料紙の紙厚は〇・〇四㎜前後の薄葉が使われている。

それでも、雁皮紙（鳥の子紙）は、後述する楮紙《ちょし》に比べて、高価であり、台紙として使用されている図面は数少ない。このことから、雁皮紙を使った指図類は、建築現場用や施主への計画検討用として使用するためのものではなく、主に保存のために鳥の子紙に書写したものであると考えられる。

3）竹　紙

竹紙《ちくし》は、中国で主力の紙で、わが国では唐紙《とうし》と称され、唐代に出た紙と考えられてきた。しかし実際には、宋代の印刷技術の発展により印刷用紙として多用された紙である。日本では、正倉院文書に竹を使った竹幕紙《ちくばくし》があるが、その後の史料に竹の名が付いたものがなかったことや、唐紙を「からかみ」と読んで模様を印刷した紙の意味に変わったことから見ると、わが国では竹紙は衰退してしまったと考えることができる。また、宋代の「大蔵経」を印刷した紙には厚葉の竹紙が使われているが、厚葉竹紙は繊維が粗いために図面用紙としてはあまり適当ではなく、常用することができる紙ではない。日本で唐紙《とうし》と称される竹紙は、薄いものが多く、図面台紙として使用されたものを披見したことはないが、貼絵図に貼られている平面料紙に竹紙が使われているのを観察したことがある。

竹の繊維には、孟宗竹など含めた竹類は一年以上たつと成竹になり堅くなるため、筍となってから三・四ヵ月位の嫩竹《どんちく》（若竹）が使われる。竹紙にするには、溜め池に石灰ほかを入れ腐敗発酵を半年位させ、洗浄した後、灰汁で蒸煮し、再度灰汁を洗浄した後、牛や水車を使い石碾《せきでん》（石臼）で挽き、細かな繊維とされ抄紙《しょうし》されている。抄紙された料紙は薄葉紙が多く、書写・書籍印刷用紙とされているので、厚葉紙が少ないことで図面用紙にはされなかったものと推察できる。ただ、中国宋代には、〇・一五㎜位の厚葉紙も作られているが、それは大蔵経の『大般若波羅密多経』の印刷の用紙に使用されたものである。しかし、竹繊維は折れ損による裂けも多くみられる。また、中厚葉紙は、紙面は滑らかであるが破れやすかったため、印刷にも使われずに法帖台紙内側の裏打ちに使われている場合もみられる。しかし、印刷や書写には使用されていない。このような性質のため日本では、厚葉紙は、図面用紙として使われていなかったので作られていなかったとみられる。

ただし、絵地図用紙として竹紙が使用されている例がある。宮内庁書陵部に林子平（一七三八–九三）透写の『琉球國全圖』（208-

97）が、毛辺紙《もうへんし》中葉に描かれている。

なお、張馭寰《ぎょかん》『中国古建築分類図説』（河南科学技術出版社）に建造物と平面図写真が掲載されていた。一つは乾隆皇帝曾将牠《しょうた》の離宮の「北京圓明園」で、康熙一八年（一六七九年）建築開始された建物図墨書きの「圓明園殿」、いま一つが「問月楼」である。そのうち「問月楼」の一図には「三十年（一七六五）八月二十四日曽将牠中和堂様」とあるが、写真が鮮明でないため紙面状況は分らない。乾隆時代には良質な竹紙料紙が作られていることから、竹紙の毛辺紙《もうへんし》に描かれたものではないかと思われる。しかし、竹紙は繊維が弱いためにわが国では建築指図には使われていないと考えられる。

4）楮　紙

楮紙《ちょし》の材料は、桑科楮《こうぞ》属の落葉低木で雌雄同株樹木の樹皮であり、これは高さ一～五m位になる栽培可能な樹木である。繊維長は、一〇㎜以上あり、太さは〇・〇三㎜程度の太さがある。古代の写経書時代から麻紙と同時に紙の原料とされているが、前述のように麻布は平安時代になると衰退し、「和紙」としては楮紙が主体となった。楮紙は厚葉から薄葉と種々の紙が漉かれており、江戸初期までの料紙は紙面厚に、ムラがかなり認められる。このことから、中世に溜漉《ためずき》で漉かれたものは、中厚葉か厚葉紙が多く見られる。薄様紙を使って、貴重な史料を書写した場合には打紙《うちがみ》加工がされるが、懐紙・手紙・絵図などは打紙されずに用いられた。中世の絵図類は、厚葉ではなく中厚葉紙に書かれているものが多い。

指図に使われる楮紙台紙料紙は、京大工頭中井家文書の指図類の料紙観察から厚葉に描かれたものが多く、紙厚〇・一五㎜以上の物が使われ、小型の一枚指図などには中葉で厚さは〇・〇八㎜から〇・一㎜位のものが使われている。

江戸時代の大工頭や大棟梁の指示で作製された図面の料紙とされたものの多くは、厚紙類の良質なものが使われている。楮紙の産地としては美濃・越前などがよく知られているものが使われている。また、地紙《じがみ》と言われた名もない地方産のものも多い。使われた料紙から推測すると、大半が厚紙類の皺のない檀紙《だんし》のほか厚紙類で、紙名が判る厚紙類としては程村《ほどむら》紙・西の内紙・泉貨《せんか》紙・清張紙《せいちょうし》などが、図面台紙の料紙になったものと考えられる。

このような厚紙を使った指図の中には、現場で使われたと考えられる「やれた」物も多い。厚紙が使用されているのは、このように、建築現場で指揮する大工頭や大棟梁、現場で作業する棟梁の元では、図面を絶えず確認するため、中葉や薄葉紙では破れやすいためと考えられる。

多くの指図は折り畳まれて仕舞われている。厚葉紙であると折り畳んでも楮繊維が丈夫で長いため耐久性があることで、図面用紙として使用されたと推測できる[2]。特に、京大工頭中井家のような幕府大工頭家で作られた指図の料紙は、良質なものを使用することはできたと考えられるが、一方、地方の小大名家で作図された指図の台紙料紙は、土地の地紙を使って作図したためか、料紙はあまり良質な紙ではないものが使われている場合も多い。

指図には、厚葉紙ばかりではなく〇・〇七㎜前後の薄葉紙も使われているが、これらは幕府大工頭などが用いるものとは違い、作業をする大工が自家で作製し、建築工事をするための図面用と考えられる。重要なものは厚葉紙に作図されているものの、厚葉紙は手に入りにくいため、普段使いとして簡単に手に入る薄葉紙を使ったものと考えられる。

島原本光寺所蔵の深溝松平家の指図で、薄葉紙に書かれた指図に、部分改築をするため、改築する部分を書いた図を貼り込んだものがあった。その指図は数度の改築に使用されたようで、貼られた上に何枚も平面料紙が重ね貼りされていた。また、別の指図を切り取って貼り込まれたものもみられた。厚葉に書かれたものにも、中葉紙に改築部分を書いたものが貼られているものもかなり残存している。

また、部屋・廊下・階段・屋根などを色分けしたものがあるが、これらに使用する紙は薄葉紙に染色したものや、絵の具などを用いて染められたものを必要な大きさに作製してから外形線で切り取って、図面に貼り込んでいる貼絵図がある。このような経年保存されたものは、台紙や貼り紙の糊離れが起こり、台紙から外れてしまっているものが多くみられる。

現在、残存している図面の大半は、楮紙で作図されたものが多いが、所蔵する機関によって指図の保存程度は様々であり、図面調査には料紙素材と厚みや漉き方とともに、紙面の状態観察も重要な研究課題となっている。

5）三椏紙

三椏紙の三椏は、沈丁花科三椏属の落葉低木の樹木で雁皮と同科の栽培可能種で、樹木長は一・五ｍ前後の大きさとなる。樹皮の繊維長は三・五㎜程度で、太さはおよそ〇・〇二㎜と雁皮より少し長く太いが、雁皮同様に繊維が細かいことで折れ損に弱く破れることがある。

栽培可能種であるため、近年まで紙幣の原料となっていたが、折れ損などで破損するものが多いことから、現在はより丈夫な麻原料の大麻紙が使われているようである。

三椏紙は、栽培可能種であることから雁皮紙代用とされたものと考えられる。紙面は雁皮紙のように光滑で指触りは滑らかさがある。三椏紙は楮紙より滑らかであるが雁皮紙よりは少しざら付きがあり、厚葉紙は少なく薄葉紙の方が多く漉かれている。

三椏紙はこのような紙であるため、残存したものに指図で図面台紙となったものはみられない。ただ、図面料紙を分析に十分な量の調査をしていないので、正確なことは言えないが、楮紙薄葉の染色紙のような使い方はされたと考えられる。図面の使用用途としての三椏紙は、作図の関わる用途としては重要な紙として扱われなかったと推測できる。

なお、三椏は各地に自生し、栽培も容易なため、和紙の原料として容易に入手出来たためか、楮紙や雁皮紙に若干の三椏を混ぜて漉いたものもある。これらは楮紙・雁皮紙として通用していたようである。

〔註〕

1　書写用の練墨は、松煙や菜種油から採取した煤を香料と膠で練り固めたもの（固形墨）で、松煤が細かいものほど高価であり、また用途に応じ膠の量を調整して作られている。

2　付属ＤＶＤ参照。

第三章　建築指図の破損と修補

第一節　現存近世建築指図の破損状況とその原因

一　経年劣化

建築指図は、作製した時点から劣化が始まる。劣化は様々な状況下で多種類の原因によって起こるものであり、単純ではない。特に現場で使用された建築指図は、保存を前提としていないため、劣化が著しいものも多い。大工家に伝わりながらも、今は家業を継いでいないなど、代替わりによる廃棄や売却も指図残存に及ぼす影響は大きいが、ここでは保管中に生じる損傷及び劣化原因について、実例をもとに記すこととする。

二　虫損ほか

最も多く見られるのが虫損である。古記録類では、慎重な虫害対策を講じなければ防ぐことはできない。従来は臭化メチルなど猛毒による燻蒸が一般的であったが、現在は環境保全の観点から、薬剤のみならず窒素ガスによる酸素の遮断、高温または低温環境による燻蒸方法などが実用化されつつある。

○本光寺指図の虫損

ザウテルシバンムシ成虫

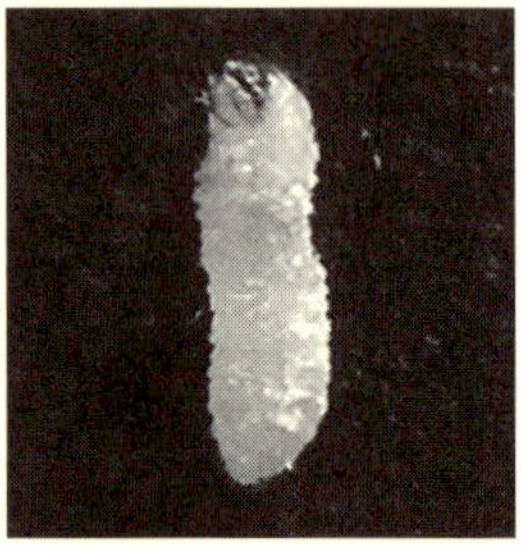

ザウテルシバンムシ幼虫

本光寺収蔵庫

以下、本書で紹介する修補を施した建築指図の所蔵先である本光寺の例を取り上げ、具体的に述べることにする。

本光寺では、常磐歴史資料館として使用している木造家屋に増築された和室（六畳程度）を収蔵庫とし、一部の展示品を除き全ての資料が収められている。他の部屋よりも一段高く設けられた床に畳を敷き、周囲は窓一面、押入と開口部で一面及び壁二面によって構成されている。収蔵されている資料の多くは、茶封筒などで小分けし、衣装箱大の桐箱に分野別、または資料番号順に収納され、押入に積まれている。

しかしながら、日常的な清掃や整理は必ずしも十分ではなく、箱番号と収納内容の不一致や各所に塵や埃の堆積がみられた。中でも虫害は、絵図・指図類に限らず収蔵されている資料全般に大きな影響を及ぼしている。大半は古い時期のもので、糞と死骸が粉末になって桐箱底面に堆積し、現在は安定しているものが多い。しかし二〇〇五年三月の調査時は、指図を入れた桐箱から活動中の幼虫と死んだ成虫を数一〇匹ずつ発見・捕獲した。

捕獲した害虫は、成虫の頭部に陥没がみられることから、ザウテルシバンムシと思われる。ザウテルシバンムシは、鞘翅目シバンムシ科に属し、本州以南（四国、九州）を中心に分布している、紙資料を好む害虫として、フルホンシバンムシと並ぶ代表的な存在である。成虫の体長を計測したところ、約二・一㎜〜二・五㎜、幼虫の体長は若干大きく二・五㎜前後であった。被害としては穿孔状の喰痕に加え、糞や料紙繊維を唾液で固めて蛹室《ようしつ》がつくられ、料紙断面が茶色く固まって開陳が困難になるといった状況が多くみられた。

資料を収めている桐箱は五段程積み上げ、最上段の箱のみ蓋をするようになっている。箱の中には、バラジクロロベンゼンを主成分とする「パラゾール」(白元社製)が投入されていたものの、いずれも既に昇華していた。箱に気密性がなく、押入にも扉がないため、薬剤を投入しても薬効は持続せず、殺虫殺卵のみならず忌避の効果もほとんど発揮されなかったと考えられる。さらにこうした開放的な保存環境は、一部で発生した害虫を資料全体に蔓延させやすい状況を作り出しているともいえる。

1）害虫の処置と対策

虫損（M1921）

虫損拡大（M1902）

活動中の害虫を発見したことは、資料管理上重大な警告であると受け止めなければならない。過去の被害状況から資料全体に及んでいることも考えられる。したがって、まずは、害虫の種類、数、時期等を正確に把握することから始め、そして生息状況と資料の材質に応じた駆除処置を選択・実施することが必要である。

しかしこうした害虫駆除処置の選択と実施には、専門的知識と一定の設備が必要となるため、文化財施設を対象とした害虫駆除業者に委託をするのが一般的である。生息状況の調査から殺虫殺卵処置までを請負うので、やや費用はかかるが、高い成果を期待できる。

当寺院の場合、資料収蔵庫は密閉性に乏しく、生活空間とも隣接しているため、収蔵庫全体において殺虫殺卵処置をすることはできない。そのため可能な限り目視による確認を行い、害虫が生息していた資料をポリ袋等に入れ、隔離した上で殺虫殺卵処置を施すことが必要となる。また小型テント等を用いた部分処置であっても、法要等で日常的に檀家の出入りがある点を考慮すると、寺院内で燻蒸剤や蒸散性殺虫剤などを使用した処置は、人体や環境に及ぶ影響が大きいと予想される。そのため、低酸素濃度処理、二酸化炭素処理、温度処理など、薬剤を用いない方法(1)を選択するべきである。

さらに、こうした抜本的な害虫駆除対策と同時に、今後将来にわたって害虫被害を受けないよう、日々の工夫も忘れてはならない。

・収蔵庫における施設上の欠陥を補う（壁面の亀裂、開口部の隙間、結露など）
・日常の清掃と衛生管理を徹底する
・害虫捕獲器を設置し、害虫の発生状況を常に監視する
・防虫剤などの忌避剤を切らさないようにする
・新規に収蔵する資料は、必ず害虫駆除処理を施す
・資料の状況を把握（目通し）するために、時々虫干し（曝涼）を行う

一見当たり前のようなことであるが、こうした日常管理の積み重ねが害虫被害を予防する最も有効な手段である。

2）環境改善が及ぼす影響

通常、古記録類は大事に仕舞われていれば水損等甚大な被害に遭うことはない。しかし、存置される状況によっては、雨漏りや冠水などで浸水することも多々ある。

一般的に和紙は水に強く、ヴェニスの水害の際に水没した羊皮紙の保護のため、和紙が使われたことはよく知られている。しかし、いくら水に強いといっても、原料は木の繊維であるため、浸水と乾燥を繰り返すと膨張と収縮による負荷が限度を超え、繊維が破断してしまう。また雨漏りや冠水による水は、泥など多くを含んでいるため、汚れが付着し、著しい黴の発生や腐食を誘発す

る。

大きな水損を受けた指図は、ＤＶＤの修補作業（指図「桜田屋敷」M1902-3）を見て頂けるとわかるが、専門知識と技術を持った修補の専門家が、極めて慎重な作業を行なうことによって、ある程度までは蘇らせることが可能である。

３）環境による改善

前項で述べた水損に至る直前の状況下にある物を「蒸け」と呼んでいる。「蒸け」は、蔵の中の湿度が異常に高いまま保存されていた指図などの古記録・古文書類にしばしばみられる。和紙が厚みをおび、糊が全く効かない状態になっている。

「蒸け」状態になった指図に対して、糊差しのような修補を行なう際には、湿気を徐々に抜いてゆく環境下（特殊な冷蔵庫にそのような機能を有するものが存在するが、家庭用のものでも十分除湿はできる。ただし、冷蔵庫から出したらすぐに密閉しなければならない）に置い

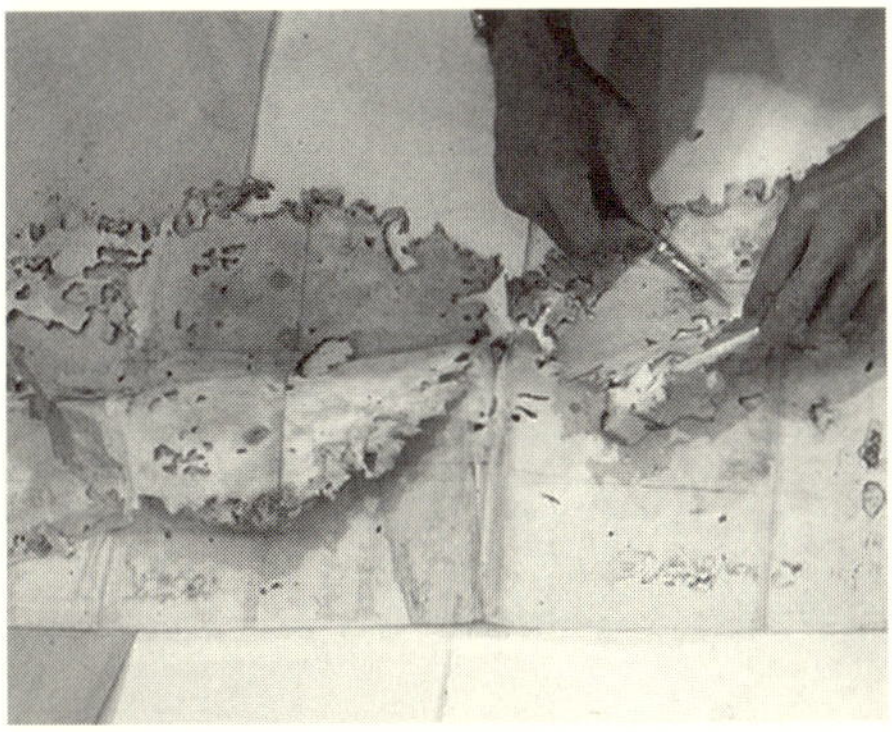

展開作業（M1902－２）

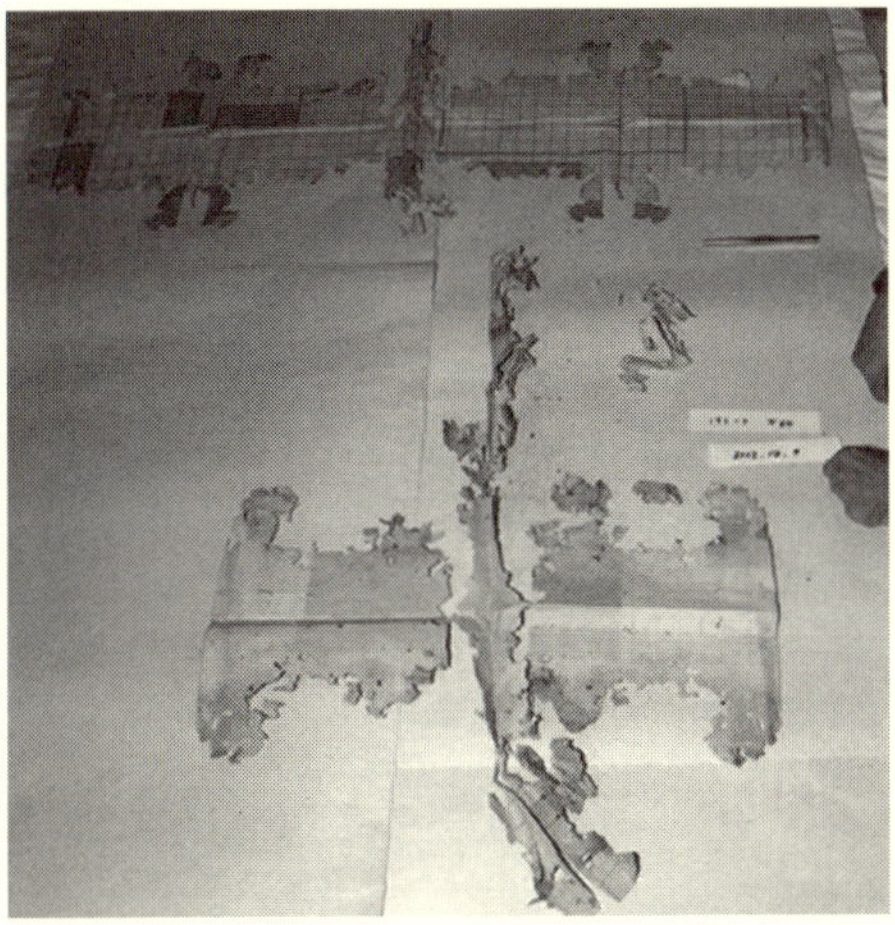

展開作業（M1902－３）

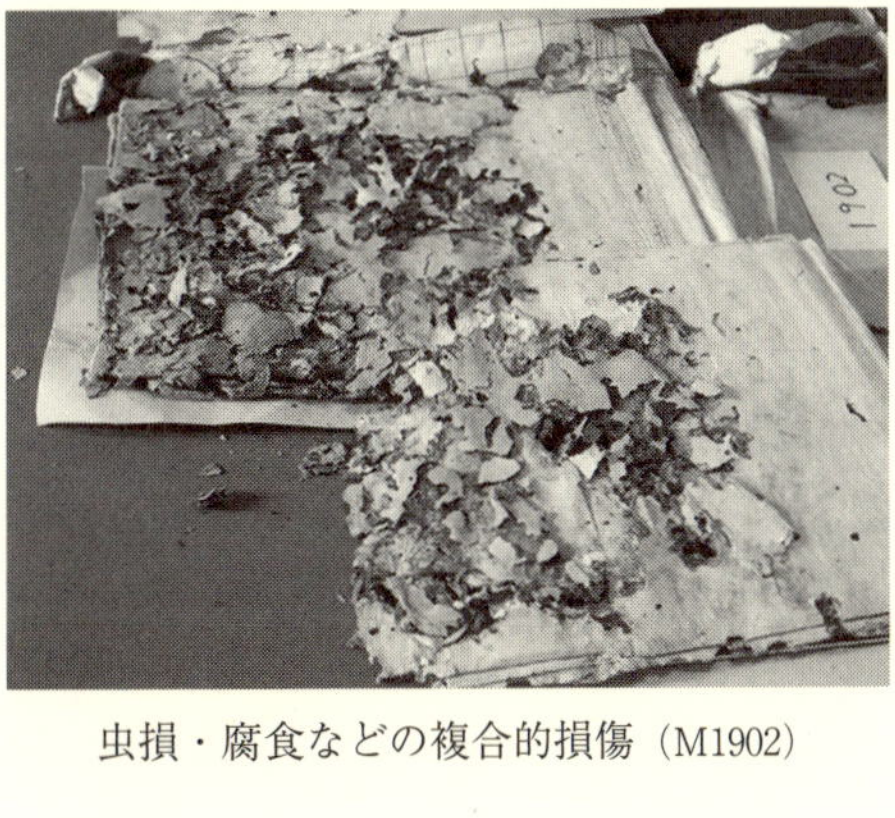

虫損・腐食などの複合的損傷（M1902）

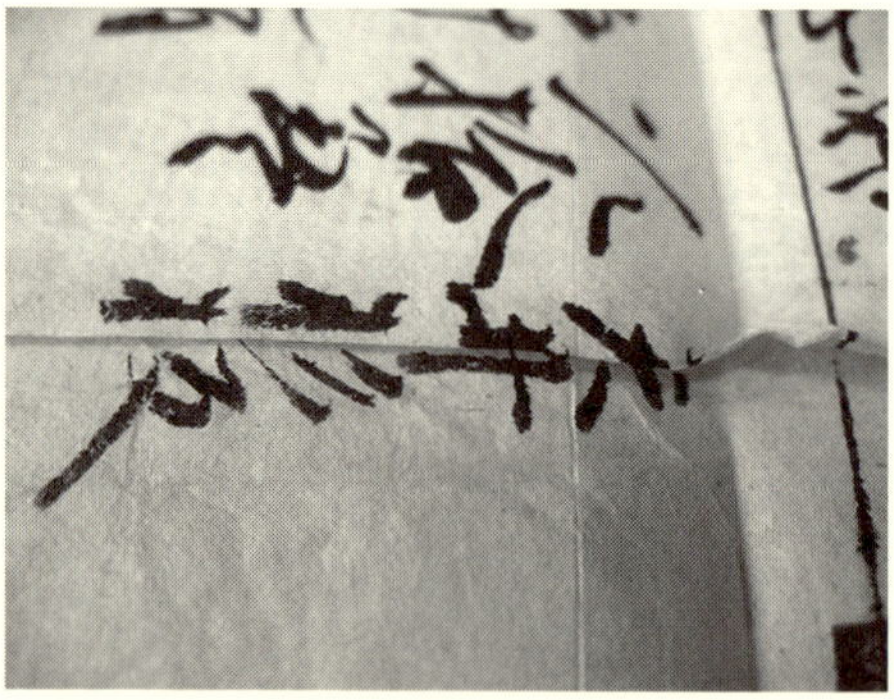

継目の浮き（1891）

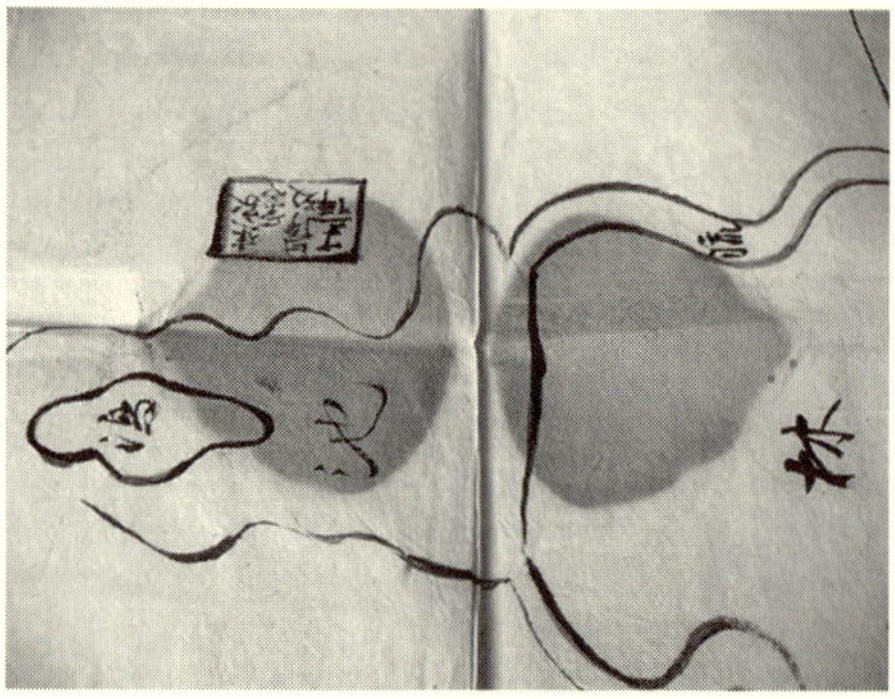

染み（19−①）

て、通常の湿度に戻してから行えばよい。

第五章で後述するような良好な環境下に置けば、「蒸け」が起こることはない。古記録などの文化財を所蔵する個人の方や、財力の少ない個人事務所や社寺は、指図だけでなく、古記録・古文書類は、公的な機関に寄託することをお勧めする。

4）その他

この他、経年劣化や後年の取り扱いに起因するものとして、次のような劣化及び損傷がある。これらも放置すると大きな破損につながる場合がある。

○台紙料紙継目の浮き、剥離

料紙を継いで台紙を形成している資料は、ほぼ全てにおいてこの状況がみられた。台紙料紙の接着にはやや濃い糊を用いるが、料紙繊維に糊が浸透しにくい場合は接着が不十分となり、浮きや剥離を起こす。一見して接着されているようでも、持ち上げると離れてしまう。

○湿　損

資料を大量に積み重ね、通気性の悪い場所に長期間放置したことによる現象である。室内の下方に湿気が溜まり、湿気で資料が膨張（蒸け）し、そこに積載荷重がかかると、膨張したまま細かい皺を伴って変形や腐食が発生する。湿損が生じるような環境は、害虫や黴にとっても生息しやすい環境であり、虫損・黴・腐食などを併発し、著しい劣化を起こす。

○折　損

一枚物の小指図を除き、指図は折りたたんで収納するのが原則である。開示と収納を繰り返すことで折り目の耐力が落ち、折り目の位置も曖昧になってくる。また、後年の研究利用によって折り順が変更されたり、無理な収納が原因で紙面端部に折れや皺が発生する。

○汚れ、染み、変色

手垢や付着物などによる場合が多い。建築指図の場合は、造営中の検討に際し複数の者が指図を参照するために、自然と汚れや染みが付く。こうした自然の汚れや染みに加え、後年の修錦に用いられた糊が茶色に変色し、本紙や貼紙に染みとなって現れている場合も多くみられる。

○摩　耗

料紙の表面が擦れて毛羽立った状態をいう。紙質にもよるが、伝来の過程で使用頻度が高かった場合などに起こるもので、紙繊維の一部が毛玉のようになって料紙表面一帯に付着する。

○人為的損傷

後世の裏打ちや修補が悪い影響を及ぼすことがある。とりわけ格子罫や下書き線が篦引きの場合、台紙に過剰な水分を与えたり伸ばしたりすることで篦目が消えてしまい、縮尺や柱間寸法を示す情報の損失を招く。

5）環境改善の必要性

害虫による被害や温湿度の変動による劣化は、環境次第では今後も進行する恐れがあるので、現状の損傷に対する修補に加え、保存環境の改善に是非とも取り組むべきである。予算や時間の都合で、被害を受けた資料の修補ができない場合でも、保存環境を整えることで、劣化の進行を阻止または緩やかにすることが可能だからである。

〔註〕

1　昭和四〇年代頃より殺虫殺卵の燻蒸剤として用いられてきた臭化メチルが「オゾン層を破壊する物質に関するモントリオール議定書締約国会議」においてオゾン層破壊物質として指定され、先進国を中心に二〇〇四年末をもって全廃された。代替薬剤の開発が盛んに行われる一方、環境保護や環境経営の視点から、薬剤に頼らず予防的措置に力点を置いた総合的有害生物管理（Integrated Pest Management）が提唱され、国内外の資料保存機関における標準となりつつある。

参考文献

・『文化財の生物被害防止ガイドブック　―臭化メチル代替法の手引き』（平成一五年度版）東京文化財研究所　二〇〇三年
・『文化財害虫事典』二〇〇四年改訂版　東京文化財研究所　クバプロ　二〇〇四年

第二節　建築指図の修補

一　目視観察と修補方針の決定

現存する指図には、何らかの破損が生じているものが多い。史料として利用できないほど傷んでしまった指図を利用可能な状態にしたり、現在の破損を今後、これ以上進行させず食い止めるためには、指図の破損を直す作業が必要である。これを指図の修補という。(1) 以下、近世指図の修補の技法の概要を説明する。

多量の指図の修補は、これまで宮内庁書陵部京大工頭中井家文書内匠寮本の指図において行われてきたが、その過程で修補の方法が、試行錯誤の末に一応固まったが、今なお創意工夫を加えて改良され続けているのが以下に述べる修補である。指図は他の古文書・古記録に比較して、広げると大きく、かつ独自の表現をもっている。当然そういった指図固有の形態や内容に対応した修補法が必要となる。

なお、ここで紹介する方法よりも、精度の高い、丁寧な方法はありうる。しかし、現在の日本における博物館・美術館・資料館における近世指図のあまりにも杜撰な保存状態や、痛んでいるのにも関わらず放置されている状況をみるとき、まずは経済的にして、簡便な方法で、その上で最良と考えられる方法が必要であると考えた。それが以下で述べる方法である。この方法を援用することで、指図についての誤った修補が減り、今後の不要な破損を未然に防ぐことによって、利用可能な指図を増やし、指図を利用

図３−２−１　修補作業風景
（島原市本光寺本堂にて）

した研究成果がより充実したものとなることが期待できる。そのような意図があっての紹介である。

これから述べようとする方法で修補を行った宮内庁書陵部蔵の御所指図などに、現在のところ大きな問題は生じておらず、公開されている。とはいえ一〇〇年単位の時間が経過してみないと確定的なことは言えない。[2]

１）修補のための組織

主に和紙によってつくられている文書・記録類の修補については、日本には長い伝統があり、その道のプロフェッショナルがいる。本書で執筆を担当した吉野や、後述する長崎県島原市本光寺での修補に御協力いただいた櫛笥氏はともに宮内庁書陵部が有する文書・記録類等の修補のための組織である図書課修補係に勤めておられた。大きな博物館、美術館、資料館には同様の修補部門をもつところもあるが、民間にも高い修補技術をもつ業者もある。しかし、建築史の専門知識を必要とする、建築図面類の修補経験を持つところはほとんど無い。

修補の専門家は、和紙や、古文書や和装本についての書誌学的な知識を有し、その上で伝統的な技術を修得し、さらに、紙の繊維や、繊維の間の填料を顕微鏡で観察したり、彩色の顔料や染料を科学的に分析するといったことも行う。あるいは、修補後の保存を考慮しての修補の方法や保存環境についても模索し研究を続けている。

しかし、こうした和紙や古文書・和装本の修補の専門家においても、指図の研究歴はない者がほとんどである。そして修補の専門家に建築史家が研究成果を十分に伝えていなかったため、適切ではない修補によって、指図特有の技法が失われてしまった例もある。これでは指図の修補とはいえない。

例えば、指図の白い台紙の上に引かれた格子罫である。格子罫が箆様の道具で引かれた場合、人の眼に見える格子罫は、道具による圧力でできた指図台紙の凹部分である。[3]指図の台紙が薄い場合などに、修補に際して、この指図の裏に別紙を貼って保護することがしばしばある。これを「裏打ち」という。この裏打ちの作業における指図台紙と裏打ち紙を糊付け過程で、指図台紙が延ばされ、紙の凹部である格子罫が失われてしまった例を全国の公的機関・寺社所蔵の非常に多くの指図で確認している。修補と称する修理によって簡単に重要な指図の情報が失われてしまうのである。

一方、指図は建築を描いている以上、建築そのものに関する知識が必要である。とくに建築史についての知識は不可欠であり、復原的な作業が含まれることも多い修補作業で、誤った修補が施された例は非常に多い。例えば、貼絵図の場合、台紙上に貼りこまれた平面を描く色紙の糊が劣化して、剥がれ落ちていることは多々ある。平面の元の位置を考える場合の手がかりには、平面の大きさや形に合致する糊跡を台紙に探すことや、そこに共通の虫食い穴などがないか等を観察する必要がある。しかし、一見それらが合致したように見えても、復原された平面の位置は、当時の建築として、ありえない姿になっていることがある。改めて建築史的に正しいと思われる位置の見当をつけ、その付近に糊跡などの他の根拠を探すと本来の位置が見いだせることが多い。とくに虫穴は、はがれ落ちた後に空いたものもあるので、それだけ単独で復原の根拠とすることはできない。したがって、指図の修補には、古文書・古記録の修補に関する知識・技術の他に、建築史的な知識が要求される。すなわち、一般的には修補の専門家の他に、指図の表す時代・場所の建築史を専門とする研究者の参加が不可欠ということになる。

また、同じ分野の専門家に複数参加してもらうことも重要である。専門家であっても判断を誤ることがある。これが同じ分野の複数の専門家の参加で防ぐことができる。

人間の選び方は難しい。組織を作るにあたって最初に声をかける研究者や専門家がどのような人物であるかによって、出来上がる組織が決定される。その道の専門家であれば誰でもよいというものではない。純粋に指図の最善の修補、保存のことを第一に考える人物がよい。単なる専門性だけで判断すると、そこにはピンからキリまでいる。多少専門は離れていても人格的なことまで含めて一流の人物に声をかけられれば、他の専門家・研究者選びは、彼に任せれば良い。

2）建築指図の破損・劣化の調査

修補すべき建築指図が定まっている場合には問題ない。しかし、ある程度のまとまった点数の建築指図があり、未だ修補を施していない場合には、それらが、どの程度の破損・劣化があるのかを調査する必要がある。破損・劣化の大小を見極め、緊急性を要するものから修補するといった修補計画を立てる必要がある。

3）目視観察

修補にあたり、指図をよく観察し、破損状況を見極めた上で最良の修補の方針を決定する必要がある。複数の専門家・研究者が参加して、全員でよく観察する。その上で議論を十分に尽くすことである。

指図は、比較的小さなものは広げられたまま保存されていることもあるが、通常は、大きいので、折り畳まれていることが多い。折り畳まれている場合は、まずはそのままの状態で観察することが大切である。安易に開くと破損する。また、一度開いてしまうと、糊の劣化がひどいときには、張り込んだ平面料紙が台紙から分離していて、すぐに糊差しをしなくては再び畳むことも困難になる。つまり、一番重要なのは、指図は畳んだ状態で、糊の劣化の程度を見極めることである。通常は、屏風折りの状態まで開けて（付属DVDの指図の畳み方を参照）、そこから指図の内部を一枚ずつ注意深く開きながら糊の劣化状況を確認する。糊の劣化が激しい場合にはもちろん、長年の間修補が行なわれて無い指図は、貼絵図であれば必ずと言ってよいほど糊はがれをおこしていて、平面料紙が台紙からはがれたり、台紙どうしがはがれている。開く前に修補の準備は必ずしておき、糊差しをしながら開く心構えが必要であろう。

やや糊の劣化が激しく、屏風折りの段階まで開くことができない場合、すなわち台紙料紙の糊が劣化で指図そのものがバラバラになってしまう可能性がある場合には、まず、台紙を仮に糊差しし、それから屏風畳みの段階まで開く。貼絵図の場合は、台紙料紙の糊の劣化が進んでいれば、平面料紙の糊も劣化していると考えるべきで、平面料紙が外れている可能性が強いから、注意深く開き、後で復原することを考えて、外れている平面料紙の位置などにも注意しておきたい。開いた段階で、さらに台紙料紙の糊差しを確実に行って、折り畳まれて隠れていた指図の表面の状態を確認する。それから少しずつ平面料紙と台紙の間の糊の劣化状況を見極め、大規模糊差しの準備が必要か否かを確認する。これが目視観察の第一段階である。[4]

開陳が可能と判断されたならば、指図の大きさに応じた人数で、一折り毎に注意深く開いていき、劣化状況を確認し、修補の方針を決める。

以上は、糊の劣化の場合についての修理方針決定までの流れである。指図は、糊の劣化だけではなく、必ず大なり小なりの虫損がある。また、水をかぶって水損を受けている場合もある。これらによる痛みが激しい指図は、あらかじめ修補の材料や道具を準備してからでなければ、開いてはならない。虫損の場合、虫は糊を好むために指図の糊代に沿って喰われてしまい、糊代の無くなった料紙の中央部分だけが孤島のように残された図に陥っていることが考えられるからである（ＤＶＤ参照）。

虫損や水損が大きく、開陳不能と判断された場合は、複数の建築史の専門家と、修補の専門家を集め、その技量で修補可能か否かの判断を仰ぐ必要がある（ＤＶＤ参照）。

保存環境が良い状態で伝わってきた場合は（宮内庁書陵部蔵京大工頭中井家作製の御所指図がこれに当たる）、糊差しの準備と、次に述べる修補場所を確保してから、開くべきである。安易に、閲覧室などで開陳してしまうと、糊差しを行わなければ畳めなくなる事になり、所蔵者だけでなく、他の資料の閲覧者に迷惑をかけることになる。

４）修補方針

修補の方針は、目視観察の上で、残された指図の状況を考え、所蔵者の意向も十分に汲んだ上での今後、保存方法や、指図の閲覧者の便宜をも考慮して、専門家・研究者が十分に議論をした上で、決定すべきである。

二　修補の方法

具体的な方法は、後述するが、重要なことは、修補の過程でも修補に関わる複数の人間が、それも古文書修補の専門家と建築史研究者の両方が十分に意見を交換しながら進めること、復原する場合にはその根拠を明示すること、根拠のない復元はしないこと、また、修補の箇所が分かるような方法で修補すること、修補の箇所や方法を記録（修補記録を文字で残すと共に、できればビデオ等で過程を撮影）することである。

これらは建造物の修理事業に似ている。国宝・重要文化財に指定された文化財建造物の修理においては、修理方針の決定などは委員会が組織されて決定される。修理にあたっては、根拠のない復原は認められない。ある場合にはきちんと示す。新しく入れられた材については、「平成○年修理」のような焼印を入れて修理時期を明示する、修理後は調査や修理箇所について記した修理工事報告書を発行する。指図の修補もこれに倣いたい。

また、基本的な注意事項として、指図特有の表現や独自の情報を消してしまうような修補を避けなければならない。指図は、これまで建築史研究者以外には十分に活用されてこなかったし、多くの建築史研究者は、指図の書誌学的な側面に無関心であったために、その書誌学的な特質について明らかにされてこなかった。また和紙でできている点で、古記録や古文書と共通していることから、専門家の修補も、それらの技術が単純に適用されてきただけであった。修補家にとっても、指図の多くは江戸時代のものであったため、中世以前のものこそが重要で修補の価値があると考えがちの古文書・古記録についての常識が働き、指図を細心の注意を払うべき史料とは考えられなかったということもありそうである。

とくに指図で注意しなければならないのは、指図の台紙全面に引かれる格子罫で、それが篦引きされているものである。格子罫は、その幅が建物あるいは敷地の一間を示す格子状の線である。格子罫には、墨引きされているものがある一方、篦引きされているものがある。正確には、いかなる道具で引かれているかは不明で、場合によっては角筆のようなものを使用している可能性がある。いずれにしても、この場合は、紙の上から押さえつけられるようにして引かれており、紙には凹んだ筋として残る。そこにできる影が人間の目には線として認識される。当たる光線の加減で見えたり、見えなかったりする訳で、墨線に比べて、一見しただけでは見逃すこともある。しかし、それが示す意味は墨線と同じである。ところが、こういった格子罫の存在を知らずに安易な裏打ちを施すと、本紙が伸びて、格子罫や下書線が失われてしまう可能性がある。

また、格子罫は、指図が断片化した場合などの、復原作業にとって大事な根拠にもなる。本来、格子罫は台紙全面に一様に引かれていた場合が多いから、指図に失われた部分があっても、その部分の格子罫を想定して、断片の位置関係を定めることもできる。具体的には、断片どうしの格子罫が平行、あるいは直角でなくてはならないし、格子の間隔は、格子幅一つ分の整数倍でなくてはならないはずである。

さらに、建築指図類には、同様に作図のために引かれた篦線や、針穴、小刀先端で付けた穴などもある。現代的な製図であれば、鉛筆などで寸法をとって目印をつけたり、下描き線を描くところを、指図では篦線（あるいは角筆の線・点）としたり、針穴や小刀穴を開ける。格子罫を描く際に付けられたと考えられる針穴や小刀の穴が指図の周辺部に残されている場合もある。修補の際には格子罫同様に注意したい。

また、建築図面類には、上記のように、一見何も描かれていないように見える図の周辺部にまで情報が残されている場合があるので、修補の際に図の周辺部を切り取ってしまうようなことは絶対に避けなければならない。

三　修補に使う場所に関する注意点

場所に対する注意に先立ち、まず、史料を扱う人間の態度に対する注意を述べておきたい。修補は、素手で感触を確かめながら行う必要があり、しばしば目にする白手袋はしてはならない。手袋に小さな断片が付着してしまったり、紙の繊維を破損してしまうことも多い。そのため、作業に入る前に、十分石鹸で手洗いをしておく。また、作業の途中で糊や指図自体に付いていた埃などで汚れてきたらならすぐに、断片等が手に付着していないことを確認してから手洗いをする。手の有機物が付着しないよう、スプレー式の消毒用アルコールで消毒しておくことも必要である。夏場は汗をかくので手ぬぐいを各自常に持ち、汗を拭きながら作業すること。アルコール消毒も頻回に行う必要がある。また、クリーム等の粘着性のものも使ってはならない。夏場は、汗が指図にかからないよう、バンダナ・はちまき・あねさんかぶり等をしておくことが、汗をかき易い人には必要である。

次に、場所については、広げると十畳以上もある指図も多いので、それに対応できる部屋を準備する。大きな指図に対応できる十分な修補専門のスペースは、プロでも持っていないことが多い。建築指図を修補するには、実際の修補作業を考えると、指図を完全に開くことが可能な面積の部屋を準備しなければならない。折り畳まれた状態の指図の縦横の寸法と、その折り数から指図を開いたときの面積を計算して、十分な面積の部屋を確保することが肝要である。

糊差しに始まる修補は、長時間を要することも多く、修補が完了し、使用した水や糊が乾くまでの期間は開いたままにしておく必要があるので、場所の所有者との確認も十分にしておく必要がある。

風が通ると外れた平面料紙が飛んで行ってしまうことがあるので、部屋は、無風状態にしておく必要がある。とくに注意が必要なのは、冷暖房機の風で、指図を開く前にあらかじめそれらのスイッチを入れて風の状態を確認する必要がある。自動化されたエアコンの類は、不意に機器から風が吹き出すので、予め部屋のエアコンのスイッチを切っておくよう管理者に要請しておく必要がある。とくに天井付けのエアコンには注意を払わなければならない。壁付けの機器の場合は風の方向を確認し、衝立を立てるなどの方法で風が指図に当たらないようすることもできる。エアコン等の備えが無い場合、冬の寒さは着衣で調整して対処すればよい。手がかじかんでしまう場合、手袋をすることは御法度なので[1]、風を出さない電気ストーブなどで手を温めながら作業をするように予め準備をしておく必要がある。その場合も、ストーブ等が直接、指図の近くに置くことがないように気をつけねばならない。なお、手芸用アイロンを使うこともあるので、コンセントの備えや場所も確認し、必要に応じ延長コードを準備しておくこと。

畳敷の部屋や板の間の場合は、白布等を敷き詰めればそのまま作業台になる。机の上を作業台にすることは大きな指図の場合、好ましくない。指図中央部の修補を行う場合には、我々の目指す簡便な修理においては、指図上に載って作業せざるを得ない。もちろん、指図に悪影響がないようにするための配慮は十分に行った上のことである。机上で作業する場合には、修補する人間が机上にのぼる必要が生じた場合、机の合わせ目で指図を痛める可能性が出てくる。机を並べた上で作業をしなければならない場合は、例え机に上ることはなくても、机の高さを揃えて段差ができないようにし、生ゴムシートなどで継ぎ目がないようにし、白布を敷き詰めて作業をするようにしたい。できれば、机を用いず、カーペットや塩ビタイル上に白布を敷き詰めて作業するようにする方が望ましい。

扁平岩や陶製のタイル床は作業場としては適さない。また、土間やコンクリート打ち放しの床も湿気が指図に移るので好ましくない。もちろん、屋外を作業場にすることは、いつ雨が降るかもしれないし、突風が吹くかもしれない、黄砂も指図を汚すということで不適当である。ただ、農家等の三和土《たたき》は、痛んでいなければ、白布さえ敷き詰めれば作業可能である。

四　写真撮影

修補前後には、指図の写真撮影を実施しておくことが望ましい。指図が今後破損した場合に、破損する以前の状態を映した写真は、復原の手がかりになる。また、指図は、現物を見ないとできない研究には閲覧を許さなくてはいけないが、きちんと建物の平面や柱の位置等の表現が把握できたり、書き込みの文字が判読できたりすれば、写真で間に合う場合が圧倒的に多く、その場合には実物を開いて見ない方が、保存上良いことは明らかである。

写真撮影は、大型のフィルムカメラ（ブローニー、あるいは四×五版）で撮影するか、高解像度のデジタルカメラで撮影し、右記のような目的に対応できれば良い。ただ、デジタルデータは一〇〇年単位のアーカイブの方法が確立されていないので、顔料インクのプロッターを使い、原寸大にプリントアウトし、冷暗所に保存しておくのも一つの方法である。

紙にプリントしたものがあれば閲覧者は扱い易いであろう。指図は大きいので、全体が一枚の紙にプリントしてある場合、どんなに大きな紙であっても細部の文字を読み取るには難しいことが多い。そこで指図を、いくつかの部分に分割して撮影し、それをプリントしたものも容易しておけばよい。紙ではなく、コンピュータ画面上で閲覧できるようにしても良い。この場合にも、文字が読み取ることができるような工夫があれば、問題ない。

撮影上の問題は、指図が何畳大といった大きい場合に、撮影場所をどこにするか、広く適当な広さの部屋が確保された場合に、指図をどこに置いて撮影するのかという点である。

すなわち、指図がきちんと広げられて、そこに撮影用ライトの光を一様に当てることができ、指図とカメラを正対する位置に配置して、一枚の写真にさめることができるカメラと指図の距離（カメラの引き）が確保できるスペースが必要である。

とくに、指図とカメラの配置関係については、指図を水平な床に置いて、上から撮影する場合と、指図を壁につるして、横から撮影する場合があり、それに対応したスペースである必要がある。

これらの方法については、十分な費用とスペース、時間が設けられるのであれば、指図も撮影できる専用のスタジオを用意できれば、撮影法にも様々な方法が考えられる。

指図を床上に置き上方から撮影する方法は、指図にとっては無理な力が加わる可能性が少なく、保存上一番安全である。ただし、大きな指図を撮影するための引きをとるためには、通常の部屋では天井高が不足するので、それなりの天井高が必要である。また、カメラをその高さに固定し、撮影者がその高さにまで上って撮影するための工夫が必要になる。そのためには、鉄骨を組み、機材の落下防止ネットを張る必要がある。

また、指図を壁面などに吊るして撮影する場合には、吊る方法として、真空吸盤機を作製してこれに指図を吸着させる方が良い。この装置は、たくさんの小穴が空いた盤が垂直に立ち、小穴から電動で空気を吸い込むようになっていて、指図を盤に吸いつけて固定するものである。平面の盤に吸いつくので、指図も平面を保ち、良い撮影が出来る。ただし、真空吸盤機は、製作するのに費用がかかり、大きくて重いため、移動や扱いは難しいし、台紙が薄いと穴が写ってしまう欠点もある。

以上のような二つの方法は、多量に図面類を所蔵する機関に向いた方法であるといえる。

また、カメラについても、本格的なものを揃えようとすると大変であるが、準備できるのであれば、それに越したことはない。二〇一〇年現在では、中・大型フィルムカメラに相当するデジタルカメラやプリントアウトの道具一式を揃えるには、数千万円単位の費用がかかる。フィルムカメラでも、暗室を除いて（現像・プリントアウトにはプロショップを使う）セットで数百万円の金額を要する。また、それらのカメラを使いこなすには撮影テクニックの習得が必要であるが、その場合には、撮影も絵図等の撮影経験が豊富な専門カメラマンに依頼するのがよい。しかし、枚数が多いと高額な請求書を出されるので、予め見積を取ることが必要である。

一般的な指図の所蔵機関や寺社の場合は、十分なスタジオやカメラなどの機材をそろえるのは困難であろう。カメラは、上記のような閲覧の条件を満たすことができれば極端に高額のものをそろえなくてもよい。そこで、ここで紹介したいのは、指図の取り扱いさえ、注意すれば、それほど広い場所も必要としない簡便な方法である。壁面にゴム紐で指図を吊るして撮影する方法（以下、ゴム紐牽引法）である。

壁面の前に白布を下げ、その前に指図は対角線上に貼ったゴム紐に付けたクリップで吊り、重しのクリップを付けて撮影してい

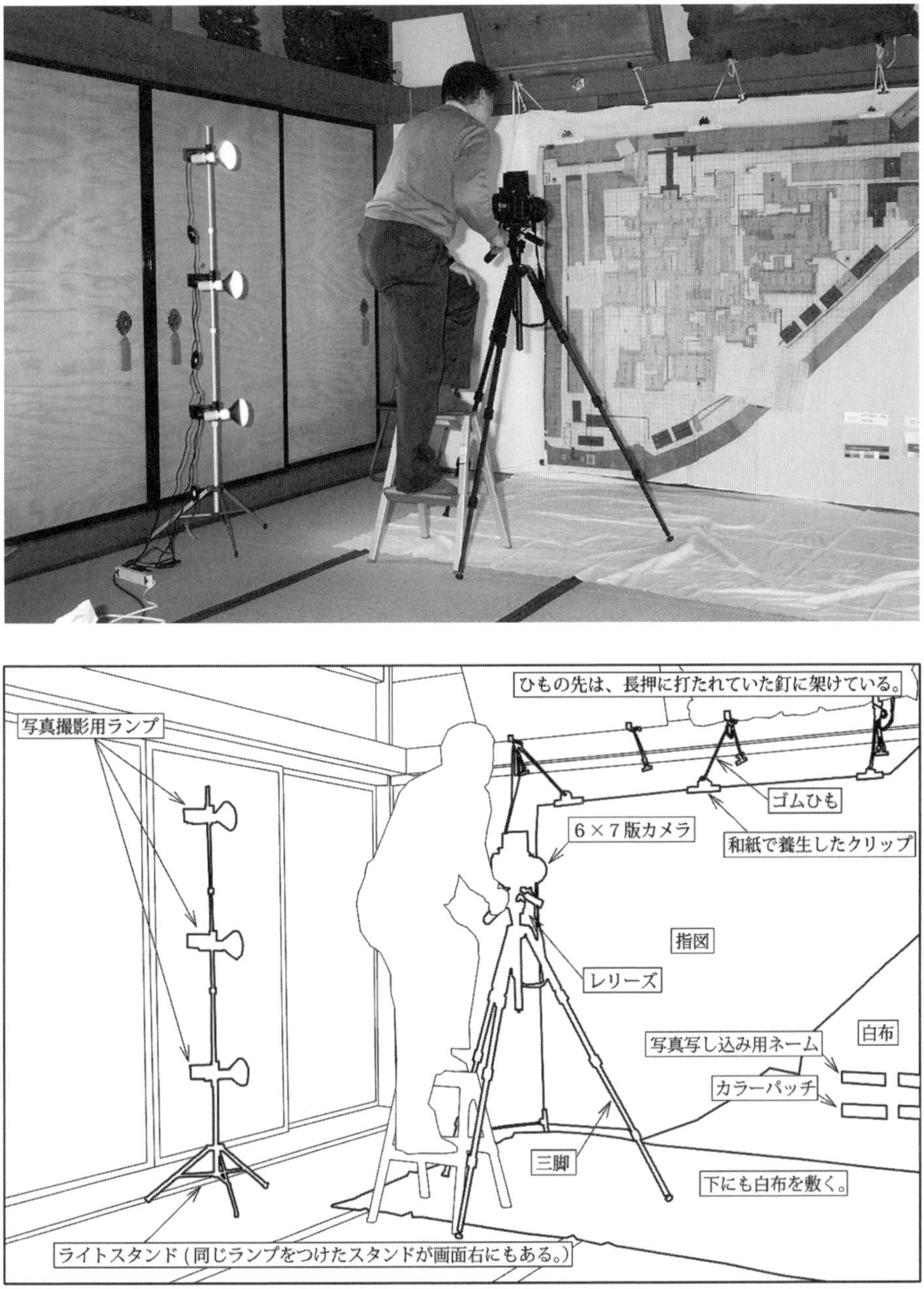

図3－2－2　ゴム紐牽引法による写真撮影（本光寺本堂における撮影）

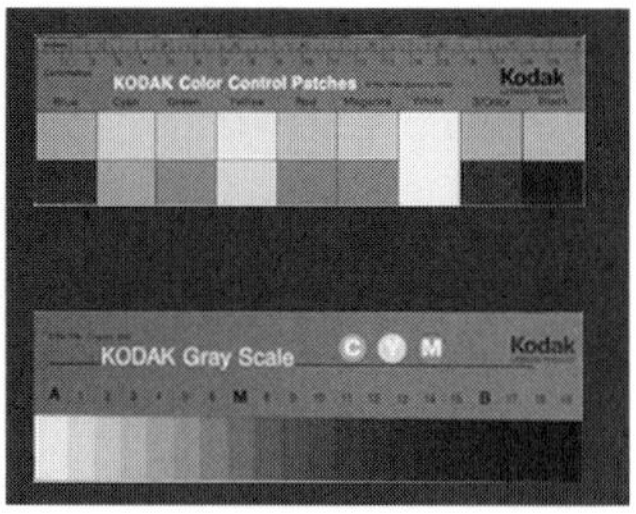

図３−２−３　カラーパッチ（上）とグレースケール（下）

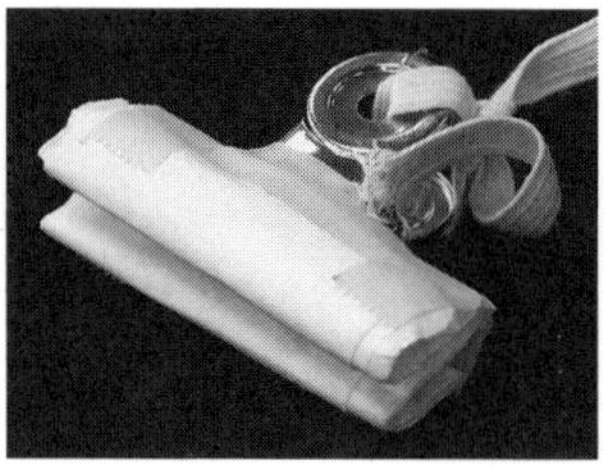

図３−２−４　和紙で養生したクリップ

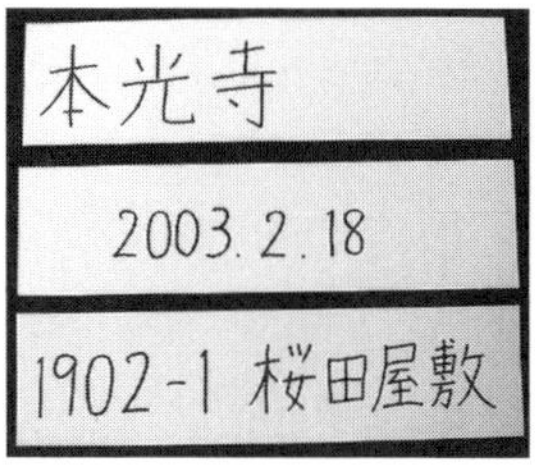

図３−２−５　写し込み用ネーム

る。上のクリップはゴム紐の力で斜め上に軽く引く力が働き、単に吊るだけではなく、図面を横方向にも引っ張って、指図の折れを真っ直ぐに伸ばしてくれる。また、下のクリップは垂直方向に引く力を与えて、縦方向の指図の折れを伸ばすように働く。下のクリップも適宜斜めから引くようにすることで、指図全体を壁にぴったり張り付くように伸ばし、指図を撮影に適した平面に保つことが可能になる。

その際の注意は、指図を破損しないための配慮と工夫である。まずは台紙の糊差しが十分行われているか、貼絵図の場合、縦にした場合落下するような貼り込まれた料紙はないかのチェックは複数の人数で行っておく必要がある。

クリップは指図を痛めないために、クリップの圧力が強すぎないものを選び、口を和紙で養生し、直接金属部が指図に触れないようにする必要がある。クリップの挟む力が弱いと指図を吊ることができないが、強すぎると指図そのものを傷めることになる。また、クリップを繋ぐゴム紐の強さも強すぎると破損につながる。ゴム紐の引っ張る力に耐えられない可能性がある場合には、決して無理をせず、指図を水平な面に置いて撮影する方法等を選択すべきである。ゴム紐の長さや太さなどに十分配慮する必要がある。ゴム紐のクリップとは反対側は、決して外れないようなところに結ぶなどして固定する。

また、吊るす指図の下にも白布を敷き回しておきたい。指図を垂直にした段階で、未修補の部分が残っていて図の一部が落下する可能性も考慮してのことである。

撮影時に、指図のタイトルや所蔵先、日付などを紙に書いて一緒に写しておくと後で整理がし易い。この紙は、指図の大きさによって、五〇×二〇〇㎜、二〇×一〇〇㎜のように大きさを決めておき、使い分けるようにすると、指図の大きさを計測し忘れた場合でも、大凡の寸法が求められる。合わせて写真撮影用のカラーパッチやグレースケールも同様に写し込む。これらは、建築製図用等に用いるドラフティングテープ等剥離が容易な材料を丸めて、白布に貼り付ければよい。取り外し・取り付けも何度かできる。

ゴム紐牽引法は、簡便であるが、写真を書籍などに使用する場合には、クリップで隠れる部分の撮影もしておき、画像編集ソフトを使ってクリップ部を修正して、クリップを消す必要がある。フィルムを使って撮影した場合は、一度デジタル化し、同様の手続きをとらねばならない。

また、ゴム紐索引法で写真撮影するような場所は、専用の撮影場でないことが多い。写真用ライトは消費電力が大きいので、一か所のコンセントから電源をとるとブレーカーが落ちてしまうことがある。電気配線図等を参考に異なる系統のコンセントから電源を確保することも覚えておきたい。大型ストロボを用い、アンブレラなどで光を回すようにするのも良い。白熱球のように熱が指図に伝わらないのもメリットである。

撮影時においては、露出計だけでなく、色温度計を使って色温度管理も必要である。白熱球は使用時間で色温度が変わってくる。指図の取り扱い法で述べた諸注意を守って作業を行うのは、もちろんのことである。

〔註〕

1　修補の用語の詳細は、第一章第一節の註2および第二節の註2を参照

2　元禄の中井主水正正知の指示によって行われたと考えられる技法の解明は現在のところまだ行われておらず、現在の方法と材料・道具等が異なっていた可能性は高い。以下の方法とそれを採用した根拠をご理解の上で、より良い方法があると判断される場合には、その方法をとっていただくこともよいと考えている。

3　格子罫を引くのに際して使用した道具として、骨篦や角筆等が考えられる。

4　最低でも四名は必要である。

第三節　修補のために用意する材料と道具

一　用意する材料

まず、基本となるのが和紙である。虫損や水損などによる指図の欠損部を補うために入れたり、修補の過程での一時的に破損を防ぐための仮止め等にも使用する。

1）和　紙

和紙はパルプの入っていない、楮・雁皮・三椏のみを使用して漉かれたものが絶対条件である。和紙は、それぞれの樹皮材料や砂などを混ぜて各地方で独特の和紙が漉かれているが、簡単な修補に使用するものは、紙店や書道道具店で販売されている楮・三椏を主材料としたものでよい。

大きさは半紙大もあれば十分である。厚さは薄様紙か書道用半紙・障子紙程度の厚さが望ましい。あまり厚い用紙や、砂や米粉を混ぜたものは指図本来の紙（本紙）を傷める可能性があるので使用しない方が良い。一〇〇円ショップなどで販売している半紙はパルプが入り、薬品処理されているので使用してはならない。原則として、本紙の紙質・紙厚に近いものを使用することが、本紙を守るために望ましいのである。

ただし、本紙が雁皮紙の場合、同じ雁皮紙を使うことは好ましいが、雁皮の糊付けは難しいので、楮紙・三椏系の紙を使う方が修補しやすいし、修補した部分も分る。台紙を継ぐ場合は、細く切った楮紙のテープをはさむと付け易い。ただし、はさんだ楮紙に修補年月日等を鉛筆で忘れずに書いておいてほしい。

一般の経師師は、安価で能率の上がるパルプ入り和紙を使用していることも多いので、経師師から分けてもらう場合は注意が必要である。

また、先に述べた原則からすると、江戸時代の指図には、江戸時代の同じような紙を使用できれば、なじみやすく本紙を傷めにくいと考えられる。しかし、古い襖の裏紙に使われている紙は、文字が書かれている場合には、重要な史料である可能性もあるので史料として保存しておく方が良いし、白紙の場合には使用できる可能性はあるが、その場合も、紙質を和紙の専門家に鑑定してもらってからの方がよく、顕微鏡撮影しないと分からないこともあるので、無理をする必要はない。

2）糊

糊は、和紙どうしを貼り付けるために用いられ、やはり修補には不可欠である。絶対に避けなければならないのは、塩ビ系などの化学物質を含む化学糊（障子用糊はほとんどこれである）の使用である。現存する指図には、すでに使用されてしまっている例も見出すことができる。糊ではないが、セロテープ等のテープ類も指図の破壊につながる。

最も理想的な糊は、吟正麩《ぎんしょうふ》糊である。宮内庁書陵部蔵の内匠寮本、京大工頭中井家作製の図面類の修補にもこれを用いた。しかし、一般には吟正麩粉の入手は簡単ではなく、粉を煮て糊状にするにもノウハウが必要で、作るのにも時間を要する。また、長持ちしないので、講習等を受けた方以外は使用が難しいであろう。

一般的には、すでに糊状に加工した正麩糊が手軽である。市販されていて、化学物質や保存剤が入っていないことが確認できれば、これが一番使い易い。しかし、量が多いので使い切らずに余ることも多い。余った糊は冷蔵庫で凍らない程度の温度で密閉保存すれば、一年程度は問題ない。保存した糊を使用する場合は、腐敗臭がしないことを確認してから使用すれば良い。

正麩糊も手に入らない場合、意外にも修補に適し、かつ入手し易い糊として、幼稚園や小学校の子どもが工作などでよく使って

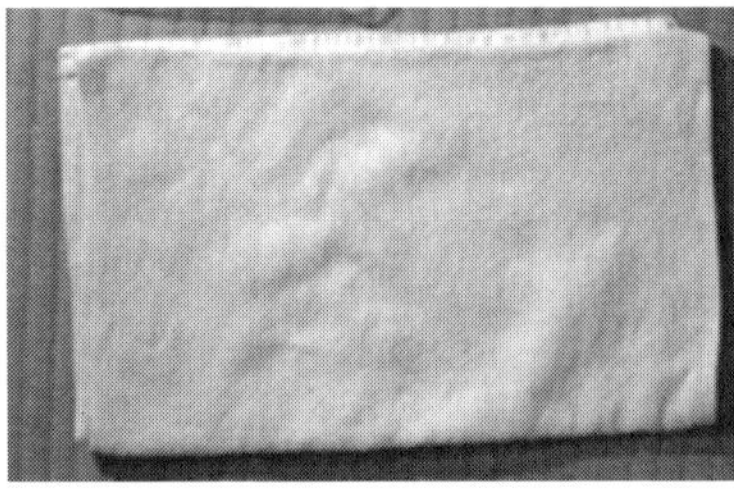
図3－3－1　布　巾

図3－3－2　タッパウェア

いる、「ヤマト糊」、「フエキ糊」等の商品名で販売されている糊がある。これらは子供が食べても問題ないよう作られており、有害な化学物質は含まれておらず、指図にとっても良い。これを水で薄めて使う。応急的な修補として使用する分にはまず問題が起こることはない。
　ただし、食品衛生法で認められている保存剤が入っているから、それらが合成でない、つまり有機保存剤であることを確認する必要がある。我々が、通常指図撮影する際に、手持ちの正麩糊が暑さで腐ってしまった場合など、現地調達でこれを使用する場合もある。

二　用意する道具

1）布　巾

　修補には、水を使用するので、十分な量の布巾が必要である。タオル地は繊維が指図に付着するので好ましくない。出来れば洗いざらしで、生の抜けてないさらしが好ましい。無い場合には、さらしを水洗いしたものを切って使うとよい。なお、さらしは、作業台上に使用しているものと同じでかまわない。作業台（床）上にも引くことを考えると、修補作業においては、最低一反は必要である。

2）タッパウェア

　水を入れたり、糊に水を加えて糊の粘度を調整するために使ったりするので、修補作業者一人一人が持って歩き、調整した糊を入れる容器として使用する。大きさは、大が最低一個、中が二～三個、小が人数分個数、プラス予備に数個が欲しい。一〇〇円ショップにあるものでかまわないが、透明で模様のない方が良い。ただし、蓋をしても水の漏れるような粗悪品は避ける必要があるので、何個か買って水を入れて逆さにし、水漏れのないものを選ぶとよい。

３）刷毛・筆

本格的な修補には、一般に糊を付けるための糊刷毛（熊毛製）、水を付ける水刷毛（鹿毛製）、裏打ちの際に撫でるための撫刷毛（羊毛・鹿毛製）が必要とされる。

我々が目指す、積極的に試みてもらいたい簡便にして間違いのない修補としては、上記を参照して使いやすいものを、最低、大刷毛が一本、中刷毛が二本、小刷毛が修補に関わる人数分用意したい。専門家用の毛質の選べるものがよいが、手に入らなければ画材店にある日本画用の刷毛を求める。一〇〇円ショップのものは毛が抜け易く好ましくない。大刷毛・中刷毛は柔らかいものと堅いものをそれぞれ一セットづつ欲しい。小刷毛は糊差しに使うので適度な堅さを持つものを、試行錯誤しながら買い揃えてゆくとよい。修補道具の専門店の刷毛は、高価ではあるが、長時間作業しても疲れにくく、長持ちする。これらの大・中・小の刷毛に加えて、出来れば毛足の短い叩き込み用の刷毛が一本あると便利である。これについては修補用が手に入りにくい場合は、油絵用の堅い毛の筆で代用できる。

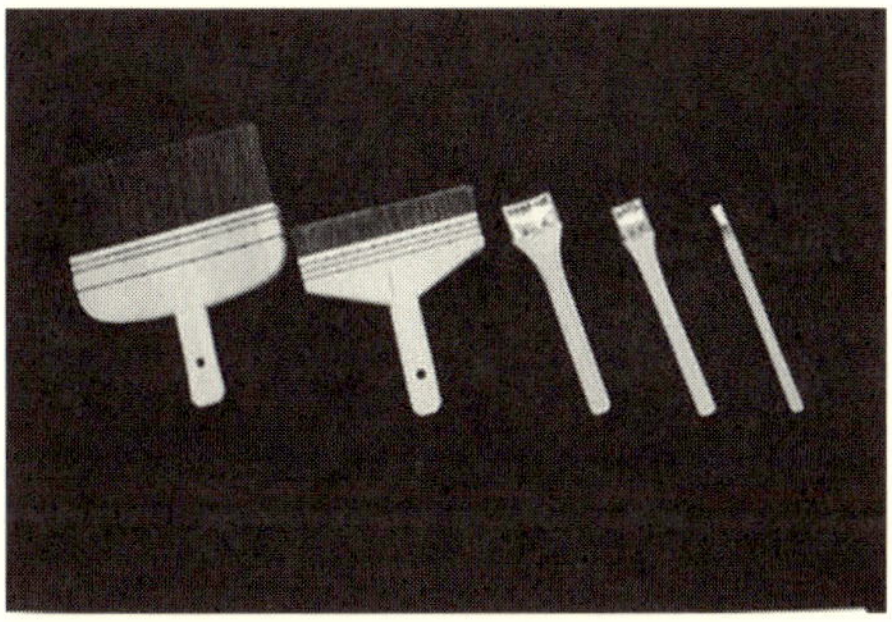

図３－３－３　刷毛・筆

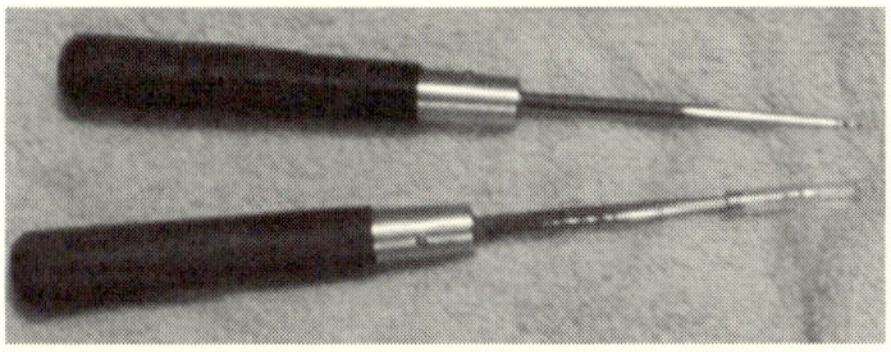

図３－３－４　千枚通し

４）千枚通し

貼り込んだ平面料紙などをめくる際に、ピンセットと共に用いる。先の尖ったものと、先を砥石で少し鈍くしたものを用意すると便利である。千枚通しの先は危険なので、良く洗い、乾燥させたワインのコルクに刺しておくのがよい。

5）ピンセット

小さな図面の断片をつまんだり、ゴミなどを取り除くときに使用する。先の尖ったものと、先が丸く、内側にギザギザの付いたものの二種が、一人一セットづつあると便利である。また、先の三〇度程度曲がったピンセットもあると便利である。手術用のピンセットは使いやすいが、非常に高価である。一〇〇円ショップのピンセットは、材質が悪く、バリの残ったものが多いので好ましくない。なお、チタン製は精度が高く使い易く、長持ちもするが、これも高価である。

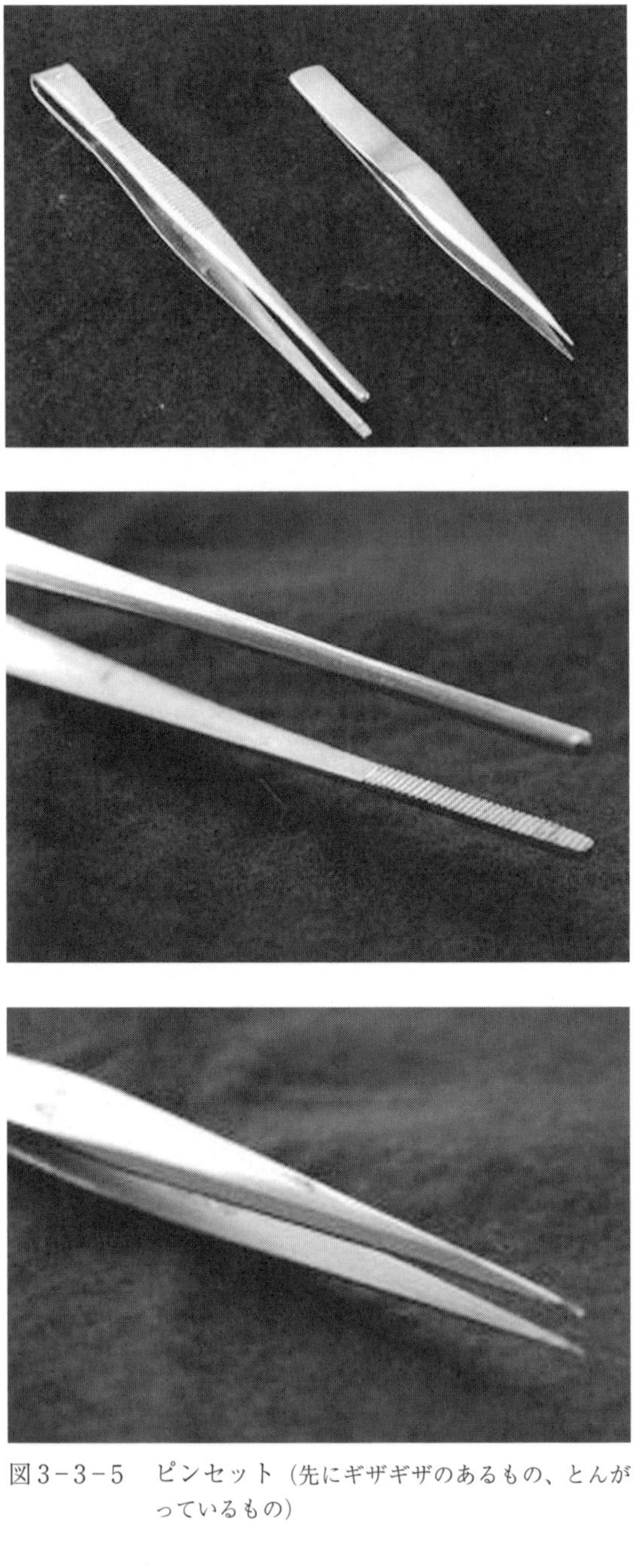

図3－3－5　ピンセット（先にギザギザのあるもの、とんがっているもの）

6）道具置き

これらの道具を置くには、タッパのふたでもよいが、どこにあるのかがすぐわかり、かつ軽いという点で、目立つ色の薄い桐様箱（筆者は、稲庭うどんが入っていた小さな箱を愛用している。ただし、使用する前に一〇〇〇番程度の細かい水ペーパー紙で底と角をなめらかにしておくこと）が軽くて使いよい。

7）印　刀

和紙をちぎるのに使う。しかし、修補専門のものが市販されているわけではなく、加工する必要がある。刃渡り一・五㎝程度の

図3－3－6　印刀・ピンセット・千枚通しと柿渋を浸透させて作った虫損板

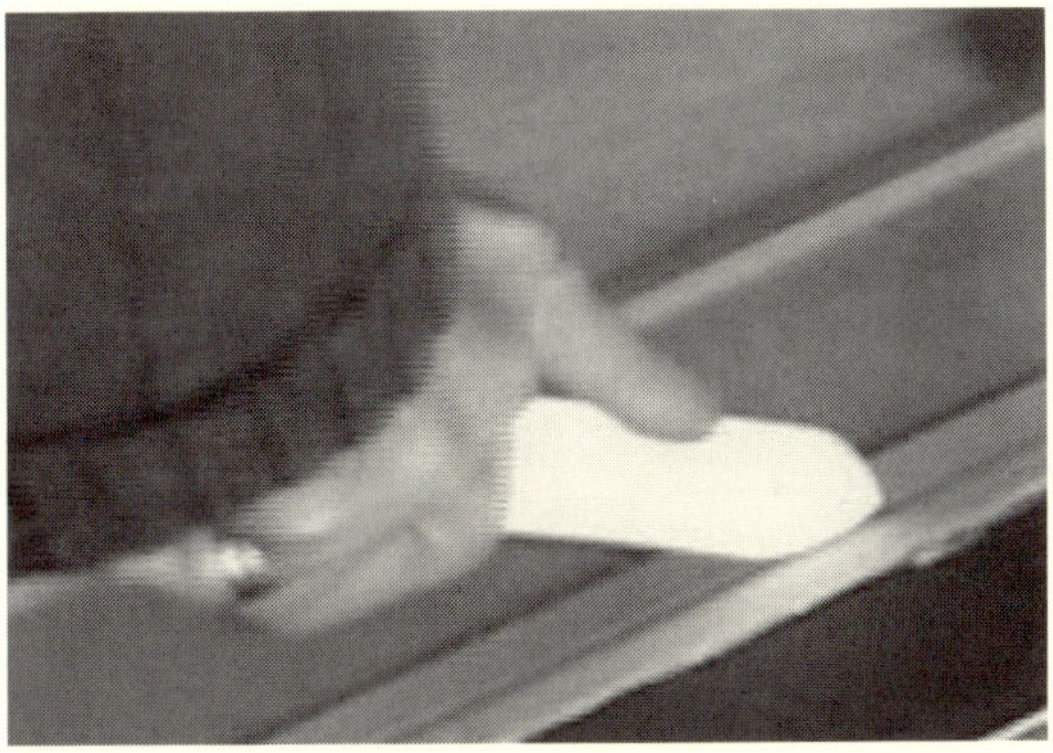

図3－3－7　骨　箆

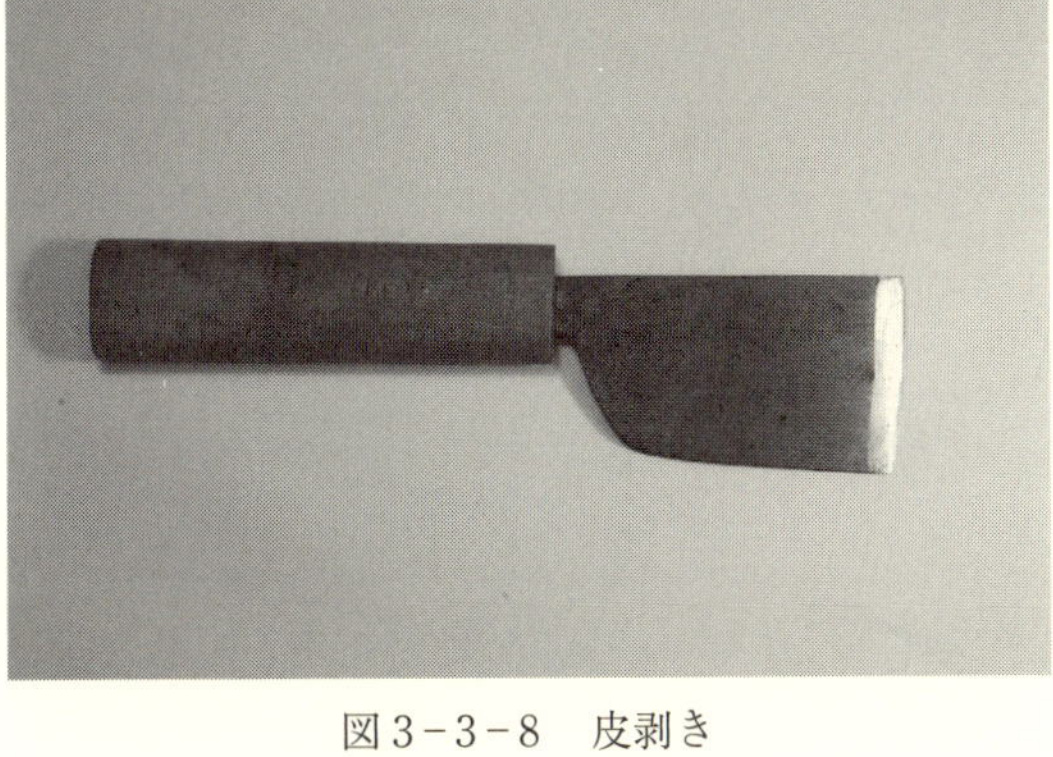

図3－3－8　皮剥き

印刀をカナノコで半分に切り、末端をなめらかにヤスリや砥石を使い丸く加工する。また、切るために使用するのではないので、刃の部分は、八〇〇番程度の砥石で鈍くして使う。

8）箆《へら》

骨箆が使われ、象牙製や牛骨製などがある。使用する際には修補専用に砥石などで擦って薄くしたり、先端を丸くしたりする必要がある。和裁用の骨箆で代用できる。ただし、プラスティク製の箆はこすると熱で溶け、料紙に付着する恐れがあるので使用してはいけない。骨製の箆が入手できない場合には、良く磨いた竹箆でも良いが、竹の繊維が料紙に傷をつけないよう十分な研ぎが必要である。その際、竹に蝋を塗ってはいけない。

9）刃　物

刃物としては、ナイフとハサミが多く使われる。ナイフは、修補の専門家は「皮剥《かわす》き」を研ぎながら使うことが多いが、専門家以外は、研ぐのが難しいので、折る刃カッターで（通常、［中］と呼ばれる薄刃と、先の三〇度の小型カッター）で十分である。三〇度が手に入らなければ四五度でも使える。

ホルダーは、金属が露出しているものではなく、指図を傷つける恐れの少ないゴムかプラスティクで覆われたものを使いたい。ハサミは、よく切れればどのようなものでも良いが、先の尖った小さなハサミと、長い刃のハサミの二種があるとよい。和ばさみでも洋ばさみでも構わない。

これらの刃物は、指図を傷つけないよう、小さな箱（先に述べたような箱）に入れておき、使い終わったらすぐ箱に戻すようにする。

10）定規類

定規類の役目には二種ある。一つは、もちろん寸法を測るための役目、もう一つは、紙を真っ直ぐに切る際のガイドとしての役

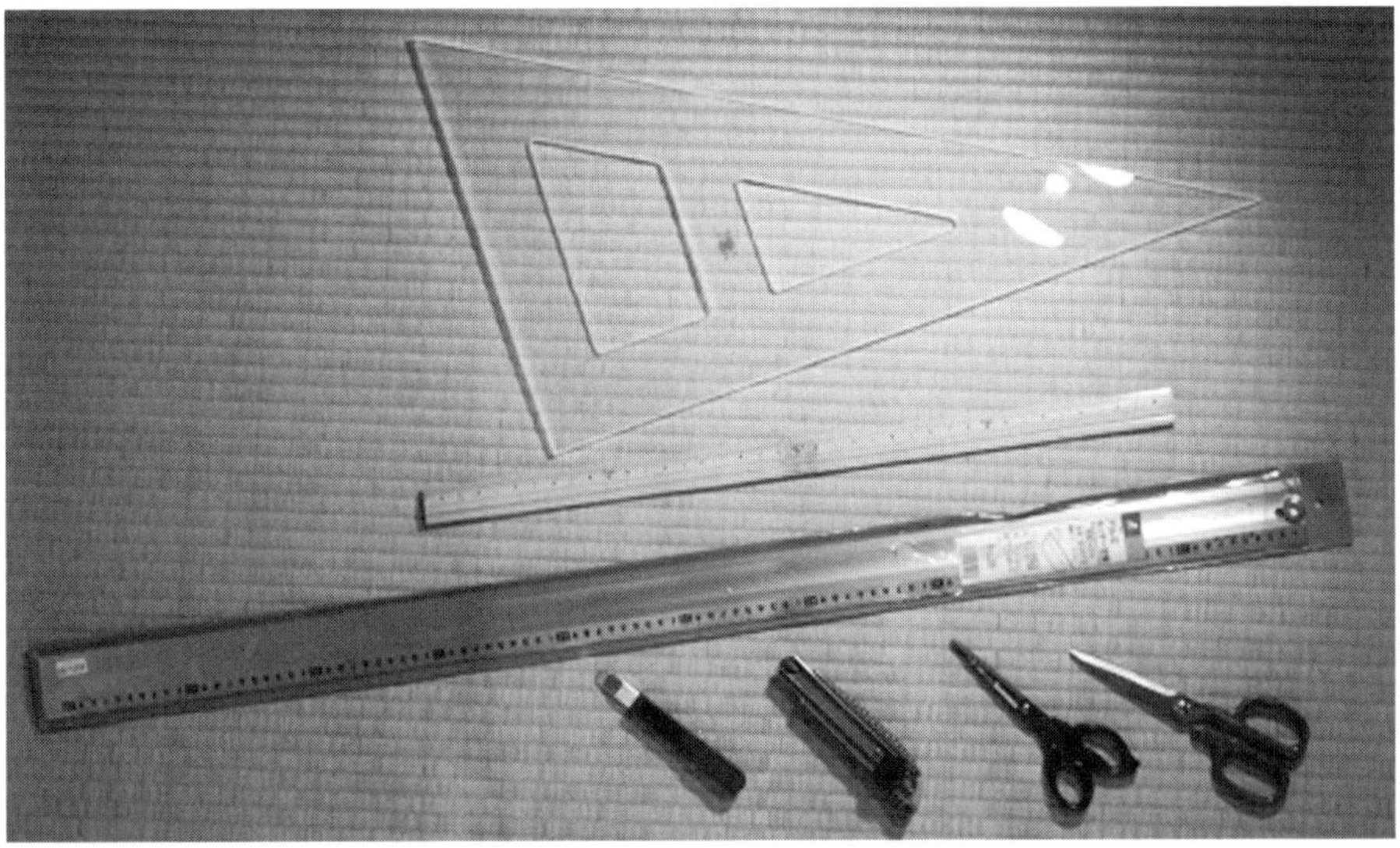

図3-3-9　定規類とカッター・はさみ

目である。前者には、竹製一尺定規（㎝複尺付、物差）と、ナイロン製の一〇ｍテープがあれば十分である。これに加えて、曲尺やナイロン製巻尺があればなおよい。建築等で使用する金属製コンベックスケールは、指図等を損傷する恐れがあるので厳禁である。

切るときのガイドとなる定規としては、裏にコルクの付いたステンレス製の定規、五〇㎝と一ｍの長さがあればほぼ間に合う。長いものを一気に切るのは訓練が必要で、鉛筆で薄く印をつけながら、切り進む方がよい。

また、様々な用途にプラスティク製の三角定規を使う。例えば、断片化した指図を復原する際に、指図台紙全面に引かれた格子罫をもとに断片の互いの位置関係を決めるが、その際に格子罫が直角になっているかを見るときにも使用する。無色透明ではなく、薄い色の付いた透明な物が好ましい。これは、完全に透明だと目立たず、修補の現場で誤って踏んだりして指図の破損に繋がりかねないからである。

11)　作業台

修補の専門家は、通常畳敷きの作業場において、目の詰んだ桜材等の樹脂が出にくく堅く刃物に優しい材を、良く乾燥させて作業台とする。しかし、専門の作業場ではなく、指図の所蔵先を修補の作業場とする場合には、このような重量物は持ち込みにくい。そこで、我々は、通常のカッターマットで、やや厚手のものを用いた。大きさは、大小二種で、

図３－３－10　ＬＥＤライト

大型の方は、一辺の長さ一m前後のものを数枚、小型の方は、厚みも薄いもので、二〇cm程度のものを各自の道具箱に入れて使った。ただし、作業台として使用するときは、凹凸のあるマットの表ではなく、平滑な裏面を使用する。

12）ＬＥＤライト

修補に際しては、指図そのものを観察・調査した上で行う必要が必ず出てくる。そこで調査のための用具も必要になる。以下にそれらを紹介する。

ＬＥＤライトは、貼り重ねられた指図の内部を光線で透かして観察したり、篦引きの格子罫等の観察したりするのに便利である。また、多灯型でなく、光の直進性の高いＬＥＤ一個のものが望ましい。ただし、若干ながら（ハロゲンライトのように触れなくなるほどではないが）熱を発するので、指図に決して触れないように使用しなくてはならない。また、使用する際には、当然のことながら、所蔵者の許可をえるべきである。

13）ルーペ、簡易顕微鏡

小さな針穴や小刀痕、紙の繊維の状態の観察に必要である。倍率は、必要に応じて、五倍、一〇倍、三〇倍、六〇倍、一〇〇倍などがあると便利である。針穴等の観察には、五×や一〇×、三〇×が良く、それ以上の倍率では高すぎて穴そのものの形状が掴めなくなる。繊維の観察には、六〇×や一〇〇×などの倍率が必要である。倍率の低いものは、写真用のピント確認に使用するものでもよいが、三〇倍ならば、パナソニックのライト付き顕微鏡（ライトスコープ　FF―三五三）が、対象を照らすライト付きで、コンパクトで便利である。やや倍率の高いものは、スタンド付きのもので、我々は、ピーク社のワイドマイクロスコープ（PEAK WIDE STAND MICROSCOPE）の一〇〇×（No.2054-100）や六〇×（No.2054-60）を使用している。横に観察対象を照らすアームが付いているが、付属するペンライトは暗く光が散光型なので、小型のアタッチメントに入るＬＥＤ１個型のライトにつけ変えた方が使いやすい。

14) シックネス・ゲージ

簡便に紙の厚さを計測する道具である。例えば、断片化した指図どうしが、本来同じ指図の一部であるか否かを判定する際に台紙の紙の厚みが同じであれば可能性は高く、そうでなければ可能性は低くなる。紙厚は我々は、ピーコックのダイアル・シックネス・ゲージ（尾崎製作所　PEACOCK DIAL THICKNESS GAUGE　〇・〇一～一〇㎜）を使用している。指図の紙を、シックネス・ゲージで挟むようにすると、針が計測値を表示する。

15) その他

指図を所蔵先で修補する際には、作業に必要な照明がある。暗い部屋では、写真撮影用のライトが役立つ。ただし、熱を発する

図３−３−11　パナソニック製簡易顕微鏡

図３−３−12　ピーク社製顕微鏡（100×）

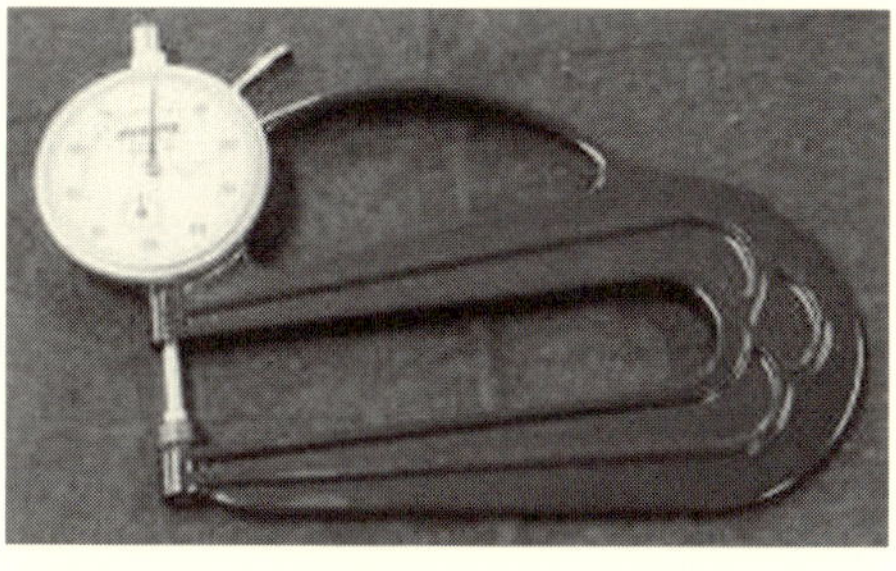

図３−３−13　尾崎製作所製シックネスゲージ

ので、指図に触れないように、作業者が火傷をしないように十分に気を付ける必要がある。これを付けるスタンドも必要である。三脚でも代用できる。

また、筆記用具は、基本的に鉛筆（ホルダーに入ったノック式のものは先端が指図を傷つけやすいので使用する場合は十分の注意が必要である）以外のものは避けたい。どこの資料館・文書館・博物館でも同様であると思うが、ボールペンやマジックインキ等が資料につくと、復原が極めて難しい。修補・保存を目指していたはずが、破壊に結び付いてしまう。

〈参考文献〉

吉野敏武『古典籍の装幀と造本』印刷学会出版部　二〇〇六年
櫛笥節男『宮内庁書陵部　書庫渉猟　―書写と装訂―』おうふう　二〇〇六年
遠藤諦之輔『古文書修補六十年　和装本の修補と造本』汲古書院　一九八七年

第四章　修補の技法：深溝松平藩の歴史（屋敷の種類）・敷地の変遷

第一節　長崎県島原市本光寺の建築図面類と修補に至った経緯

ここでは、本書の材料となった指図類に関する基本情報を略記する。

長崎県島原市本光町にある本光寺は、幕府親藩深溝松平家の菩提寺である。本光寺所蔵の建築図面類について本格的な調査報告としては、「島原市本光寺所蔵古文書調査報告書」島原市教育委員会一九九四年の中の、林一馬による報告「資料解説（六）建造物・建築指図類」が最初である。また、同氏は「島原市本光寺所蔵建築指図類について」（日本建築学会九州支部研究報告　一九九四年）も発表されている。

これらによると、建築指図類には、絵図・指図類・建地割・その他・普請帳があり、総数で七一点、八一枚で、そのうち、狭義の指図は、五〇点五五枚であったとされていた。旧藩の建築指図類の史料点数、とくに白い台紙の上に、建物平面を描く色紙を貼った貼絵図の残存数の多い点では、山口県立文書館毛利家文庫（萩・毛利家）や熊本大学寄託永青文庫（熊本・細川家）の建築指図類が知られるが、本光寺の建築指図類はそれに匹敵するものである。また、その内容としては、永田町上屋敷、数寄屋橋上屋敷や三田中屋敷、渋谷や目黒の下屋敷などの江戸藩邸の図、国許の屋敷で、遊興的な性格の強い興慶園の図などを含んでおり、京大工頭中井家の指図類とは異なり、幕末に至るまで貼絵図を作成し続けているという点でも興味深い。

我々は、本光寺および林氏の許可・了承を受けた上で、科学研究費補助金をうけて「島原市本光寺所蔵建築指図の復原的研究―古文書修補技法と書誌学的復原技法を用いた建築指図の復原研究―」を立ち上げ、本光寺所蔵の建築図面類について、改めて目録に従って調査を行い、本堂を使用して、図面類の修補を実施した。この修補の過程は、単なる修補に留まらず、図面がいかに作成されているのか、どのように使用され、変遷してきたのかを明らかにしてゆく過程ともなった。糊の劣化によって、図面は台紙さえも互いにはがれてバラバラになっていたが、上には貼られた平面料紙は一枚ではなく、何重にも貼り重ねられているものや、平面料紙の一部が切り取られ、別の場所へ貼り直されているものがあり、これらは一旦図面としては完成したのちも、その後の計画の変更や改造の際に貼り重ねられたり、建物が移動した際に加えられた変更と考えられること等が判明した。

一方、図面類の保存状況は、必ずしも良いものばかりではなく、図面類の大半は糊の劣化が進行しており、台紙さえ互いにはがれてバラバラになり一括して茶封筒に保存されているものも少なくなかった。虫損については、まずこれが無い図はなかった。また、目録には「開陳不能」と記された図面が少なからず存在していた。「開陳不能」の図には、単なる糊の劣化によって、バラバラになっているものもあったが、そのうちの四点は水損・虫損が著しく、折り畳まれた状態で、簡単には開くことはできないと判断された。これらについては、修補準備を整えた上で、仮修補しながら少しづつ開き、開いては修補し、という過程を経なくてはならないことが予想された。修補に関係した者の結論は、一点につき最低一週間は費やすことになるとの見通しであった。

修補には、本書の執筆メンバーが参加した。本書で論じている修補の方法は、すでに、宮内庁書陵部蔵の京大工頭中井家文書中の図面類の修補で一応確立したものを元にしている。それらの有効性は、本光寺の修補で、改めて確認されることになった。しかし、中井家の図面類の修補は、宮内庁内での修補であって、いわば極めて恵まれた環境下での修補であった。専門の部屋や用具が無い環境で実施する修補のあり方は、この本光寺の修補で誕生したといってよい。

本光寺の図面類を修補に先立って実施した全国の指図所蔵先の調査において、少なからず目にしていたのは、ボンドやセロハンテープを用いた図面の「修理」であり、一方で図面類に対する知識や取り扱い方のノウハウが無いことにより、逆に極度に厳格な、ただしそれほど意味のない取り扱いを閲覧者に強いたり、あるいは原本の閲覧を中止するといった対応であった。図面は広げると大きいので、閲覧のための十分なスペースが確保できないというのは日本の多くの指図所蔵先の抱えている問題ではあるが。

全国のそういった環境にも対応しうる簡便な修補の方法が、島原の本光寺で生み出された。ここでご紹介するのは、そういった修補の方法である。

以下では、本光寺の図面類が描く内容として、深溝松平藩の屋敷の概要を紹介した後に、本光寺の指図を実際にどのように修補したのかを示したい。

第二節　本光寺所蔵資料・建築指図の概要

一　資料の概要

本光寺は、島原藩主・深溝松平家の菩提寺ある。そのこともあって、所蔵する資料は、藩主および藩関係文書が多く、他に本光寺固有の文書、その他があって、三種に大別される。

『島原市本光寺所蔵古文書調査報告書』（前掲）によれば、廃藩置県後に藩主が東京へ移住したのに伴い、島原の深溝松平家の財産管理機関として、三の丸跡に「甲第事務所」が設けられ、これとは別に金融機関の「数奇屋銀行」が設けられた。旧藩関係資料はこの両者の倉庫に保管されていた。その後、甲第事務所の閉鎖や数寄屋銀行の解体があり、散逸した資料も少なくなかったらしい。これらの藩関係文書は、戦前からの贈与、あるいは住職片山氏の購入によって本光寺に伝えられた。家臣団資料や版本についても、転居等に伴う菩提寺への寄贈ということで伝わったものも少なくないという。

資料には、中世から近代にまでわたる文書・書籍・典籍類、絵図類がある。中世資料は、深溝松平家の家臣・田島家に伝来したもの（足立鍬太郎「島原田島家文書につきて」『歴史地理』五七巻一、三　一九三二年に紹介されている）、と本光寺文書三二点である。

また、近世資料は、深溝松平家の島原入封以前の福知山城関係資料や寛文三年（一六六三）の後西天皇退位に伴う新院御所造営の助役《すけやく》記録を含み、島原入封後の資料は地図・絵図類を除いても五五八〇点にのぼる。この内には、中級家臣である大岡家の他、山崎家、片田吉喬家などの諸家文書も含む。

近代資料も、深溝松平家資料をはじめ本光寺資料等も少なくない。

本光寺資料の特色は、地図・絵図類が豊富なことである。島原入封以前の図約三〇点も含んでおり、とくに「混一疆理歴代国都地図」に代表される世界図が近年注目されている。建築指図類もこのうちに含まれるもので、本光寺所蔵資料を特徴付ける重要な資料となっている。

二　建築指図の概要

本光寺の所蔵する絵図の中で、建築指図に相当するのは、表4―1の通りである。

表中の指図のタイトルは、基本的に『島原市本光寺所蔵古文書調査報告書』（島原市教育委員会　一九九四年）によっている。また、タイトル後のカッコ内に、法量（南北×東西　単位：㎜）、書絵図・貼絵図の別、縮尺、架造番号、を示した。指図は、まずは江戸藩邸で上屋敷であった桜田屋敷、神田橋屋敷、数寄屋橋屋敷、中屋敷であった三田屋敷、下屋敷であった浅草屋敷、渋谷屋敷、目黒屋敷の順に、次に京藩邸、大坂藩邸、長崎藩邸、最後に国許（島原）藩邸である興慶園、景花園の順とし、同じ屋敷の図面どうしでは、造営年代の古いものから先に記している。

絵図や指図の点数は少なくないが、一般の絵図や、造営に関わる絵図であっても、城全体を描いたり、石垣修築箇所などを示す城絵図も多く、建築の造営や修理に関わる図に限定すると、建築指図は、最終的に六八枚ということになった。これらの絵図は、建築の造営に直接関わるものではないため、使用する料紙や作図方法・表現方法にも明らかに違いがみとめられる。

建築指図については、『島原市本光寺所蔵古文書調査報告書』（島原市教育委員会　一九九四年）は、「建築指図類」として、総数七一二点・八一枚、指図類五〇点・五五枚、絵図一七点・一九枚、建地割一点・三枚、上段の床や違棚の形状を示す雛型が一枚、平面に襖絵の画題を示すもの三枚としている。

本研究は、これらを改めて再検討し、まずは、上記『報告書』の「建築指図類」のうちから、絵図を除き、指図類・建地割、雛型、平面に襖絵の画題を示すものに相当する五五点六二枚を建築指図と考えた。

ただし、この中の指図類に分類された「御在場割場所御人数建場絵図」（架蔵番号3）は明らかに建築に関係のない絵図であったのでこれを除くこととした。

また、『報告書』では絵図に分類されているが、指図の技法を有する「立山御役屋鋪絵図」（同　227③）と「長崎会所御武具蔵・御金蔵絵図」（同　1151）を加えることとし、さらに、建物部分を本格的に描かないが、屋敷の状況を示し、明らかに指図の技法を用いる「〔三田御屋敷図〕」（同　1041①）・「〔三田御屋敷図〕」（同　1041②）の二点、「〔目黒御屋敷図〕（下絵）」（同　19①）・「〔目黒御屋敷図〕（清絵図）」（同　19②）をも加えることとした。

また、この研究に先立ち、建築指図の修補・復原を行ったが、これによって、『目録』とは指図の点数・枚数に変化が生じることになった。すなわち、水損・虫損で閲覧できなかった「〔江戸御屋敷図〕」（同　M1902）は、修補によって三枚の指図であることが判明した。それぞれをM1902-1、M1902-2、M1902-3とした。同様に「〔某御屋敷指図〕」（同　M1901）は、二枚の指図となった。また、「某屋敷間取図」（同　1352）・「某屋敷間取図（断簡）」（同　1353）と「御屋敷指図断簡」（同　M1919）の三点三枚の図は、本来一つの指図であったことが判明したので、一点一枚に復原された。

以上をまとめると、研究対象とする指図類は、総計五三点、六八枚となる。

表4―1は以上を整理した結果である。後述する内容の検討を加え、屋敷毎に示している。内容的には、江戸の上屋敷である桜田屋敷・神田橋屋敷・数寄屋橋屋敷、中屋敷である三田屋敷、下屋敷である浅草屋敷・目黒屋敷・渋谷屋敷があり、京藩邸、大坂藩邸、長崎藩邸、国許の興慶園・景花園の図があって、所有していた屋敷のうちの多くの指図が残されていることが分かった。ただし、国許の本邸であったはずの島原城内の御殿の指図が残されていない。この点が惜しまれる。

なお、修補が未完で断簡のままの指図も残されている。したがって、今後の修補で点数、枚数が変わる可能性も大いにある。

次にこれらの建築指図のうち、その修補について後述する指図を含む主要な図（表4―1中の＊印の図）について概観する。

袋書き	寸法(南北×東西)	書絵図・貼絵図の別	縮尺	料紙寸法	番号
袋書「[ ]御屋敷絵図目黒御屋敷絵圖弐枚」	1563×1121	貼絵図	8分計・墨	430×435	1＊
	1296×1185	貼絵図	8分計・墨	300×442	2＊
袋なし	550×606	書・貼併用	3分計相当・なし	284×292	3＊
袋なし	1693×2160	貼絵図	8分計・墨	295×385	4＊
袋書「数寄屋橋／御上屋敷繪圖前附御番御狭箱入／子年御類焼前之圖」	1620×2140	貼絵図	7分計・墨	300×393	5＊
袋なし	1583×2168	貼絵図	8分計・墨	411×290	6＊
袋なし	2068×2870	貼絵図	1寸計・墨	308×440	7＊
袋なし	1738×2390.5	貼絵図	8分計・墨	307×465	8＊
未調査	1672×2318	貼絵図	8分計・墨	未調査	9＊
1878①と同じ袋	974×803	書絵図	1寸計相当・なし	142×410	10＊
袋なし	696×1084	貼絵図	6分計・墨	405×295	11＊
袋書「(数寄屋橋) 御上屋鋪御繪圖面／乙天明五年巳七月」（　）内、補筆カ	1692×2310	貼絵図	8分計・墨	323×460	12＊
なし	1173×1458	書・貼併用	4分計相当・なし	314×473	13＊
袋なし	810×1335	書・貼併用	4分計・なし	323×470	14＊
袋書「數寄屋橋奥向圖貳枚」	953×1067	貼絵図	8分計・墨		15＊
	268×389	書絵図	−		16＊
	310×448	貼絵図	−		17＊
袋なし	2560×3384	貼絵図	8分計・墨	375×285	18＊
袋なし	1980×1721	貼絵図	6分計・箆	300×371	19＊
袋書「江戸澁谷屋敷圖　一枚」	121×73	貼絵図	5分計・箆		20＊
袋袋書「御屋敷絵図目黒御屋敷絵圖弐枚」	778×390	書絵図	−		21＊
	798×387	書絵図	−		22＊
	2120×905	書絵図	−		23＊
袋なし	1475×1260	書絵図	1寸計・箆	499×333	24＊
袋なし	924×837	書・貼(色なし)併用	7分計・箆	310×423	25＊
袋書「大坂御蔵屋敷繪圖四枚 袋外「御普請仕様帳弐冊入」	885×1150	貼絵図	1寸計・墨	300×393	26＊
	785×1280	貼絵図	1寸計・墨	388×313	27＊
	993×1285	貼絵図	1寸計・箆	305×405	28＊
	1005×1310	貼絵図	1寸6分計・墨	292×400	29＊
	617×770	貼絵図	1寸計・墨		30＊
	598×773	貼絵図	1寸計・墨		31＊
	600×770	貼絵図	1寸計・墨		32＊
未調査					33＊
袋なし	1178×1355	貼絵図	1寸計・墨		34＊
袋なし		貼絵図	1寸計・墨		35＊
袋なし	2250×1320	貼絵図	1寸計・箆上に墨		36＊

表４－１　本光寺指図一覧

	屋敷名	架蔵番号	新規架蔵番号（変わったものだけを表示）	目録名称	内題、外題
上屋敷	桜田屋敷	M1902	M1902－1	〔江戸御屋敷図〕	本紙外題「桜田屋敷」
			M1902－3	〔江戸御屋敷図〕	本紙外題「桜［　　］」
	神田橋屋敷	M1903		〔江戸御屋敷指図断簡〕	本紙内題「神田橋内／井上相模守上ヶ屋鋪／坪数四千八百八拾三坪弐合／建家坪弐千三百拾坪四合／長屋土蔵共／御預り空地／坪数六百七拾壱坪弐合／二□坪数合／五千五百五拾四坪四□□／［　］」
	数寄屋橋屋敷	1155		上屋敷指図	なし
		1875		数寄屋橋御上屋敷絵図	本紙外題「数寄屋橋／御上屋敷絵圖　前附御番御狭箱入／子年御類焼前之圖」
		M1908		〔数寄屋橋上屋敷指図〕	なし
		1701		〔江戸数寄屋橋御屋敷図〕	本紙外題「数寄屋橋」
		1159		数寄屋橋御上屋敷惣御絵図	本紙外題「数寄屋橋／御上屋敷惣御絵圖　寶暦八歳寅四月」
		1154		上屋敷指図	未調査
		1878②		〔数寄屋橋御屋敷修築指図〕	なし、凡例のみ
		M1907		〔数寄屋橋御上屋敷指図断簡〕	本紙外題「數寄屋橋御上屋敷」
		1877		〔数寄屋橋御上屋鋪画図〕	題簽「數奇屋橋／御上屋敷画圖天明五年巳六月」
		1882		〔数寄屋橋御屋敷絵図〕	なし
		1039		〔数寄屋橋御屋敷図〕	なし
		1878①		〔数寄屋橋御屋敷奥向絵図〕	本紙外題「数寄屋橋／奥向繪圖」
中屋敷	三田屋敷	1041①		〔三田御屋敷図〕	
		1041②		〔三田御屋敷図〕	
		1876	1876	御屋敷絵図	本紙外題「御屋敷繪圖」
拝領屋敷	浅草屋敷	124		浅草中屋敷絵図	本紙外題「浅草中屋敷繪圖」「草中屋」
抱屋敷	渋谷屋敷	16		江戸渋谷之屋敷図（包紙）	本紙外題「江戸志ぶ屋之屋敷」
	目黒屋敷	19①		〔目黒御屋敷図〕（下絵）	なし
		19③		〔目黒御屋敷図〕（清絵図）	なし
		M1902	M1902－2	〔江戸御屋敷図〕	本紙外題「目黒御屋敷」
京藩邸	松原屋敷	125		京屋敷絵図	本紙外題「京屋敷之繪圖」（裏打前） 本紙外題「京屋敷繪圖」（裏打後）
		126		京屋敷絵図	本紙外題「稲葉大助殿之内黒川□右衛門方／請取り　京屋敷繪圖」
大坂藩邸	樋ノ上屋敷	1881①		大坂蔵屋敷新絵図ひかへ	本紙外題「大坂蔵屋敷新繪圖ひかへ」
		1881②		〔大坂蔵屋敷図〕	本紙外題「大坂」
		1881③		〔大坂蔵屋敷絵図〕	本紙外題「大坂屋鋪繪圖」
		1881④		〔大坂蔵屋敷図〕	本紙外題「大坂」
長崎藩邸	大黒屋敷	100		長崎御屋敷指図	
		117		長崎御屋敷指図控	
		1880		長崎屋敷図	本紙外題「長崎屋敷図」
国許藩邸（島原）	興慶園	1872		奥慶園絵図	未調査
		1885		奥慶園御住居替新建御家差図	本紙外題「興慶園　御住居替／新建御家差図」
		1886		奥慶園〔之図〕	本紙外題「興慶園」
	景花園	M1911		〔屋敷指図断簡〕	本紙外題「景花園」

	710×370	書絵図	1寸計・篦	315×370	37
	575×443	書絵図	なし	365×220	38
	940×555	書絵図	1寸1分計・篦		39
袋なし	402×462	書絵図		402×255	40
	865×1090	書絵図	1寸5分計・篦		41
	785×895	書絵図			42
袋書「長崎會所御武具蔵／御金蔵／繪圖」	275×510	書絵図	3分計相当・なし	275×403	43
袋なし	1155×305	書絵図	1寸計・篦	405×305	
袋なし	305×325	書絵図	1寸計・篦	305×325	
袋なし	305×400			305×400	
	480×930	書絵図	1.5分計		44
袋なし	790×670	書絵図	1寸1分計・篦		45
袋書「表御門之図／西御門之図／東裏御門之図」	760×1510	書絵図	1／10・篦下書		46
	610×905	書絵図	1／10・篦下書		47
	570×765	書絵図	1／10・篦下書		48
袋書「西ノ御丸御浜屋敷西ノ御丸浜御殿藤見御茶屋」	400×266	書絵図			49
	400×270	書絵図			50
	865×1035	書絵図	1寸1分計・篦		51
	1168×915	書絵図	1寸2分計・篦		52
					53
	3300×1860	貼絵図	1寸計・墨		54
		貼絵図	1寸計・墨		55
		貼絵図	1寸計・墨		56
					57
		貼絵図	8分計・墨		58
	1460×1620	貼絵図	8分計・墨	未調査	59
					60
	720×480	貼絵図	1寸計・篦	360×720	61
袋書「松之間上段繪圖」		貼絵図＋書絵図	1／10カ		62
		書絵図			63
					64
	620×730	書絵図	1寸計・篦		65
	745×460	書絵図	1寸計・篦		66
	740×620	書絵図	1寸計・篦		67
	750×498	書絵図	1寸計・篦		68

その他	95		御上洛京町屋敷之絵図	本紙外題「御上洛京町屋敷之繪圖」
	121		立山長崎奉行屋鋪図	本紙内題「立山／長崎奉行屋鋪圖」
	127		高田組頭源右衛門所絵図	本紙外題「絵図」
	227－③		立山御屋鋪絵図	本紙外題「立山御屋鋪繪圖」、本紙内題「立山御役所惣坪数／三千二百三十九坪／延宝元癸丑年建」
	806		某城之図	
	835		聖堂絵図	
	1151		長崎会所御武具蔵・御金蔵絵図	本紙外題「長崎會所御武具蔵／御金蔵／繪圖」
	1352	M1919	某屋敷間取図	なし
	1353	M1919	某屋敷間取図（断簡）	なし
	1364		高田会所絵図	
	1365		〔高田大庄屋源助所絵図〕	本紙外題「豊後大庄屋源助所絵図」
	1873①		表御門絵図	
	1873②		西御門絵図	本紙外題「西御門絵図」
	1873③		東裏御門〔之図〕	本紙外題「東裏御門絵図」
	1874①		西ノ丸御浜屋敷〔之図〕	本紙内題「西ノ丸御浜屋鋪」、「八景ノ御茶屋」
	1874②		西ノ御丸浜御殿藤見之御茶屋〔之図〕	本紙内題「西ノ丸浜御殿」、「藤見ノ御茶屋」
	1884		妙寿寺絵図	本紙外題「妙寿寺絵図」
	1891		光園寺絵図	本紙外題「光圓寺絵圖」
	1896		豊後国高田御陣屋并六軒丁建前図	
	M1901	M1901－1	〔某御屋敷指図〕	
		M1901－2		
	M1905		〔御屋敷指図〕	
	M1909		三之丸絵図	
	M1910		〔屋敷指図断簡〕	本紙外題「御屋敷絵図」
	M1913		〔御屋敷指図〕	
	M1914		〔御屋敷指図断簡〕	
	M1915		〔御屋敷指図〕	
	M1916		松之間上段絵図	
	M1919		〔御屋敷指図断簡〕	
	M1921		〔御屋敷図指図断簡〕	
	M1922		〔北有馬村願心寺間取図〕	
	M1924		〔某屋敷間取図〕	
	1925		〔口ノ津村玉峰寺境内図〕	
	1926		〔山田村庄屋長兵衛屋敷図〕	

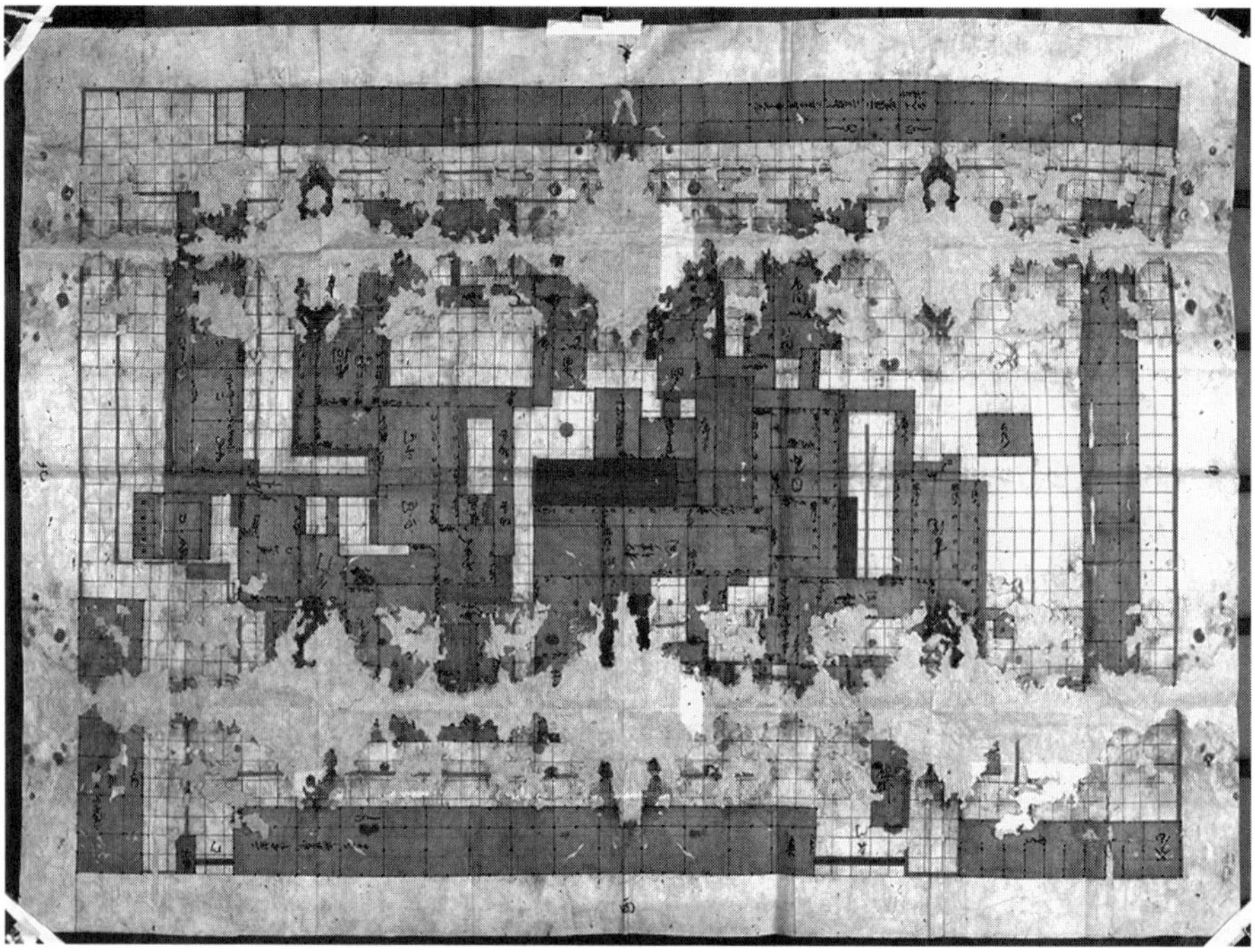

図４－２－１　〔江戸御屋敷図〕M1902－１

「江戸藩邸」

桜田屋敷

〔江戸御屋敷図〕（1563×1121、貼絵図、八分計、M1902-1）

本紙外題「桜田屋敷」

指図は、水損・虫損が著しく「開陳不能」とされていたが、今回の修補で閲覧が可能になった。しかしながら、畳んだ際の折り目に相当する、西側から四分の一、及び四分の三の位置が南北方向に細長く帯状に欠損している。

敷地は六〇間×四一間の南北に長い長方形である。

描かれた平面を見ると、周囲には長屋と塀が建ち、敷地西面を正面として、南寄りに「表門」、北寄りに「門」を設けている。大きくは表向きと奥向きで構成され、前者は柿色、後者は青色で色分けされている。欠損部分に相当するため確認することはできないが、「表門」の正面に式台があったと考えられる。その正面には、床を備えた部屋がある。途中欠損があって明らかではないが、さらに左手奥には「年寄部屋」・「祐筆部屋」が、奥には「取継ノ間」、右手奥には「書院」・「次ノ間」がある。「書院」より奥に、廊下で接続して「居間」・「次ノ間」がある。また、「祐筆部屋」に連なって「内座敷」・「料理ノ間」があって、以上で表向きを構成している。一方、奥向き御殿は、「居間」・「三ノ間」・「四ノ間」・

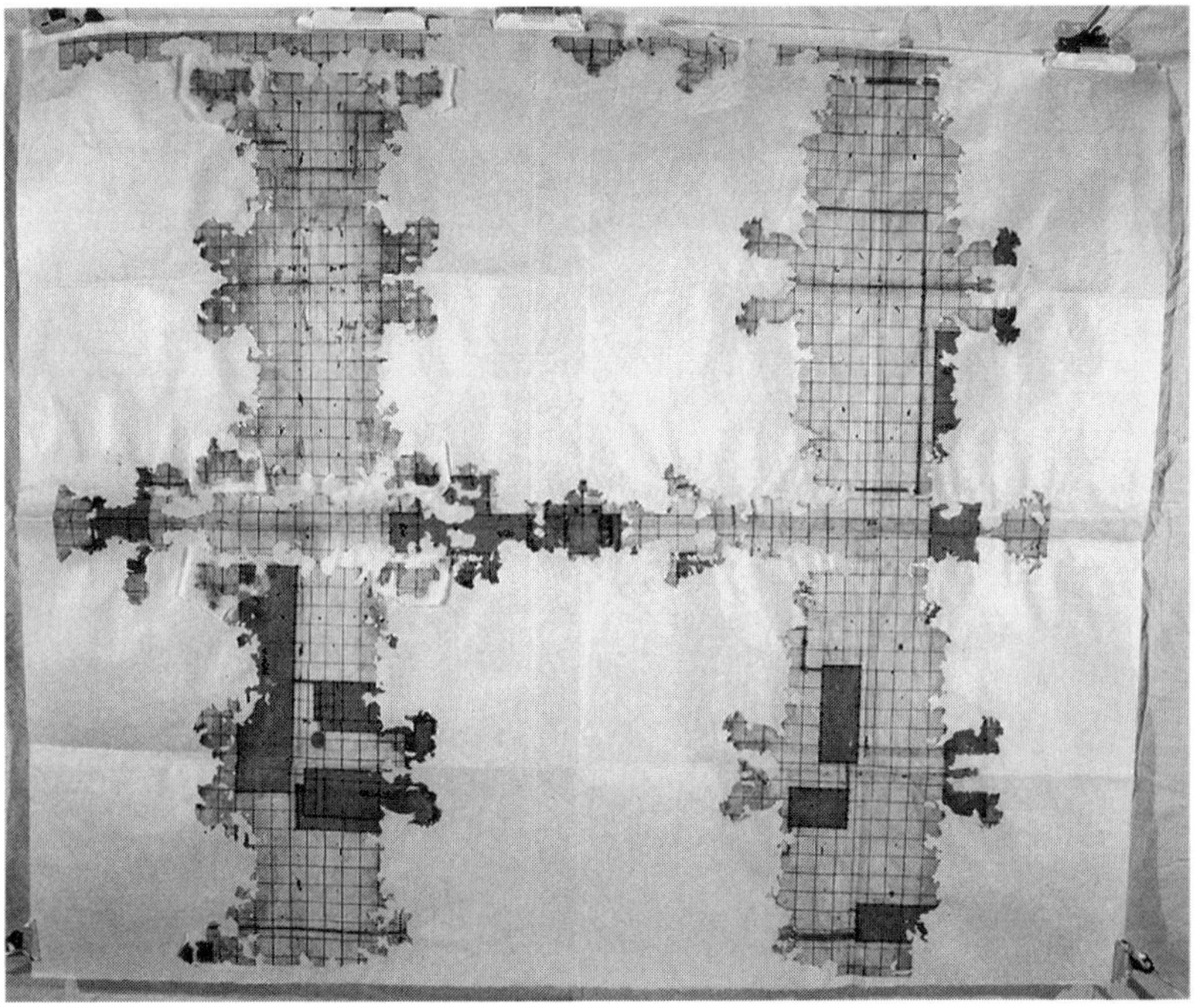

図４－２－２　〔江戸御屋敷図〕M1902－３

「上（臺）所」・「多門」・「長局」・等が構成している。

〔江戸御屋敷図〕（1296×1185、貼絵図、八分計、M1902-3）

本紙外題「桜□」

指図は、水損・虫損が著しく「開陳不能」とされていたが、今回の修補で閲覧が可能になった。しかしながら、大部分が欠損している。

わずかに残った平面を見ると、「下臺所」・「新長つほね」・「物置」という記載が見られるが、大部分が欠損しているため、どのような平面であったかは不明である（口絵参照）。

神田橋屋敷

〔江戸御屋敷指図断簡〕（606×550、貼絵図、三分計相当、M1903）

本紙内題「神田橋内／井上相模守上ヶ屋鋪／坪数四千八百八拾三坪弐合／建家坪弐千三百拾坪四合／長屋土蔵共／御預り空地／坪数六百七拾壱坪弐合／二□坪数合／五千五百五拾四坪四□□／□」

指図は、本紙内題に「井上相模守上ヶ屋鋪」の記載がある。前述したように、この井上相模守の上屋敷が、貞享四年の屋敷替えによって当藩の神田橋屋敷となっているのだが、指図

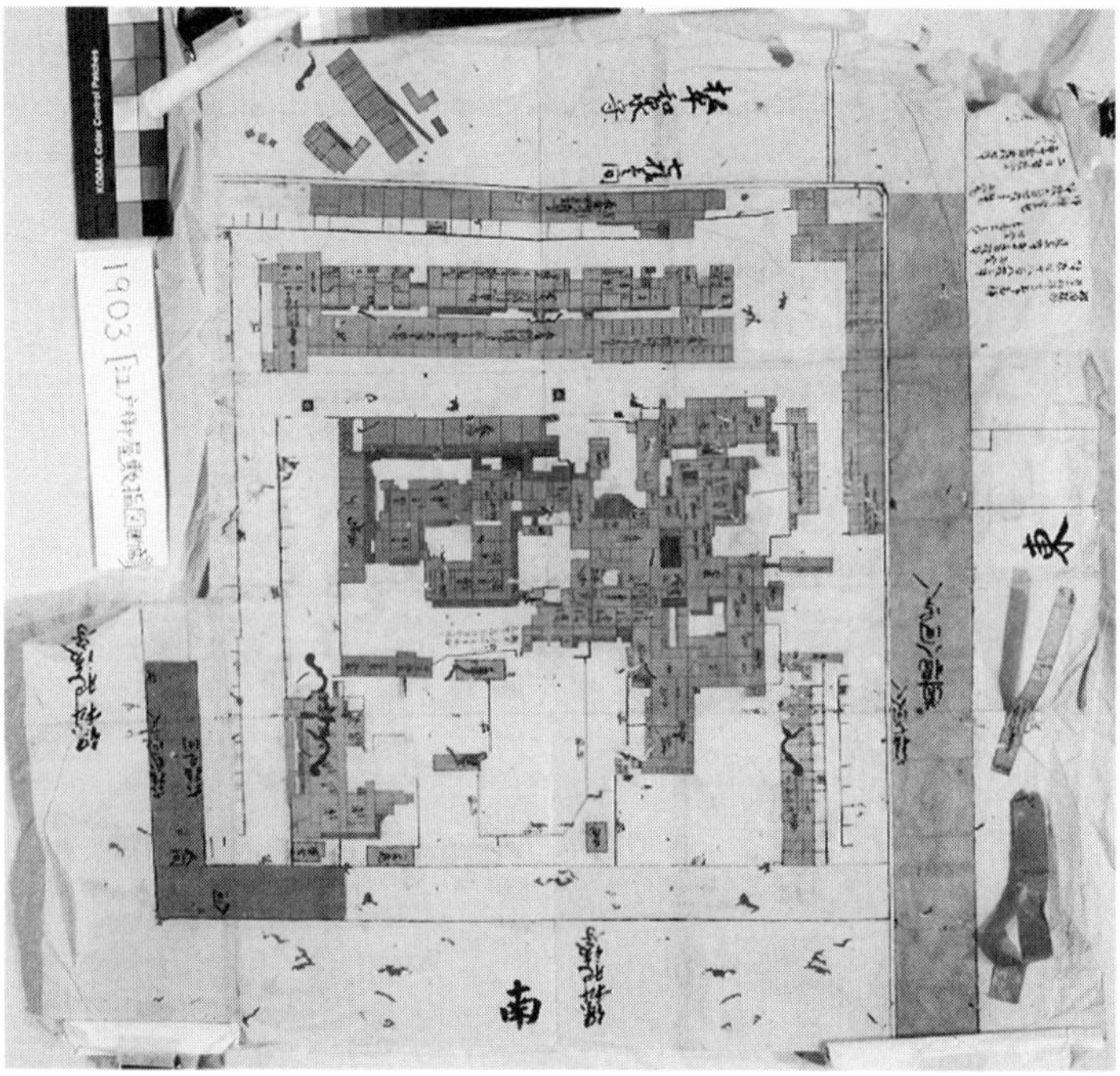

図４－２－３　〔江戸御屋敷指図断簡〕M1903

の作製時期がわからないため、描かれる平面が当藩の所有していた時期の神田橋屋敷であるかは不明である。しかし、「深溝世紀」の貞享四年（一六八七）一〇月一八日条に「命有り、桜田の邸を以て神田橋邸（井上相模守の故邸）に換う。」、二五日条に「遷徙す」とあり、貞享四年一〇月一八日に屋敷替えの命が下り、一〇月二五日には神田橋屋敷に移っているため、屋敷替えの際に屋敷を建て替えたとは考えられない。よって、この指図が屋敷替えの際に使われたものであれば、指図に描かれている屋敷が、当藩の屋敷だったと考えられる。描かれた平面を見ると、東面に門を開き、北・東面に長屋を建てる。御殿は敷地中央に建ち、周囲に長屋、土蔵、厩等を配する。

御殿は、東側を表向き、西側を奥向きとしている。表向き御殿は、表門正面に「式臺」、その西側を「廣間」とし、その南東には対面のための「書院」、西に藩主のための「寝間」・「居間」、北側に台所があり、奥向きには、「居間」・「化粧之間」、「長局」等がある。

数寄屋橋屋敷

上屋敷指図（1693×2160、貼絵図、八分計、1155）

本紙外題　なし

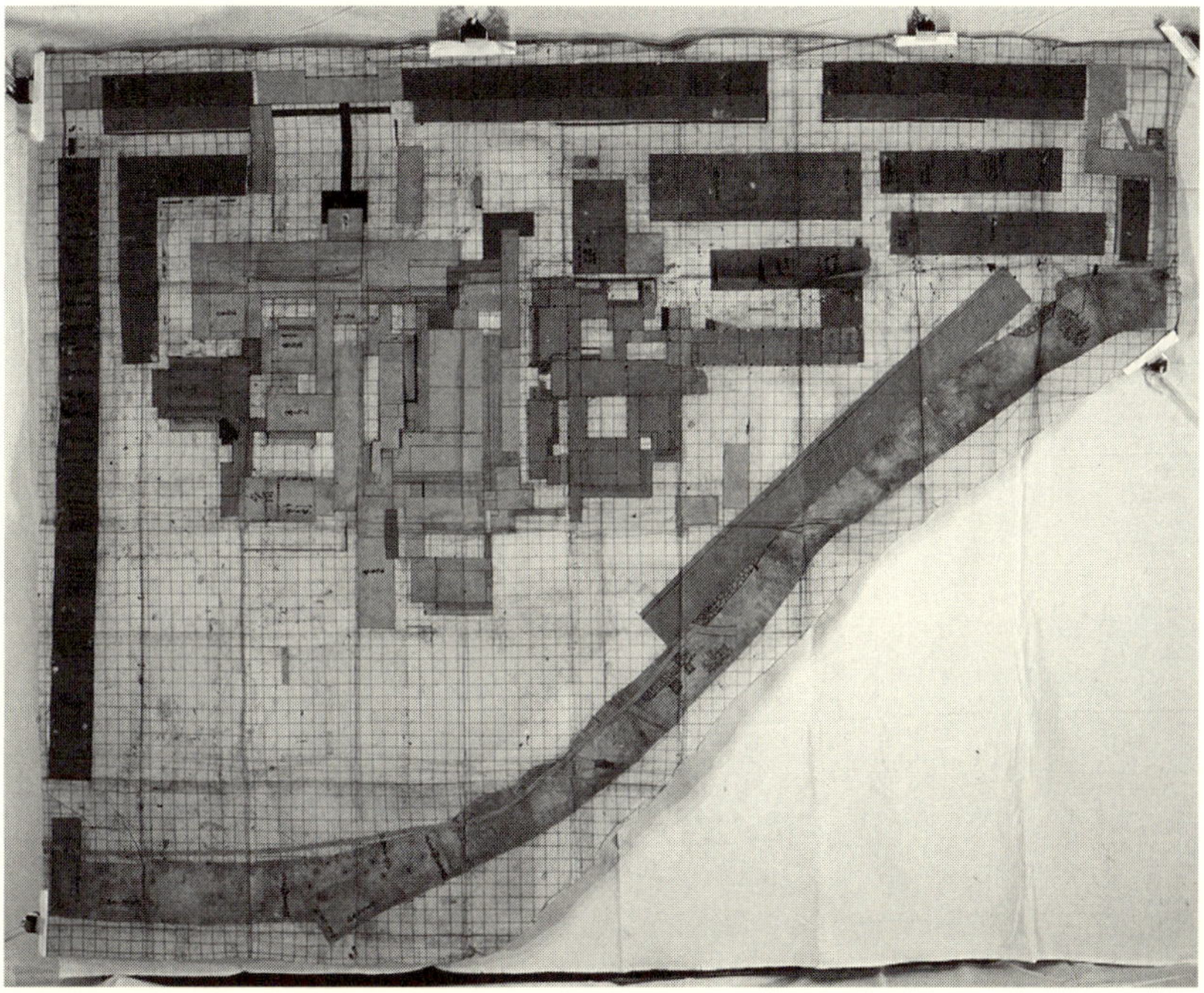

図４－２－４　上屋敷指図　1155

添地を拝領する前の敷地形。

描かれた平面を見ると、北面の東から東門・表門・西門の三つの門を開く。北、西面に長屋、東面に物見が建つ。御殿は敷地のほぼ中央に建ち、周囲に内長屋、土蔵、厩などの建物が配置される。

表向き御殿は、表門正面に式台、その南西に「御客座敷」・「五ノ間」を、式台の南に「勝手小座敷」・「表小座敷（裏座敷）」・「御勝手座敷」・「六ノ間」を配する。式台の南東には、台所や「通番詰所」等の家臣詰所と考えられる部屋があり、「通番詰所」の東に床・棚を備えた部屋がある。

また、奥向き御殿は、表向きの東側に建つ。

数寄屋橋御上屋敷絵図（1620×2140、貼絵図、七分計、1875）

本紙外題「数寄屋橋／御上屋敷絵圖　前附御番御狭箱入／子年御類焼前之圖」

袋書「数寄屋橋／御上屋敷繪圖　前附御番御狭箱入／子年御類焼前之圖」

指図は、添地を拝領する前の敷地形。

描かれた平面を見ると、北面の東から東門・表門・西門の三つの門を開く。北、西面に長屋、東面に物見が建つ。御殿は敷地のほぼ中央に建ち、周囲に内長屋、土蔵、厩などの建

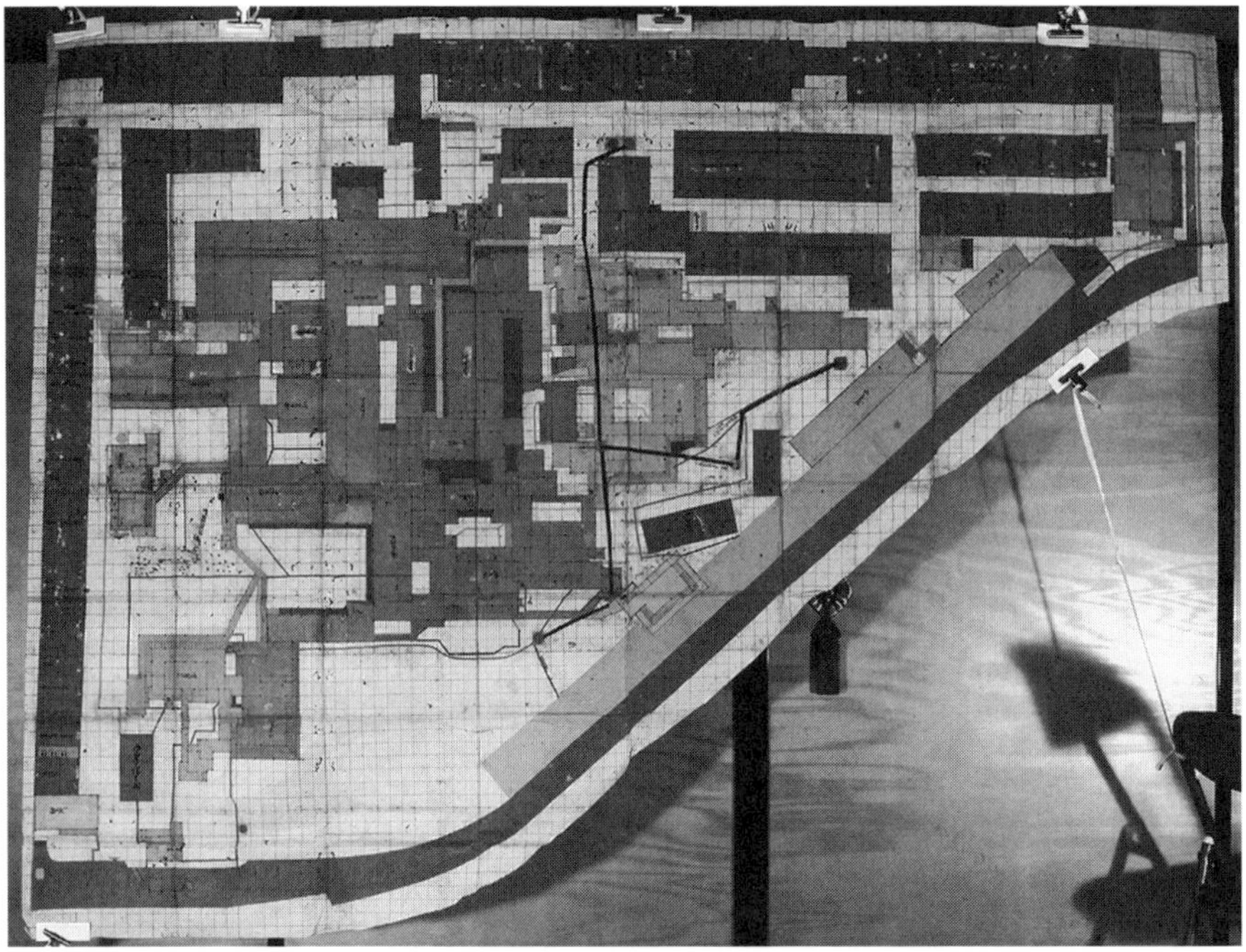

図4－2－5　数寄屋橋御上屋敷絵図　1875

物が配置される。

表向き御殿は、表門正面に式台、その東に「内玄冠（関）」・「元〆所」、南西に「表座敷」・「内座敷」・「御小書院」・「御小座敷」南に「御廣間」を、「御廣間」の南には、「寄付座敷」・「裏座敷」・「勝手座敷」・「詰所座敷」配し、「内座敷」の西に「小風呂」が建つ。「内玄冠」の南には、「上御台所」や「老中座敷」「坊主詰所」「御小納戸」「通番詰所」があり、「通番詰所」の東に「御居間」、寝間がある。

奥向き御殿は寝間の北側にあり、廊下で繋がる。ここには「溜之間」「臺所」「釜屋」といった部屋名が見られる。

〔数寄屋橋上屋敷指図〕（1583×2168、貼絵図、八分計、M1908）

本紙外題　なし

指図は、添地を拝領する前の敷地形。

描かれた平面を見ると、北面の東から東門・表門・西門の三つの門を開く。北、西面に長屋、東面に物見が建つ。御殿は敷地のほぼ中央に建ち、周囲に内長屋、土蔵、「馬見所」、厩などの建物が配置される。

表向き御殿は、表門正面に式台、その南に「廣間」・「寿府之間」、西に「上之間」があり、「上之間」の南に「客座敷」

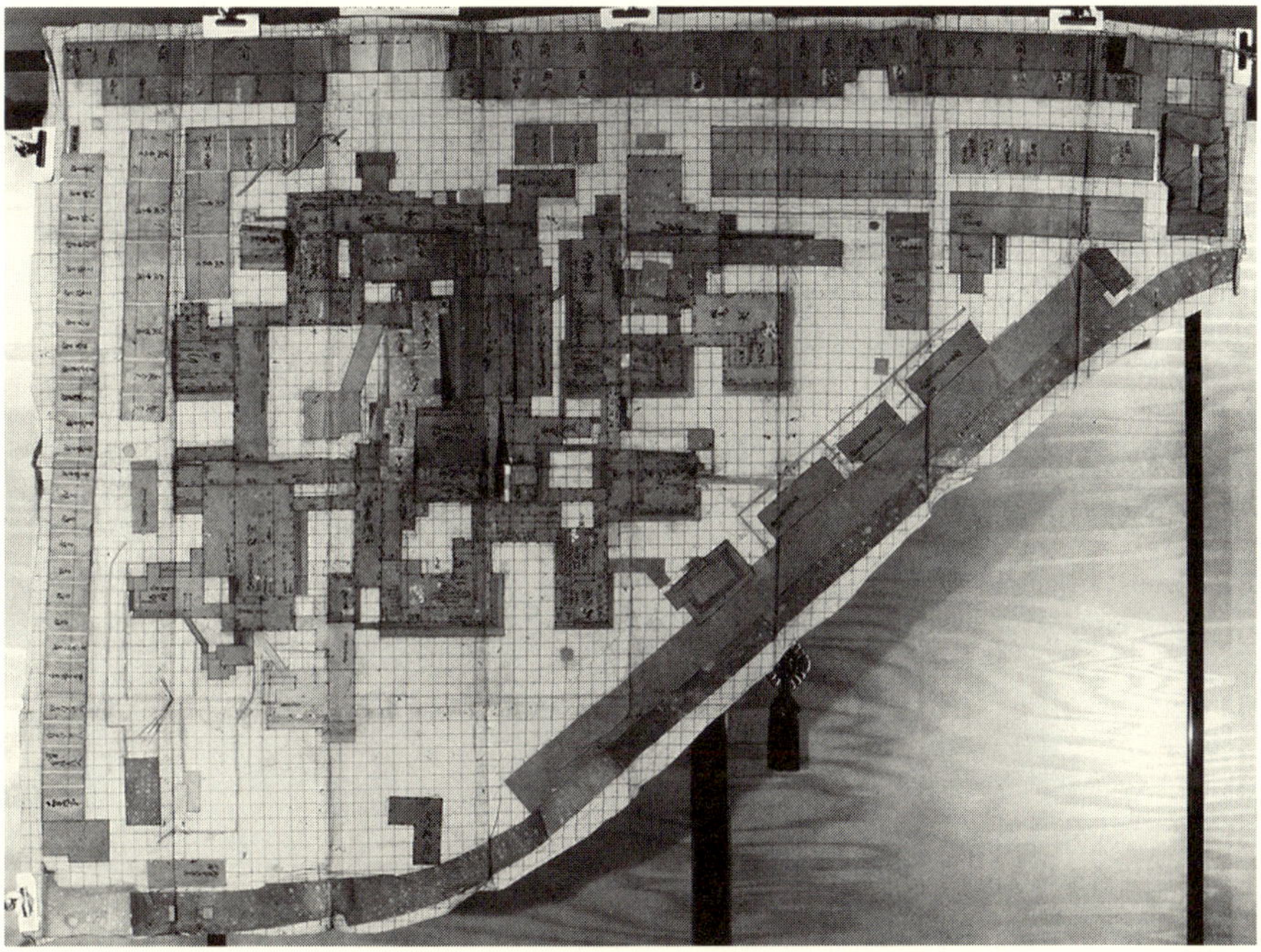

図4－2－6　〔数寄屋橋上屋敷指図〕M1908

が二棟ある。「客座敷」より奥に、廊下で接続して「りノ間」・「ぬノ間」・「るノ間」があり、「ぬノ間」の東側に「にノ間」・「ろの間」・「はの間」・「いの間」を、「りノ間」の東に舞台を配する。また、「廣間」の東に「表方たはこ吸所」・「内玄冠」・「上下元〆所」があり、「内玄冠」の南に「臺所」や、「坊主詰所」・「小納戸詰所」・「通番詰所」等がある。

奥向きの御殿は「いの間」の北側にあり、廊下で繋がる。奥向きは、「ほの間」・「□《ヘカ》之間」・「との間」・「奥臺所」・「廣間」等が構成する。

〔江戸数寄屋橋御屋敷図〕（2068×2870、貼絵図、一寸計、1701）

本紙外題「数寄屋橋」

指図は、虫損が多く、料紙継目・貼紙の剥離が著しく「開陳不能」とされていた。現在、修補途中の指図である。平面は、次の架蔵番号11159　数寄屋橋御上屋敷惣御絵図とほぼ同じである。

数寄屋橋御上屋敷惣御絵図（1738×2390.5、貼絵図、八分計、1159）

本紙外題「数寄屋橋／御上屋敷惣御絵圖　寶暦八歳／寅四

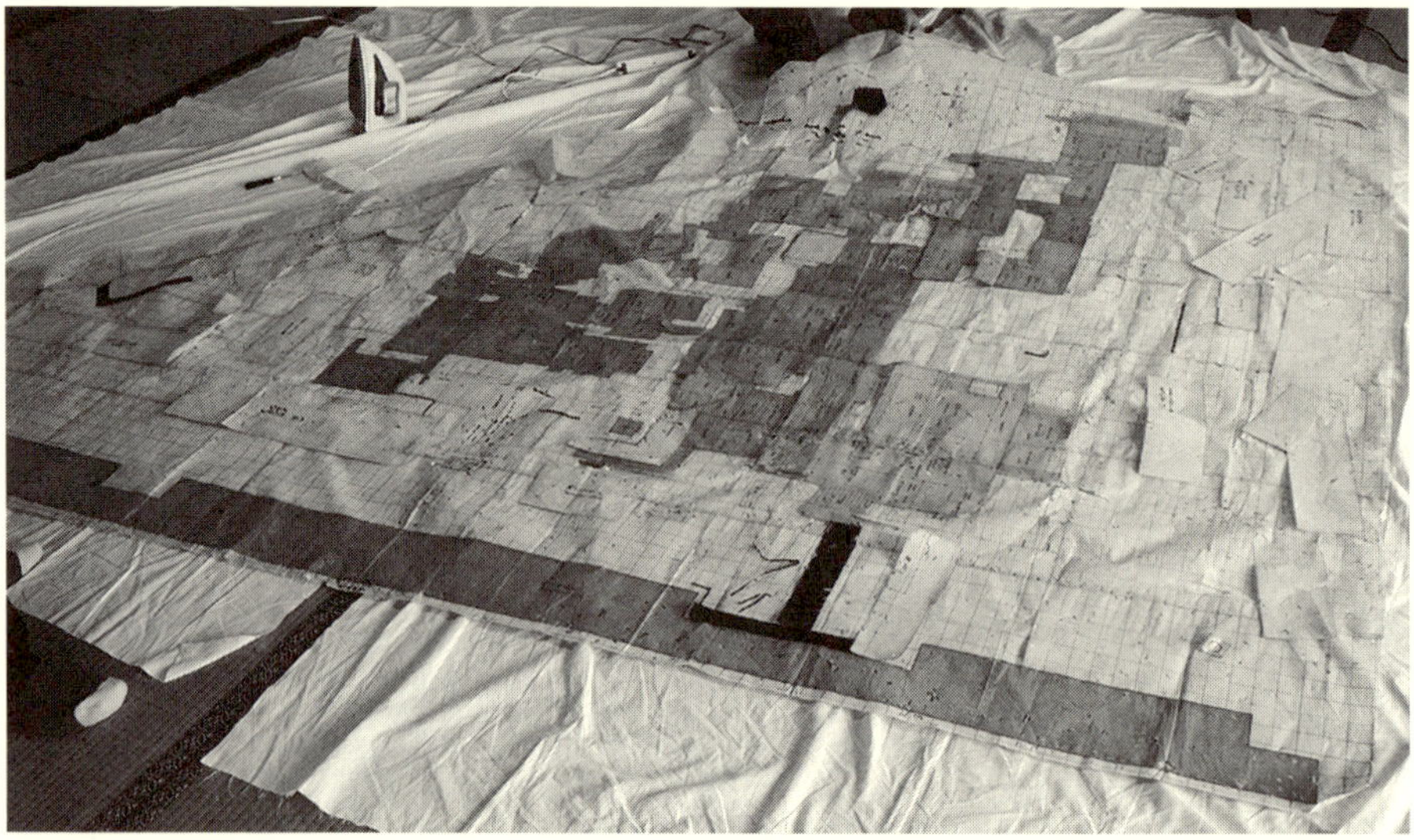

図４－２－７　〔江戸数寄屋橋御屋敷図〕1701

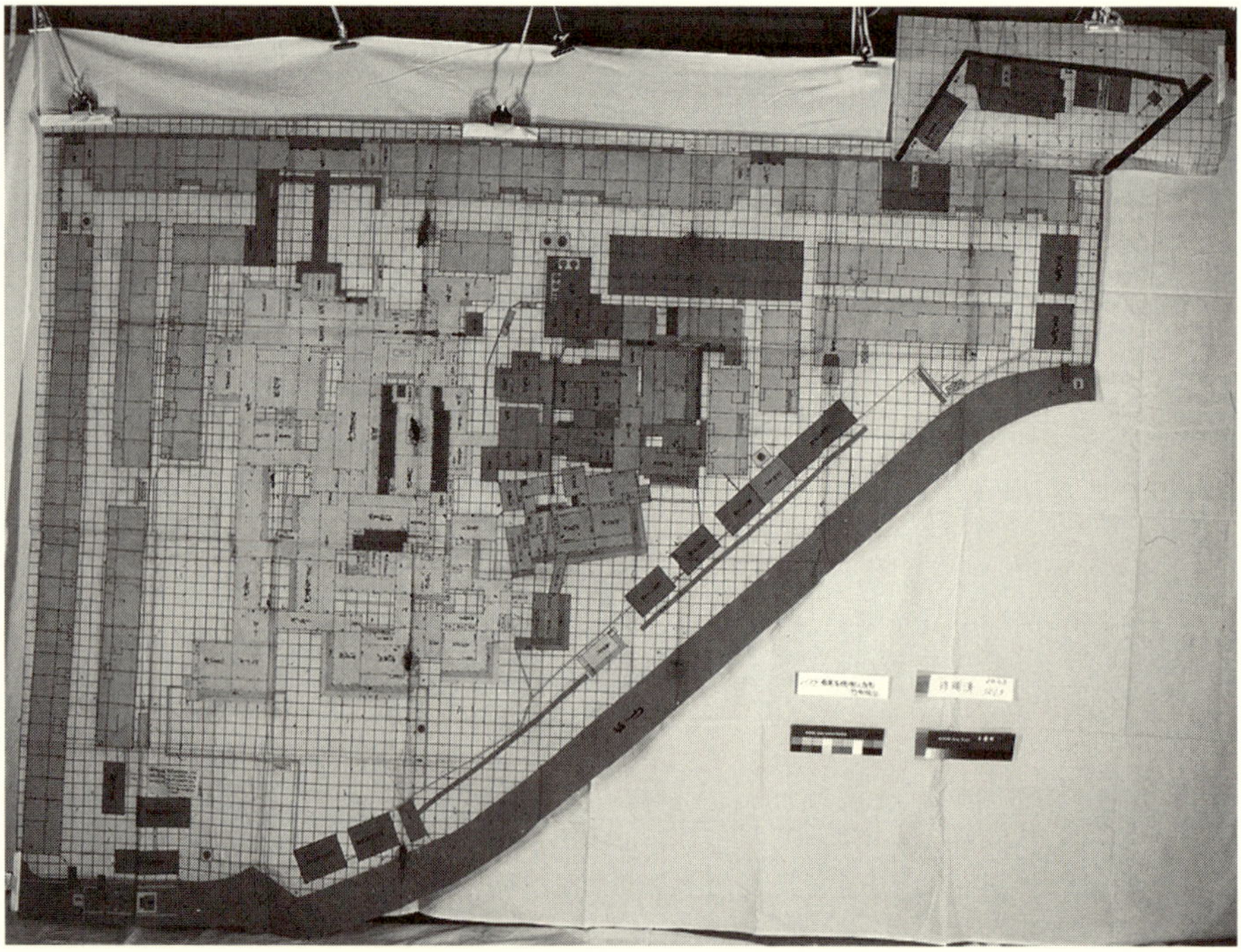

図４－２－８　数寄屋橋御上屋敷惣御絵図　1159

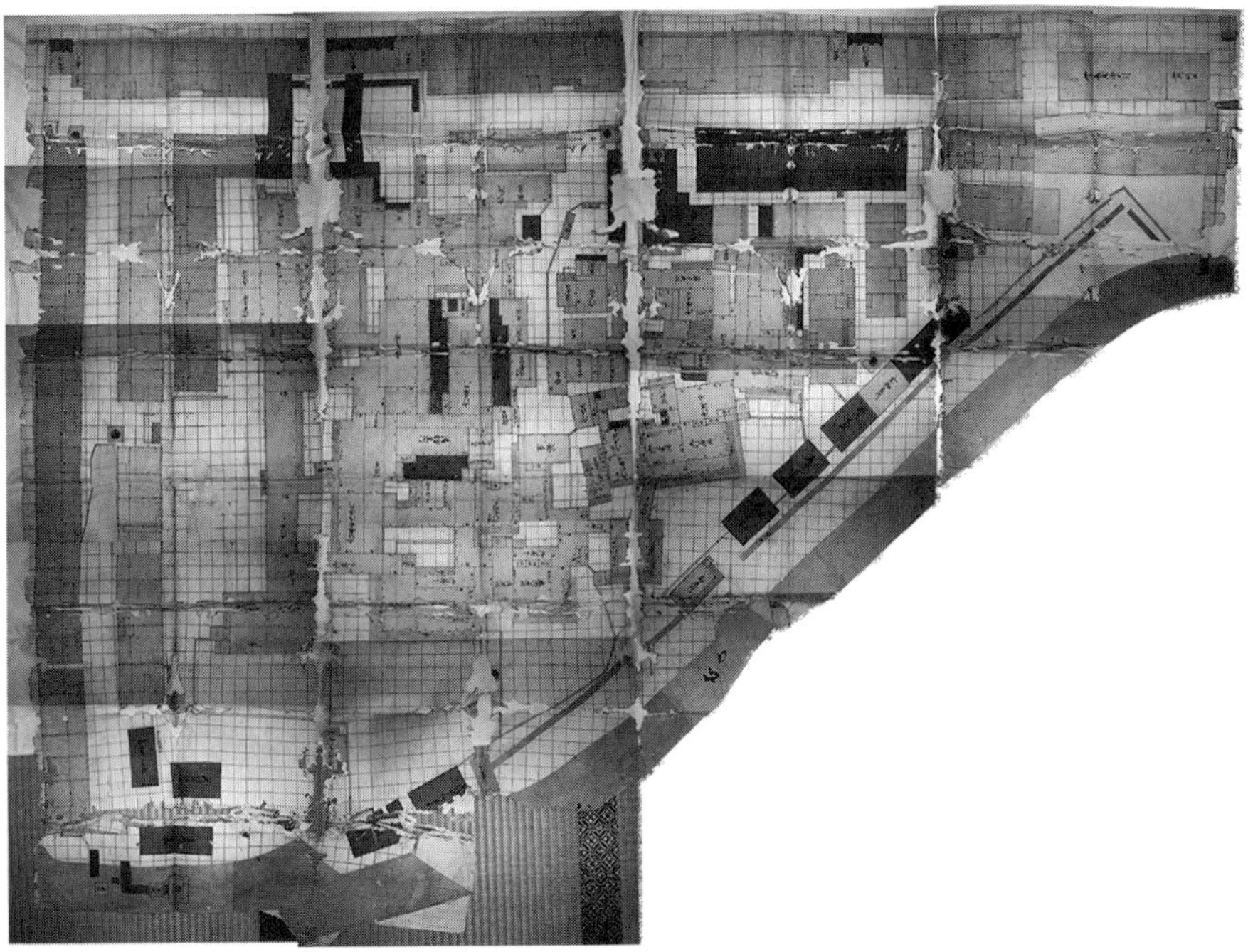

図４－２－９　上屋敷指図　1154

月」

外題に「数寄屋橋／御上屋敷惣御絵圖　寶暦八歳／寅四月」とあり、宝暦八年（一七五八）の屋敷を描いていると考えられる。敷地北東隅には天明五年（一七八五）に拝領した添地があるが、この添地部分は、他と紙質の異なる料紙で作られており、後から貼られたものである。

描かれた平面を見ると、北面の東から「東御門」・「表御門」・「西御門」の三つの門を開く。北、西面に長屋、東面に土蔵二棟が建つ。御殿は敷地のほぼ中央に建ち、周囲に内長屋、土蔵、「馬見所」、厩などの建物が配置される。添地部分には「御物見」と土蔵二棟が建つ。

御殿は、表門正面に式臺、その南に「御廣間」、西に「御使者間」・「御次ノ間」がある。「御使者間」の南に「牡丹間」・「御客座敷」・「御次間」・「詰所座敷」・「物書詰所」があり、さらに南に「御小書院」がある。「御小書院」の東に、廊下で接続して「御居間」・「奥御居間」・「御寝間」がある。「御廣間」東に「中ノ口」・「上下元〆所」があり、「中ノ口」の南に「御臺所」や、「御詰座敷」「坊主詰所」「御通番御詰所」等がある。

奥向き御殿は「御寝ノ間」の北側にあり、廊下で繋がっている。奥向きは、夫人の居住部分である「御化粧間」「御寝

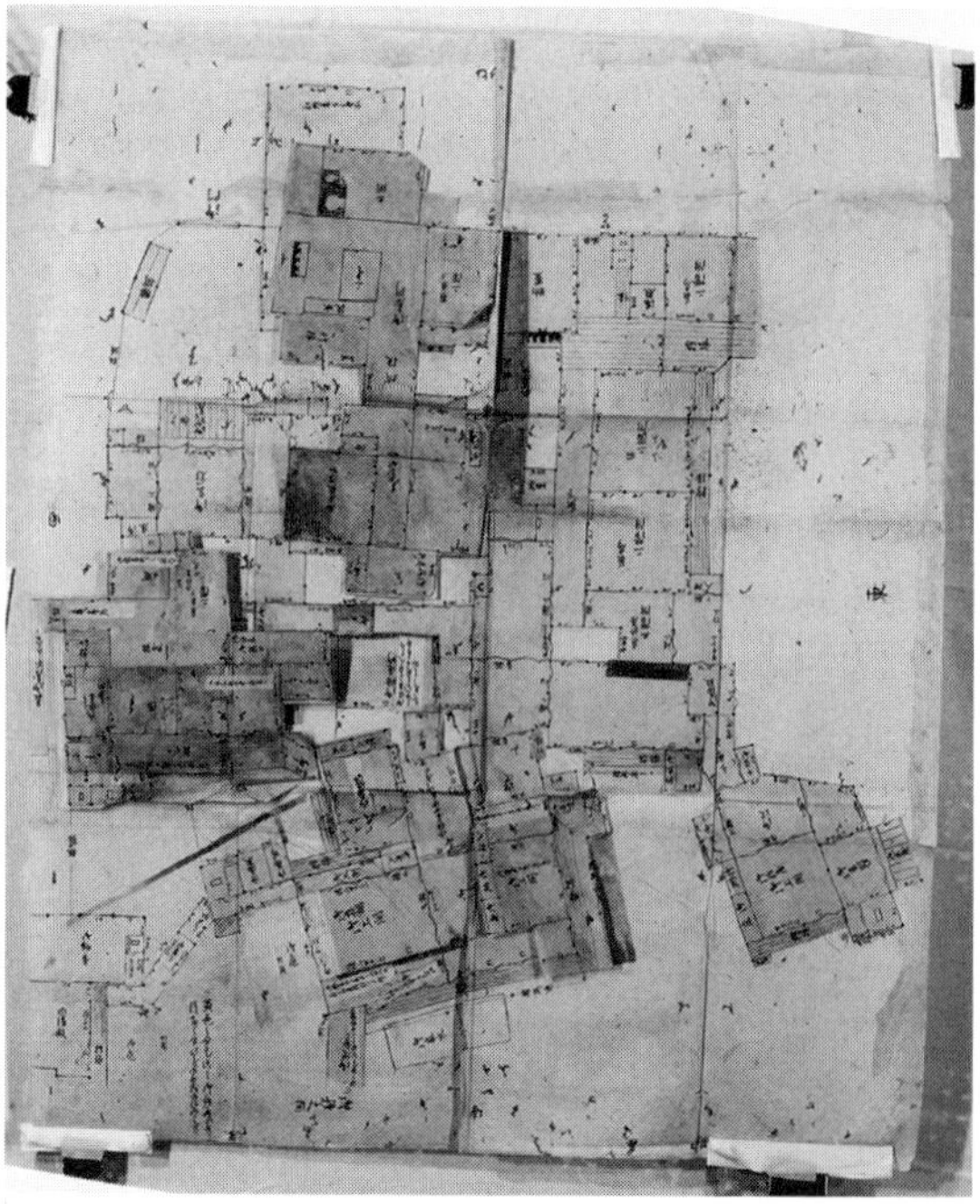

図４－２－10〔数寄屋橋御屋敷修築指図〕1878②

間」「御居間」や、「御客座敷」「御膳立所」「奥家老詰所」「御玄冠」等が構成する。

上屋敷指図（1672×2318、貼絵図、八分計、1154）

開陣不能で未修補であるが、敷地東北隅に添地部分を描く指図であることが確認できる。また、奥向き御殿が、表向きに対して斜めに配置されていることもわかる。

〔数寄屋橋御屋敷修築指図〕（974×803、書絵図、一寸計相当、1878②）

本紙外題　なし

色凡例　「黄色之分是迄之御住居ニテ御座候　浅葱之分此度御取繕御住居ニテ御座候」

指図は、奥向き御殿を描いたものであり、数寄屋橋屋敷を描いた指図のうち、唯一、色凡例がある。これにより、黄色が修築前、浅葱色が修築後を示していることがわかる。

修築前の平面は、北側に「御門」があり、その正面に「御玄冠」がある。「御玄冠」の北に「御膳建所」・「御台所」、北東に「下台所」、東側に「長局」があり、「長局」の南東に式台付き玄冠を備えた「御上間」がある。「御膳建所」の南に、斜めに配置された「御寝間／御上間」・「御次」があり、南に「御次廊下」が付く。「御寝間／御上間」の西に廊下がつき、表向き御殿と繫がっている。

修築後は、「御玄冠」の東の部屋、「下台所」・「御台所」・「御寝間／御上間」・「御次」の平面が変更されている。

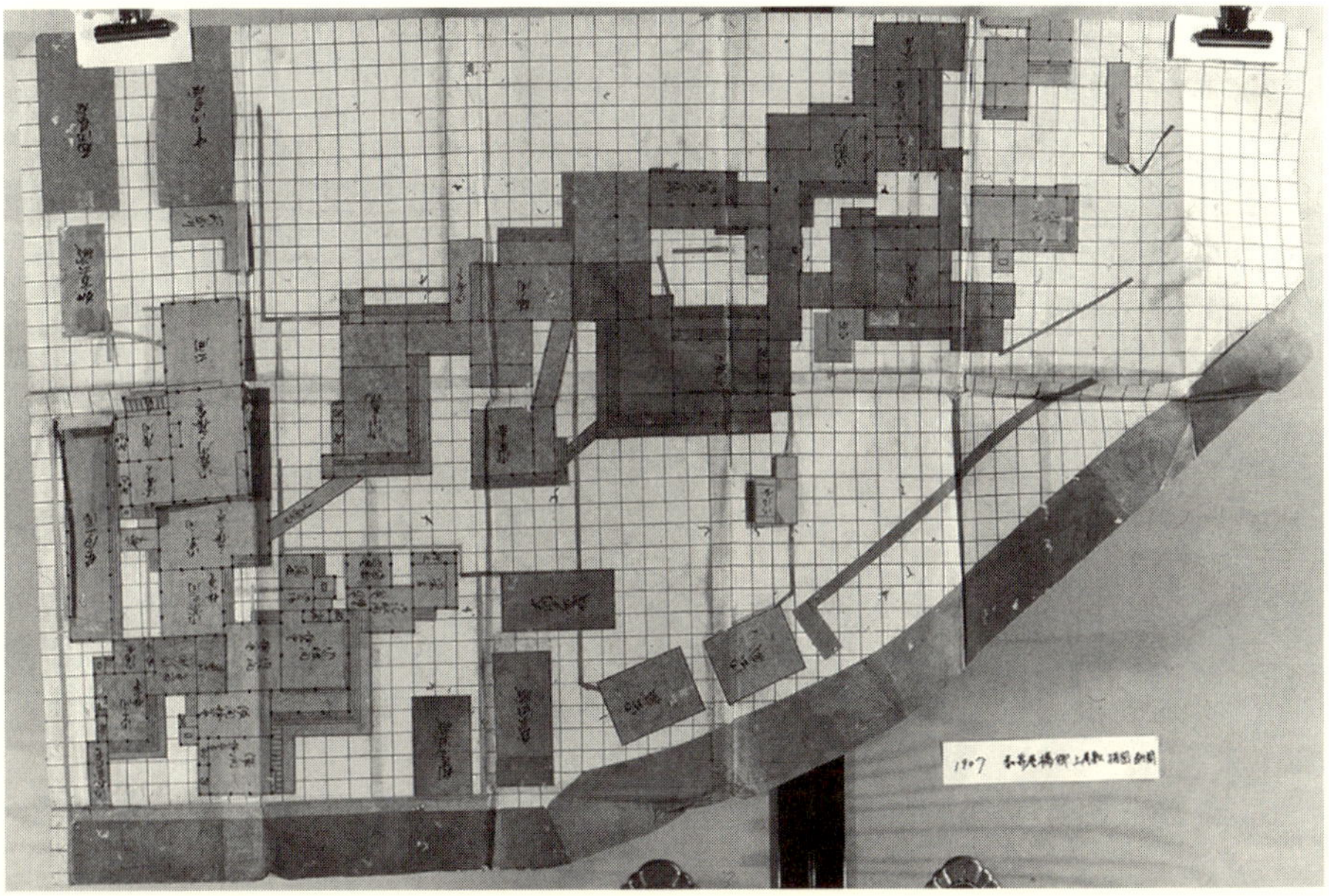

図4－2－11〔数寄屋橋御上屋敷指図断簡〕M1907

〔数寄屋橋御上屋敷指図断簡〕（696×1084、貼絵図、六分計、M1907）

本紙外題　「数寄屋橋御上屋敷」

指図は描かれている敷地の規模と形状より、敷地南西部分を描いていると考えられる。

この指図には方角が記載されていないが、数寄屋橋を描く他の指図では土手部分が南となっているので、こちらが南であろう。描かれた平面を見ると、御殿は北東から南西にかけて雁行形に配置され、南に土蔵が五棟、北西に「加方土蔵」「西御長屋」「中御長屋」がある。

御殿は、北東隅に「奥御座鋪」、その南に「御上ノ間」が二棟ある。「御上ノ間」の西に「御寝間」・「御居間」・「梅ノ間」・「御小書院」があり、「御小書院」の東に「御舞臺」がある。「御小書院」から廊下で繋がれ建物には「御臺所」・「長局」・「御上ノ間」・「御寝間」・「御化粧ノ間」といった部屋名がみえる。

〔数寄屋橋御上屋鋪画図〕（1692×2310、貼絵図、八分計、1877）

本紙題箋　「數寄屋橋／御上屋敷画圖　天明五年／巳六月」

袋書　「（数寄屋橋）御上屋鋪御繪圖面入　乙天明五年巳七月」（補筆カ）

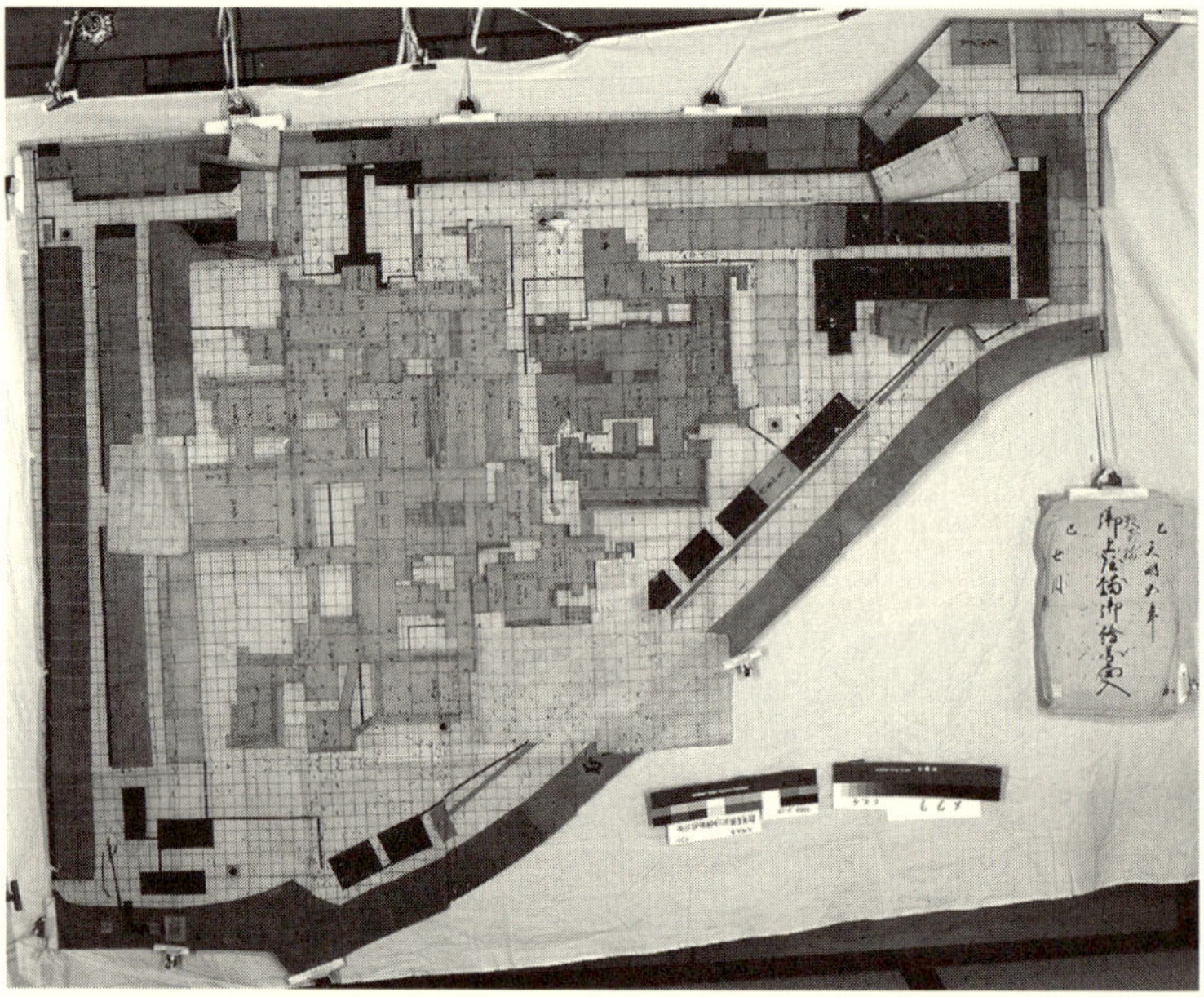

図 4－2－12 〔数寄屋橋御上屋鋪画図〕1877

敷地北東隅に天明五年（一七八五）に拝領した添地がある。北面の東から「東御門」・「表御門」・「西御門」の三つの門を開く。北面は添地部分を除いて長屋が建ち、添地部分には「御物見」、「米御土蔵」二棟が建つ。西・東面には長屋がある。御殿は敷地のほぼ中央に建ち、周囲に内長屋、土蔵、「馬見所」、厩などの建物が配置される。

御殿は、表門正面に「御式臺」、その南に「御廣間」、西に「御使者之間」・「御次ノ間」を、「御使者之間」の南には「御客座敷」・「牡丹ノ間」・「御客座敷」・「大書院」を配して、さらに南には「梅之間」・「御小書院」が続く。「御小書院」東には「御舞台」・「御居間」、「御居間」北東に「御上之間」が二棟建つ。「御式臺」の東側には「御玄冠」・「仲ノ口」・「元〆所」がある。「御玄冠」・「仲ノ口」の南に台所や、「御詰所座敷」・「御坊主所」・「御用人座敷」がある。

奥向きは「御上之間」の北側にあり、廊下で繋がる。ここには、夫人の居住部分である「御化粧之間」「御寝間」「御居間」や、「御廣間」「御客座敷」「御末ノ間」「長局」「下臺所」といった部屋名が見られる。

〔数寄屋橋御屋敷絵図〕（1173×1458、書絵図・貼絵図併用、四分計相当、1882）

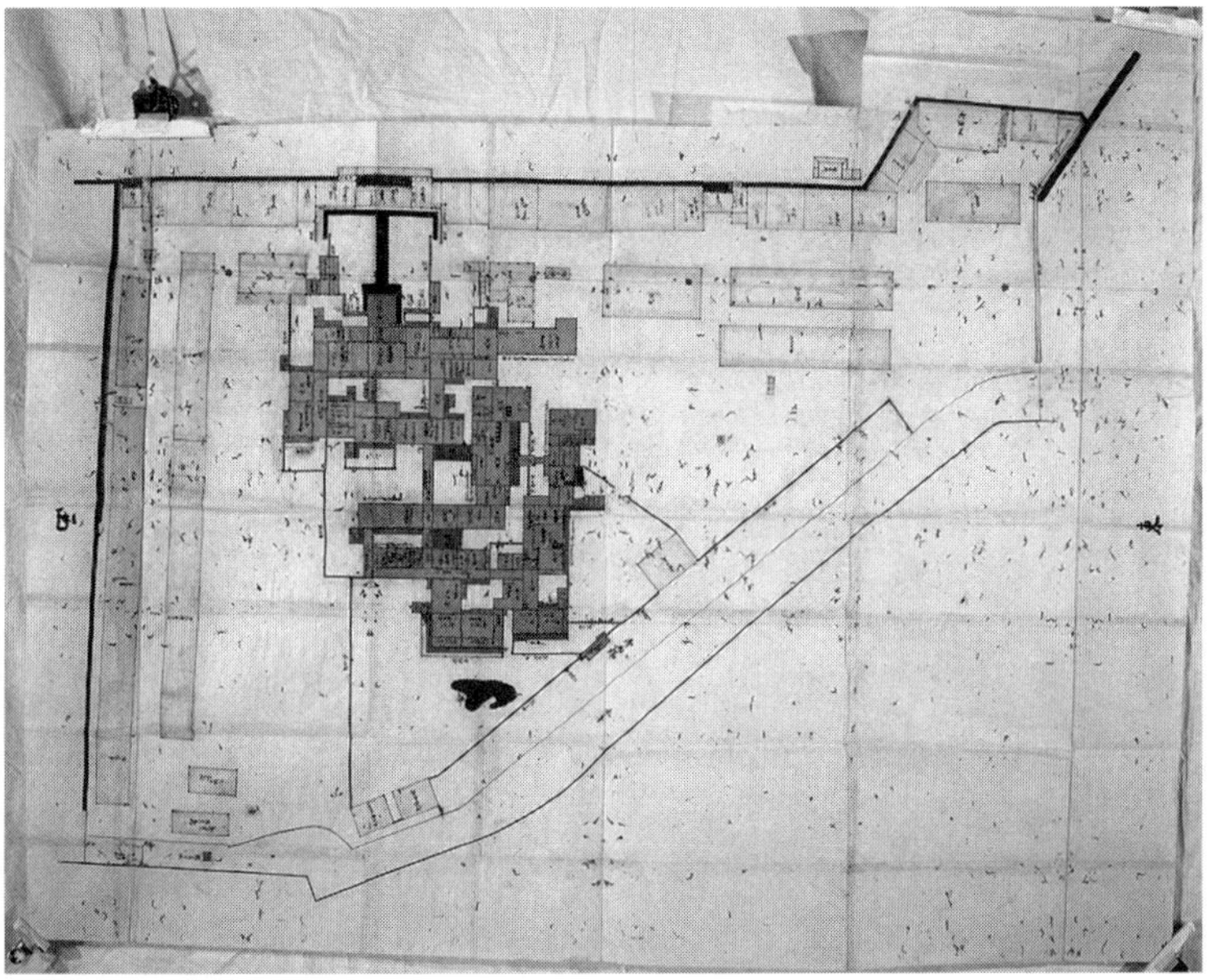

図４－２－13〔数寄屋橋御屋敷絵図〕 1882

本紙外題　なし

北東隅に天明五年（一七八五）に拝領した添地がある。北面の東から「東御門」・「表御門」・「西御門」の三つの門を開く。北面は添地部分を除いて長屋が建ち、添地部分には「御物見」、土蔵二棟が建つ。西面は長屋、東面は塀が建つ。御殿は敷地の中央より西側に建ち、周囲に内長屋、土蔵、「馬見所」、厩などの建物が配置される。御殿の南に池がある。

御殿は、表門正面に「御敷臺」があり、南に「御廣間」がある。「御廣間」の西に「御使者間」、東に「たはこ呑所」・「仲口」がある。「御使者間」の南に、「御客座敷」・「御次」があり、「御客座敷」の東に「老座敷」がある。「仲口」の南には「詰分座敷」・「坊主所」、さらに奥に「御居間」・「御次」・「御三間」があり、「御居間」の東に「御上間」・「次間」がある。「御上間」の北側には「茶ノ間」・「長局」・「五菜所」等があり、「五菜所」の北には廊下で接続された「御臺所」がある。

〔数寄屋橋御屋敷図〕（810×1335、書・貼併用、四分計、1039）

本紙外題　なし

北東隅に天明五年（一七八五）に拝領した添地がある。北面の東から「東御門」・「表御門」・「西御門」の三つの門を開く。北面は添地を除き長屋が建ち、添地部分には「御物見」、「御長屋」、

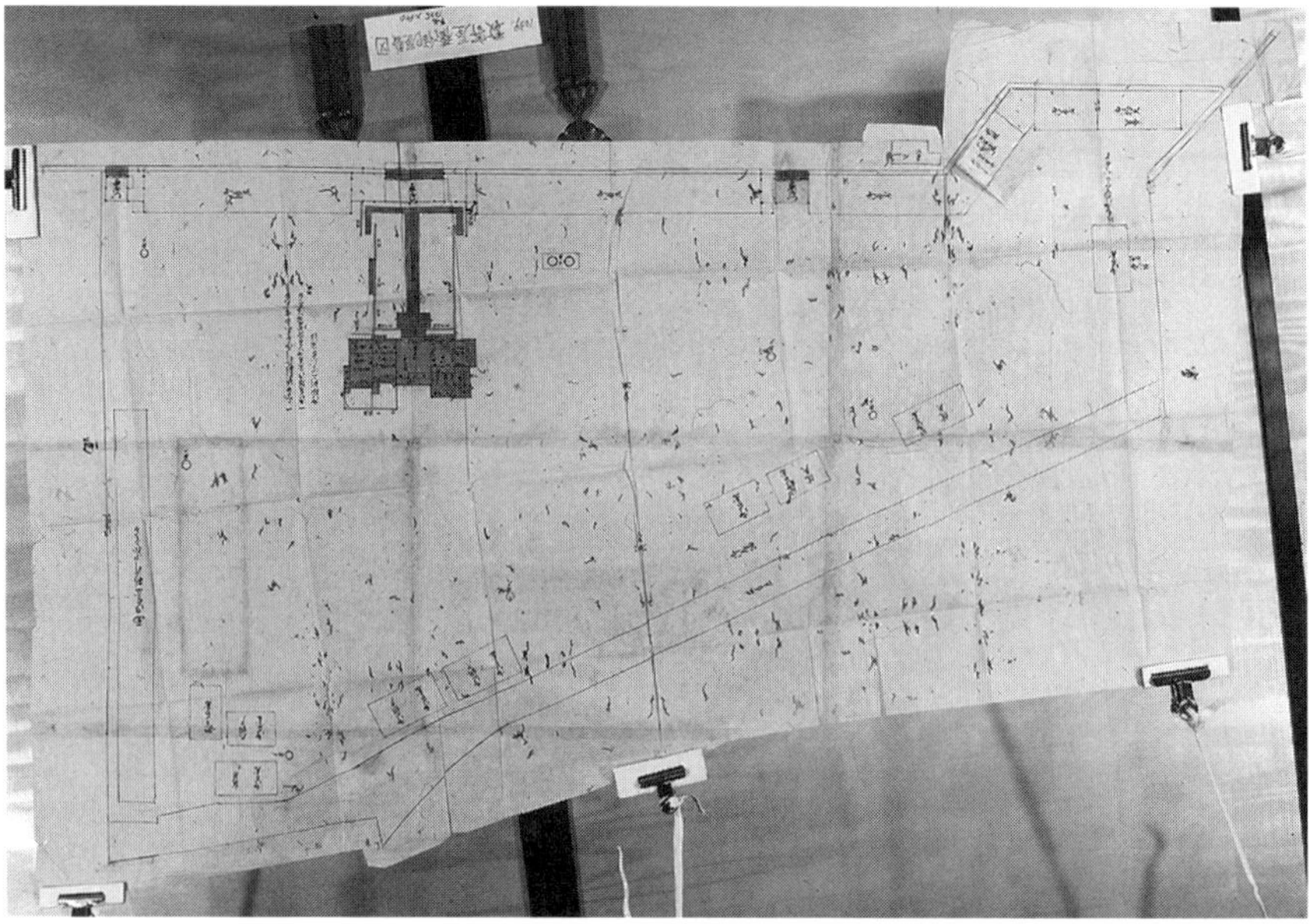

図４－２－14〔数寄屋橋御屋敷図〕1039

土蔵が建つ。西面は塀が建ち、その東に長屋が建つ。南から南東面には土蔵八棟が描かれているが、内二棟には「焼失」と記載されている。

御殿は、表門正面に「御式臺」、その南に「御玄冠」がある。「御玄冠」の西に「御使者間」・「御客座敷」があり、東に「御坊主所」「仲ノ口」がある。指図に描かれている御殿は、以上の部屋で完結している。

〔数寄屋橋御屋敷奥向絵図〕（953×1067、貼絵図、八分計、1878①）

本紙外題「数寄屋橋奥向絵圖」

外題に「数寄屋橋奥向絵圖」とある。また、敷地規模と描かれる内容から、指図は敷地南西部分を描いたものと考えられる。描かれた平面を見ると、南西に池、その南に「南折廻長屋」、北に「西拾間長屋」がある。また、南東の土手に沿って土蔵が三棟ある。御殿部分は「内座敷」「御居間」「御寝間」等の藩主の居住部分と、夫人の居住部分である「御けしやう間」がある。

三田（箕田臺）屋敷

御屋敷絵図（2560×3384、貼絵図、八分計、1876）

本紙外題「御屋敷繪圖」

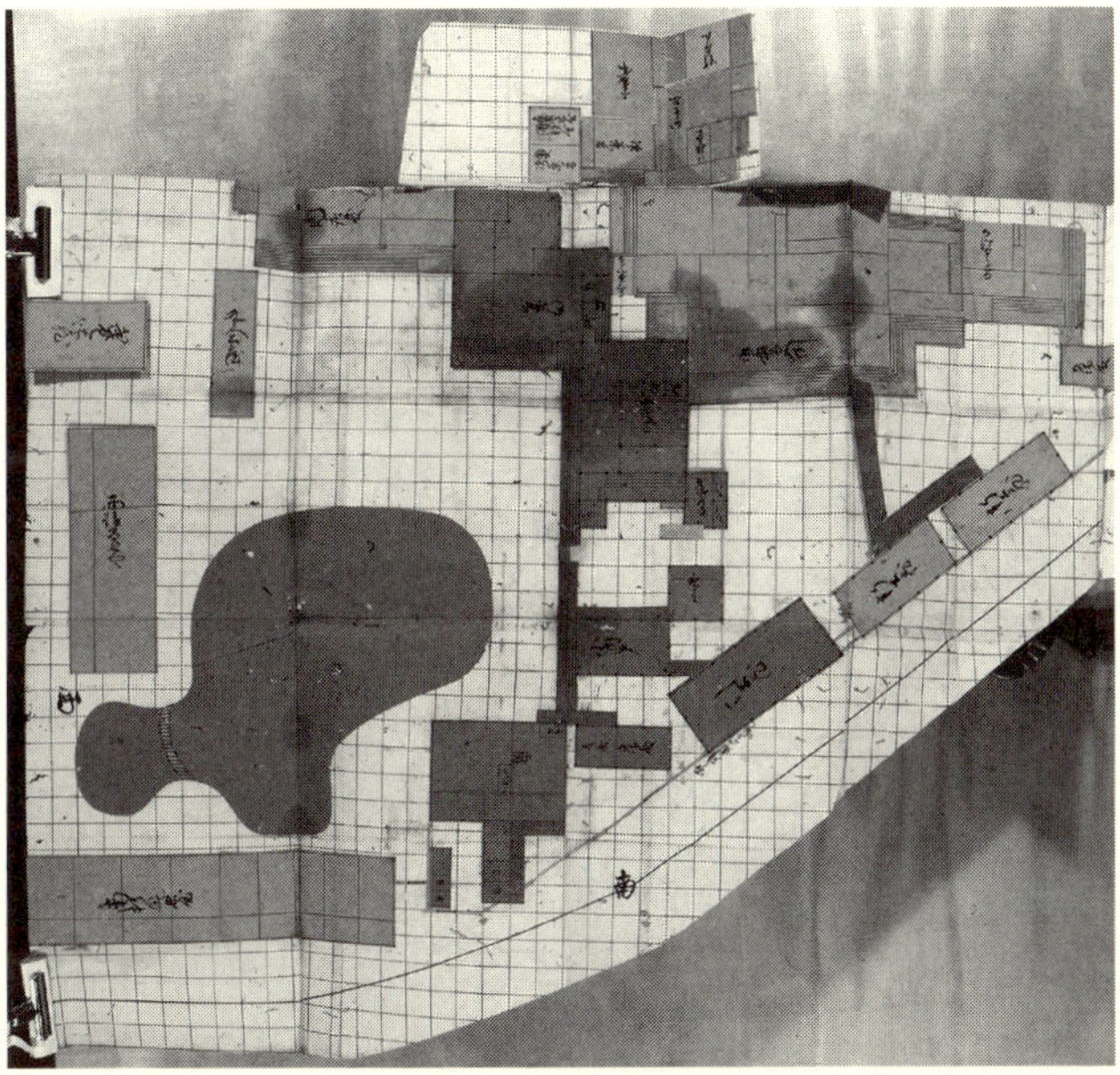

図４－２－15〔数寄屋橋御屋敷奥向絵図〕1878①

敷地形状等により、指図は当藩の三田（箕田臺）屋敷のものと考えられる。

修補前は、完全に台紙が糊剥がれによってバラバラになり、茶封筒に収納されていた。その中から、台紙の紙質・紙厚や格子罫の大きさなどから、一つの統一された規格の台紙料紙の一群が見出され、それらに建築史的な考証も含めて修補・復原されて、その姿を蘇らせた、本光寺が所蔵する建築指図中でも極めて大きな部類に属する図である。

敷地の東・西面と北面中央に長屋が建つ。御殿は敷地中央南寄りに建ち、その南東に池を穿つ。周囲には土蔵、長屋、馬場を配する。東面の南と北に一箇所ずつ門を開き、南側の門を表門とする。

御殿は、表門正面に「玄冠」があり、その西に「廣間」がある。「廣間」の南に「上ノ間」、「使者ノ間」が、北には「内玄関」、「下ノ間」があり、北西には「裏小座敷」・「次ノ間」・「下ノ間」、「老中座敷」がある。「裏小座敷」の北には「□□ノ間」、「上間」・「大納戸詰所」・「御用所」・「大納戸」、さらに北に「□□ノ間」、「上臺所」があり、「上臺所」の東には「下臺所」がある。また、「裏小座敷」北西に「内座敷」・「次ノ間」・「三之間」が建つ。以上の部屋が御殿を構成している。

御殿から少し離れて、北に「小姓部屋」・「臺所」、北西に「寝

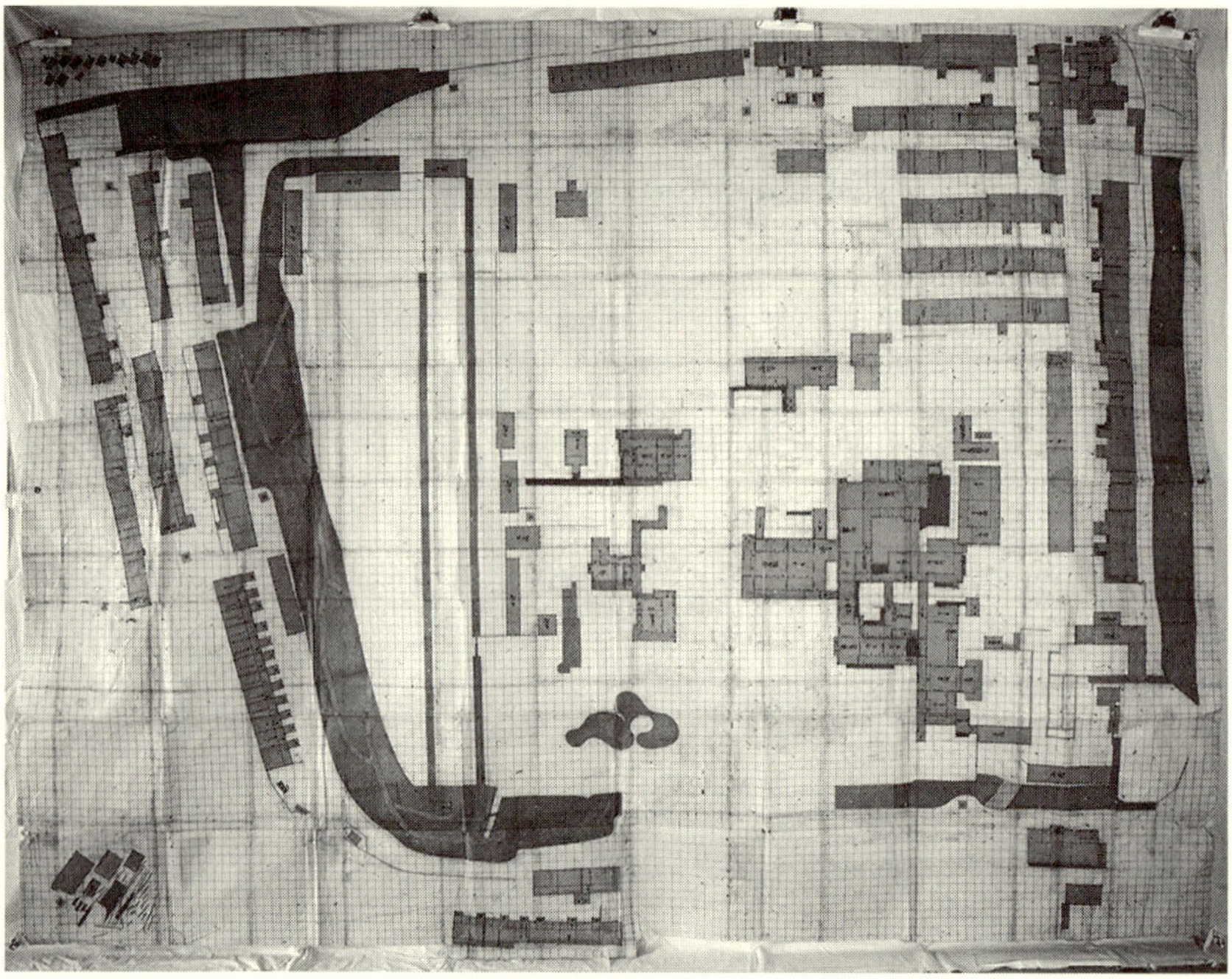

図４－２－16　御屋敷絵図　1876

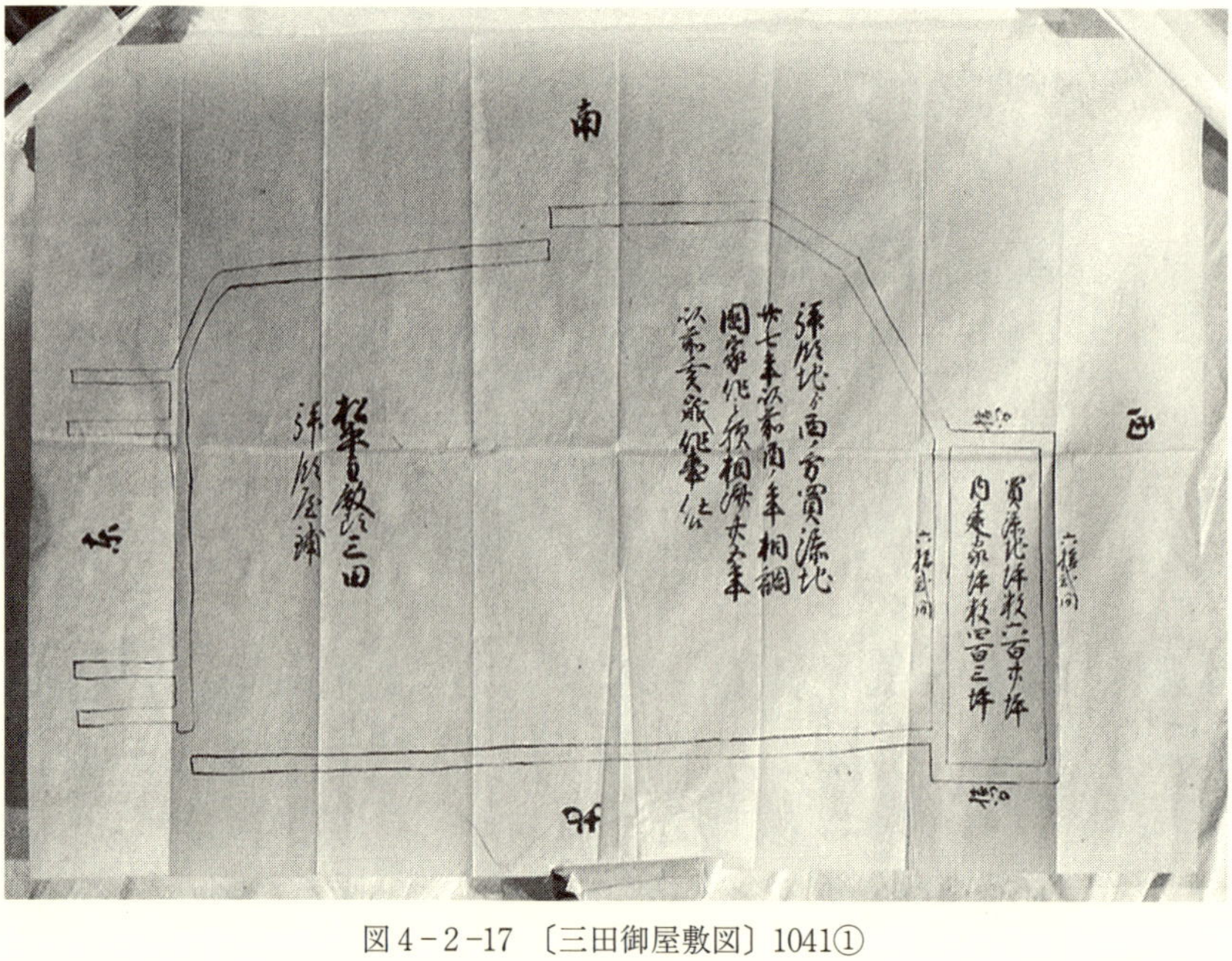

図４－２－17 〔三田御屋敷図〕1041①

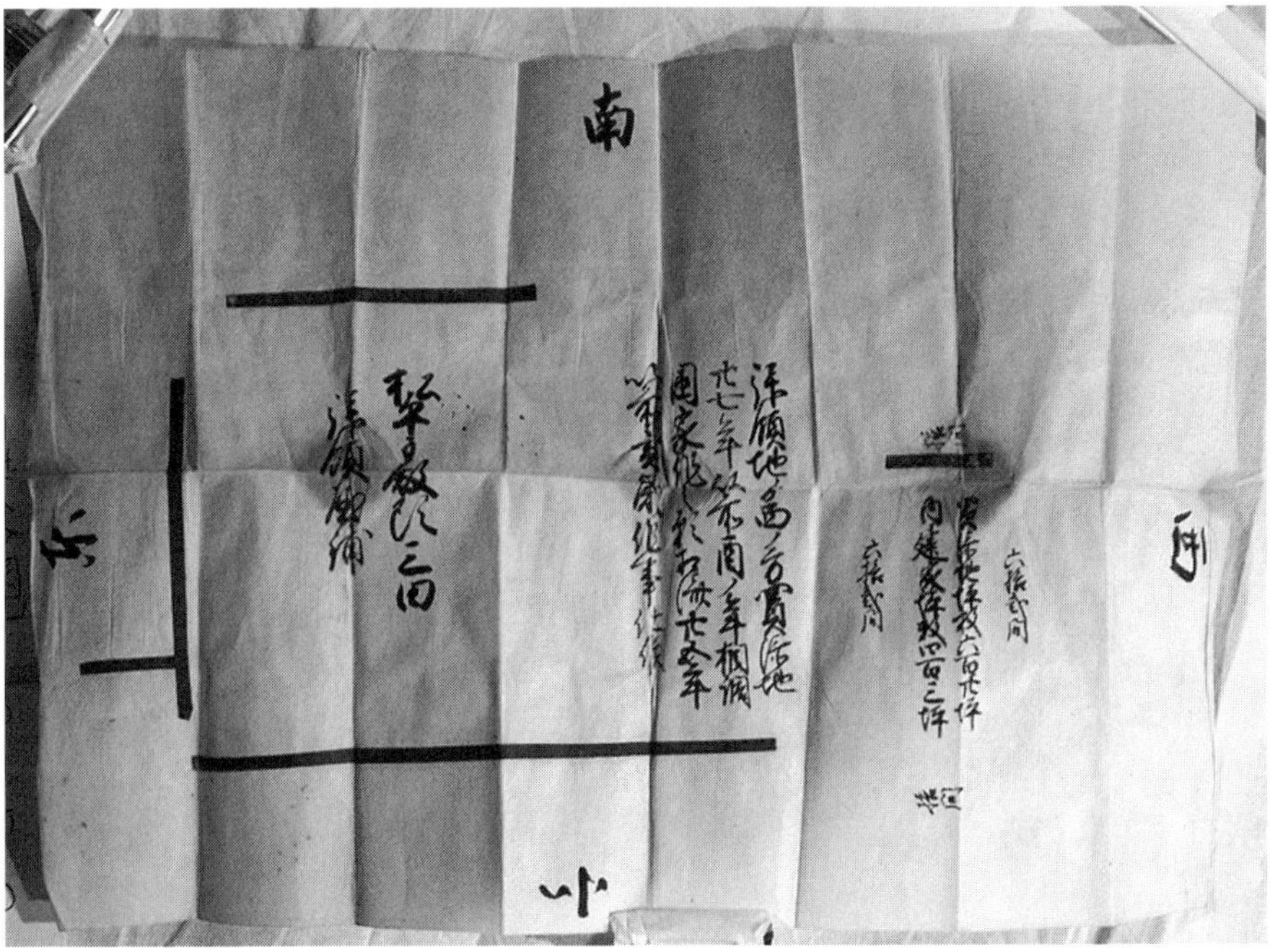

図４－２－18　〔三田御屋敷図〕1041②

間」・「次ノ間」・「三ノ間」と「神主堂」、西に「小書院」・二階建ての建物が建つ。これらの建物が御殿と廊下等を介して繋がっていたかは不明である。

〔三田御屋敷図〕（268×389、書絵図、1041①）

本紙外題等なし

絵図に「松平主殿頭三田／拝領屋敷」と記載されている。当藩の三田屋敷の敷地形状とほぼ一致するので、絵図は当藩の三田屋敷のものと考えられる。描かれている内容は、敷地形状を描き、買添地部分の規模を記している。

〔三田御屋敷図〕（310×448、書絵図・貼絵図併用、1041②）

本紙外題等なし

描かれる内容は、前図（架蔵番号1041①）と同じである。しかし、1041①が書絵図であるのに対し、この絵図は、敷地の輪郭を青の色紙を貼って描いている貼絵図である。

浅草屋敷

〔浅草中屋敷絵図〕（1908×1721、貼絵図、六分計、124）

本紙外題「浅草中屋敷繪圖」

「草中屋」

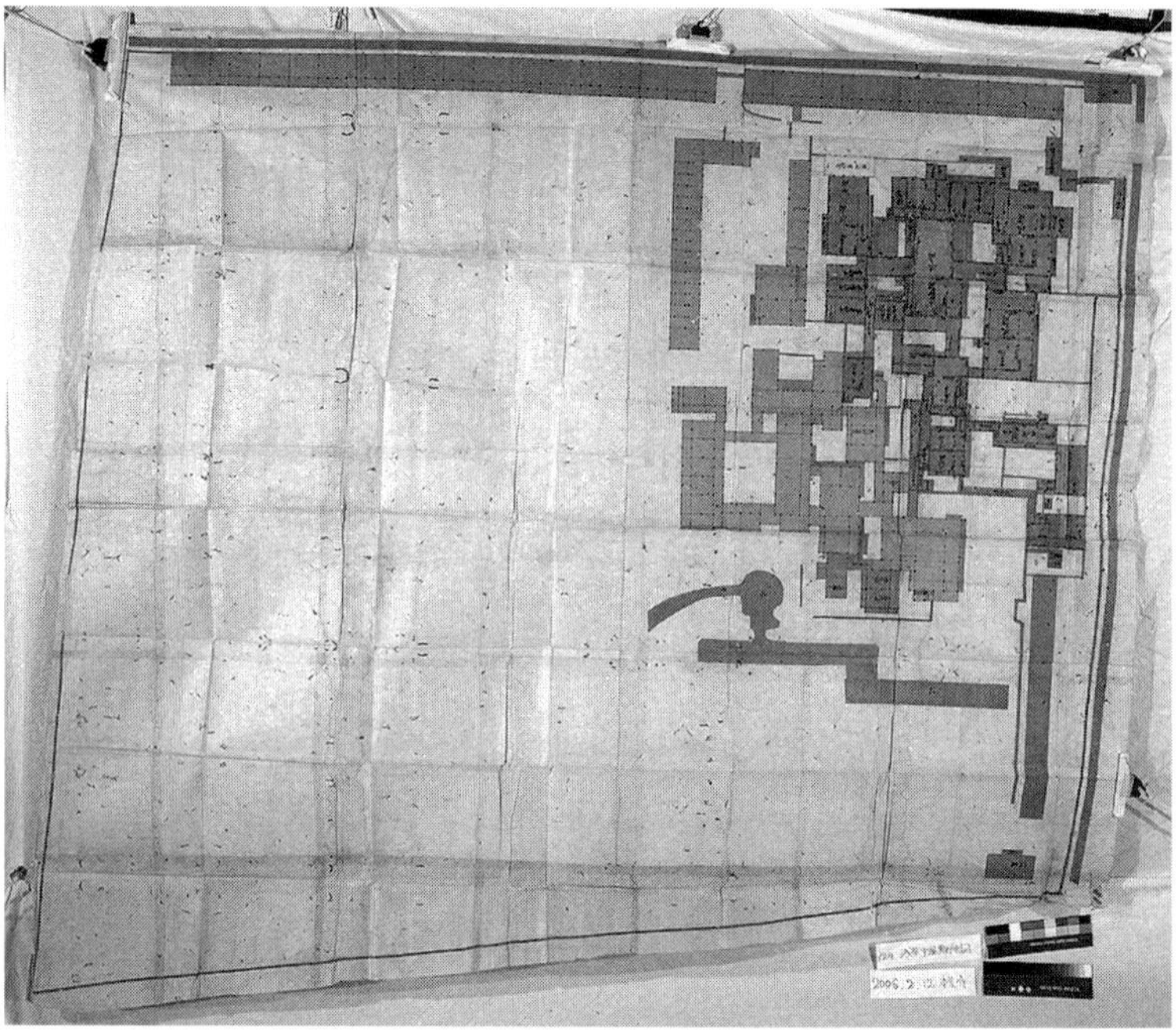

図４－２－19　浅草中屋敷絵図　124

描かれた内容は、当藩の浅草屋敷の敷地形状はほぼ一致する。浅草屋敷の敷地形は特徴的であるため、指図は当藩の浅草屋敷のものと考えられる。

指図に描かれている平面を見ると、東面に長屋、北・南・西面に塀が建つ。御殿は敷地の南東に建ち、その西に池、北に厩がある。また、南面の東に「表御門」、東面に裏門を開く。

表向き御殿は、「表御門」の正面に「御玄冠」があり、その北に「御廣間」・「次之間」、さらに「寄合座敷」・「年寄□座敷」・「御料理之間」・「御上臺所」が続く。また、「御廣間」の西には「御書院」・「次之間」、「御居間」、「御寝間」・「次之間」が建つ。

また、奥向き御殿は、表向きの北西側に建つ。部屋名の記載がほとんどなく、「御寝間」・「次ノ間」といった建物がある。

御殿以外の部分については描かれておらず、指図から御殿の周囲の様相を知ることはできない。

渋谷屋敷

江戸渋谷之屋敷図（包紙《ママ》）（121×73、貼絵図、五分計、16）

本紙外題「江戸志ぶ屋之屋敷」

袋書「江戸澁谷屋敷圖　一枚」

指図には本紙外題に「江戸志ぶ屋之屋敷」と書かれている。

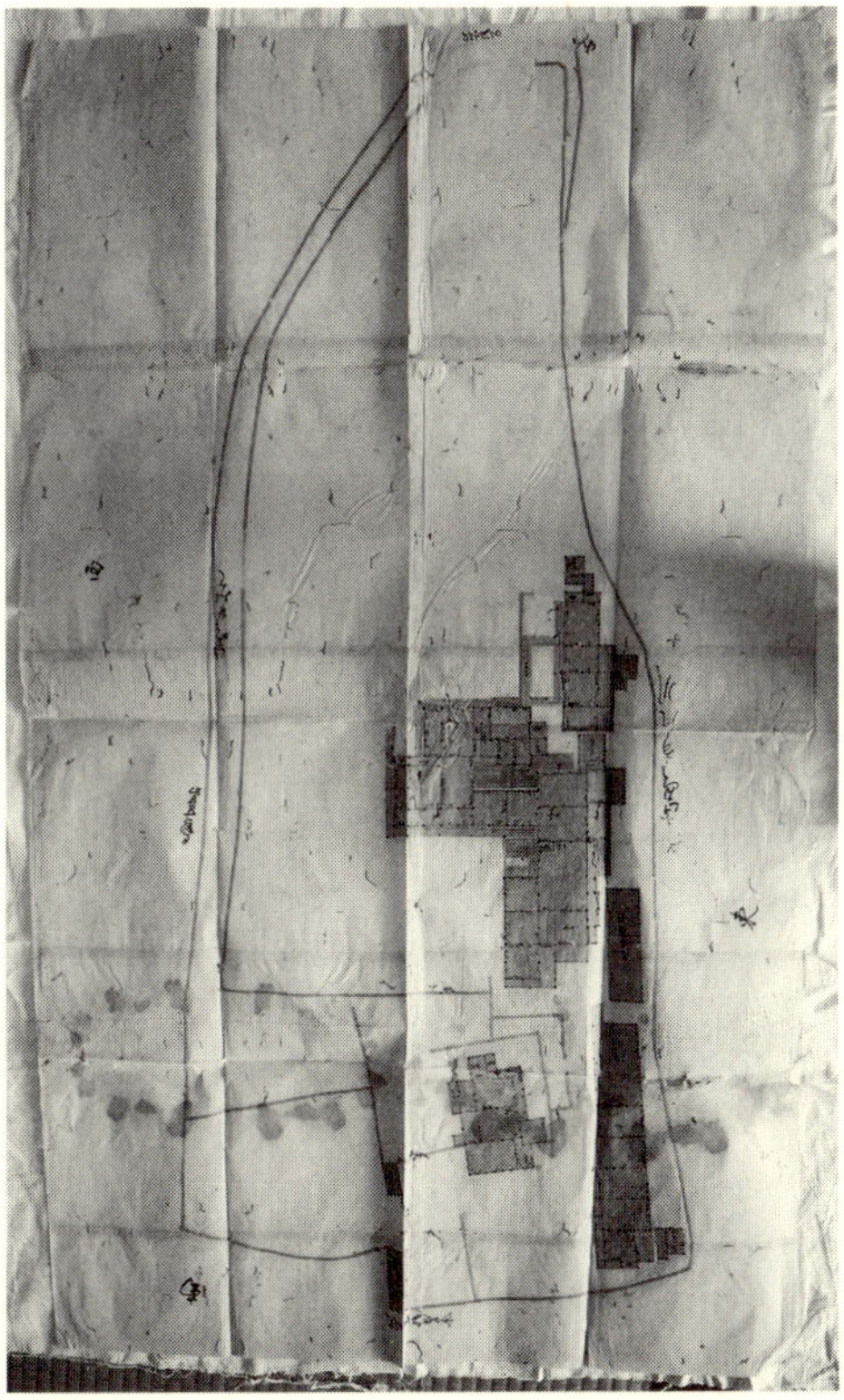

図４－２－20　江戸渋谷之屋敷図（包紙《ママ》）16

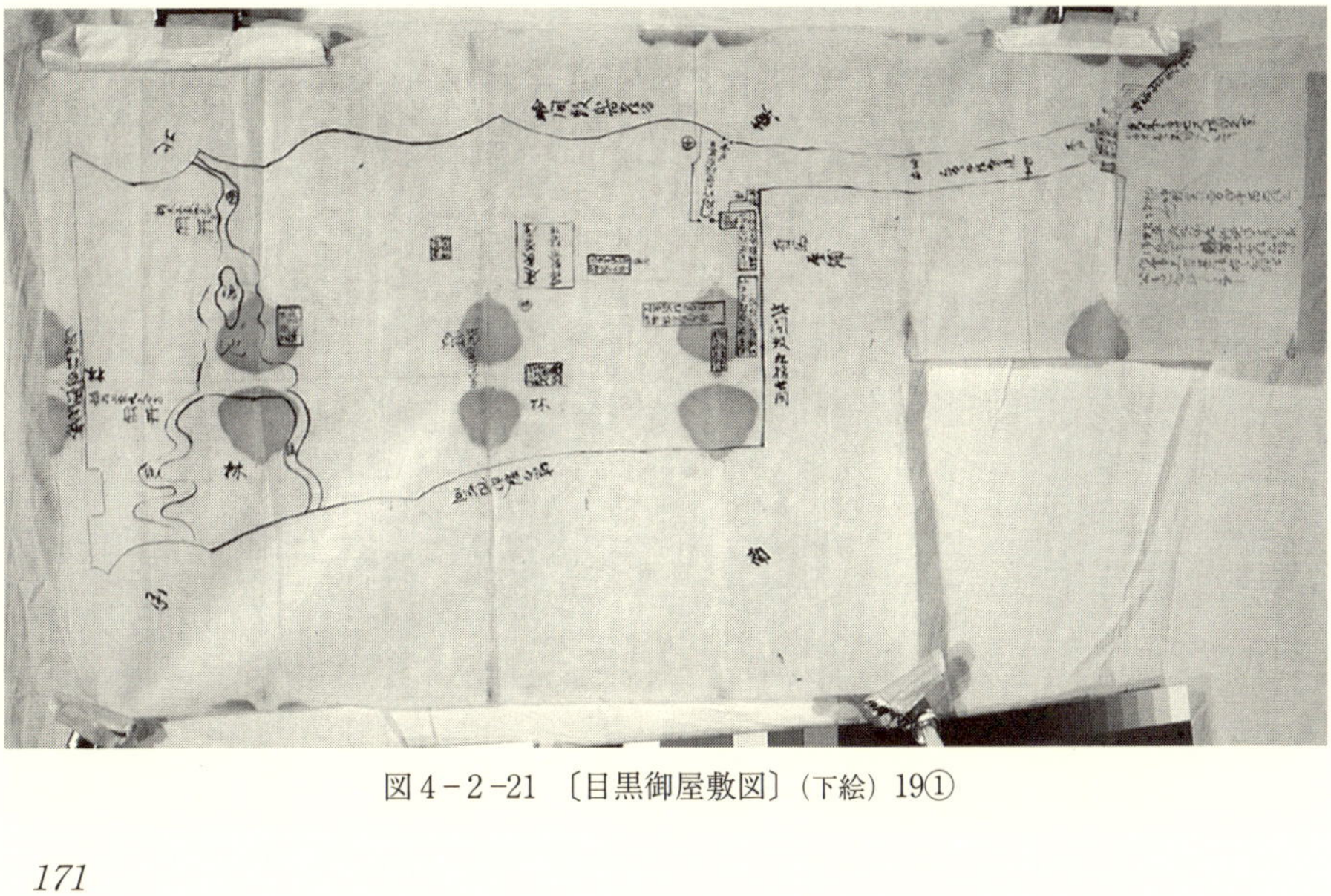

図４－２－21〔目黒御屋敷図〕（下絵）19①

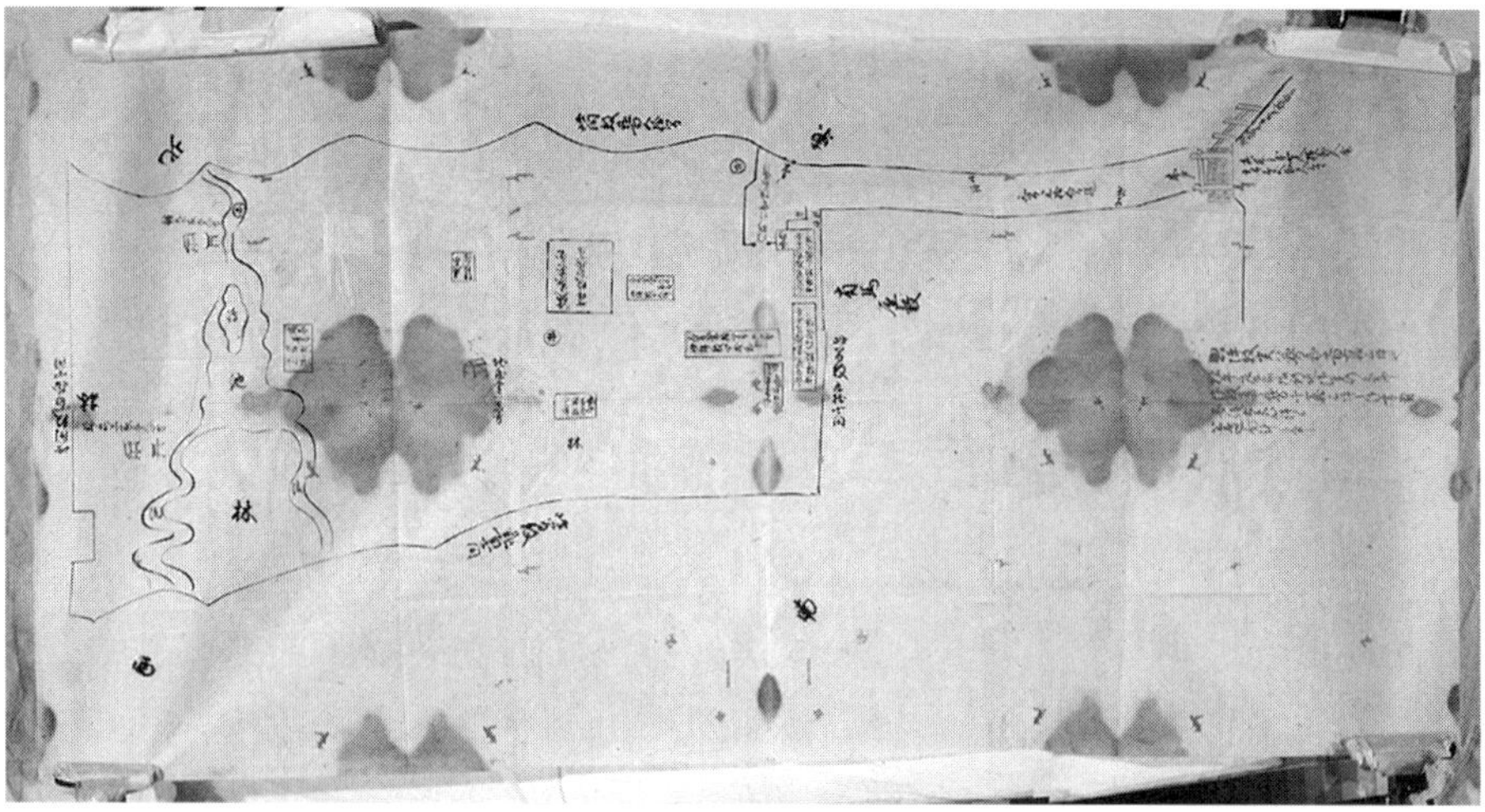

図4－2－22　〔目黒御屋敷図〕清絵図　19③

詳しくは後述するが、指図の敷地形状は延宝元年頃の様相を示している「新板江戸外絵図」（『古版江戸圖集成』第二巻、中央公論美術出版、二〇〇一年）にある西側の屋敷形状とほぼ一致するため、当藩の渋谷屋敷のものと考えられる。

周囲に塀が建ち、南面に門を開き、敷地東側の中央に御殿と言ってもよい比較的大きな建物を配し、その南に三部屋で構成される建物、および長屋がある。

御殿には部屋名はなく、詳しいことはわからないが、南に玄関があり、その北に床を備えた三間×四間の部屋、北西側に床を備えた二間×三間の部屋と、床・棚を備えた二間半×二間の部屋がある。

指図には建物、塀以外の表記はなく、建物の周囲がどのような様相であったかはわからない。

目黒屋敷

〔目黒御屋敷図〕（下絵）（778×390、書絵図、19①）

本紙外題　なし

詳しくは後述するが、敷地形と屋敷南東にある「有馬屋敷」が、当藩の目黒屋敷と一致するので、絵図は当藩の目黒屋敷のものであろうと考えられる。

描かれている内容は、屋敷の敷地形が書かれていて、屋敷内にある建物を四角で書き、その中に規模を記載している。敷地内には大小の茶屋や、長屋があり、また敷地の西側には池がある。その周囲に「辨天」、「稲荷」の記載も見られる。

〔目黒御屋敷図〕（清絵図）（798×387、書絵図、19③）

本紙外題　なし

絵図の内容は、前図（架蔵番号19①）と同じで、前図を清書したものと考えられる。

〔江戸御屋敷図〕（2120×905、書絵図、M1902-2）

本紙外題「目黒御屋敷」

本紙内題「□上□屋領之内／松平主□《殿頭カ》屋鋪」

絵図は、水損・虫損が著しく「開陳不能」とされていたが、今回の修補で閲覧が可能になった。外題に「目黒御屋敷」、内題に「□上□屋領之内／松平主□《殿頭カ》屋鋪」とある。また、敷地形が19①、19③とほぼ一致することから、この絵図は当藩の目黒屋敷のものであると考えられる。描かれた内容は、屋敷の外形を書き、その中に「大崎村」、「三田村」、「中目黒村」と書かれている。絵図の一部が赤と黄色で彩色されている。絵図には中目黒と下目黒にかかる屋敷の規模も書かれている。

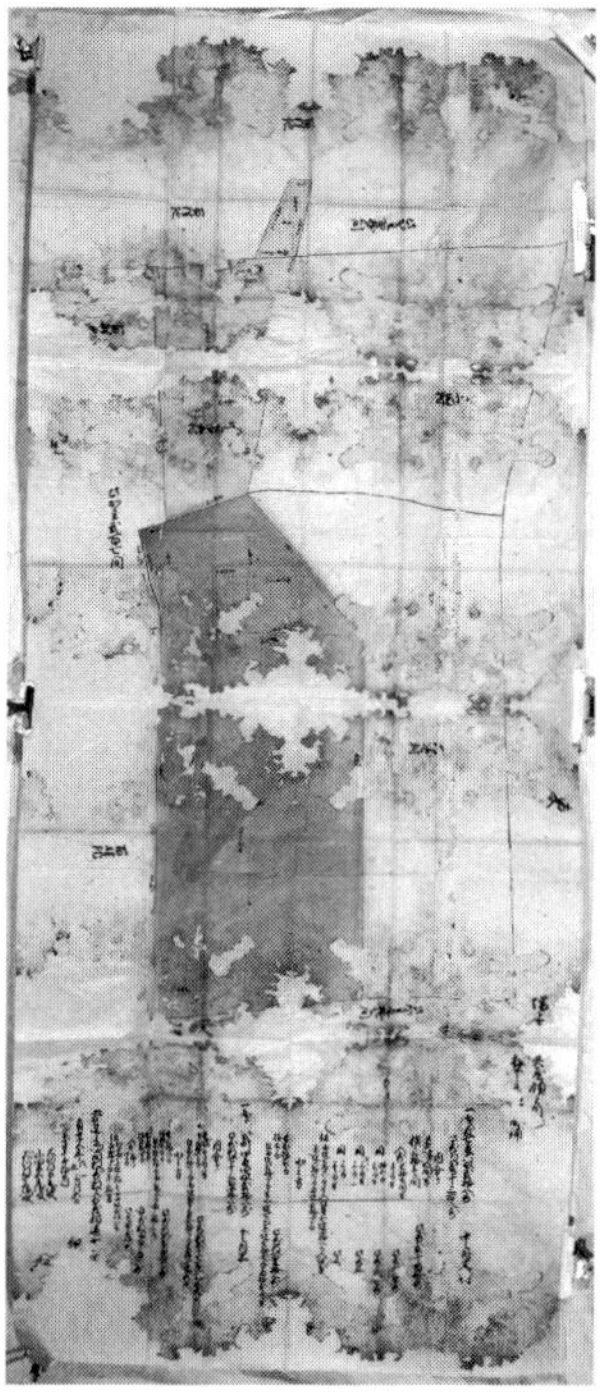

図4-2-23〔江戸御屋敷図〕M1902-2

「京藩邸」

京屋敷絵図（1475×1260、書絵図、一寸計、125）

本紙外題「京屋敷之絵圖」（裏打前）

「京屋敷絵圖」（裏打後）

屋敷は街区の中にあり、東側から引き込んだ位置に中門を構える。屋敷の東・南面と、西面の一部に町屋が建ち、屋敷と町屋が接する部分に塀が建つ。北面と、西面

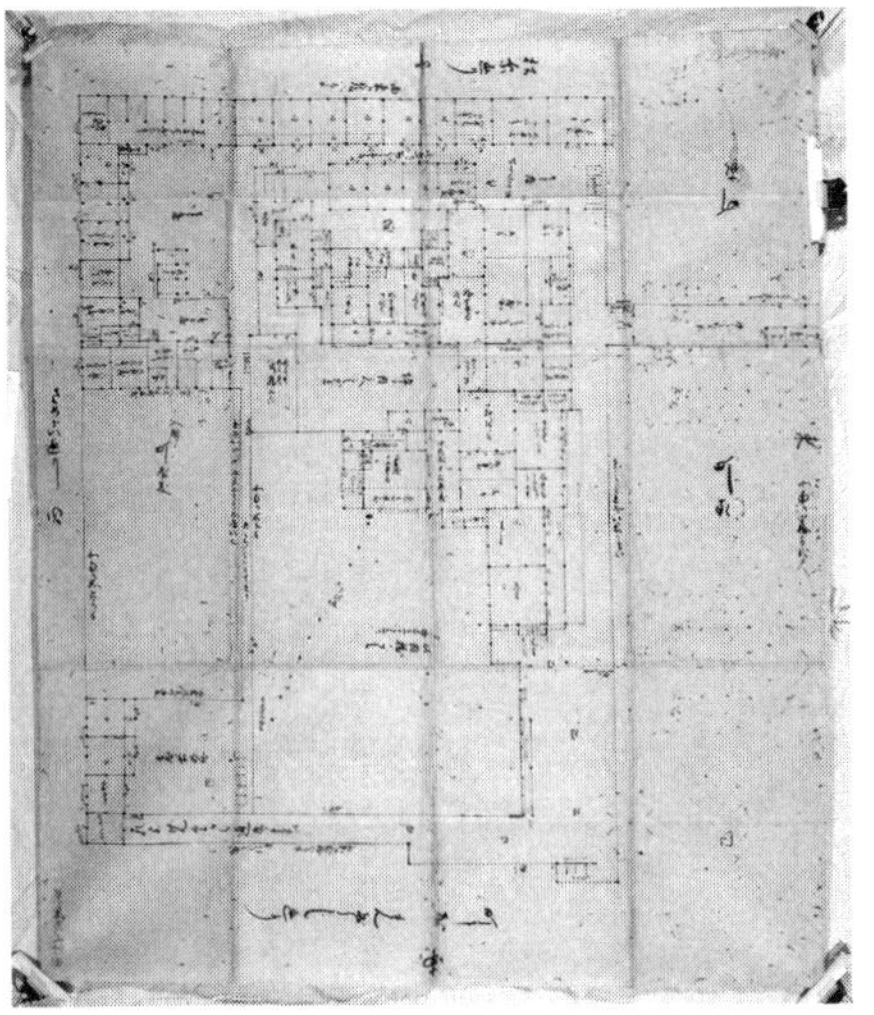
図４－２－24　京屋敷絵図　125

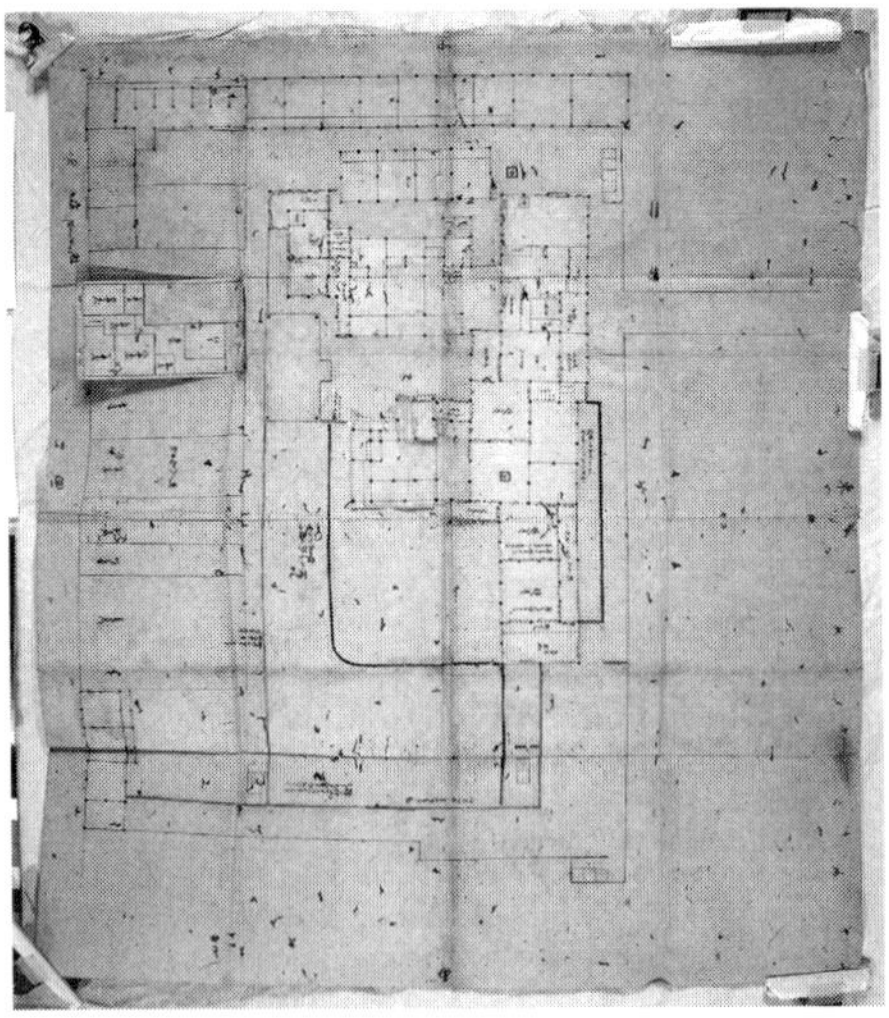
図４－２－25　京屋敷絵図　126

の町屋がない部分には長屋が建つ。東面に一ヶ所、西面に二ヶ所門を開き、西面の南の門が表門となる。

御殿は、表門を入り、北に折れると「げん関」があり、その北に「居間」・「次」、さらに北に「御料理ノ間」、「上臺所」がある。「御料理ノ間」の西に「中座敷」・「御書院」があり、「上臺所」の西に「座敷」・「居間」・「御寝間」、風呂がある。「御書院」の南には庭がある。

京屋敷絵図（924×837、書・貼（色なし）併用、七分計、126）

本紙外題「稲葉大助殿之内黒川□右衛門方／請取り　京屋敷繪圖」

敷地形状は、前図（架蔵番号125）と同じであり、平面もほぼ同じである。ただし、前図が書絵図であるのに対し、こちらは貼絵図である。平面料紙に彩色はなく、白色である。

「大坂藩邸」

〔大坂蔵屋敷絵図〕（993×1285、貼絵図、一寸計、1881③）

本紙外題「大坂屋鋪繪圖」

色凡例「青紙ハ瓦屋根／茶紙ハこけら屋根」

記された色凡例より、屋根葺き材によって色分けされていることがわかる。描かれた平面をみると、屋敷の東側には「ほり川」が流れ、そこに「太平橋」が架かっている。敷地南面には「舟入」が見える。

屋敷は、南面中央に表門、北面中央に「裏門」を開く。敷地ほぼ中央に御

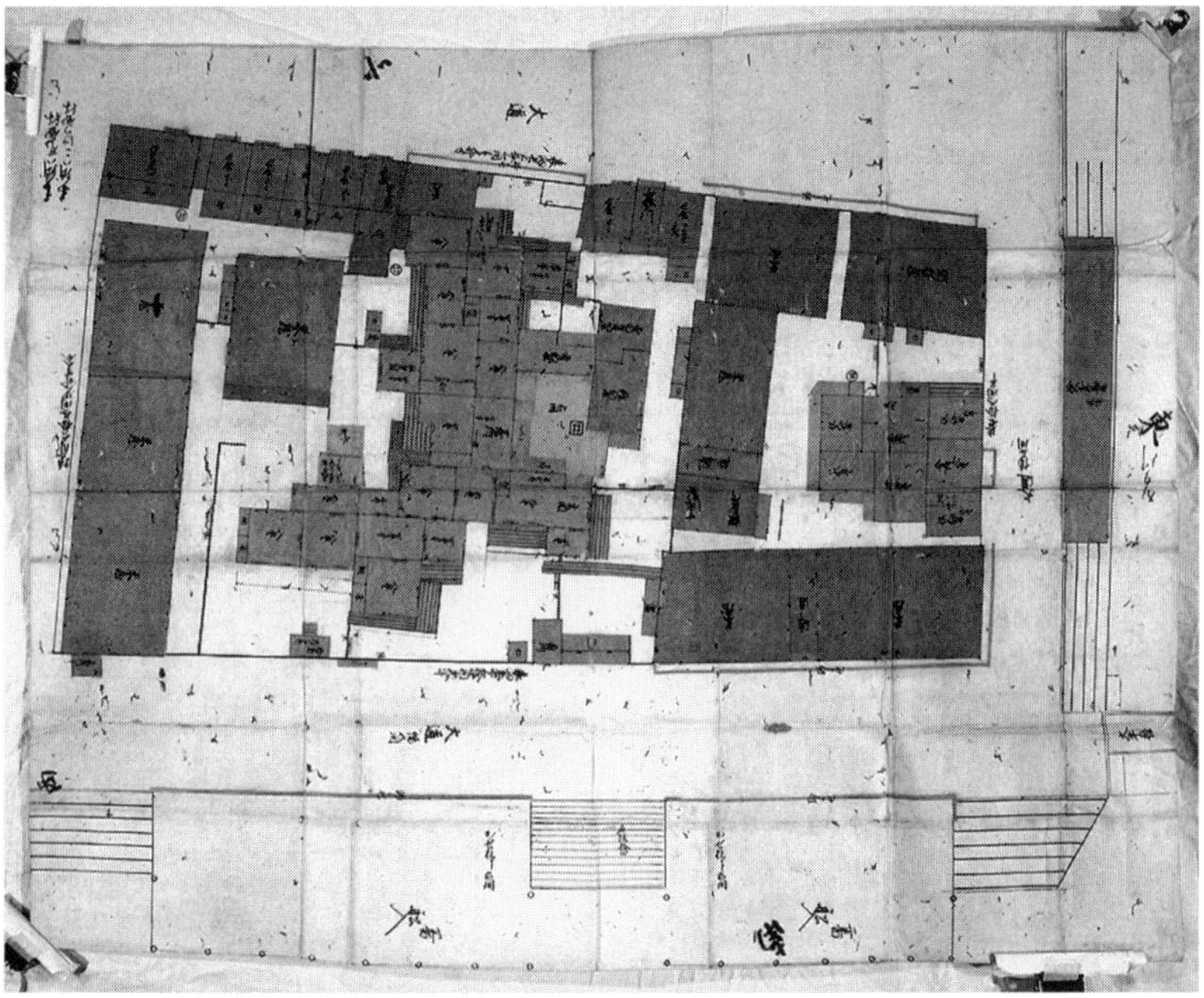

図4－2－26〔大坂蔵屋敷絵図〕 1881③

殿、周囲に長屋や「米蔵」等が建ち、屋敷の東側には役人のための建物が建つ。

屋敷は、表門正面に「玄関」があり、その西側に床・棚を備えた八畳の部屋、北に「臺所」・「祐筆部屋」・「肴部屋」・「老中座敷」等がある。また、敷地東側にある役人のための建物は「會所」・「役人部屋」・「臺所」が構成する。

大坂蔵屋敷新絵図ひかへ（885×1150、貼絵図、一寸計、1881①）

本紙外題「大坂蔵屋敷新繪圖ひかへ」

描かれた平面を見ると、南面中央に「表御門」、北面中央に「裏門」を開く。敷地ほぼ中央に御殿、周囲に長屋や蔵等が建つ。また、屋敷の東側に、蔵がロの字に建っているが、その中に三間×二間の建物が建つ。

御殿は、「表御門」の西に「玄冠」があり、その西に「小座敷」・「御寝間」・「御書院」が、北に「臺所」・「祐筆部屋」「土間」等がある。

〔大坂蔵屋敷図〕（785×1280、貼絵図、一寸計、1881②）

本紙外題「大坂」

描かれた平面を見ると、南面中央に表長屋、北面中央に「裏御門」を開く。敷地ほぼ中央に御殿、周囲に長屋や「米蔵」等

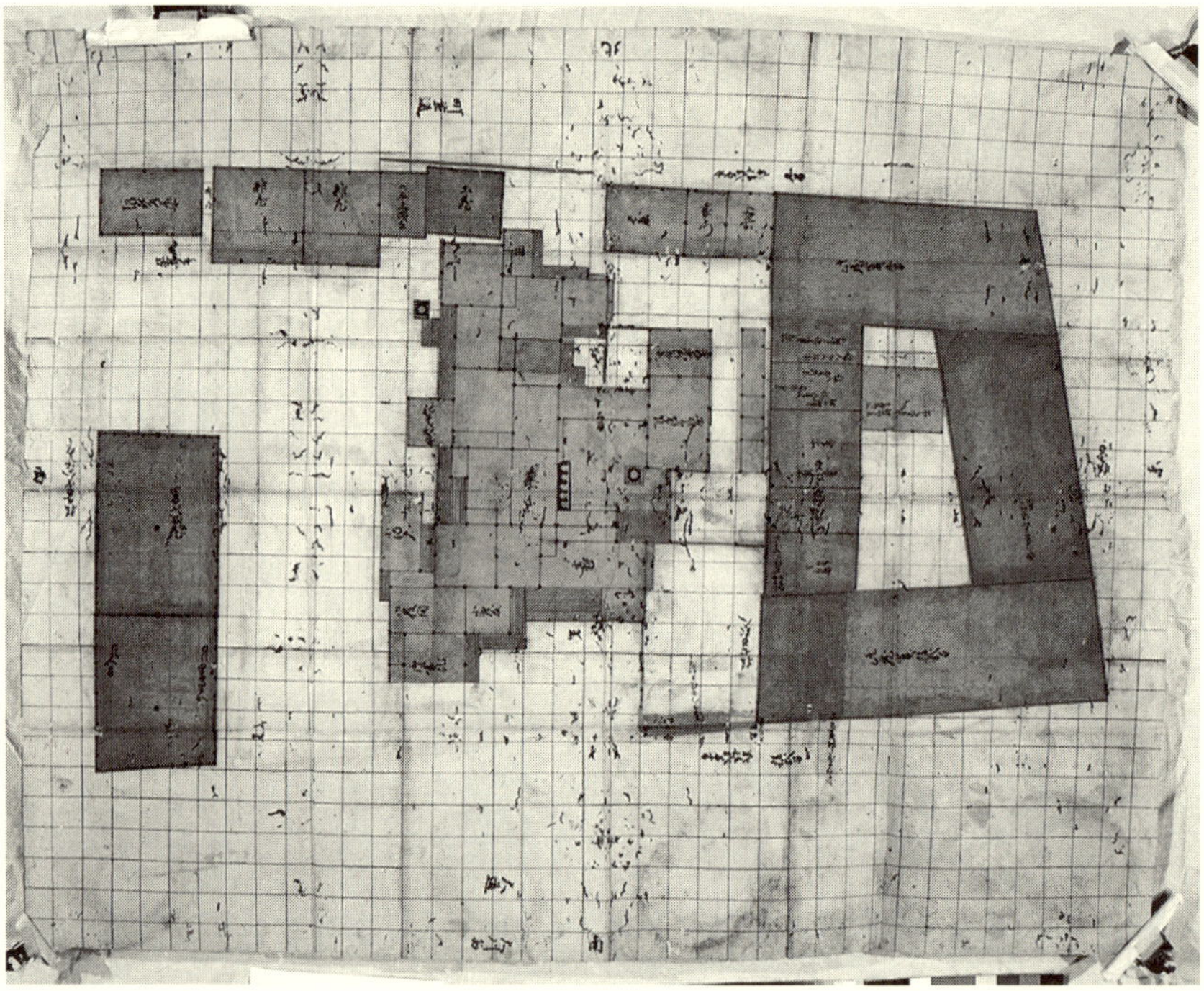

図４－２－27　大坂蔵屋敷新絵図ひかへ　1881①

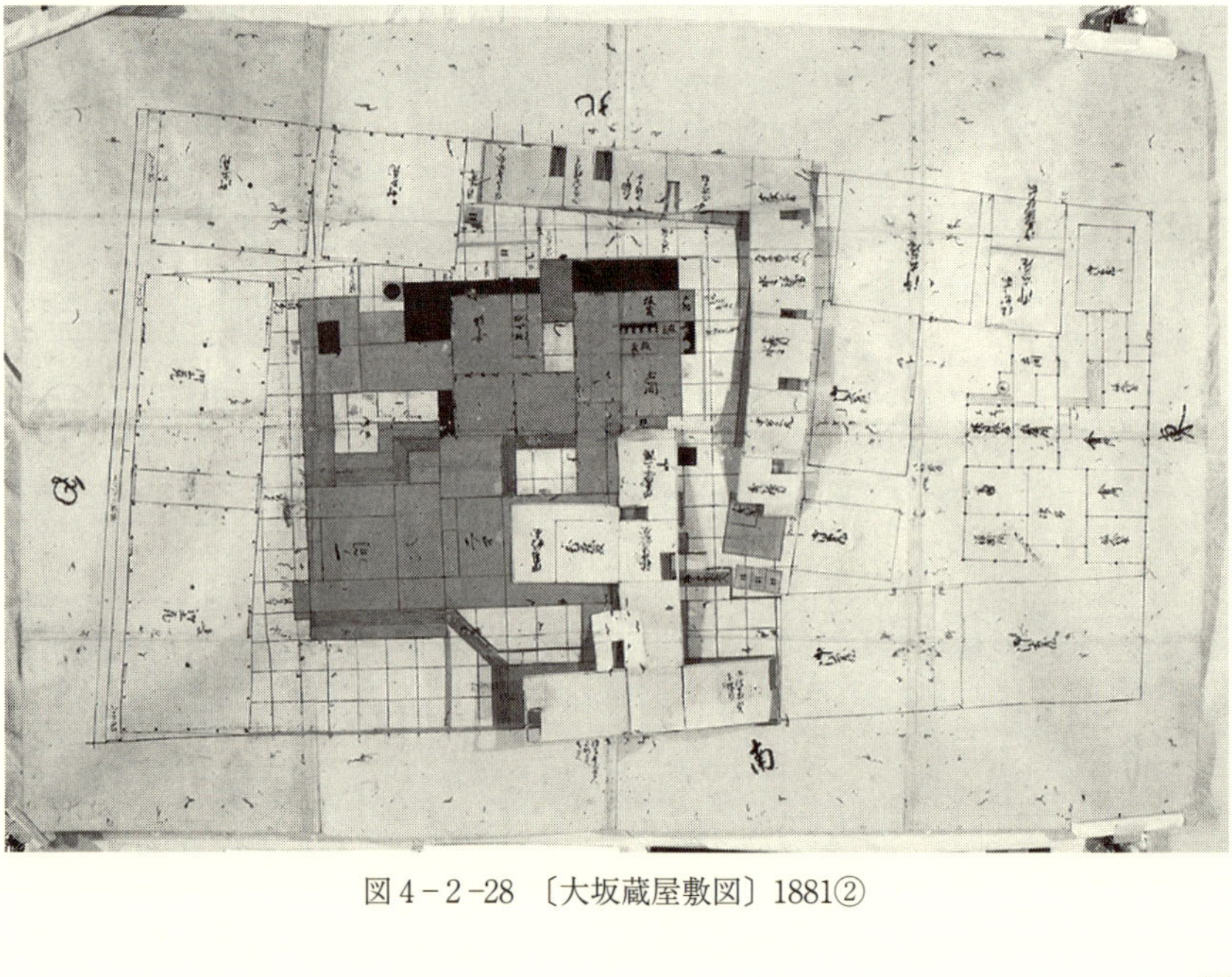

図４－２－28〔大坂蔵屋敷図〕1881②

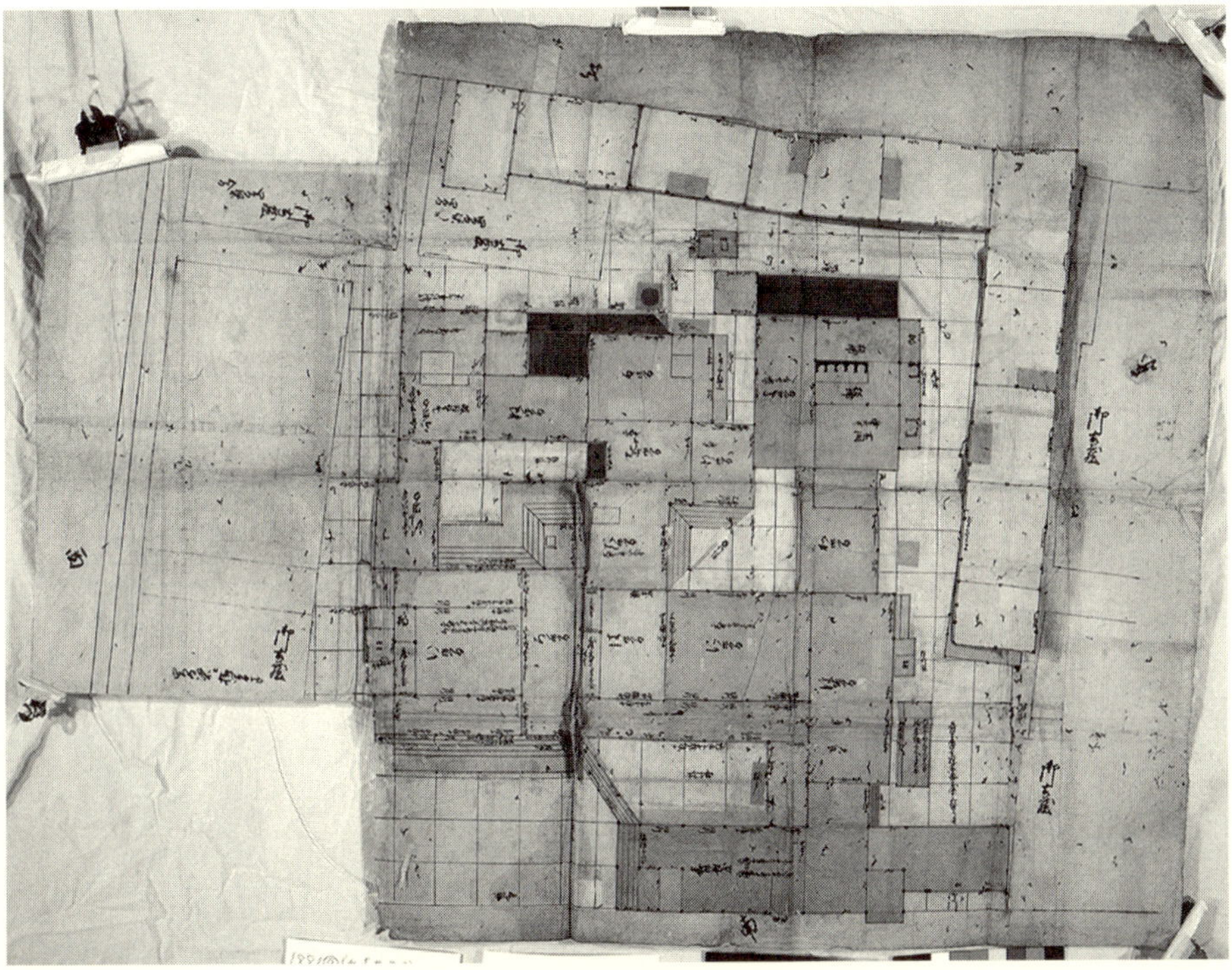

図４－２－29〔大坂蔵屋敷図〕1881④

が建ち、屋敷の東側には役人のための建物が建つ。

御殿は南東に玄関、その西に対面や藩主のための「一ノ間」・「二ノ間」を、北側に「坊主所」・「臺所」・「土間」を配し、三ヶ所の明地（中庭）をもつ

屋敷の東に建つ役人のための建物は、「玄冠」・「横目部屋」・「臺所」・「次ノ間」・「會所」・「役人部屋」等から構成されている。

〔大坂蔵屋敷図〕（1005×1310、貼絵図、一寸六分計、1881④）

本紙外題「大坂」

御殿と長屋、土蔵の一部が描かれている。敷地形状はわからないが、御殿の平面は前図（架蔵番号1881②）と類似する。

御殿部分に具体的な部屋名は少なく、「いノ御間」、「ろノ御間」など「いろは」を用いた部屋名が記されている。

「長崎藩邸」

長崎御屋敷指図（617×770、貼絵図、一寸計、100）

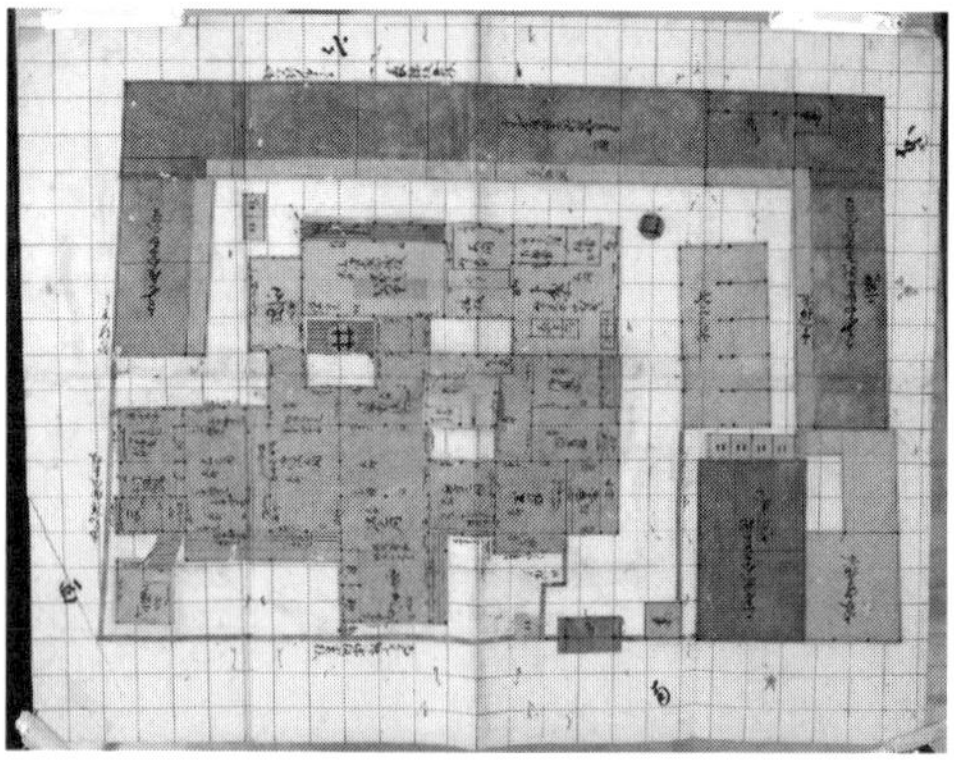

図４－２－30　長崎御屋敷指図　100

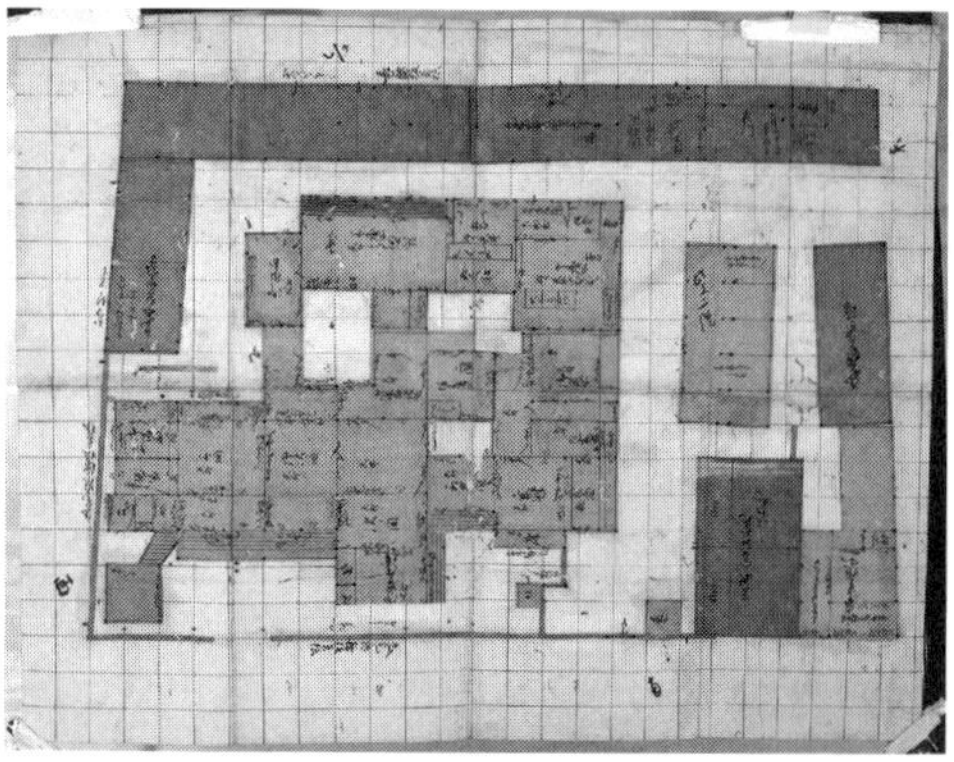

図４－２－31　長崎御屋敷指図控　117

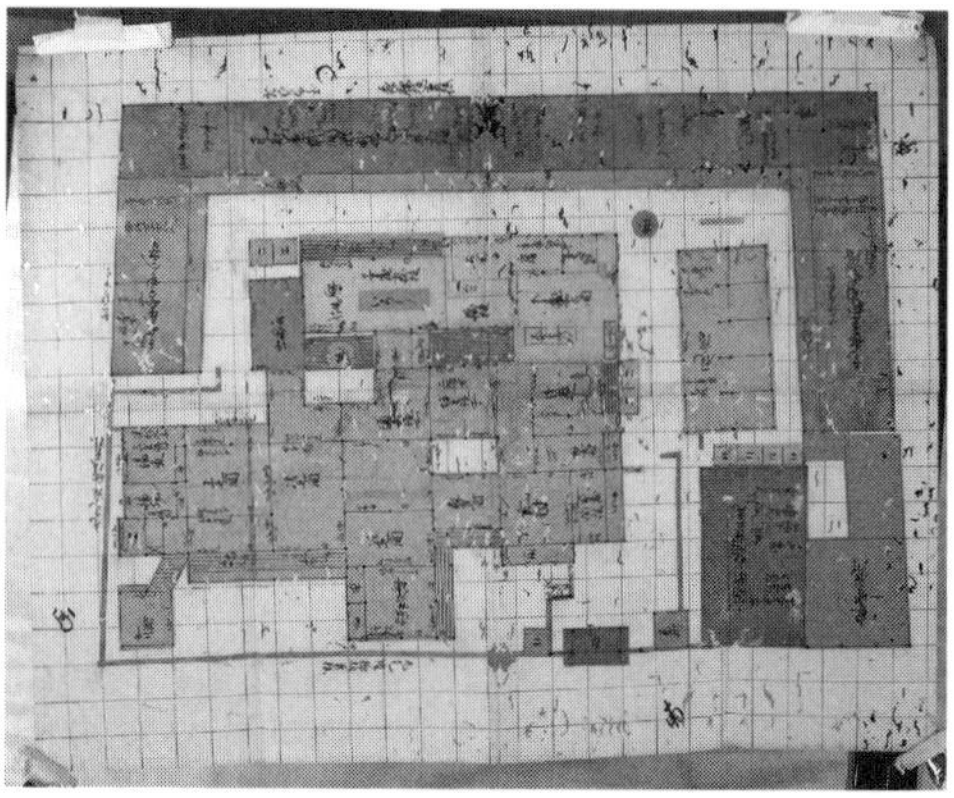

図４－２－32　長崎屋敷図　1880

長崎御屋敷指図控（598×773、貼絵図、一寸計、117）

〔長崎屋敷図〕（602×770、貼絵図、一寸計、1880）

本紙外題「長崎屋敷図」

右の三枚に描かれる平面は全て同じである。しかし、色分けが三枚とも少しずつ違っている。

これらに描かれる平面は、南面に「表門」を開き、敷地の北面と西・東面の北側半分に長屋が建ち、南東隅に「家守居所」がある。御殿は敷地の中心から西面にかけて建っており、周囲に厩土蔵が建つ。

御殿平面は、表門の正面に「玄冠」があり、その西に「客座敷」・「上之間」がある。御殿の中央には家臣の詰所である「通番詰所」・「坊主詰所」があり、その北には「上臺所」・「下臺所」がある。

「国許（島原）藩邸・興慶園」

奥慶園絵図（計測不能、貼絵図、1872）

　未修補のため閲覧していない。目録では「奥慶園」とあるが、「興慶園」のことである。続く二つの図も同様である。

奥慶園御住居替新建御家差図（1178×1355、貼絵図、一寸計、1885）

本紙外題「興慶園　御住居替／新建建御家　差図」

目録では「奥慶園」とあるが、外題からも「興慶園」であることは明らかである。

描かれている平面をみると、西面の中央南寄りに門を開き、中心に御殿が建ち、南側に池が穿たれている。

御殿平面は、門の正面に「玄関」・「裏玄関」があり、その北に「臺所」・「坊主詰所」・「焚火ノ間」・「小納戸詰所」がある。御殿南側に、池に面している建物が建っている。また、御殿の東側には小座敷があり、その北に建つのが藩主の寝間がある。御殿の北

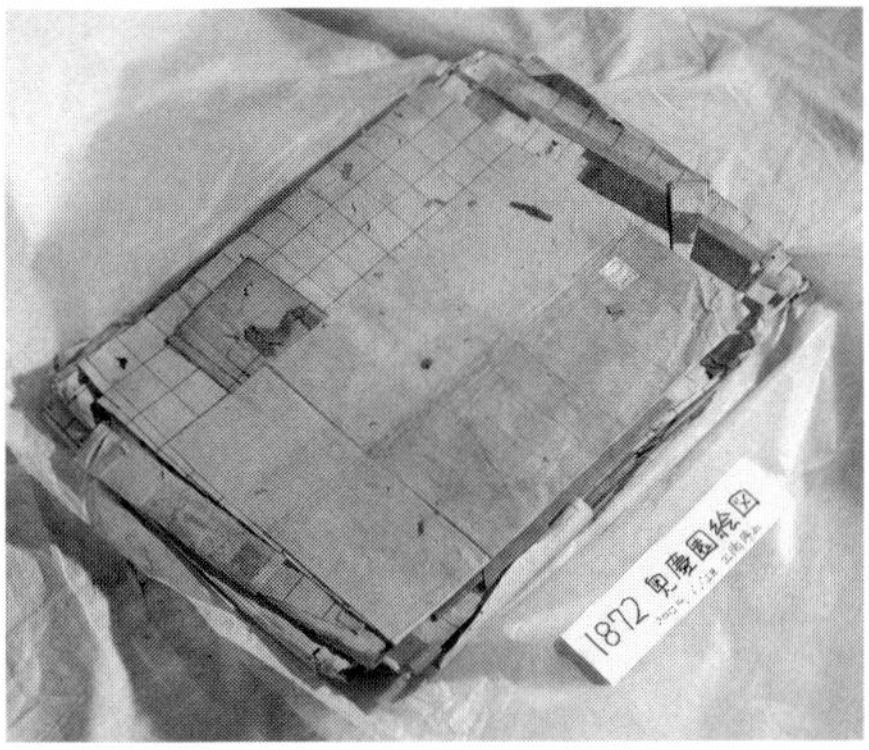

図4－2－33　奥慶園絵図　1872

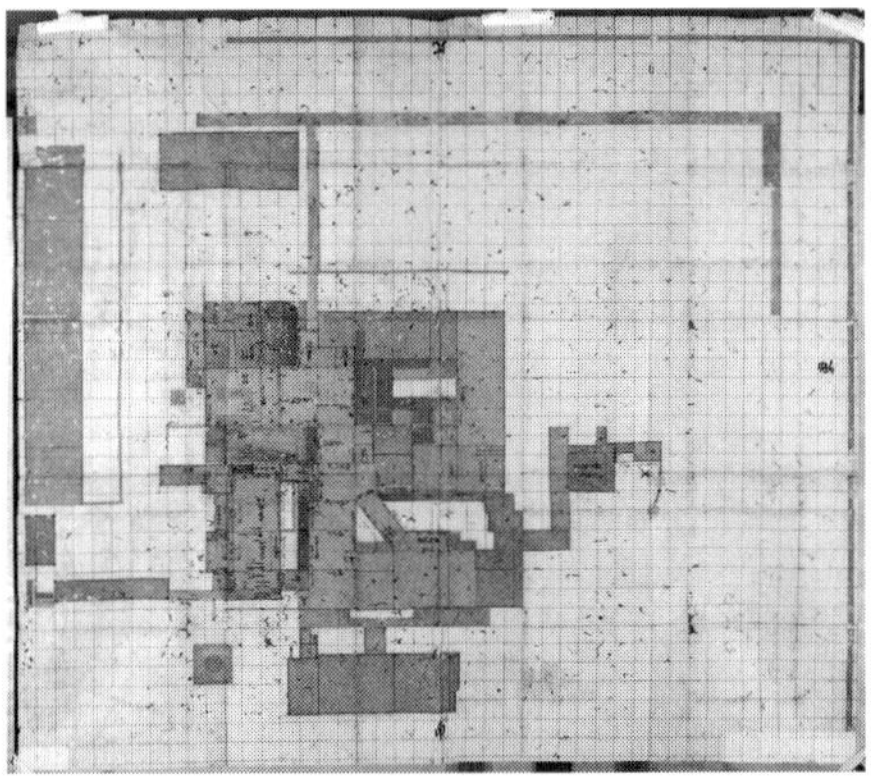

図4－2－34　奥慶園御住居替新建御家差図 1885

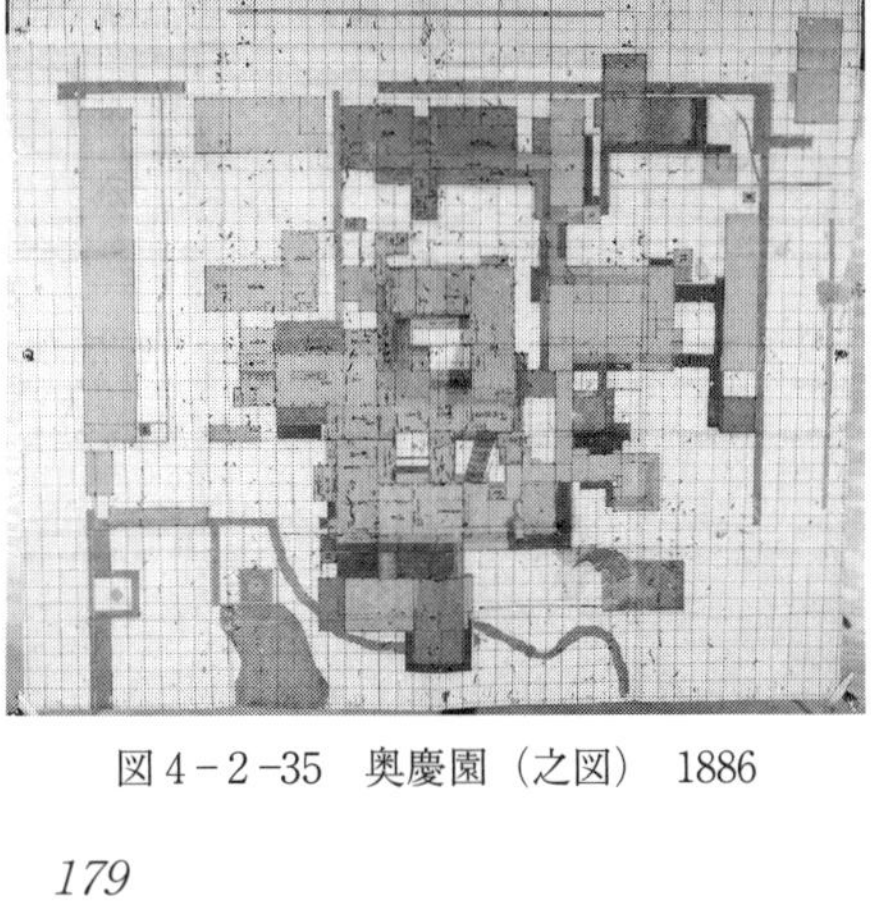

図4－2－35　奥慶園（之図）1886

には「小姓部屋」・「臺所」が建つ。

奥慶園〔之図〕（貼絵図、一寸計、1886）

本紙外題「興慶園」

指図は、前図（架蔵番号1886）にみられた南側の池や、御殿の平面の一部がなく、欠損していると考えられる。その他の部分は、1886の平面とほぼ同じである。

第三節　深溝松平藩邸の歴史・敷地の変遷

建築指図が残される深溝松平藩の各地の屋敷の位置や存続した時期について述べる。なお、当藩の屋敷地について論じたもの[1]はあるが、その全貌はまだ十分明らかにされていない。

一　深溝松平藩邸の位置

深溝松平藩の屋敷地の変遷について、主に島原図書館内に設置されている肥前島原松平文庫に所蔵される「深溝世紀」[2]と、『東京市史稿』市街篇、『同』変災篇[3]所収の史料、および古地図[4]をもとにまとめたものが表4-3-1である。この表からわかるように、当藩は江戸のほか、京・大坂・長崎・国許である島原に屋敷を置いており[5]、江戸に永田町・常盤橋・三田・桜田・神田橋・数寄屋橋・浅草・深川・目黒・渋谷・田町の各屋敷、京に松原屋敷、大坂に天満・淀屋橋の各屋敷、長崎に大黒町屋敷があり、島原には国許の本邸である城内の御殿と、別邸として興慶園・景花園があった。

以下、これらの屋敷地の変遷についてやや詳細に検討したい。なお、図4-3-1（以下、図1）は上記した当藩の屋敷を古地図から探し出したもので、当藩の各屋敷の位置を示す。また、図4-3-2（以下、図2）は、第三章で利用するもので、古地図等に見える当藩の各屋敷の敷地形状を示すものである[6]。

表4－3－1　深溝松平藩の屋敷地の変遷

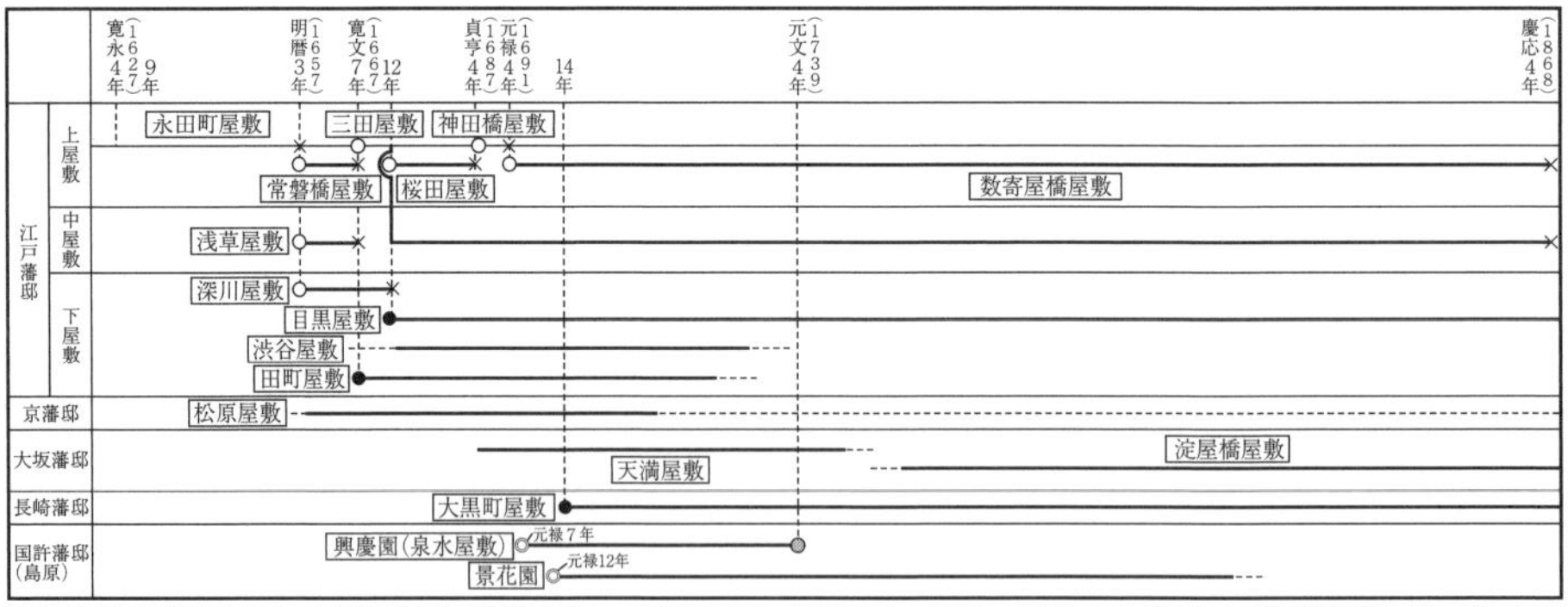

※「深溝世紀」、『東京市史稿』市街篇・変災篇、古地図をもとに作成　　○：拝領　●：購入　◎：造営　×：返上　◉：破却

二　江戸藩邸の変遷

1）上屋敷

永田町屋敷【図2①】　当藩が江戸に屋敷を拝領した時期および位置は明かではないが、少なくとも寛永四年（一六二七）には永田町に屋敷を置いている。[7] その後、明暦三年（一六五七）の明暦大火で被害を受けた山王社がこの地に移転することとなったためこの屋敷を返上している。[8] なお、正保元年（一六四四）頃の様相を示す「正保年間江戸絵図」の永田町に「松平」とある屋敷（図2①）が当藩の永田町屋敷[9]で、上屋敷であった。[10]

常盤橋屋敷【図2②】　返上した永田町屋敷の替わりに、明暦三年に常盤橋の元伊奈半左衛門の屋敷を拝領しており、同時に浅草屋敷と深川屋敷も拝領している。[11] その後、寛文七年（一六六七）の屋敷替えの際に返上しており、このとき浅草屋敷も返上している。[12] なお、寛文一〇年頃の様相を示す「新板江戸大絵図」[13]の常盤橋に「酒井河内」とある屋敷（図2②）が、当藩の常盤橋屋敷に相当する。[14] また、永田町屋敷が上屋敷であったので、替わりに拝領したこの屋敷も上屋敷と考えられる。

三田（三田台）屋敷【図2③】　返上した常盤橋屋敷と浅草屋敷の替わりに、寛文七年に三田の元京極高國の屋敷を拝領した。[15] この屋敷は、はじめ上屋敷であったが、寛文一二年以降中屋敷となり、[16] その後明治に入るまで存続している。[17] また、この間、拝領地周辺の屋敷を購入し屋敷地を拡大している。[18] なお、この屋敷は明治四年（一八七一）に慶応義塾（現在の慶應義塾大学）の敷地となっており、建物も校舎としてしばらく利用され

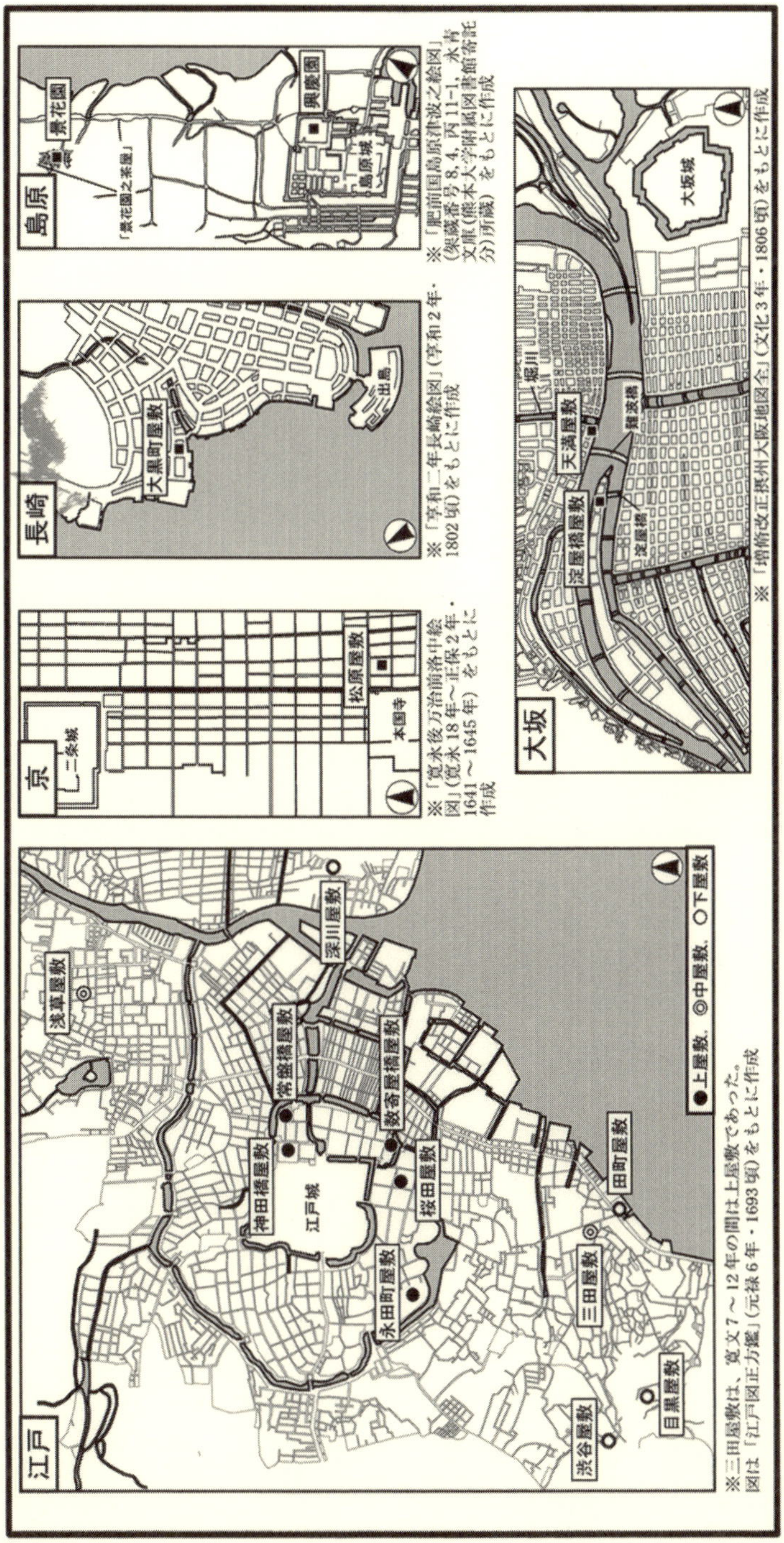

図4－3－1　深溝松平藩の屋敷の位置

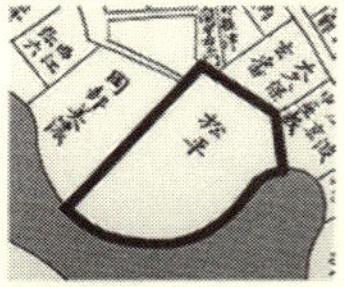

①永田町屋敷
「正保年間江戸絵図」（正保元年・1644 頃）
※「松平」は松平主殿頭のこと

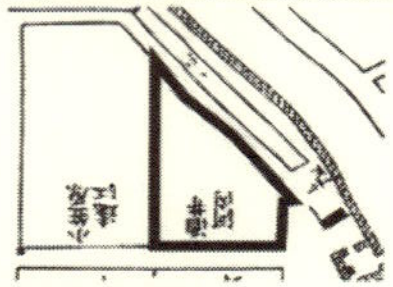

②常盤橋屋敷
「新板江戸大絵図」（寛文 10 年・1670 頃）
※屋敷替え後の図。「酒井河内」とある場所が当藩の常盤橋屋敷

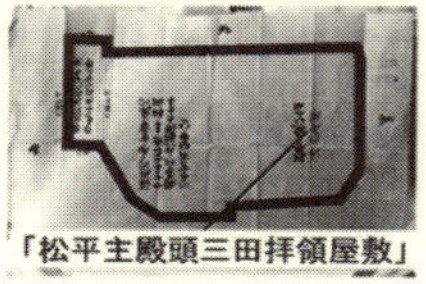

③三田屋敷
架蔵番号 1041 ①〔三田御屋敷図〕
（本光寺所蔵）

④桜田屋敷
「江戸方角安見図 乾」
（延宝 7 年・1679 頃）

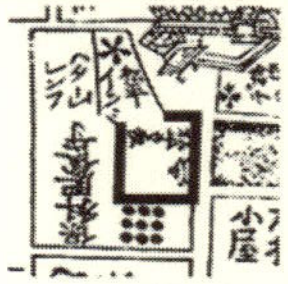

⑤神田橋屋敷
「江戸御大絵図」
（元禄 3 年・1690 頃）

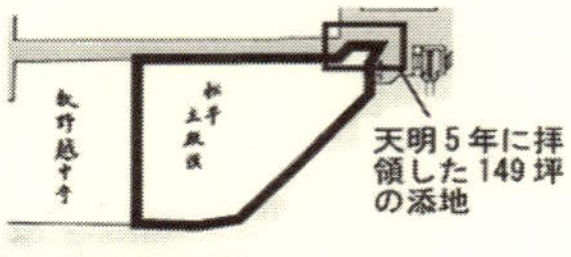

⑥数寄屋橋屋敷
「御府内沿革図書」（天明 5 年・1785）

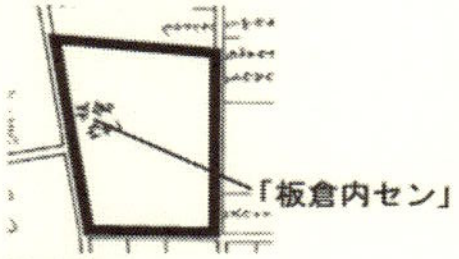

⑦浅草屋敷
「新板江戸外絵図」（寛文 11 年・1671）
※屋敷替え後の図。「板倉内セン」とある場所が当藩の常盤橋屋敷

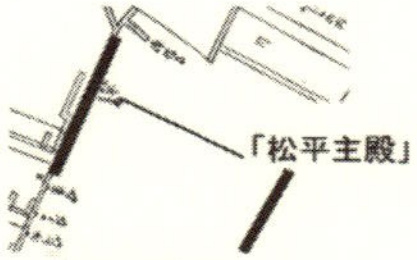

⑧深川屋敷
「新板江戸外絵図」
（寛文 11 年・1671 頃）

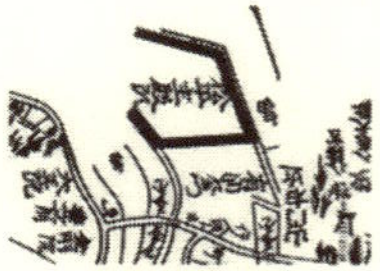

⑨目黒屋敷
「江戸御大絵図」
（元禄 3 年・1690）

⑩渋谷屋敷
「新板江戸外絵図」
（延宝元年・1673 頃）

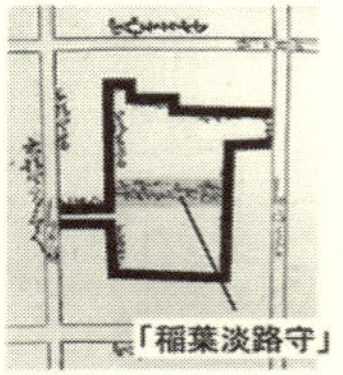

⑪松原屋敷
「寛永後万治前洛中絵図」（寛永 18 年～正保 2 年・1641 ～ 1645 年）
※当藩が松原屋敷を置く前の図。「稲葉淡路守」とある場所が当藩の松原屋敷

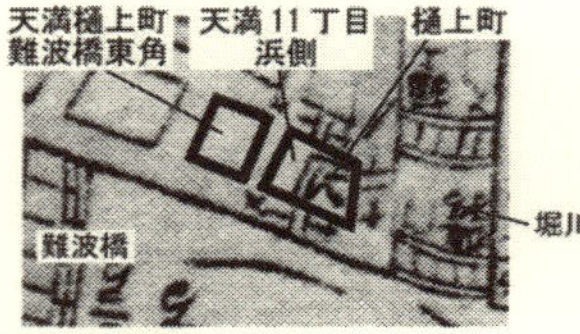

⑫天満屋敷
「辰歳増補大坂圖」（元禄元年・1688 頃）
※附記に「に　松平主殿頭」とある。

⑬淀屋橋屋敷
「増脩改正攝州大坂地圖」
（文化 3 年・1806 頃）
※文化 3 年頃、当藩の国許は島原であったので、「島原」とある場所が当藩の淀屋橋屋敷

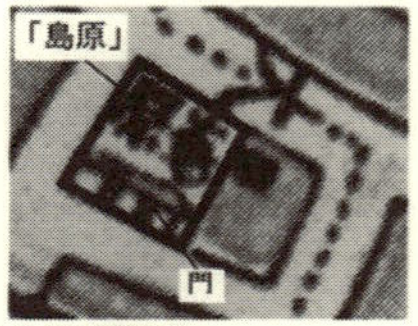

⑭大黒町屋敷
「享和二年肥前長崎図」
（享和 2 年・1802 頃）
※享和 2 年頃、当藩の国許は島原であったので、「島原」とある場所が当藩の大黒町屋敷

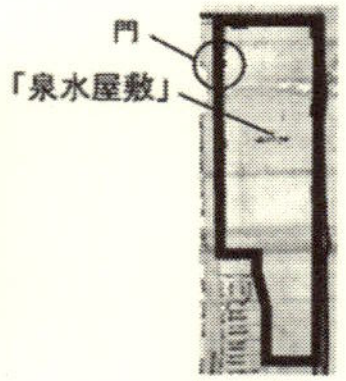

⑮興慶園
架蔵番号ナシ
「島原城之図」
（本光寺所蔵）

図 4－3－2　深溝松平藩の屋敷の敷地図（全て上が北）

※③～⑥、⑧～⑩、⑫に記される「松平主殿頭（主殿、トノモ）」は当藩主名。

ていたようである。[19]

桜田屋敷【図2④】　寛文一二年に深川屋敷を返上し、桜田の元秋田淡路守の屋敷を拝領して、上屋敷とした。[20] その後、貞享四年（一六八七）の屋敷替えの際に、この屋敷を返上している。[21]

神田橋屋敷【図2⑤】　返上した桜田屋敷に替えて、貞享四年に神田橋の元井上相模守の屋敷を拝領した。[22] その後、元禄四年（一六九一）の屋敷替えの際に返上している。[23] なお、桜田屋敷が上屋敷であったので、替わりに拝領したこの屋敷も上屋敷と考えられる。

数寄屋橋屋敷【図2⑥】　返上した神田橋屋敷に替えて、元禄四年に数寄屋橋の元九鬼長門守の屋敷を拝領し[24]、上屋敷とした。[25] その後、享保元年（一七一六）正月朔日に、本多中務大輔の屋敷からの出火によって類焼したが、翌二年正月二八日に再建が終わり、遷徙している。[26] 享保一七年三月二八日には、牛込からの出火で類焼し、翌一八年二月二二日に再建が終わっている。[27] また、前の火災から二四年後の宝暦六年（一七五六）一一月二三日、林大学頭の屋敷から起こった火事により類焼し、同八年四月二六日に再建が終わっている。[28] さらに四年後の宝暦一二年二月二八日、青山大蔵少輔の屋敷から出火により、長屋三棟が類焼している。[29] この火災後、しばらくこの屋敷において火災はなかったようだが、天明四年（一七八四）一二月二六日、大名小路の西尾隠岐守の屋敷から起きた火事で類焼し、同六年五月二七日に再建が終わっている。[30] この間の天明五年二月一一日、屋敷が狭窄であるとして、官道外の空閑地の拝領を願い、同年三月二日、東北の出張り地百四十九坪余の地（図2⑥の□で囲んだ部分）を拝領している。[31] これから一二年後の寛政九年（一七九七）一一月一八日には、西隣の牧野日向守の屋敷からの出火により、長屋二棟が類焼している。[32] この後、しばらくこの屋敷における火災の記録は見当たらないが、安政二年（一八五五）に地震、同三年に台風によって被害を受けている。[33] 以後、明治に入るまでこの地に屋敷を置いている。[34] なお、この屋敷は明治一三年に明治法律学校（現在の明治大学）の敷地となっており、建物も校舎としてしばらく利用されていたようである。[35]

2）中屋敷

浅草屋敷【図2⑦】　前述したように、浅草屋敷は、明暦三年に拝領したもので、その後寛文七年の屋敷替えの際に返上している。

寛文一一年頃の様相を示す「新板江戸外絵図」[36]の浅草に「板倉内セン」とある屋敷（図2⑦）が、当藩の浅草屋敷に相当する。[37]なお、この屋敷の庭に関する記述が「鳳岡林先生全集」にみられ、庭に園林を築いていることがわかる。[38]また、後述する当藩の浅草屋敷を描く指図（架蔵番号124浅草中屋敷絵図）をみると、御殿は表と奥向きに別れており、藩主の居間や対面、台所、家臣の詰所等の建物が建っているので、浅草屋敷は中屋敷であったと考えられる。[39]

3）下屋敷

深川屋敷【図2⑧】　前述したように、深川屋敷は、明暦三年に拝領したもので、その後寛文一二年の屋敷替えの際に返上している。なお、この屋敷は下屋敷であった。[40]

目黒（千代ヶ崎）屋敷【図2⑨】　当藩の目黒屋敷は千代ヶ崎邸とも呼ばれていた。この屋敷は、寛文一二年に目黒長峰の地に購入したもので、[41]その後明治に入るまで存続している。[42]なお、この屋敷は、広大な敷地の中に御茶屋を点在させ、地勢を生かした眺望のよい遊興のための施設なので、[43]下屋敷であったと考えられる。

渋谷屋敷【図2⑩】　延宝元年（一六七三）頃の様相を描く「新板江戸外絵図」[44]では、渋谷に当藩主「松平主殿《トノモ》」の名がみえる。その後の江戸図にも、同じ場所に当藩主名の記載があるが、享保一〇年頃の様相を描く「分間江戸大絵図」[45]を最後に、この地に当藩主名がみられなくなる。よって、渋谷屋敷を入手した経緯等は不明だが、少なくとも延宝元年から享保一〇年頃まではこの地に屋敷を置いていたことが判明する。なお、屋敷の位置から下屋敷であったと考えられる。また、当藩の渋谷屋敷の敷地は道を挟んで東と西に分かれているが、このうち西側の屋敷地は、図3ように延宝八年頃[46]は規模が縮小し、元禄三年頃[47]は他藩の所有となっている。

田町（浜）屋敷　当藩の田町屋敷は、浜邸とも呼ばれており、寛文七年に「芝田町四丁目海側」に購入したものである。[48]その後、天和二年（一六八二）一二月一〇日と、享保五年（一七二〇）三月一三日の火災の記録にその名が見えるが、[49]その後この屋敷に関する記録は見られない。よって、寛文七年から、少なくとも享保五年まではこの地に屋敷を置いていた。この屋敷は、屋敷内に船で運ばれた荷物を置くための蔵が建てられている[50]ことから、下屋敷の一つである蔵屋敷と考えられる。

なお、田町屋敷は住所から図1に示す位置にあったと考えられるが、古地図のこの場所に当藩主名はみられず敷地形状は不明である。

三　京藩邸の変遷

松原屋敷【図2⑪】　当藩の京屋敷に関する記録は少なく、京に屋敷を構えた時期および位置は不明であるが、「深溝世紀」巻七の万治元年（一六五八）一一月一一日条に「踰大谷山科志留渓、経五条石橋、午牌《ママ》後到松原邸」とあって、この「松原邸」が、今のところ記録上当藩の京屋敷が確認できる最も古い記事である。なお、この屋敷は「醒井通松原下ル笹や町」にあって[51]、「寛永後万治前洛中絵図」[52]ではこの屋敷の場所を「稲葉淡路守」の屋敷としている（図2⑪）ので、当藩の屋敷となったのは、この絵図の作製年代の下限である正保二年[53]より後のこととなる。

この後、当藩の京屋敷に関する記録は、天明八年正月晦日の火災による藩邸の被害を伝えているが[54]、この屋敷が松原屋敷であるか否かは不明である。

四　大坂藩邸の変遷

天満屋敷・淀屋橋屋敷【図2⑫・⑬】　当藩が大坂に屋敷を構えた時期及び位置は不明であるが、貞享四年には「樋上町」、「天満十一丁目浜側」、「天満樋上町難波橋東角」の三ヶ所を「大坂天満屋敷」としている[55]。なお、図2⑫に示す屋敷が当藩の天満屋敷と考えられる[56]。

その後、当藩の大坂屋敷は、延享四年（一七四七）には樋上町にあったが、宝暦六年（一七五六）以降幕末まで淀屋橋の北側（図

2⑬）にあったことが分かるので、(57) 延享四年〜宝暦六年の間に淀屋橋屋敷へ移り、幕末までこの屋敷を置いていたと考えられる。

五　長崎藩邸の変遷

大黒町屋敷【図2⑭】　当藩が長崎に屋敷を置いたのは、寛文九年に島原に転封となり、長崎の監視にあたるようになった後と考えられるが、(58) 屋敷の場所は不明である。

その後、元禄一四年六月二九日に大黒町に屋敷地を買い、元禄一五年六月二一日に建物の造営が終わっており、(59) これ以降明治に入るまで、当藩の長崎屋敷は大黒町に置かれていたと考えられる。(60)

六　国許（島原）藩邸の変遷

興慶園（泉水屋敷）【図2⑮】　興慶園が営まれたのは元禄七年のことである。田屋敷と呼ばれる場所に池を穿った下屋敷的な性格の屋敷を設け、泉水屋敷と名付けている。(61) 同年八月二一日、泉水屋敷は「興慶園」と改名され、(62) 同年九月二九日に興慶園の工事が竣工している。(63) 本光寺所蔵の「島原城之図」には城の東北の位置に「泉水屋敷」があり（図2⑮）、これが興慶園に相当すると考えられる。この七年後の元禄一四年正月一三日「興慶園」の名を再び「泉水邸（屋敷）」に戻している。(64) その後、この屋敷は、元文四年（一七三九）九月四日に廃止され、建物の旧材は家士に下賜された。(65) 隠居のために造られたこの屋敷が存在した期間は、元禄七年から元文四年までの四五年間で、正式に「興慶園」と呼称されたのは、元禄七年から一四年までの七年間であった。

景花園

景花園が営まれたのは元禄一二年のことで、島原の三会村の長者屋敷と呼ばれる場所に設けられた屋敷である。(66) 永青文庫所蔵（熊本大学附属図書館寄託分）の「肥前国島原津波之絵図」（図1）に「景花園之茶屋」と見えるのがこの屋敷であるが、敷地形状は不明である。この後、文化九年の記録(67)を最後に景花園に関する記述はみられなくなる。したがって、少なくとも文化九年までは使用されたことがわかる。

〔註〕

1 当藩の江戸上屋敷とその他一部の屋敷について論じた中村質「島原松平氏と本光寺史料について」（『島原市本光寺所蔵古文書調査報告書』、島原市教育委員会、一九九四年）三頁～八頁、当藩の江戸上屋敷について論じた山口俊浩、木村充伸　他五名「深溝松平家江戸上屋敷の沿革―深溝松平家江戸屋敷指図について（その1）―」（日本建築学会大会学術講演梗概集（北海道）、一三一頁～一三二頁、二〇〇四年八月）、当藩の大坂屋敷について論じた西川源一「島原藩の大坂蔵屋敷（その1）」（『経営と経済』第五五巻第四号、三〇三頁～三三一頁、長崎大学経済学部研究会、一九七六年）と、植松清志、谷直樹「大坂蔵屋敷の年中行事と蔵屋敷祭礼について―島原藩・佐賀藩を中心に―」（大阪市立大学生活科学研究誌・Vol.3　二〇〇四年　五五頁～六四頁）がある。

2 架蔵番号71-11。全二五巻、一七冊から成る深溝松平藩の通史書で、明治三年から同六年頃にかけて、藩日記や諸文書をもとに、深溝松平藩の家臣であった渡部政弼を中心にして編纂されたもの。

3 『東京市史稿』市街篇第二～五〇（東京市役所、一九一四～一九六一年）、『東京市史稿』変災篇第一～五（東京市役所、一九一四～一九一七年）を用いた。

4 本稿では、江戸については『古板江戸圖集成』第一～四巻（中央公論美術出版、二〇〇〇～二〇〇二年）と『東京市史稿』市街篇附図第二（東京市役所、一九一六年）、および『江戸城下変遷絵図集』一～一七（原書房、一九八五～一九八六年）、京については前掲『洛中繪圖　寛永後萬治前』、大坂については『大阪古地図集成（大阪建設史夜話　附図）』（大阪都市協会、一九八〇年）、長崎については『日本の市街古図【西日本編】』（鹿島研究所出版会、一九七二年）に所収の古地図を用いた。

5 当藩は転封により三河、福地山、島原、宇都宮、そして再び島原と国許が替わっているが、島原以外の国許に置いた屋敷に関する記録は見出せないため、島原以外の国許に置いた屋敷地の位置や存在した時期等は現在のところ不明である。

6 図2③～⑥と⑧～⑩、⑫にある「松平主殿頭（主殿　トノモ）」は当藩主のこと。当藩の歴代藩主はこの名を名乗っている。なお、江戸の田町屋敷、島原の景花園の敷地形は不明である。

7 「深溝世紀」巻七の寛永四年二月三日条に「至江戸、居永田邸」とある。

8 「深溝世紀」巻七の明暦三年二月二七日条に「山王祠焼亡、将再造之、其地逼仄、不可搆壮殿宏廡、因遷永田而建立祠宇焉、故收卿邸地、換之以伊奈氏半左エ門古邸、在常盤橋内邸素狭窄、別賜浅草深川二邸（下略）」とある。

9 「正保年間江戸絵図」（『古板江戸圖集成』第一巻所収、中央公論美術出版、二〇〇〇年　一三〇頁）の永田町には「松平」としか記されていないが、寛文一〇年頃の様相を示す「新板江戸大絵図」（『同集成』第二巻所収、同、二〇〇一年　七頁）では、この場所を「山王宮」としているので、先の「松平」は当藩主松平主殿頭のことと考えてよかろう。

10 「寛政呈譜」（『東京市史稿』市街篇第七所収、東京市役所、一九三〇年　一五八頁）に、「忠房／同〇明暦。三丁酉年月日不知。居屋敷山王宮地ニ相成候付、（下略）」とあり、山王社が移ったのは「忠房」（当藩六代藩主松平忠房のこと）の「居屋敷」（上屋敷）であることがわかる。

11 「深溝世紀」巻七の寛文一二年六月一一日条に「移居焉、自是以櫻田為本邸、箕田臺為別墅」とあるので、これ以前は三田屋敷が本邸（上屋敷）であったと考えられる。また、本光寺に所蔵される資料の中に、元禄四年～天明五年の当藩の屋敷地を記した史料（架蔵番号1252〔覚〕）があり、その中に「一、中屋敷　三田弐丁目　壱万千八百五拾六坪半」とあるので、先の「別墅」は中屋敷のことで、寛文一二年以降三田屋敷は中屋敷であったと考えられる。

12 「深溝世紀」巻七の寛文七年八月二八日条に「公就老中、請以常盤橋浅草二邸、換箕田臺京極氏故邸、允之」とある。

13 『古板江戸圖集成』第二巻所収、中央公論美術出版、二〇〇一年　七頁

14 「柳營日次記」（『東京市史稿』市街篇第八所収、東京市役所、一九三〇年　五八五頁）の寛文七年一一月晦日条に「酒井河内守〇忠挙／右、常盤橋松平主殿頭上ヶ屋鋪被下之」とあり、返上した当藩の常盤橋屋敷は、酒井河内守の屋敷となっている。

15 註12に同じ。

16 註11に同じ。

17 周知の通り、諸藩は明治に入りそれまで拝領していた屋敷を返上しているので、当藩も例外ではなかったであろう。その後、「深溝世紀」巻二三の明治二年正月二三日条に「数寄屋橋及箕田臺邸、仍旧賜之」とあり、当藩は、それまで拝領していた数寄屋橋屋敷と三田屋敷を再び拝領しているので、幕末まで数寄屋橋と三田に屋敷を置いていたと考えられる。

18　本光寺所蔵史料　架蔵番号1252（前掲・註11）に「一、抱屋敷　年貢地　三田四丁目　芝伊皿子明下町分立」、「一、町並屋敷　年貢地　三田弐丁目」、「一、町並屋敷年貢地　三田四丁目」、「一、町並屋敷　年貢地　三田三丁目」とあり、当藩が三田に拝領した屋敷の周辺である三田二丁目、同三丁目、同四丁目に「抱屋敷」や「町並屋敷」を置いていたことがわかる。また、本光寺所蔵資料中にこれらの屋敷の売買に関する史料（架蔵番号1125、1127、1128）があり、寛文八年と延宝四年に三田三丁目の「町並屋敷」、延宝二年と延宝四年に三田四丁目の「町並屋敷」を購入していることがわかる。三田四丁目（芝伊皿子明下町分立）の「抱屋敷」は、「文政町方書上」（『東京市史稿』市街篇第八所収、東京市役所、一九三〇年　一三四頁）から、寛文八年に購入していることがわかる。

19　『慶應義塾五十年史』（慶應義塾、一九〇七年　八四頁~八六頁）に、「明治三年十一月、東京府より福澤先生へ達せられたる、指令の寫は左の如し、（中略）、三田二丁目嶋（島）原藩上ヶ邸一萬千八百五十六坪、願の通り拝借の儀御許容相成候、（中略）、義塾が新銭座より悉皆三田丘上へ移り了しは、明治四年三月十六日なりしが、是より先小幡甚三郎氏は、一月頃より既に同所に引越し、修繕又は新築工事を監督しつつありしが、（下略）」とある。

20　「深溝世紀」巻七の寛文一二年五月条に「請以深川別墅、換秋田淡路守季久櫻田故邸、允之」、同年六月一一日条に「移居焉、自是以櫻田為本邸」とある。

21　「深溝世紀」巻八の貞享四年（一六八七）一〇月一八日条に、「有命以櫻田邸換神田橋邸井上相模守故邸、二十五日遷徙」とある。

22　「深溝世紀」巻一四の宝暦一二年二月二八日条に「青山氏大蔵少輔幸成邸失火、延焼本邸連房三宇」とある。

23　「深溝世紀」巻九の元禄四年一二月朔日条に、「命以神田橋邸換数寄屋橋邸九鬼長門守隆仲故邸」とある。

24　「深溝世紀」巻一六の天明五年二月一一日条に「以本邸狭窄、請得官道外空閑地、以廣邸境在数寄屋橋門内者、允之、三月十二日賜百四十九坪地」とある。

25　本光寺に所蔵される史料・架蔵番号1252（前掲・註16）に、「一、上屋敷　数寄屋橋御門内　三千九百坪」とある。

26　「深溝世紀」巻一一の享保元年正月一二日条に「本月朔日丑牌本多氏中務大輔邸失火、時西北風猛烈、又転北東、延焼本邸、（下略）」、享保二年正月二八日条に「本邸造営成、乃遷徙」とある。

27　「深溝世紀」巻一一の享保一七年四月九日条に「前月二十八日、牛込失火、時烈風、延焼本邸」、翌一八年二月二三日条に「本邸造営成、公遷徙」とある。

28　「深溝世紀」巻一四の宝暦六年一一月二三日条に「林大学頭邸八代州河岸失火、延焼本邸、時公直西城正門、及火熄帰箕田臺邸」、同巻の宝暦八年四月二六日条に「本邸造営成、夫人自箕田臺邸遷居」とある。

29　註22に同じ。

30　「深溝世紀」巻一六の天明四年一二月二六日条に「大名小路西尾氏邸隠岐守失火、延焼本邸、時公直西城正門、至火熄帰箕田臺邸」とあり、「忠恕日記」（架蔵番号57-7、島原松平文庫所蔵）の天明六年五月二七日条に「居屋舗普請出来屋形向引越」とある。

31　註24に同じ。

32　「深溝世紀」巻一七の寛政九年一一月二〇日条に「本月十八日西隣牧野氏日向守邸失火、延焼本邸連房二宇」とある。

33　「深溝世紀」巻二〇の安政二年一〇月二日条に「地大震、本邸殿閣、府庫、東西連房、）或倒或壊、（下略）」、同三年八月二五日条に「夜江戸大風、雨、三邸破屋倒樹、（下略）」とある。なお、「三邸」とは数寄屋橋、三田、目黒の各屋敷を指すと考えられる。

34　註25に同じ。

35　『明治法律学校二十年史』（講法會、一九〇一年　一八頁～一九頁）に、「（前略）麹町区有楽町三丁目一番地島原邸を賃借して、校舎に充て、名を明治法律学校と令し、左の書面を東京府廳に提出したるは、同年（明治一三年）十二月八日なりき、（下略）」とある。なお、屋敷の住所から数寄屋橋屋敷のことを指していると考えられる。

36　『古板江戸圖集成』第二巻所収、中央公論美術出版、二〇〇一年　七六頁

37　「柳營日次記」（『東京市史稿』市街篇第八所収、東京市役所、一九三〇年　五八五頁）寛文七年一〇月二九日条に「今日松平主殿頭浅草下屋敷上ヶ地、板倉内膳正〇重矩拝領」とあり、返上した当藩の浅草屋敷は、板倉内膳正の屋敷となっていることがわかる。

38　「鳳岡林先生全集」（『東京市史稿』遊園篇第一所収、東京市役所、一九二九年　三四九頁）に、「源忠房君浅草別荘園池即景／林苑寛閑地。雅遊吟歩遅。丁橋横獨木。乙字製清池。遶嶋斜陽遠。穿波孤棹移。依然浴沂趣。春服任風吹。」とある。

39　ただし、「柳營日次記」（『東京市史稿』市街篇第八所収、東京市役所、一九三〇年　五八四頁）寛文七年一〇月二九日条に「松平主殿頭浅草下屋敷」とあり、記録上では浅草屋敷は下屋敷となっている。

40　「天享吾妻鑑」（『東京市史稿』市街篇第七所収、東京市役所、一九三〇年　一九六頁）の明暦三年八月一五日条に「浅草三十三間堂近處并深川於両處松平主殿頭下屋布被下」とある。

41　「深溝世紀」巻七の寛文一二年一二月条に「因老中板倉内膳正重矩、請買目黒長峰之地為別墅、報可」とある。

42　「明治四年東京大絵図」（『東京市史稿』市街篇附図第二所収、東京市役所一九一六年　九頁）の目黒に当藩主の名（松平主殿頭）があるので、明治に入るまで目黒屋敷を置いていたと考えられる。

43　本光寺所蔵の当藩の目黒屋敷を描く図（架蔵番号19③〔目黒御屋敷図〕（清絵図））から、屋敷内に建てられた建物とその規模が判明する。また、文化一二年頃の屋敷の様相が「遊歴雑記」（『東京市史稿』遊園篇第三所収、東京市役所、一九二九年　一三四頁～一四四頁）に記されており、これらから当藩の目黒屋敷の様相を窺い知ることができる。

44　『古板江戸圖集成』第二巻所収、中央公論美術出版、二〇〇一年　一〇四頁

45　『古版江戸圖集成』第四巻所収、同、二〇〇二年　五八頁

46　「江戸方角安見図　坤」『古版江戸圖集成』第三巻所収、同、二〇〇〇年　一三六頁

47　「江戸御大絵図」『古版江戸圖集成』第二巻所収、同、二〇〇一年　一二九頁

48　「深溝世紀」巻八の天和二年一二月一〇日条に「江戸報、去月二十八日松平土佐守豊昌邸失火、延焼我箕田臺及濱二邸（下略）」とあり、浜邸（屋敷）の名がみえ、三田屋敷と共に火災に遭っているので、三田屋敷に比較的近い江戸湾に面した屋敷であったことが推定される。また、本光寺に所蔵される史料（架蔵番号1126売券状之事）に、「芝田町四丁目海側ニ而田舎間五軒半裏江町並之屋敷（中略）名主并五人組立合売渡申候（中略）寛文七捻丁未九月廿一日（下略）」とあり、当藩は寛文七年に芝田町四丁目海側の屋敷を購入している。この屋敷は住所から三田屋敷に近くした屋敷が浜屋敷と考えられる。

49　「深溝世紀」巻八の天和二年一二月一〇日条に「江戸報、去月二十八日松平土佐守豊昌邸失火、延焼我箕田臺及濱二邸（下略）」、また「深溝世紀」巻一一の享保五年三月一三日条に「江戸報、前月三日箕田臺失火、延焼浜邸」とある。

50　本光寺所蔵史料　架蔵番号1252（前掲・註11）中に「一、町並屋敷　芝田町四丁目（中略）右者濱手着舩荷物有運送蔵建置申候」とある。この屋敷は、住所から田町屋敷と考えられ、屋敷内には船で運ばれた荷物を納めるための蔵があったことがわかる。

51　古久保家文書「番日記」（『史料　京都の歴史』第一二巻下京区所収、平凡社、一九八一年　二七六頁）の延宝三年一月二四日条に「醒井通松原下ル笹や町松平主殿頭様（下略）」とあり、これが先に述べた「松原邸」に相当すると考えられる。

52　『洛中繪圖　寛永後万治前』臨川書店、一九七九年

53　絵図の作製年代については、川上貢が「洛中絵図　寛永後万治前　解題」（『洛中繪圖　寛永後万治前』、臨川書店、一九七九年）の中で明らかにしている。

54　「深溝世紀」巻一六の天明八年二月一六日条に「京師報、前月晦日、此地失火、時烈風、延焼皇居及都下九分、我邸及梅渓氏亦火、（下略）」とある。

55　西川源一が「島原藩の大坂蔵屋敷（その1）」（註1参照）の中で、当藩の大坂屋敷に関する記述がみられる史料（島原市渡辺義夫氏蔵「島原藩元〆所万控帳」）から明らかにしている。

56　西川源一「島原藩の大坂蔵屋敷（その1）」（註1参照）に翻刻掲載されている史料「島原藩元〆所万控帳」によれば、「樋上町」の屋敷は「角屋敷東南川端」、「天満十一丁目浜側」の屋敷は「南ハ浜　北ハ大道」とある。また「天満樋上町難波橋東角」の屋敷は難波橋の東角にあると考えられるので、図2⑫に示す屋敷が当藩の天満屋敷と考えられる。

57　『日本経済史辞典』（日本評論新社、一九四〇年　四四〇頁）に諸藩の大坂屋敷に関する一覧表があり、その中に当藩の大坂屋敷の位置についても記されている。なお、この一覧表では、屋敷の場所を宝暦六年と天明三年および文化一一年は「上中ノ島町」、天保六年と維新前は「淀屋橋北詰（中ノ島）」と記しているが、両者は同一の場所を指していることが古地図で確認できる。また、安永六年の屋敷の場所が「中ノ島常安町」となっているが、その前後では、屋敷は淀屋橋北詰の位置にあるので、これは間違いである可能性が高い。

58　「深溝世紀」巻七の寛文九年七月二六日条に「将軍召公使就新封、言曰、與大久保忠朝加賀守唐津城主同監長崎事務、（下略）」、また「深溝世紀」巻八の延宝元年五月二六日条に「長崎邸吏報、（下略）」とあり、寛文九年に島原に転封となり、長崎の監視にあたるようになった後に、初めて長崎屋敷に関する記述が見える。

59　「深溝世紀」巻一〇の元禄一四年六月二九日条に「監視長崎七月四日帰此行買邸地於大國街、尋而営殿閣」、翌一五年六月二一日条に「此日長崎報、邸内殿閣建築成」とある。

60　「深溝世紀」巻二三の明治元年正月一三日条に「長崎邸吏聞上國之変、（下略）」とあり、幕末まで長崎に屋敷を置いていたことがわかる。この屋敷が大黒町屋敷であるか否かは不明だが、「深溝世紀」巻一八の天保五年二月二七日条に「長崎報、前夜恵比須町失火、延焼我邸」、翌六年五月一九日条に「長崎監視、邸閣造営已成、乃入焉」とあり、恵比須町は大黒町と隣接しているので火災にあったのは大黒町屋敷と考えられ、その後再建されていることからすると、先の「長崎邸」は大黒町屋敷であった可能性が強い。

61　「深溝世紀」巻九の元禄七年七月二〇日条に「初公欲營第邸於田屋敷又曰田町、大鑿園池、為退養之処、命有司興工役、假名泉水屋敷」とある。
62　「深溝世紀」巻九の元禄七年八月二一日条に「改泉水屋敷號興慶園（下略）」とある。
63　「深溝世紀」巻九の元禄七年九月二九日条に「興慶園工役成、落之、（下略）」とある。
64　「深溝世紀」巻一〇の元禄一四年正月一三日条に「游泉水邸、泉水邸即興慶園也、蓋園名以為烈公佛謚、復旧名也」とあり、「興慶」は烈公（当藩六代藩主・松平忠房のこと）の謚であったため、烈公の死後、「興慶園」を再び「泉水邸（屋敷）」に戻している。
65　「深溝世紀」巻一三の元文四年九月四日条に「廃泉水亭、毀其殿閣、賜旧材家士」とある。
66　「深溝世紀」巻九の元禄一二年六月二二日条に「泛舟游三會、又按視長者屋敷、定為別墅」、同年閏月四日条に「長者屋敷殿閣成、命曰景花園、（下略）」とある。
67　「深溝世紀」巻一七の文化九年四月一〇日条に「中務及其子八之進忠恒自江戸来、居景花園」とある。

第四節　建築指図修補の実際（ＤＶＤ参照）

ここでは、本光寺所蔵の指図の実際の修補過程を紹介する。修補に先立って、まず、本光寺所蔵建築指図の破損・劣化調査を実施した。これによって、数多い建築指図の全体像を把握し、どの図の緊急性が高いのかを見定めて、修補計画を立てた。その後、計画に従って修補を施した。

劣化調査を実施した図の総数は、巻末の別表に示した通り六八点である。ただし、このうちには城絵図などの本書では建築指図として扱わない図五点を含んでいる。架蔵番号の3、98、1868、M1903、1920の各図である。またM1902は、修補、復原によりM1902①～④となって、①～③は、それぞれ独立した指図に、復元されずに残ったものが④となった。M1902④は、水損が著しく、未だ修補・復元はできていない。現段階では確実に建築指図であると認めることができないので、研究対象外としたが、劣化調査は実施したので、この一点も含めた。一方、劣化調査を行えなかった図も六点ある。これは巻末別表の最後にまとめて示している。

１）破損・劣化調査

本光寺の建築指図六八点を調べた結果、虫損、水損の大きなものがあり、大半に台紙料紙の継ぎ目の浮きや、貼絵図の平面を描いた色紙の浮き・剥落がみられた。そういった指図の保存状態を「損傷の程度」と進行の「度合い」の観点から観察し、「修補の規模と「緊急性の度合い」について、以下の五段階、すなわち、極めて良好な状態なＡランクから、著しい損傷が認められ、修補を施すべき緊急性が高いＥランクまでの五段階による評価を行った。

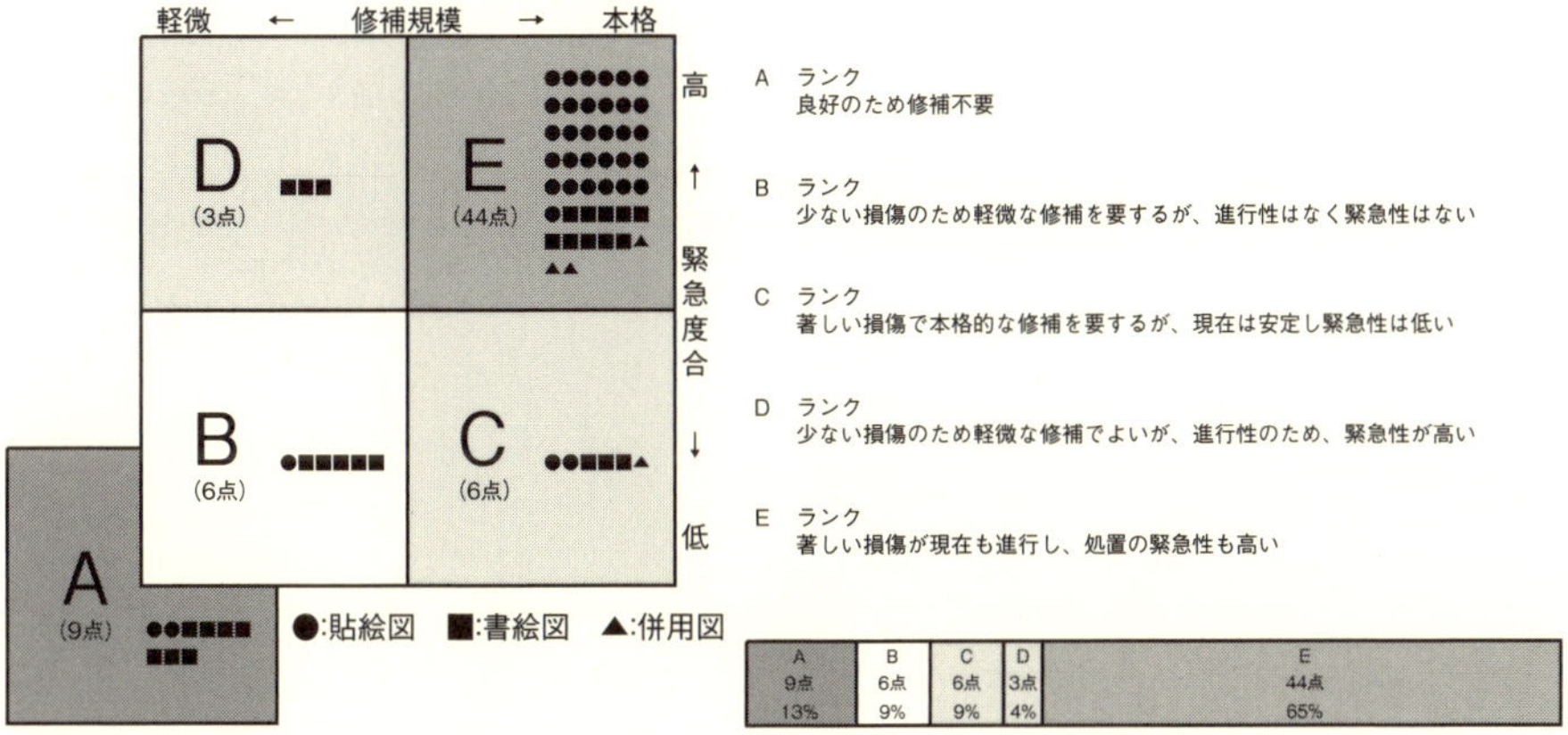

図４－４－１　本光寺建築指図の保存状態

全六八点における損傷程度の内訳は、Aランク：九点（一三％）、Bランク：六点（九％）、Cランク：六点（九％）、Dランク：三点（四％）、Eランク：四四点（六五％）となった。このうち、B～Eランクと評価した図は、何らかの修補が必要と判断されるもので、建築指図全体の八七パーセントに及んでいる。

建築指図ごとの傾向として、まず作図法では、貼絵図の九割近くがEランクに位置し、書絵図では特定のランクに偏ることなく、平均して分布していることがあげられる。また、書絵図においては、法量の小さい図ほど安定している傾向にあった。次に、作製年代では、数寄屋橋上屋敷を示す一二点（元禄四年～安政三年　一六九一～一八五六）の前後関係を比較してみたものの、古い指図ほど損傷が著しいといった傾向は見られなかった。むしろ、元禄四年～享保一七年に作製されたであろう指図の方が良好であった。

以上のような調査結果に従って、次のような修補の基本方針を定めた。

修補の範囲

D～Eランクに評価された建築指図四七点を優先して修補する。

修補の程度

作業内容は、図の開示や移動などによって、劣化の進行や情報の損失の恐れがあるものに限定して、可逆性のある必要最低限の処置（台紙料紙や平面色紙の浮きに対する糊差し、分離した台紙料紙の再構成など）とする。

また、管理する上での安全性と、輸送に伴う資料への負担を考慮し、作業は現地で行うことを原則とした。

2）指図の修補

代表的な三例をここでは紹介する。いずれも、本光寺のご厚意で本堂をお借りしての修補となった。修補の過程は、すべて、ビデオ撮影によって記録した。本書に付属するＤＶＤはそれを編集したものである。以下の解説とともにＤＶＤを参考にしていただきたい。

三例のうち、最初の「数寄屋橋上屋敷指図」（架蔵番号M1908）の修補は、単純な糊の劣化が起きていた例である。これに対しての修補は、糊差しである。糊の劣化は、どこの所蔵先における指図にもみられることで、和紙と糊で作製された指図の宿命である。単純な修補であるが、これを怠ると大きな破損につながり、バラバラになって図の一部が失われたり、残されてはいても、それがどこに貼りつけてあったのかが不明になることもある。すなわち、復原が困難になる。糊差しは修補の基本であり、最も重要な技法なのである。ぜひ、図面類を扱う司書・学芸員の方は、実践されたい。また、小さな虫損直しであれば、これも一般の方でも対応できる。この虫損直しについては、ＤＶＤの「数寄屋橋上屋敷指図」（M1908）には紹介していないので、「江戸御屋敷図」（架蔵番号M1902-1）の例を参考にして頂きたい。

残りの二例は、破損が著しい例であって、専門家がいない場合には、やってはいけない修補である。しかしながら、専門家ではなくても、修補の難しさやプロの興味深い技術などご覧いただければ、修補の世界への理解をより深めることになり、自らは修補技術をもっていなくても、専門家を含めて修補に臨む際の修補方針の決定等において、正しい判断を下すことが可能になると考えている。

本光寺の指図修補に加わり、かつ本書を著しているメンバーは、やはり修補の研究者・専門家と建築史の研究者からなっているが、建築史研究者は、糊差しや虫損直し、専門家のサポート作業はするが、ここで示す二例の最重要な作業には、ほとんど手を出していないし、出せなかった。修補の専門家は、紙の紙質を見分けることに関しても特別な訓練を受けているプロである。建築史研究者も、それなりに勉強し、実物を見て、触り、大まかな判定はできる。しかし、建築史研究者は、安易な判定を下さないと決めていた。そもそも紙の専門家が「顕微鏡写真も見なくてはわからない」という慎重さなのだから、アマチュアの考えがいかに浅はかであるかを思い知らされるのである。

まず、残る二例のうち、一例は、「江戸御屋敷図」（架蔵番号M1902-1）の修補である。大きな虫損があって、図を開くことも容易ではなかったため、修補しながら開いた結果、指図は三つの断片に分断されていた。失われていた台紙部分を新しい紙で補って、三つの断片の位置を復元し、最後に細い糊の劣化や虫損に対して、糊差しや虫損直しを実施した。

もう一例は、「江戸御屋敷図」（架蔵番号M1902-3）の修補である。これは大きな水損がある図で、折り畳まれた状態から、開くことさえ困難な状況にあった図である。最終的に残された図の本紙部分は、料紙をつなぐ糊代部分が中心に残り、飛行機の本体から幾つかの翼が延びたような形状となった。明らかに一部に限られるが、屋敷の情報は得ることができる。

一　「数寄屋橋上屋敷指図」（架蔵番号M1908）の修補過程（図4-4-2参照）

本指図は、虫損も少なく、水損は全くなく、保存状態は比較的良好であった。ただ、おそらくは江戸時代に使用して以来一度も修補を受けていないようで、糊が全て劣化しており、一度開くと、平面料紙の剥離は避けられない状態であった。糊の劣化は台紙にまで及んでいた。

目視点検の結果、本図の修補方針は次の通りであった。

1、台紙がバラバラにならないように台紙に糊差しをする。

2、その後、剥離していない平面料紙全ての糊差しをする。ただし、平面料紙下の台紙部分の観察が可能なように、一部の大きな建物を描く平面料紙については、二方向のみ糊差しをし、一部をめくると下の台紙が観察できるようにする。

3、剥離して固まっていた平面料紙や付箋の位置を、糊跡や虫喰い穴、近世における大名屋敷の建物配置に関する知見等を総合的に判断して復原する。ただし、確実な根拠がない場合には、敷地外に斜めに一部糊付けして貼る。これは、平面料紙の紛失を避け、確かにこの指図に付属するものであることを示し、かつ、貼られてはいるものの、その位置や向きは決して本来のそれではないことを明示するためである。

剥落した平面料紙の位置を検討

平面料紙や台紙糊代への糊差

平面料紙の浮きをチェックして、修補終了

図４−４−２　M1908の修補

4、以上の作業の終了後、指図をひっくり返して、改めて台紙の糊差し（本止め作業）をする。

以上の方針の下、修補を開始した。場所は、本光寺本堂室中とその左右の次の間の二室を拝借した。一度開くと、畳む際に剥離が進むため、まずは、全ての平面を剥離しないよう仮止めする作業を行い、第一次修補の間は畳まないことで片山住職の了解を得た。その間の法事は、旦那の間の持仏前で読経をして頂き、礼拝は本尊前の板の間で焼香等を行って頂いた。片山住職・檀家の方には多大なご迷惑をお掛けしたが、檀家の方には事情をお話しし、ご了承をお願いした。

本図の修補は、数次にわたり（一回七～一〇日）、計三ヶ月ほどの時間を要した。かけた人数は、回ごとに変動したが、最大一〇名程度で、複数研究者と修補の専門家（研究協力者）が、常に参加した。

以下ＤＶＤに従いながら解説する。

最初に、簡単な修補を加えながらの修補方針決定のための目視観察をする。その結果、簡単な糊差しのみで済みそうだということになったため、観察と糊差し作業と平行して作業を進めている。画面には三名しか映っていないが、周りを複数の研究者が全体的を観察したり、ＶＴＲやカメラで撮影をしている。

この程度の修補は、さらし（白布）と小さなカッティングマット、糊、刷毛があれば実行するのは比較的易しい作業である。ただし、剥離してしまった図の一部を独断で貼り込んだり、廃棄することは絶対に避けなければならない。どんな断片にも情報が詰まっている。復原的が不可能な場合で、敷地外に斜めに貼り込むスペースがないときには、袋に入れて、一緒に保存すれば良い。虫糞にも意味がある場合があり、これも別の袋に樟脳などと共に保存することが望ましい。どんな断片も紛失したりしないためにも、指図の開陳は、さらし（白布）の上で行うべきである。

本図修補の際は、当初島原で購入する予定であった白布が入手できなかったため、最初に畳に電気掃除機をかけてからカッティングマットを敷き詰めて作業し、最後に掃除機のゴミ袋をきれいにしてから、ティシュペーパーをゴミ袋の中に敷き詰めて掃除をし、ティッシュペーパーを取り出してそのゴミの中から、滑り落ちた断片等を回収した。

写真撮影は、第三章第二節の写真撮影で紹介した方法によって撮影している。本堂のふすまの前に白布を下げて、下にも白布を広げて、ゴム紐牽引法で行った。

なお、この指図の撮影には、ブローニー（六×七版）のフィルムカメラを中心に、デジタルカメラ（APS-Cサイズ）を補助的に使用した。

二 「江戸御屋敷図」（架蔵番号M1902-1）の修補過程（図4-4-3、図4-4-4参照）

本図は、島原市の調査の段階では、三つの図が一括されて一枚の指図に分類されていた。観察してみると、三枚の指図が水損・虫損等で団子状に固まっていることが明らかになり、一枚ずつに分離した。その一枚が本図である。

本図は、水損により甚大な破損を被った指図の修補例である。

指図を開く前の目視点検の結果、破損の大きな本図の修補方針は次の通りであった。

1、それまでの修補では、修補の専門家は一名、他は建築史研究者で実施していたが、大がかりな修補となるため、修補専門家を二名に増やす。

2、修補に時間を要することが明らかで、取りかかったら最低一週間は必要で、中途半端な状態で作業を止めるわけにもゆかないので、十分なスケジュールをとって修補にのぞむ。

3、具体的な作業としては、専門家二人で協力して、破壊を最小限に留めるように注意深く指図を開く。開いた部分の面から薄様紙を用いて養生や、台紙や平面料紙の剥離に対しては糊差しをする。

4、ある程度、開いたところで、その残存の状況に応じて、次の修補方法を考える。

修補作業は上記の方針にもとづき、図を開くことから始まった。

以下、ＤＶＤに従って解説してゆく。

まず、開く作業である。虫損のため台紙どうしが虫の唾液や尿、糞により密着しているので、虫損部分には鋭い千枚通しとピンセットを多用する。台紙の腰が抜けているので時間をかけてゆっくり進める。焦りは禁物である。糞と埃で手が汚れるので、頻繁に手洗い・アルコール消毒が必要になる。もちろん、手にクリームを塗った状態で扱うことは厳禁である。

開く過程で虫損によって分断しそうな台紙、平面料紙の間には、短冊状に切断した薄様和紙に薄糊を付けて貼って仮り止めしておく。仮止めは、図の裏側からだけではなく、平面料紙のある表側からも必要に応じて行った。それらは不要になったところで、水分を与えて剥がせば良い。貼るだけではなく、剥がすのが容易な点が糊の優れた性能である。また、台紙どうしの糊代の糊の劣化によって、指図がバラバラになる可能性がある場合には、その都度、糊代への糊差しを行う。同様に、平面料紙の台紙からの剥離を見つけた場合には、その都度、その位置から外れてしまわないように、平面料紙裏や台紙に糊差しを行う。

開く作業を行った結果、指図は、Ａ、Ｂ、Ｃの三つの大断片となっていることが判明した。断片と断片の間の台紙やその上の平面料紙は、帯状に虫損によって失われている。この段階で、新たに立てた修理方針を次の通りに付け加えた。

5、三つの断片をつなぐ二つの大きな帯状の台紙を新たに用意して裏から貼り付けて繋ぐ。ただし、台紙には、湿気による伸縮性を考慮して本紙と似通った紙質・紙厚のものを用意する。

6、新しい台紙に、大きな三つの断片Ａ、Ｂ、Ｃ本紙を糊付けする。この際、墨引や箆引罫のあるものについては、台紙が失われた部分も含めて、台紙全体に格子罫があったはずであることを考慮して、大断片どうしの格子罫が互いに平行や直線になり、かつその間隔は、格子罫幅の整数倍になることを考えて位置決めをした上で糊づけをする。

また、格子罫が無い指図においても、伝統的日本建築の構造的なルールとして、そういった一間や半間が基準になっていることを踏まえなくてはいけない。また、当然、位置決めには、修補する指図の描く建築に対しての建築史的な知識が必要で、それも合わせて考えなくてはならない。

以上のような作業内容となるので、ここでは物差しや三角定規などを用いる。

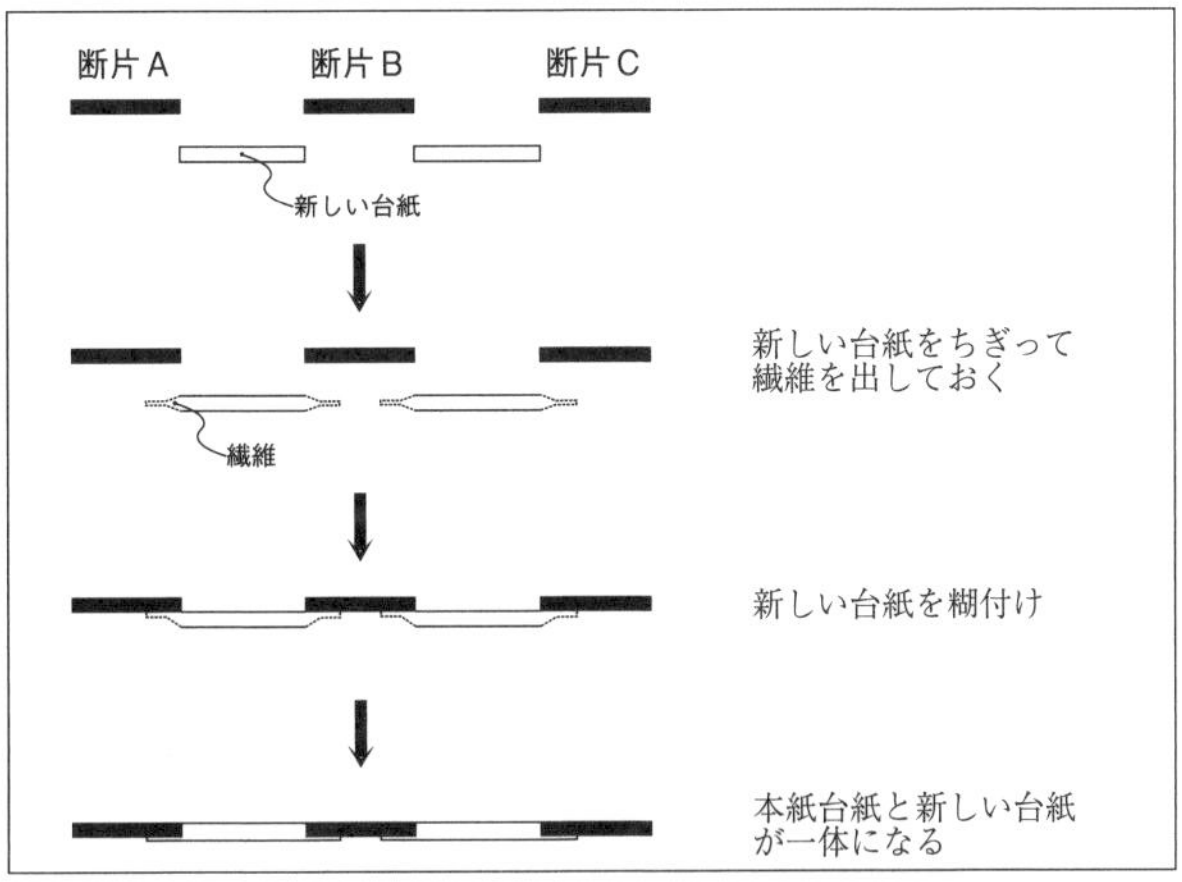

図4－4－3　M1902－1　修補における、新しい台紙の補い方（模式図）

7、新たに貼りつけた台紙と本紙の部分は、紙が重なり合って厚くなるので、図の裏側からの新しい台紙部分に、霧吹きや筆で水分を与えた後、印刀やピンセット、素手で台紙の繊維を掘り出すようにして削り取り厚さをそろえる。裏側から水分を与える際には、やや指図を持ち上げて、表からライト光を当てて、本紙の位置を確認している。

ここでの作業は、喰裂き《くいさ》（二〇八頁で詳述）と同様に両方の紙が繊維で繋がり、厚みは本来の本紙と同じになるようにすることが目的で、本来の台紙のストレスを弱め、本紙台紙裏の情報を後世にしっかり見える状態にしておくという理由がある。

8、以上の作業の終了後、指図をひっくり返して指図の表を上に向け、改めて台紙や平面料紙の糊差し（本止め作業）をする。

このような方針に基づいて作業を進める。

新たに台紙となる用紙は湿気による伸びを考慮して、紙の繊維方向を、本来の指図の本紙の繊維方向と揃えて貼る必要がある。

指図表面の糊差しは、先の「数寄屋橋上屋敷指図」（架蔵番号M1908）や「江戸御屋敷図」（架蔵番号M1902-3）とも同じである。

虫損直しは、虫穴の周りに筆等で糊を塗った後、本紙と同じ厚さか、やや薄めの和紙を当て、不要な部分に印刀を当てて、繊維を出すようにしてちぎり取る。穴がやや大きい場合でも同様であるが、新しい和紙の繊維の方向は、本紙の繊維の方向と揃えるよう注意しなくてはならない。

最後に、大断片を繋ぎ合わせるときに使用した新しい台紙を、本来の指図の台紙に合わせて切断する。このときにも決して、本来の図の台紙を切り取ったりすることのないよう気を付ける必要がある。

なお、修補の際には、原則的に金属製の指輪やブレスレット・時計ははずして作業したい。プラチナ製のあまり凹凸のないもの

1．展開開始

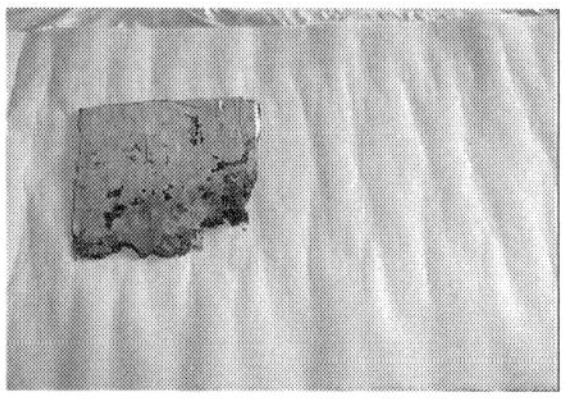

展開開始

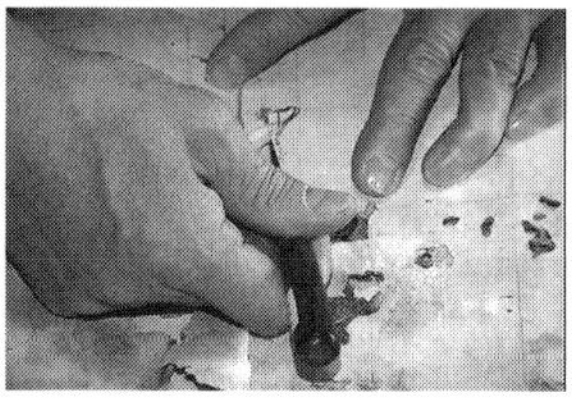

虫損部分などには千枚通しを使用する

虫損で破断しそうな部分の仮止め用の和紙をちぎる

ちぎった和紙に糊付けする

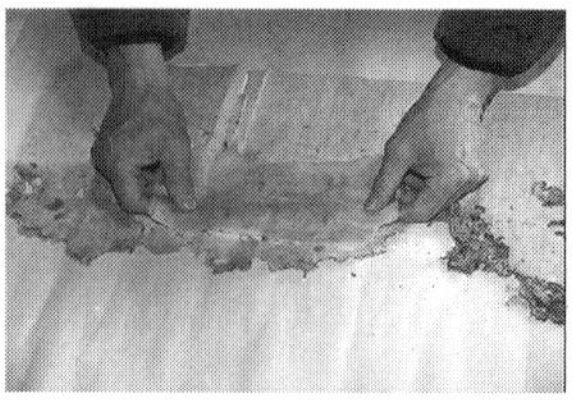

ちぎった和紙を指図に糊付けする

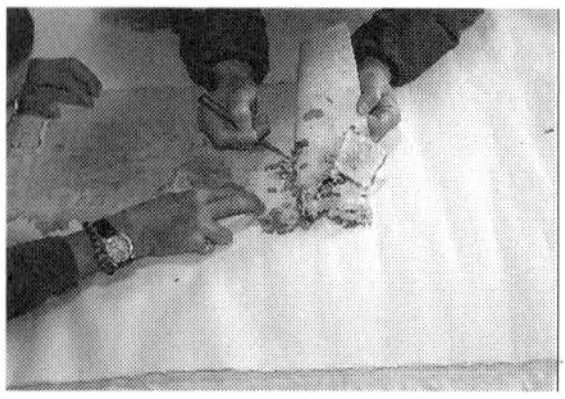

仮止めをしながらさらに展開する

大断片ＡとＢ・Ｃに分離

2．大断片Ａの展開

大断片Ａの剥落した断片を貼付けする

断裂しそうな部分をさらに和紙で仮止めする

さらに展開

大断片Ａの展開完了

図４－４－４　M1902－１の修補過程

3．大断片Ｂ・Ｃの展開

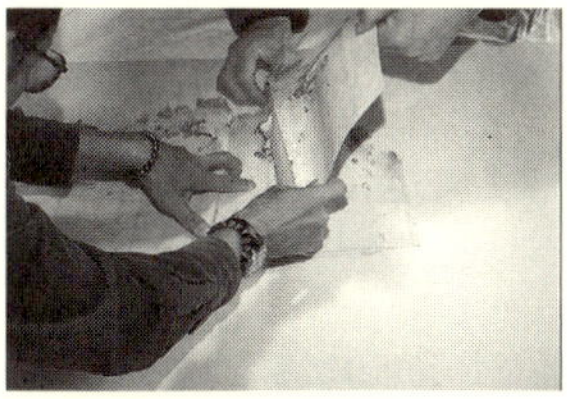

大断片Ｂ・Ｃの展開をする

大断片ＢとＣを分離

大断片Ｂを展開する

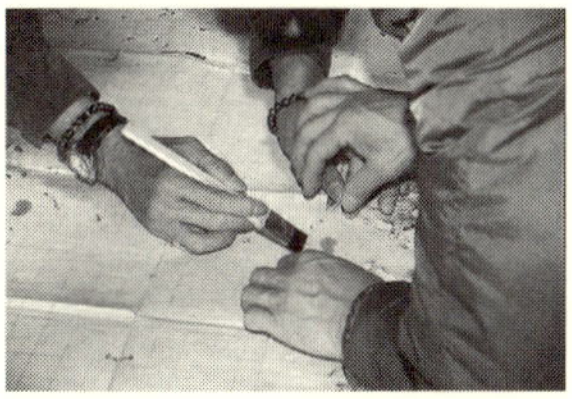

大断片Ｂの糊代に糊差しする

大断片Ｂの展開完了

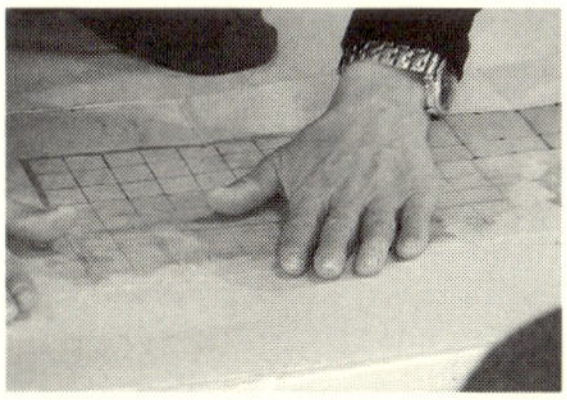

大断片Ｂの断裂しそうな箇所は和紙で仮止めする

4．大断片Ａ・Ｂ・Ｃをつなぐ台紙の糊付け

同様に大断片Ｃを展開後、Ａ・Ｂ・Ｃをつなぐ台紙に糊を付ける

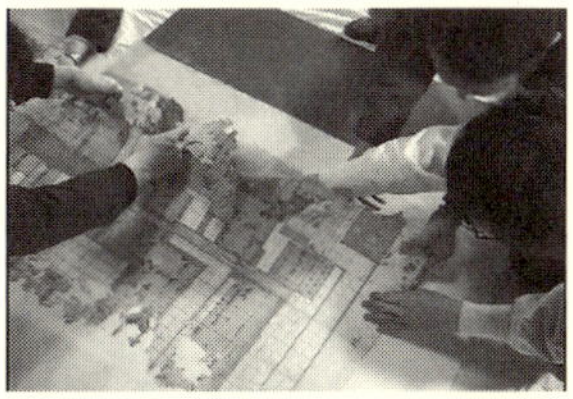

大断片に台紙を糊付けする

大断片間の位置は格子罫を考慮して、物差で距離を測って正しく決める

さらに次の大断面を糊付けしてゆく

断片の位置は格子罫をたよりに物差のほか、三角定規で平行や直角を確認して決定する

台紙に糊付けをする

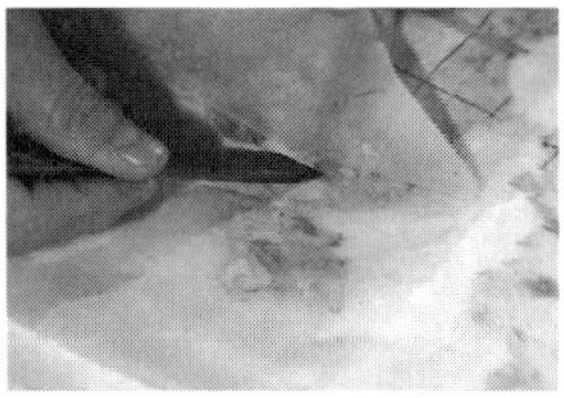

印刀などを使い仮止めの和紙を除去

指図を裏返しにする

本紙の裏側部分の台紙に筆で水分を与える

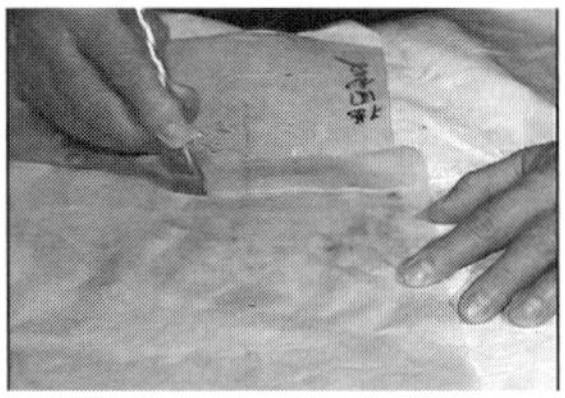

印刀で、本紙裏の台紙繊維が出るように削り取る

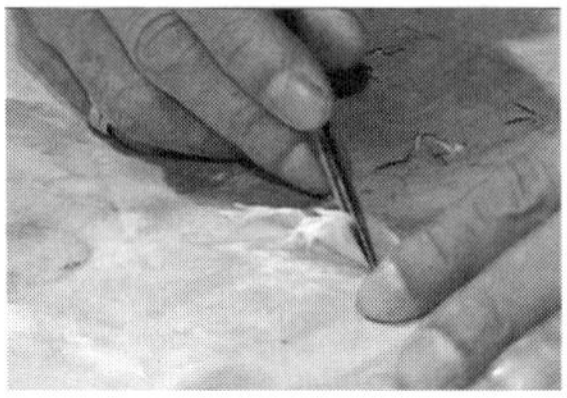

ピンセットを使用して剥いでゆく
本来の台紙と新しい台紙が一体になり、同じ厚みになるようにする

5．虫損直し

虫穴周辺に筆で糊を塗る

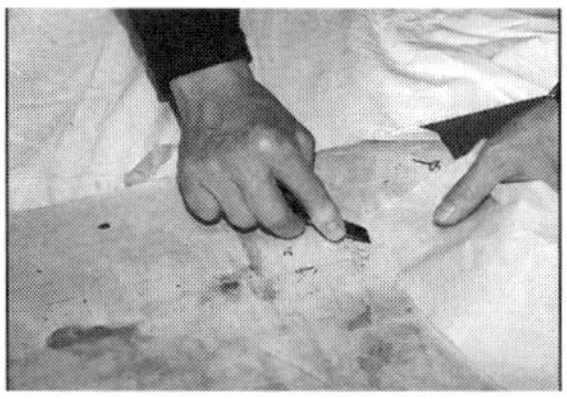

虫穴に和紙を当てて、不要な部分を印刀で繊維を出すようにしてちぎる

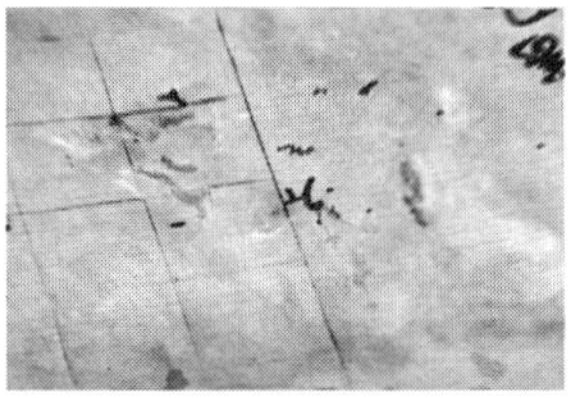

虫損直し完了　和紙は、台紙と同等かやや薄い和紙を使用する

大きい虫損直し

穴の周辺に糊をぬる

穴の大きさにちぎった和紙を付ける
和紙の繊維の方向は本紙に揃える

新しく当てた和紙の余分な部分は印刀でおさえて、手で引っ張って繊維が出るように削り取る

6．指図全体の微調整

全体の微調整をする
貼紙の浮きに糊差する

新しい台紙を本紙の台紙に合わせて裁ち落して修補完了

は、そのままでもよい。ＤＶＤ中では修補の専門家が腕時計等をしている場面もあるが、それも専門家だからこそ許される面があって、一般にはお勧めできない。ただ、専門家はわざと利き腕である右手に腕時計をしていたことにも注目して頂きたい。また、爪が長すぎるのはよくないが、爪先や爪の上面は、修補時に使用することもあるので通常より長目くらいが便利である。

作業の最後に、修補が終わった指図を写真撮影するのは他の指図と同様である。

三　「江戸御屋敷図」（架蔵番号 M1902–3）の修補過程

（図4–4–5、図4–4–6参照）

本図は、「江戸御屋敷図」（架蔵番号 M1902–1）と共に二枚の指図が一括されて一枚の指図として分類されていた。

水損がひどく、そのままでは開くことは全く不可能であった。紙が腐り、半分ほどが欠損していることも観察により判明した。また、虫損も見られた。

修補の方針は、「江戸御屋敷図」（架蔵番号 M1902–3）と同様に大掛かりとなるが、基本は同じで、修補専門家二人で注意深く図を修補しながら開いた上で、その後の修補方法を考えることになった。

開いた状態で判断した方針は次の通りである。

1、本来の台紙は欠損が大きく、残された指図は、二つを合わせると、H型を成すようにA、B二つの大断片として残されていた。台紙は用をなさないので、新しい大きな台紙を用意し、その上に復原、糊付けする。ただし、これは裏打ちではない。復原後、本来の台紙が残されている部分については、新しい台紙部分に指図裏側から水分を与えた上で、印刀で削りとる、あるいは大きい部分については手でちぎりとり、指図として紙厚が一定になるようにする。

2、虫食い穴は出来ればそのままにしたいが、本図の場合最小限の補修をする。虫食い穴をふさぐ和紙は、あえて本紙に似た色の紙を採用せず（色合わせをせず）、虫損直しが明らかになるようにする。後は通常の糊差しを行う。

以下具体的にＤＶＤにそって解説する。最初の画面はゴミや汚れを落とした状況を映している。

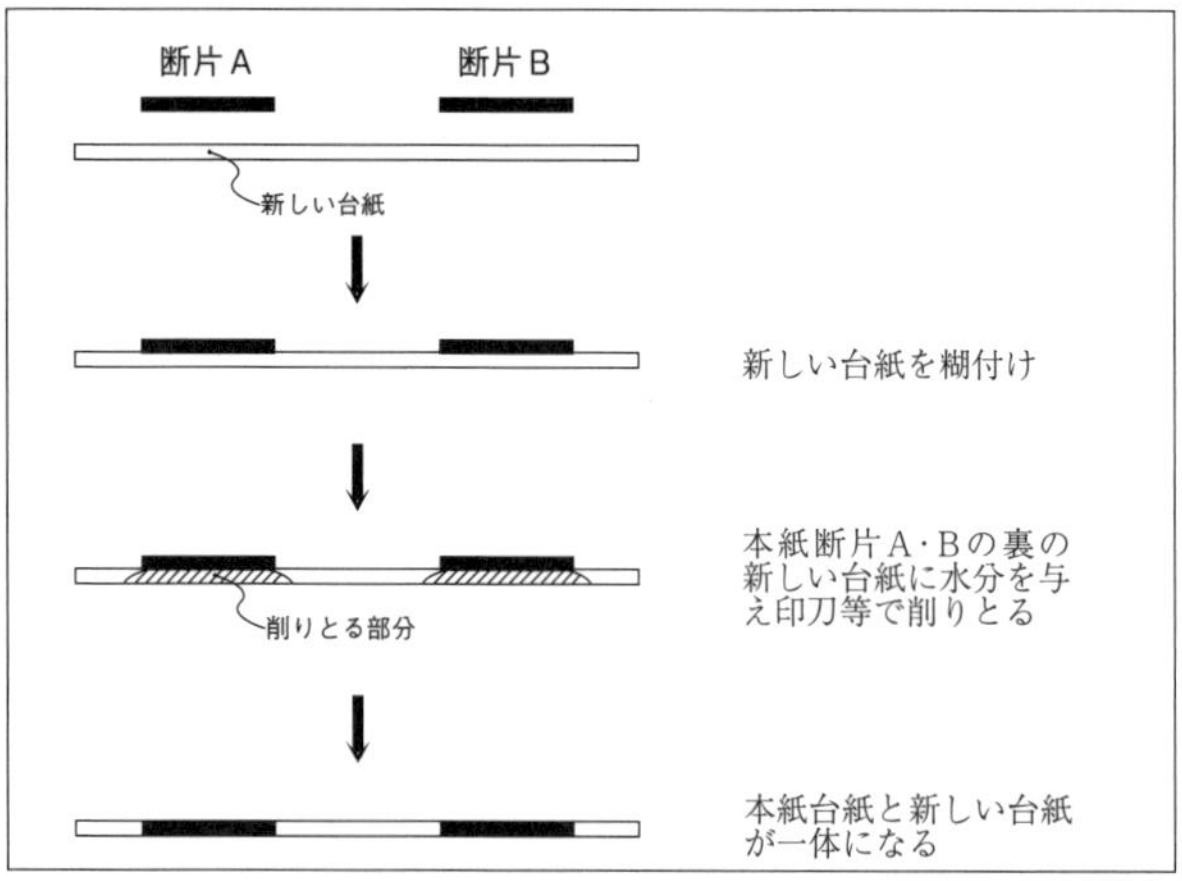

図４－４－５　M1902－３　修補における、新しい台紙の補い方（模式図）

指図を開くときには、ピンセット・千枚通しを使うが、基本は素手で開く。ここでは、ピンセットは先細のものと、滑り止めの付いた先丸のものを適宜使い分けている。開いた指図は、指図の谷や山になる折れ目が残るものの、折れ目の中が欠損したH型、あるいは飛行機状の大断片となった。

次に新しい台紙を作製する。台紙づくりは、規格化された和紙の隅の繊維を出す喰裂（くいさき）という作業に始まる。方法は、まず映像にある通り、水を浸した刷毛を定規に沿って和紙に水分をしみこませる。厚い和紙は簡単には水を通さないので、骨篦を使って和紙下面まで十分に濡らす。これによってフェルト状に組み合わさった和紙の繊維がほぐれやすくなるから、手でちぎって繊維を露出させる。これを四角い台紙料紙の四面について行い、必要な台紙の大きさ以上になるよう糊付けして継ぎ合わせる。予め出しておいた隅の繊維は互いに絡まって、漉き直しのようになる。糊代の幅は六㎜（二分）程度とする。余り幅が広いと、折りたたむ際に障害となり、狭すぎると剥がれやすくなる。継ぎ合わせた台紙は、一晩おいて糊を十分乾かす。

第四節　建築指図修補の実際（DVD 参照）

1．展開および分断作業を開始

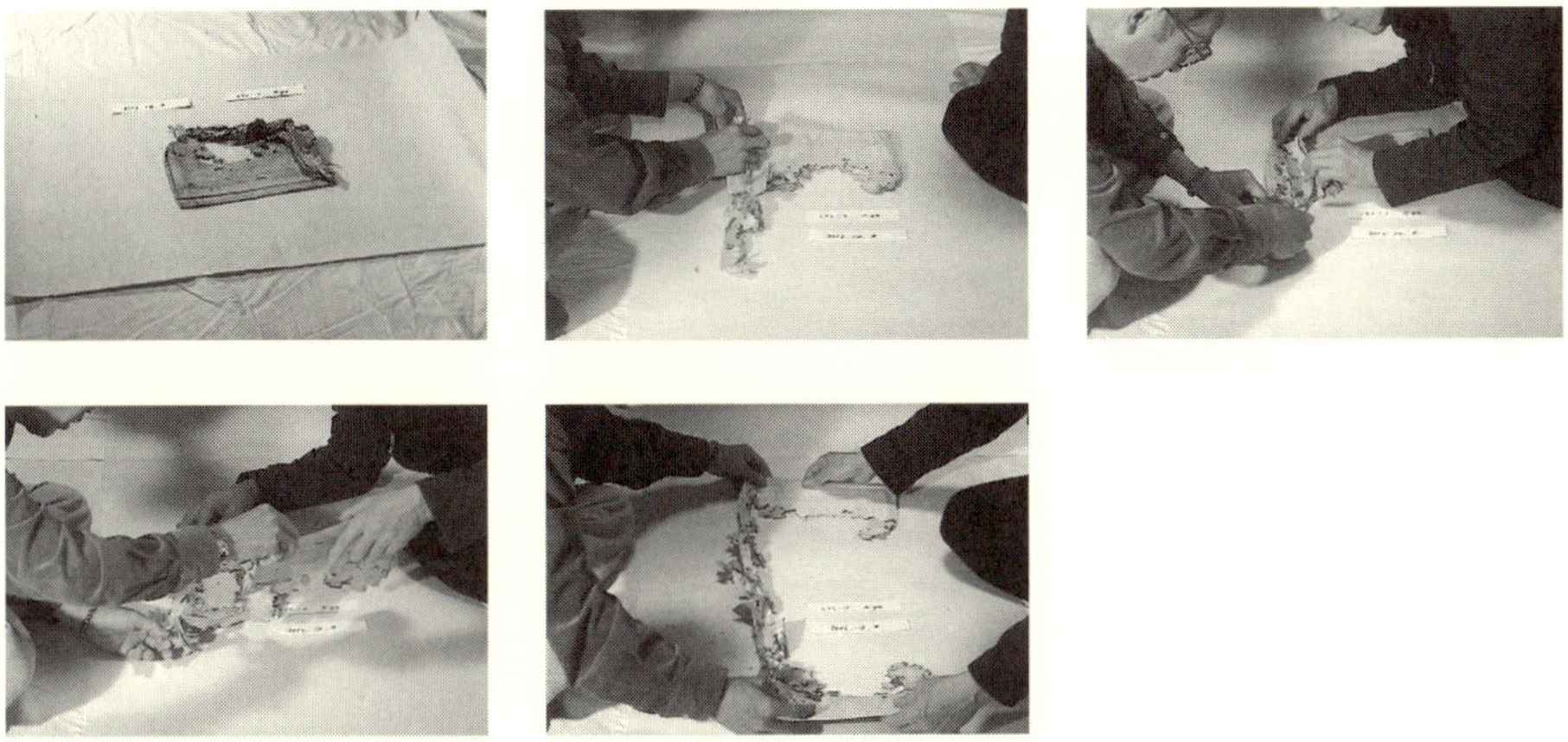

断片ＡとＢを分離

図４－４－６　M1902－３の修補

広げたＡ、Ｂ二つの大断片は、一間幅を示す格子罫を目安に、当初通りに仮置きする。断片は、建物が描かれていれば建築史的知見で位置決めをし、全体を予め薄糊を塗った薄様紙で仮止めする。断片は、得られる情報（格子罫や形状）を頼りに、小パーツを継ぎ合わせ次第に大きくする。最後に、ジグソーパズルのように、これらのパーツを全体の中に配置し、仮止めをする。その際も養生用薄様紙を使用する。

位置決めが終わったら、上から養生用の薄紙を載せ仮止めをし、乾かしてから、先に作製しておいた厚様台紙上に載せて糊付けする。最後に養生薄様紙を湿らせて剥がす。

大きな断片については以上である。

本指図では、水損が著しく、開く際にはいくつかの小断片も出てきた。それらの本来の位置は、簡単には復原できない。中には、台紙に文字がみられるものもある。ＤＶＤにもあるが、おそらく「桜田屋敷」を意味する「桜」の文字が記された断片もあった。それらの情報は、この指図の歴史的価値を左右する情報であるから、小断片とはいえ、十分な修補を施して、一括して保存する必要がある。水損のためにそれらの断片の台紙そのものは、ふやけて極めて弱くなっている。これらもそれぞれ十分な補紙をいれて補強し、保存している。

最後に再点検をして完成である。

このような大修理は、多くの専門家の意見を総合して行う必要があり、素人は触らない方が良い。もしご要望があれば我々のチームがご相談に応じる。

2．大断片Ａ、Ｂの展開作業

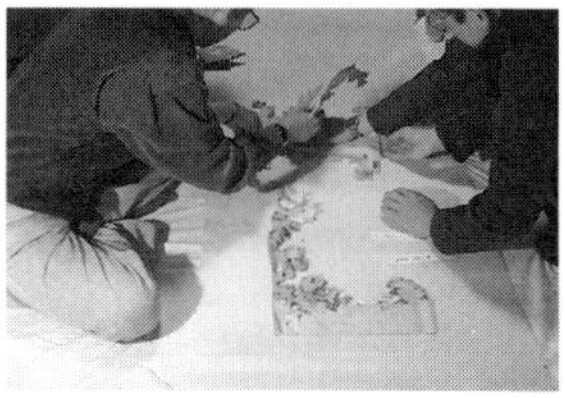
大断片Ａを展開する

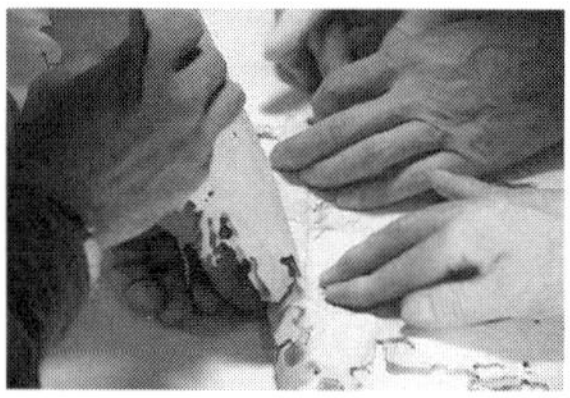

断片Ａを表にひっくり返す

断片Ａを千枚通しで展開

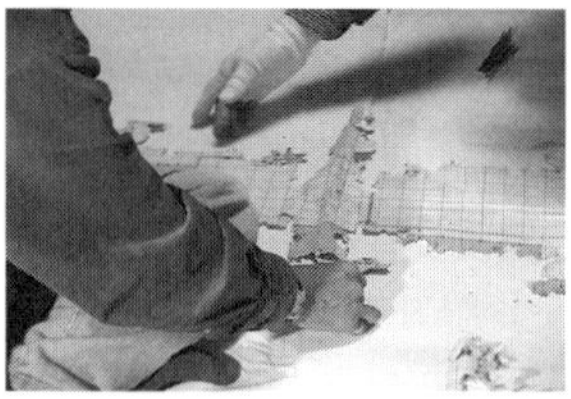
断片Ａの展開終了

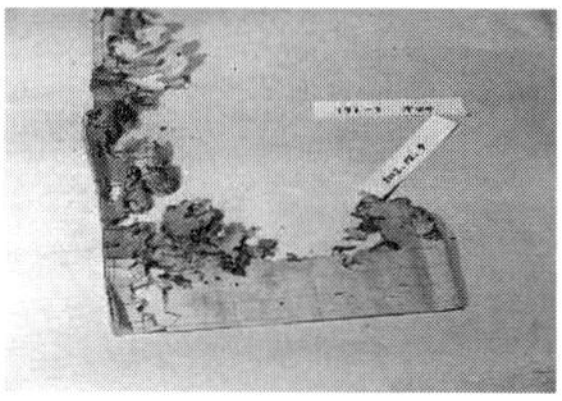
大断片Ｂを展開する

断片Ｂの繊維の絡みを解す

断片Ｂの展開完了

3．喰裂をつかって台紙をつくる

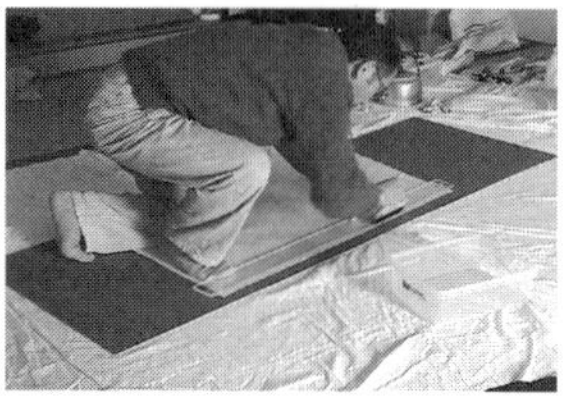
紙に糊付けをする

ヘラ押しで水をしみこませる

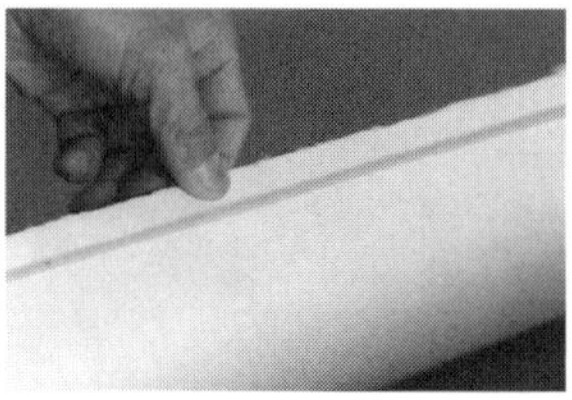

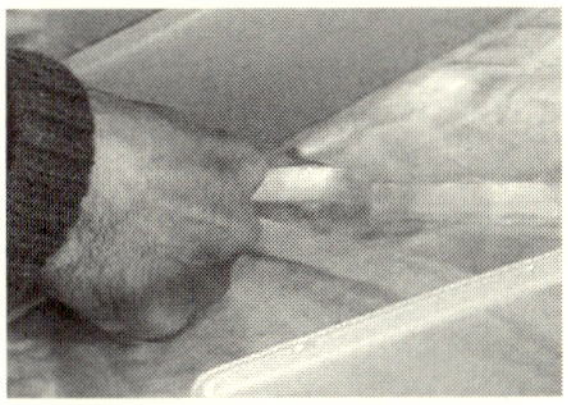

手でちぎる（喰裂）

紙に糊を付ける

貼り合わせ、4 枚継いで台紙の完成

4．台紙に糊付けする

表に貼った養生紙をはがす

新しい台紙の上で物差を使って位置決め

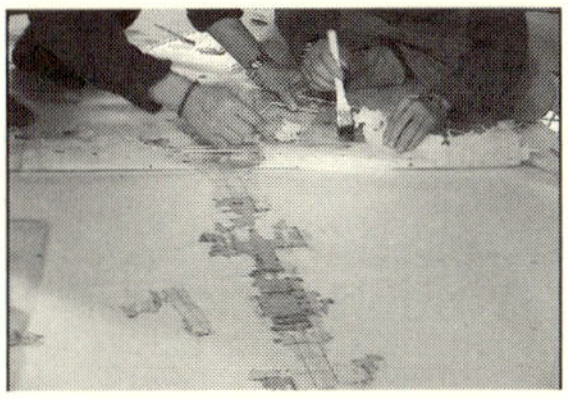

位置を調整して糊付けする

格子罫のつながりに気をつけて貼り付ける

糊を付け終わったら裏返して、本紙のある裏側の台紙部分にハケで水分を与える

位置を調整して糊付けする本紙下の台紙は印刀や手ではがす

細かい断片の位置決めればほぼ完成

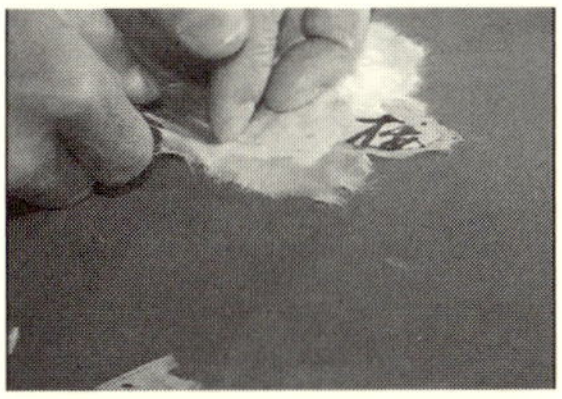

残った小断片を養生し保存

第五章　建築指図の取り扱いと保存の方法

第一節　建築指図の取り扱い

指図には、「一枚指図」「小指図」等と呼ばれる小さいものから、畳一二畳分ほどの大型の図まであって、一概にその取り扱い方を述べることは難しい。図の大小に関わらない注意点としては、以下の三点を列挙することができる。

一　指図に触れる際の注意点

通常、博物館学の教科書では、資料は白手袋をして扱うと記されているものがある。しかし、白手袋は滑り安く、資料を落として破損してしまうおそれがある。また、指先の感覚が伝わりにくいため、例えば書籍などのページをめくる際等に破いて破損させる恐れもある。実際その種の事故が絶えないこと等から、最近の現場では、特別な場合を除き、手袋はせず、素手で扱うことが奨励されて来つつある。

もちろん、素手といっても、手に汚れが付いていたり、油ぎっていては、資料汚損の原因になる。手は事前に良く石鹸で洗いし、アルコールスプレーを手にかけて殺菌することが重要である。当然ながら、クリーム等を塗った手で扱うことは厳禁である。

また、史料の閲覧や修補が長時間にわたる場合には、途中でこまめに手を洗う必要がある。

指図の扱いも同様で、披見の際も、修補に当たっても、素手が原則である。手の感覚は重要であり、爪は道具にもなる。

以下に、修補済みで開陳可能な指図の閲覧の際についての注意点について述べる。

二　閲覧場所

小さな建築指図は、きれいに拭いた閲覧机の上でも十分開くことができる。一人で閲覧して、閲覧後は、基本的には元のように畳めば良い。

しかし、畳み一畳を超す大きさの図については注意を要する。まず、建築指図が机を幾つか並べて載る大きさであれば、ＤＶＤの畳み方を参考にして、それとは逆の手順で、開いてゆく。このとき、一人ではなく、必ず複数人で図を扱うことが大事である。無理をして一人で開こうとすると、図の破損につながる。

それ以上に大きな建築指図になると、机上で開くのは困難である。所有者・管理者にことわって、広い場所を確保してもらう。出来れば板床か畳敷きが良く、それが無ければ、Ｐタイル・コルク・絨毯敷きが好ましい。畳みや板床（ワックスがかかっていない場合のみ）の場合は、よく電気掃除機・箒等で掃除をし、雑巾で乾拭きしてあれば、その上に指図を直接置いて開いても特に問題はない。しかし、畳のほつれや板のケバ等に引っ掛かり図を傷つけるおそれもあるから、白布を敷いた上で開く方が安全である。

図を開く際には、破損をさけるために十分な人数でこれに当たる。人数は一概には言えないが、一ｍ毎に一名程度の配置を目処として欲しい。これは、コルクや絨毯敷きの場合も同様である。大きな図を閲覧する場合は極めて慎重に、開陳の人間が息を合わせてゆっくりと、指図にストレスがかからないように開いてゆくことが大事である。

三　開き方・畳み方

建築指図には、本来の畳み方とは異なり、間違った畳み方になっているものがしばしば見受けられる。

図を開く際には、まず畳み方の状態を観察し、メモを取りながら開陳する。もし裏打ちなどの際に間違った畳み方をされたのであれば、開陳閲覧後、メモに従って元のように畳む。

もし前の閲覧者が間違った畳み方をしたことが明白にわかり、元の折り目がはっきりとわかる際には、所有者・管理者に立ち会ってもらい、理解・許可を得て、元の折り方に戻すことが好ましい。しかし、許可が出ない場合や、元の折り方の確証が得られない場合は、メモに従って、開く前の状態に畳み直す。

第二節　建築指図の保存方法

一　収納の形態

・装訂と包材

建築指図に多く見られる装訂は、折本である。折本（または帖装本）とは、複数の和紙を継いだ大面の指図を垂直方向に一定の間隔で山・谷・山・谷と蛇腹折りにし、細長く折り畳まれた指図を次は水平方向に山・谷・山・谷と蛇腹折りにし、縦横が概ね一尺以内に収まるように畳んだものをいう。また畳まれた状態で上面と下面に厚紙の表紙をあてがい、表題を記したり題箋などを貼る。したがって、広げた際は、指図裏面の左端ないし右端の上下に厚紙の表紙が配されることとなる。一方、一枚物または小指図などと通称される小規模な指図においては、折本にはせず、広げたままか二つ折りにする。

これらの折本や一枚物の指図は、反故紙（書き損じや用済みの指図など）によって封筒状の袋を作製し、区分けされたり、整理される場合が多い。そして帙さらには長持や慳貪《けんどん》に収め、土蔵などの収蔵施設に保管するのが伝統的な資料管理の手法であった。こうした整理と保管の方法は、明治から大正の頃まで続いていたものの、洋紙の普及に伴い、反故紙で作っていた袋は封筒に替わり、長持や慳貪は段ボール箱へと変わっていく。

建築指図を研究目的で利用する場合、または建築指図の保管に関わる当事者となった場合、管理者の責任として概ね以下のような点への留意が必要となる。

二　収納に使用する用紙

・包材の用紙と収蔵管理

資料の収蔵に際しては、その資料を入手または引継いだ際の仕分けや区分に従うことが原則である。しかし、資料の多くは、段ボール箱や茶封筒に収納されているため、収蔵庫での管理に適さない。そこで現状の分類を維持したまま、中性紙製の包材などに移動させる必要があり、大きくは次のa・bの二通りが考えられる。なお、資料を新しい包材に移し替えた後も、当初の包材を付属品として別置保存することが望ましい。

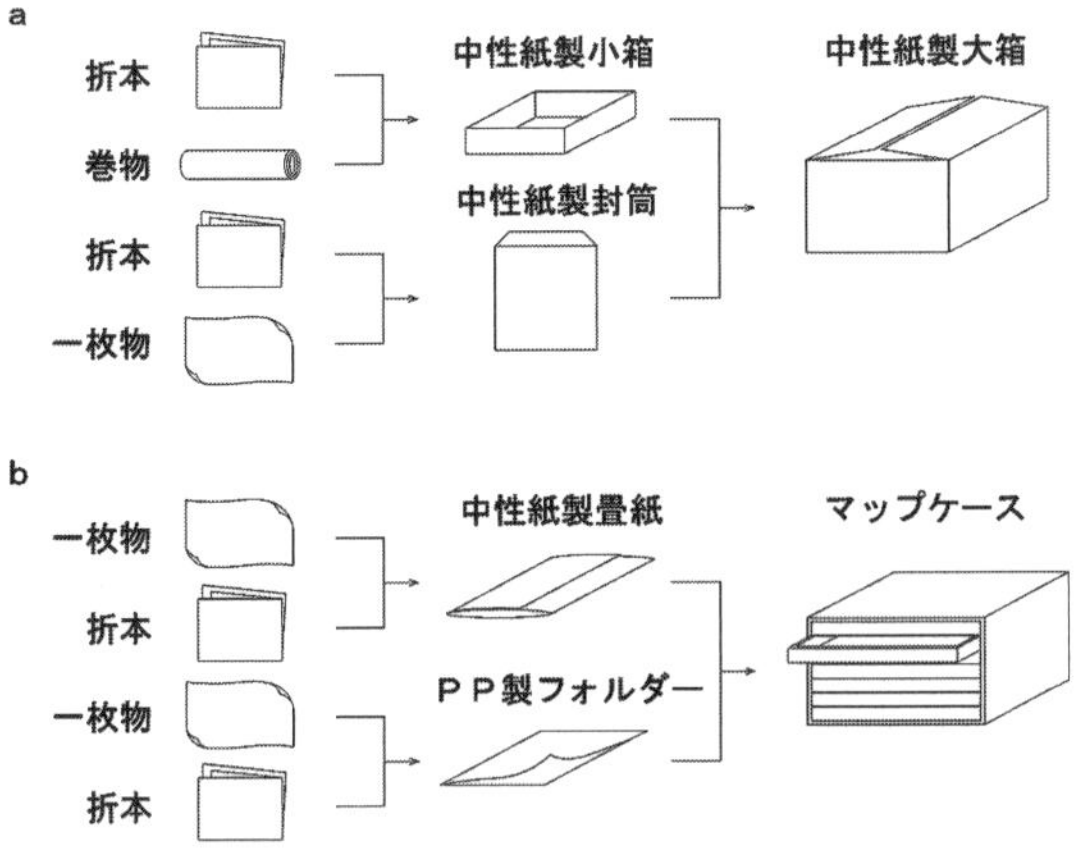

a　資料における一定の括りごとに、大きさを統一した中性紙の封筒、帙、箱等に収納する。出納、閲覧は若干不便だが、安価で収蔵庫内の占有面積が少ない。

b　各資料を一点一点広げ、中性紙製の畳紙やポリプロピレン製のフォルダーに挟み、スチール製マップケースに収納する。出納、閲覧には便利だが、一定の費用と収蔵庫内での面積を要する。

中性紙とは、填料やにじみ止めの固着剤に酸性物質を使用していないものをいい、ややアルカリ寄りのphを示す。ただし、書絵図において、染料や顔料による着彩が施され、変色や褪色などの化学変化が見られるような場合には、無酸または無アルカリ紙を用いる。また、直接紙面に触れるような部分には、美濃紙の薄様を用いるなど、工業製品である中性紙と伝統的な和紙を組み合わせ、適切なハウジングを選択することが必要である。

・保存措置・複製

建築指図はその出納と開陳が難しいことから、整理作業と並行し、複製による記録管理を進めることも必要である。一般的な複製方法には、マイクロフィルム（図面の場合は三五㎜幅ロールを使用）や大判フィルム（六×七㎝、四×五インチ、八×一〇インチ）による撮影が挙げられる。これらのフィルムは周辺機器の発達で、効率的に電子画像化ができるようになってきている。さらに直接電子画像化する方法として、デジタルカメラでの撮影、自走式スキャナーによる入力等も一般化してきているがまだ高価である。

三　保存庫に求められる条件

・従来の収蔵施設

家財や美術品を安全かつ長期間にわたり保管するため、我国では伝統的に「土蔵」が用いられてきた。土蔵とは、木骨と土壁で構成された耐火構造物のことで、古くは「春日権現霊験記」に描かれるなど、鎌倉時代より存在していたとされる。屋根や開口部の形状、左官の仕上げなどは、地域性や目的によって大きく異なるが、耐火および断熱性に優れ、内部に露出する木材は調湿の役割を果たし、高く設けられた床は地面からの湿気を防ぐといった点は、多くの蔵に共通する特徴である。

土蔵に家財や美術品を収納する利点は、火災から守ることばかりではない。室内の温湿度が年間を通じて緩やかに変化するため、モノにかかる負担が少ないということも大きな利点である。

気温および湿度の著しい変動は、僅かではあるが糊や顔料といった素材に膨張と収縮をもたらす。そのため外気の影響を受けやすく、一日の間で温湿度に大きな変動が生じるような環境においては、その変動に応じて膨張と収縮が頻繁に生じ、亀裂や破断などの劣化を招く。その点土蔵の場合は、壁が厚く適度な空気層も含んでいるため、外気や日射の影響を受けにくく、昼夜間にわたる温湿度変化（日変動）が少ない。もちろん土蔵とはいえ、室内は空調機を導入していなければ、昼夜を問わず冬は五℃以下、真夏は三〇℃度以上といったことも珍しくない。外気の影響を受けにくい室内では、夏場に向けて徐々に温度が上昇し、冬場にかけてまた徐々に温度が下がる。そのため半日や一日といった短い間に温湿度の変化が生じることはなく、資料の頻繁な収縮が引き起こされることはない。

・現代の収蔵庫

本来歴史資料や美術工芸品は、こうした環境の中で何百年にもわたって保管されてきたのであるが、近現代に設けられた収蔵施設の多くは、独立した蔵であれ、展示施設に併設されたものであれ、耐震性と耐火性に主眼を置くために鉄筋コンクリートや鉄骨を躯体とし、空調管理など科学的手法の導入によって恒温恒湿を維持しようとするものである。そのため資料が存在する限りは、永久に電気やガスの供給によって、空調管理を続けることが必要となる。しかしながら二四時間の空調機稼動は、運用において多大な費用負担を強いることとなるため、多くの施設では、昼間時のみの運転とし、昼夜の温湿度差を軽減するにとどめているのが実情である。

現代において美術工芸品や歴史資料の収蔵施設に土蔵を設けることは、資材の確保や費用の点からあまり現実的とはいえない。しかし鉄筋コンクリートや鉄骨を躯体とした場合であっても、断熱材や空気層が適切に設けられていれば、土蔵と同程度に室内の温湿度変位を小さくすることも可能である。現在でも空調機を導入せずに収蔵品の保管を行っている機関は存在する。著名なところでは宮内庁書陵部など、近年に設けた鉄筋コンクリート造の収蔵庫でありながら空調設備を導入しておらず、年間を通じた緩やかな温湿度の変化に任せている。

・収蔵庫の環境

収蔵庫の環境については、建築指図のみに要求される特別な要素はなく、一般の文化財と同様の環境でよい。建築指図自体は、糊で継いだ和紙、墨および若干の染料・顔料といった比較的簡素な素材によって構成されており、他の歴史資料や器物と比べ、特殊な材料や形状を持つものではない。また多くの資料保存機関において建築指図を単独のコレクションとしている例はなく、他の家伝資料や藩政資料の一部に含まれている場合がほとんどである。そのため保管にあたっては、書跡や日本画と同様の環境・条件を付せば概ね良好といえよう。結露に備え、資料を配架する際は床や壁から離すといった一般的な心掛けや工夫があれば充分である。また希に一辺が三mを越えるような大きな指図が含まれることもあるため、それを広げられるだけの閲覧スペースの確保ができれば一層望ましい。

なお、温湿度に関する具体的な数値については、統一的な指標はないものの、重要文化財を対象とした公開時の保管環境について、文化庁より指標が示されており、参考として転載する。

【参照】「国宝・重要文化財の公開に関する取扱要項」（一九九六年七月一二日　文化庁長官裁定）抜粋

温湿度の調整

温度は摂氏二二度（公開を行う博物館その他の施設が所在する地域の夏期及び冬季の平均外気温の変化に応じ、季節によって緩やかな温度の変動はあっても良い）。相対湿度は六〇パーセント±五パーセント（年間を通じて一定に維持すること）を標準値とする。ただし、金工品の相対湿度については、五五パーセント以下を目安とすること。

まとめ

まとめ

島原市本光寺蔵の深溝松平藩指図を使っての、指図修補の実際を見てきたが、指図を所蔵・寄託されている機関の司書・学芸員の方は、常日頃閲覧申請のあった指図や、軽度の糊剥がれで閲覧停止になっている指図に対し、糊差しを行っていただき、研究者に対しなるべく多くの指図を閲覧できるように努力していただきたい。また、展覧会等に出品する場合も同様である。

もちろん本書の中で述べたように、すべての閲覧者に図面類そのものを見せる必要はない。紙焼きした写真やコンピュータ画像で十分間に合うことも多いのである。しかし、紙そのものや、線をどのように引いているか、箆線や針穴・小刀による穴などを探そうとしたら、それらでは無理である。図面類そのものを見なくてはできない研究には、見せることを惜しまないで欲しいとのお願いである。

さらに、本書がきっかけになり、出来るだけ多くの図面類が修補されることを望んでいる。指図は、作製された時点から劣化が始まる。しかしそれは、コンクリートの建物のように最後は壊すより仕方が無いものとは違い、伝統的木造建築（江戸時代までの技術によって建てられた建物）のように、メインテナンスを繰り返し行い、注意して保管されていれば、千年は十分に残りうる文化財である。それを支えるのが我が国の誇る修補・保存の技術である。このことは、正倉院に残る和紙を使った品々の存在が証明している。

指図はまた、研究史料としてだけではなく、鑑賞するのにも値する美術品でもある。白い台紙に黒い墨の線・文字、そして平面を描く様々な色の料紙は見事な色彩のコントラストを見せる。もちろん技術資料としても世界に誇るべき存在である。

図面類の概要や修補を知っていただくとともに、より図面類を身近なものとして捉え、様々な価値を見出していただけるならば、それは著者らにとって望外の喜びである。

なお、今後、指図に使われた料紙や作図技法・描法に関しての研究成果を、『近世建築指図の総合的研究』の一巻・二巻として順次出版する予定である。

最後に、本光寺を始め、指図類の閲覧機会を与えて下さった、諸機関・寺社・個人の方々に感謝の念を申し述べる。

附

研究組織（代表者・分担者・協力者）

後藤久太郎：宮城学院女子大学・学芸学部・教授（研究分担者）
伊東　龍一：熊本大学・大学院自然科学研究科・教授（研究代表者）
吉野　敏武：元　宮内庁書陵部・図書課修補係・修補師長（研究協力者）
斎藤　英俊：東京芸術大学教授、後、東京文化財研究所・筑波大学教授・京都女子大学教授（研究分担者）
吉田　純一：福井工業大学・工学部・教授（研究分担者）
櫛笥　節男：元　宮内庁書陵部・図書課出納係・（研究協力者）
松井みき子：宮城学院女子大学・学芸学部・副手（研究協力者）
山口　俊浩：文化庁　文化財部　美術学芸課　美術館・歴史博物館室　審査係・文部科学事務官（研究協力者）
木村　充伸：熊本県教育庁施設課（元　熊本大学大学院自然科学研究科大学院生）

執筆分担

第一章：後藤久太郎
第二章：後藤久太郎、吉野敏武、伊東龍一
（『中井家文書の研究内匠寮本図面篇』第三巻（一九七八年）の「延宝度の指図について　作図にあたった棟梁と作図時期」の再録にあたっては、著者である平井聖の御了承、御協力を得た。また、出雲大社の建築指図作製の時期については、元熊本大学大学院生・江島智子の協力を得た。）
第三章：伊東龍一、山口俊浩、後藤久太郎
第四章：木村充伸、伊東龍一、後藤久太郎
第五章：山口俊浩、後藤久太郎

まとめ：後藤久太郎

図版およびＤＶＤ作製協力
熊本大学工学部日本建築史研究室
小松至恩・宮下香奈・江島智子・高尾あゆみ・幾島健・渡邉慎也・山崎洋平・境香織

既発表論文
後藤久太郎・斎藤英俊・吉田純一他
『中井家文書の研究　第一巻～一〇巻　内匠寮本図面篇　一～一〇』中央公論美術出版、一九七六年～一九八五年

木村充伸・伊東龍一・後藤久太郎・斎藤英俊・吉田純一・山口俊浩・松井みき子
「深溝松平藩の屋敷地の変遷と屋敷指図—深溝松平藩建築指図の復原的検討に基づく作図・表現技法に関する研究（1）—」日本建築学会計画系論文集六二九　平成二一年七月

山口俊浩・伊東龍一・後藤久太郎・斎藤英俊・吉田純一・松井みき子・木村充伸
「建築指図における劣化傾向と情報の損失—長崎県島原市本光寺所蔵の建築指図からの分析—」
日本建築学会大会学術講演梗概集、F-2　建築歴史・意匠、平成一八年、一三九頁～一四〇頁

山口俊浩・木村充伸・後藤久太郎・斎藤英俊・吉田純一・伊東龍一・松井みき子
「深溝松平家江戸上屋敷の沿革—深溝松平家江戸屋敷指図について（その1）—」
日本建築学会大会学術講演梗概集。F-2、建築歴史・意匠　二〇〇四年、二三一頁～二三二頁

木村充伸・伊東龍一・後藤久太郎・斎藤英俊・吉田純一・松井みき子・山口俊浩
「数寄屋橋上屋敷指図の作製時期―深溝松平家江戸屋敷指図について（その2）―」
日本建築学会大会学術講演梗概集。F-2、建築歴史・意匠　二〇〇四年、二二三頁～二二四頁

木村充伸・伊東龍一・後藤久太郎・斎藤英俊・吉田純一・松井みき子・山口俊浩
「数寄屋橋上屋敷指図にみる享保十七年における造営計画―深溝松平家江戸屋敷指図について（その3）―」
日本建築学会研究報告。九州支部。3、計画系（44）、二〇〇五年　六八一頁～六八四頁

木村充伸・伊東龍一・後藤久太郎・斎藤英俊・吉田純一・松井みき子・山口俊浩
「書絵図」と「貼絵図」の関係―深溝松平藩の建築指図に関する研究―」
日本建築学会大会学術講演梗概集。F-2、建築歴史・意匠　二〇〇五年、二二五頁～二二六頁

宮下香奈・木村充伸・伊東龍一・後藤久太郎・斎藤英俊・吉田純一・松井みき子・山口俊浩
「近世指図の編年指標としての彩色方法に関する研究―深溝松平藩数寄屋橋上屋敷指図に基づく検討―」
日本建築学会大会学術講演梗概集。F-2、建築歴史・意匠　二〇〇六年、一〇一頁～一〇二頁

木村充伸・伊東龍一・後藤久太郎・斎藤英俊・吉田純一・松井みき子・山口俊浩
「貼絵図の技法で作製された指図の再利用とそのとき用いられた作図技法―深溝松平藩の建築指図に関する研究（その2）―」
日本建築学会大会学術講演梗概集。F-2、建築歴史・意匠　二〇〇六年、一〇三頁～一〇四頁

木村充伸・伊東龍一・後藤久太郎・斎藤英俊・吉田純一・松井みき子・山口俊浩
「指図台紙に引かれた格子罫の表現内容―深溝松平藩の建築指図に関する研究（その3）―」
日本建築学会学術講演梗概集。F-2、建築歴史・意匠　二〇〇七年、一一五頁～一一六頁

江島智子・伊東龍一・後藤久太郎・斎藤英俊・吉田純一・松井みき子・山口俊浩
「日御碕神社所蔵建地割の作製年代・作製方法・表現内容に関する検討」
日本建築学会大会学術講演梗概集。F-2、建築歴史・意匠　二〇〇七年、一一七頁～一一八頁

木村充伸・伊東龍一・後藤久太郎・斎藤英俊・吉田純一・松井みき子・山口俊浩
「『数寄屋橋御上屋鋪画図』」の作製後の改変経緯―深溝松平藩の建築指図に関する研究（その4）―」
日本建築学会大会学術講演梗概集。F-2、建築歴史・意匠　二〇〇八年、五三頁～五四頁

小松至恩・伊東龍一・後藤久太郎・斎藤英俊・吉田純一・松井みき子・山口俊浩・大和智
「建地割の再検討による小浜城天守計画の変遷に関する研究」
日本建築学会東海支部研究報告集（四七）、二〇〇九年、六四九頁～六六五頁

後藤久太郎・伊東龍一
「出雲大社関係指図に描かれた社殿」（「出雲大社社殿等建造物調査報告」国立奈良文化財研究所編、大社町教育委員会　二〇〇三年）

吉野敏武『古典籍の装幀と造本』印刷学会出版部　二〇〇六年

櫛笥節男『宮内庁書陵部　書庫渉猟　―書写と装訂―』おうふう　二〇〇六年

吉田純一『城郭・侍屋敷古図集成　福井城・金沢城』至文堂　一九八七年

吉田純一ほか『越前若狭の大工と絵図、道具―平成十九年企画展図録』福井市立郷土歴史博物館　二〇〇七年

伊東龍一『城郭・侍屋敷古図集成　江戸城Ⅰ〈城郭〉』至文堂　一九八二年

主要参考文献

『古絵図特別展覧会図録』京都国立博物館　一九六九年

『古図に見る日本の建築』国立歴史民俗博物館　一九八九年

あとがき

あとがき

序論でも述べたように、本書は、全三巻で計画された『近世指図の総合的研究』の第三巻に当たる。執筆は、四度にわたる科学研究費の研究者及び研究協力者中の五名、および熊本大学大学院生によって行われた。以下にその名を列記する。

研究代表者・後藤久太郎、伊東龍一、研究分担者・斎藤英俊、伊東龍一、後藤久太郎、研究協力者・吉野敏武、山口俊浩、道具の運搬等、研究を助けてくれた調査・指図修補は、当時伊東研究室の大学院生であった木村充伸によって行われたが、既発表論文の引用や、文章の大幅な入れ替えなどを伊東と後藤の二名が行ったので、残念ながら簡単な執筆分担表を作ることができない。

しかしながら、吉野敏武は修補関係、山口俊浩は保存関係を主として執筆し、それ以外を後藤・伊東が執筆したこと、そして校正には、斎藤・吉田を含む研究組織の全員が当たったことは明記しておきたい。

したがって、文責は、後藤・伊東が大きいものの、クレジットは吉野・山口を含む執筆者の全員が保持している。

また、『中井家文書の研究　第一～一〇巻　内匠寮本図面篇一～一〇』の編者平井聖博士には、同書第一巻に書かれた論考の転載許可を頂いた。本光寺の御住職片山弘賢氏には調査や修補において多大な御協力を頂いた。ここに感謝の念を申し述べたい。

本光寺の前御住職の故片山秀賢氏には、研究の当初から御協力を頂くとともに激励を頂いてきた。御存命のうちに研究成果を御報告できなかったのが悔まれる。本書を墓前に捧げ、遅ればせながら謝意を表したい。
本書はあえて言えば、異色の研究書であり、指図修補のマニュアルでもある。
指図を所有する、図書館・博物館等の実務担当者に活用していただければ幸いである。

何か御疑問や御要望があれば、

「〒860-8555　熊本県熊本市黒髪二丁目三九番一号　熊本大学大学院自然科学研究科　伊東龍一」まで書面にてお問い合わせいただければ、出来るだけの対応をさせていただくが、即刻の対応は必ずしも出来ないので、御容赦いただきたい。
お問い合わせ等の内容により、研究者・研究協力者の中の誰かが対応をしますので、住所・電話番号か電子メールアドレスに、氏名・所属機関があればその機関名を明記して下さい。

最後に、本書によって、全国に多数残されている指図類の保存状態・公開点数が増加することを祈念している。

平成二二年一〇月五日

後藤　久太郎
伊東　龍一

別表　本光寺建築指図　修補記録一覧

破損状況	修補前写真	旧修補・変更	修補目安　必要日数人工 修補措置	修補後写真
0003　御在城割場御人数建場絵図　B 書　2128×1790 裏打ちによるシミが広範にあり，虫喰い少々，台紙料紙継目の浮き，台紙料紙継目全体に糊シミ，本紙と裏打紙の浮き多数，比較的安定している	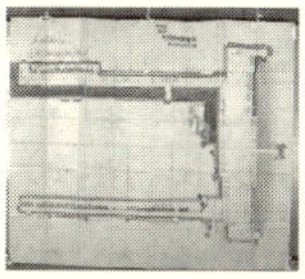	裏打有（全体に浮き有）	**未**	
0016　江戸渋谷之屋敷図（包紙）　E 貼 台紙料紙継目剥離（10分割），平面料紙の浮き・剥落，染み，虫喰			**済** 2001/11/22 各台紙料紙をアイロンによる皺伸ばし後に継直し，平面料紙の糊差し・貼戻し，虫損直し，貼位置不明の4紙片を別袋へ	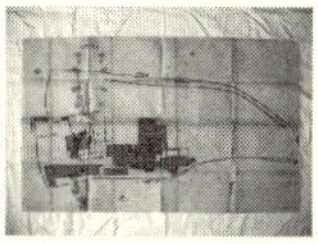
0019-1　（目黒御屋敷図）（下絵）　B 書　778×390 シミが多いものの安定している			**未**	
0019-3　（目黒御屋敷図）（清絵図）　B 書　798×387 シミ多数，虫喰い少々	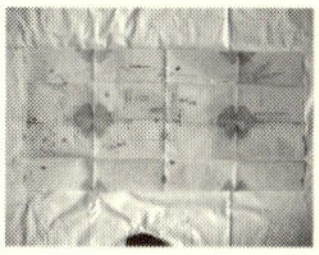		**未**	
0095　御上洛京町屋敷之絵図　B 書　箆　1寸計　71.0×37.0 虫喰い有り，シミ有り，料紙端部に折損，概ね良好	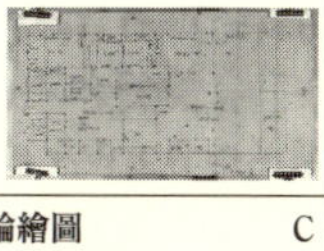	裏打ち有り，その後の虫喰いも多々あり	**未** 要虫損直し，折り戻し	
0098　下総国宇都宮城外曲輪繪圖　C 書　660×795 台紙料紙継目の浮き，虫喰やや多し，痛みは大きいが緊急性は低い	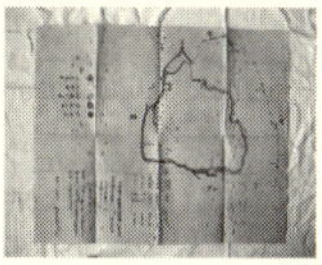		**未完** 2001/11/19 要台紙料紙の継直し，虫損直し	
0100　長崎御屋敷指図　E 貼　墨　1寸計　617×770 虫喰，平面料紙の浮き，台紙料紙継目の浮き，折損		料紙継目に充紙	**済** 2001/11/20 台紙料紙の継直し，平面料紙へ糊差し・貼直し，貼位置不明の紙片を別袋へ	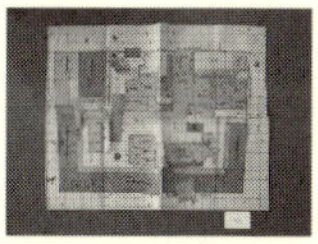

破損状況	修補前写真	旧修補・変更	修補目安 修補措置	必要日数人工	修補後写真
0117　長崎御屋敷指図控 貼　墨　　1寸計 虫喰，台紙料紙継目の浮き，平面料紙の浮き・剥落多数，折損，染み	E 773×598 	一部虫損直し有，虫穴の一致が2通りあるために，上下台所部分（黄紙）の貼替え又は貼違え有り	**済** 2001/11/20 台紙料紙の継直し，平面料紙糊差し・貼直し，貼位置不明の紙片を別袋へ		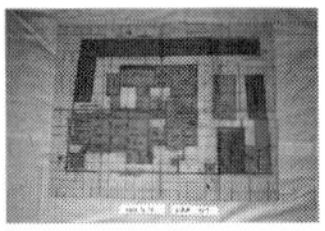
0121　立山長崎奉行屋鋪図 書 虫喰多数，シミ多数，折損甚大，台紙料紙継目の浮きと剥離	E 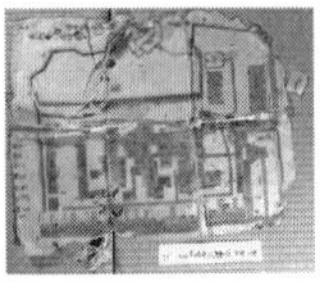		**未** 開陳困難につき，要修補		
0124　浅草中屋敷絵図 貼　箆　　6分計 虫喰多数，折損多数，平面料紙の浮き多数	E 1980×1721 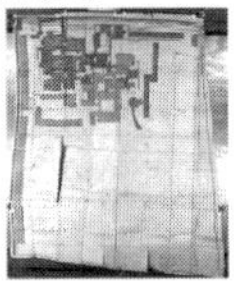		**未完** 2001/09/24 要台紙料紙継目および平面料紙への糊差し		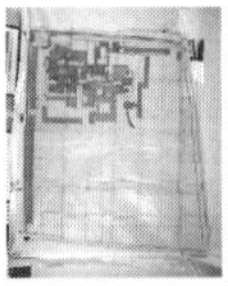
0125　京屋敷絵図 書　　1寸計 裏打ち有り，本紙－裏打紙の間剥ぎ，虫喰多数，裏打ち時の伸びなどにより，台紙料紙継目に狂い有り，ヘラ押しの過多による台紙料紙の破断	E 1475×1260 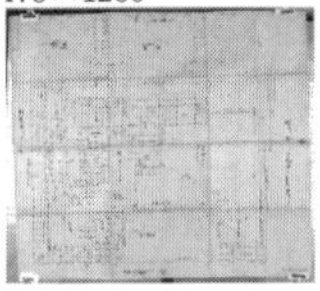	剥離した12枚の料紙を6枚ずつ荒く継直し→それぞれを裏打ち→1枚に継直しまた当初より，最下段の料紙3枚は上部3段（計9枚）が右勝ちで継がれているのに対し，左勝ちに継がれている。	**未完** 2001/11/21 料紙1紙ごとにアイロンで皺伸ばし，台紙料紙の継直し，虫損直し今回は全体的な罫の間隔や通りを考慮して，料紙を縦繋ぎした上で継直した，除去した裏打紙は別袋へ，台紙料紙の破断，虫喰い箇所へ補紙		
0126　京屋敷絵図 併　箆　　7分計 虫損，台紙料紙継目剥離，折損，平面料紙のズレ	E 924×837 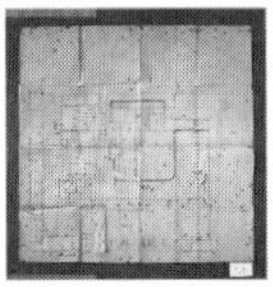	一部の平面料紙について貼位置がズレ有（2箇所で一致する虫穴・文字突合わせの状況から平面料紙を後世に移動したことがわかる，修補上のミスか故意の移動かは不明），料紙継目の一部に充紙有り，虫損直し一部有り	**済** 虫穴に合わせて平面料紙のズレを修正・糊差し，台紙料紙継目へ糊差し		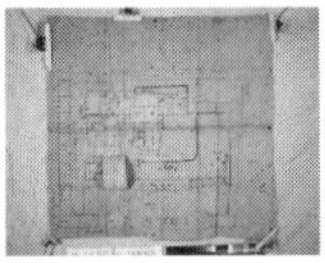
0227-3　立山御役屋鋪絵図 書 虫喰少々，折損少々	D 462×402 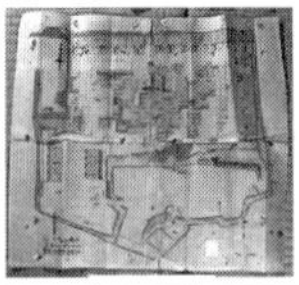		**未** 要修補	1人×半日	
1039　〔数寄屋橋御屋敷図〕 併　墨　　4分計 虫喰・折損が多数あるものの安定している	C 810×1335 		**未** 要皺伸ばし，虫損への補紙		

別表　本光寺建築指図　修補記録一覧

破損状況	修補前写真	旧修補・変更	修補目安　必要日数人工 修補措置	修補後写真
1041-①〔三田御屋敷図〕　E 貼　311×448 平面料紙の浮き・剥落，シミ			**済** 2001/11/20 平面料紙の貼直しと糊差し（判明したもののみ）	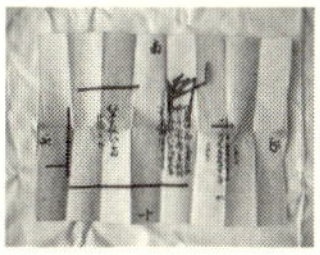
1041-②〔三田御屋敷図〕　A 書　269×391 概ね安定（但し包紙はシミと折損多数）	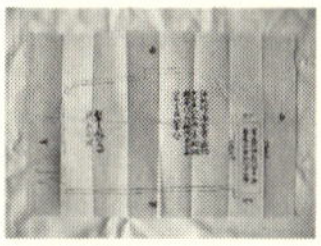		**不要**	
1151　長崎会所御武具蔵・御金蔵絵図　A 書　275×509 虫喰少々，折損少々，概ね安定	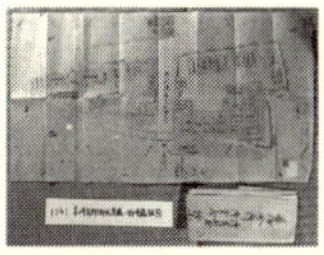		**不要**	
1154　上屋敷指図　E 貼　墨　8分計　2318×1672 料紙の剥離多数，虫喰いによる欠損甚大，開陳困難			**未**　5人×6日 2004/01/29 現状保持（薄様にて梱包）につき開陳禁止	
1155　上屋敷指図　A 貼　篦　8分計　1693×2160 虫喰少々，折損多数，糊シミ多数	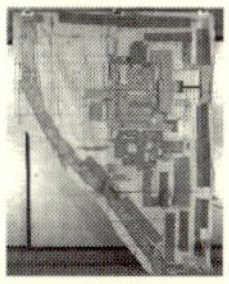		**不要** 2001/9/6－9 貼位置不明の紙片を別袋へ	
1159　数寄屋橋御上屋敷惣御絵図　B 貼　墨　8分計　1738×2390.5 台紙料紙継目の浮き，平面料紙の浮き，虫喰やや多し	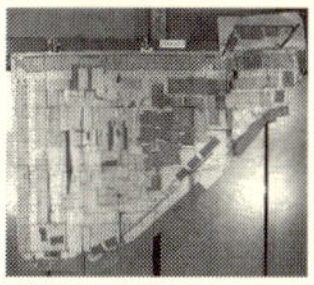		**未完** 2001/9/7 一部糊差し済，貼位置不明の紙片を別袋へ	
1364　高田会所絵図　A 書　1.5分計　935×484 虫喰少々	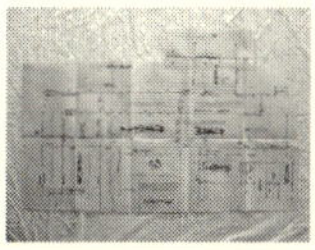		**不要**	

破損状況	修補前写真	旧修補・変更	修補目安　必要日数人工 修補措置	修補後写真
1365　〔高田大庄屋源助所絵図〕 書 虫喰少々，シミ少々，付箋の剥落1片，断片2片（1364or 1365か）	A 788×680 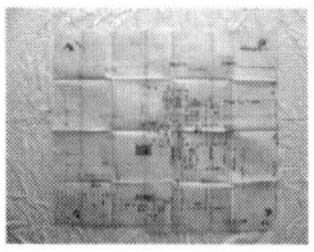		**不要** 貼位置不明の付箋1片を紙面端部に仮貼り	
1701　〔江戸数寄屋橋御屋敷図〕 貼　墨　　1寸計 虫喰多，台紙料紙継目剥離，平面料紙浮き・剥離・剥落（紛失多数）	E 2068×2870 		**未完**　　2人×3日 2004/01/29 台紙料紙継目の補正・糊差し，平面料紙の貼直しと糊差し（不明箇所有り），要虫損部への紙当てにつき開陳禁止	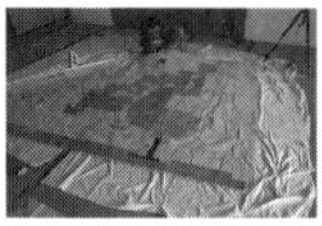
1868　〔島原城指図〕 書 一部にシミ，色移り，袖との取合いで料紙端部に折損	A 1348×600 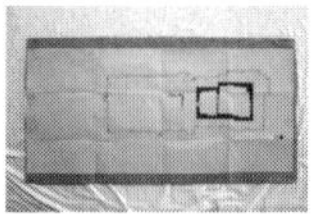	裏打有り，袖と天地を着け，軸装風の装訂（巻いた形跡はない）	**不要**	
1872　奥慶園絵図 貼 料紙平面料紙剥離多数	E 		未　　　5人×12日 2001/11/21，2004/01/29 現状保持（薄様にて梱包），開陳禁止	
1873-① 表御門絵図 書 台紙料紙継目剥離・糊染み・狂い，虫喰少々	E 760×1517 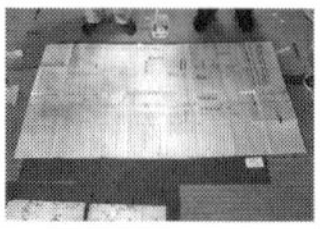		**済** 2001/11/21 台紙料紙継目へ糊差しおよび一部継直し	
1873-② 西御門絵図 書 台紙料紙継目剥離，虫喰少々	E 610×894	料紙の継直しが認められるが，ズレや狂いが生じている	**済** 2001/11/21 料紙を解体し，アイロンによる皺伸ばしの後に継直し	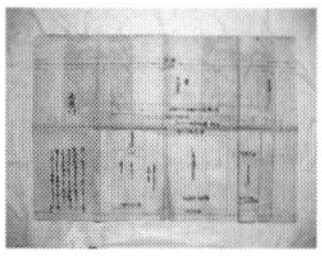
1873-③ 東裏御門〔之図〕 書 虫喰，台紙料紙継目剥離，折損	E 750×580	本紙損傷部分の広範にわたって厚葉の裏充て有り	**済** 2001/11/21 裏充て紙のうち不要部分の除去，必要部分についても間剥ぎを行い，薄様の裏充てとした，また別紙薄様にて損傷部分の補強，アイロンにて料紙全体の皺伸ばし，台紙料紙継目に糊差し	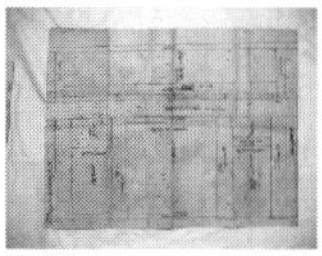

別表　本光寺建築指図　修補記録一覧

破損状況	修補前写真	旧修補・変更	修補目安 修補措置	必要日数人工	修補後写真
1874–① 西ノ丸御浜屋敷〔之図〕 A 書　400×265 虫喰少々	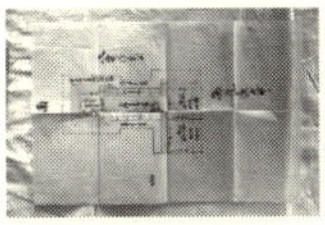		**不要**		
1874–② 西ノ御丸浜御殿藤見之御茶屋〔之図〕 A 書　400×265 良好			**不要**		
1875　数寄屋橋御上屋敷絵図 A 貼　箆　7分計　1620×2140 折損多数，虫喰少々，シミ少々，一部に平面料紙の浮き，袋の折損と浮き甚大			**不要** 袋の取扱いは要注意		
1876　御屋敷指図 E 貼　3384×2615 平面料紙浮き・剥落多数，虫喰多数，台紙の一部欠損，台紙継目と平面料紙の箇所に糊シミ多数，折損多数			**済** 2001/11/21 1914と1910の一部を加えて修補，貼位置不明の３紙片は紙面端部に仮貼り		
1877　〔数寄屋橋御上屋鋪画図〕 E 貼　箆　8分計　1692×2310 虫喰多数，折損多数	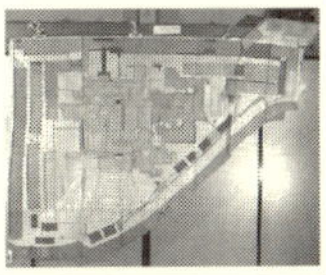		**未完** 2001/11/22，2004/01/29 平面料紙の貼直しと糊差し，台紙料紙継目の補正・糊差し，台紙料紙の一部を1913へ移動，貼位置不明の紙片は別袋および紙面端部へ仮貼り，要虫損部への紙当てにつき開陳禁止	5人×１日	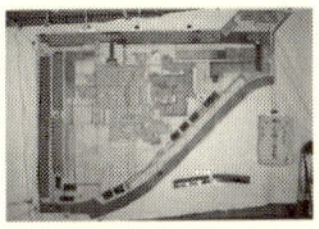
1878–①〔数寄屋橋御屋敷奥向絵図〕 E 貼　墨　8分計　953×1067 虫喰による小欠損多数，平面料紙の浮き，台紙料紙継目の浮き	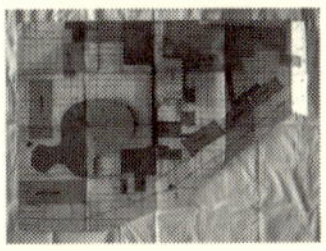		**済** 2002/12 一部に糊差し		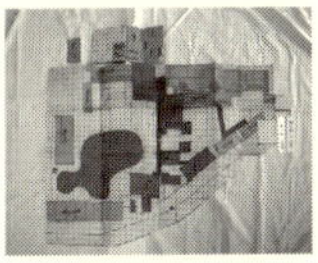
1878–②〔数寄屋橋御屋敷修築指図〕 C 書　1寸計(程度)　974×803 虫喰による小欠損多数，掛紙の折損，平面料紙の浮き，黴・シミ有，台紙料紙継目の浮き	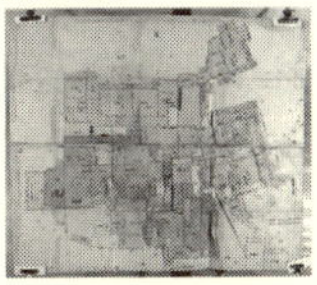		**未完** 一部に糊差し		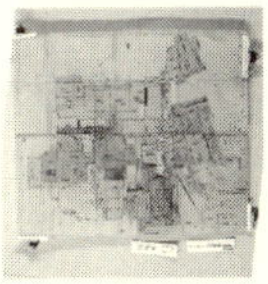

破損状況	修補前写真	旧修補・変更	修補目安 修補措置	必要日数人工	修補後写真
1880　長崎屋敷図　C 貼　1寸計　602×770 虫喰甚大，折損，台紙継目浮き	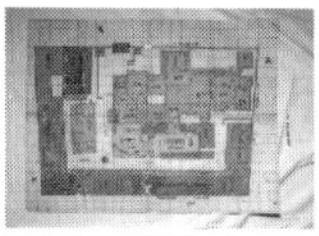	裏面に虫損直し，料紙継目が不完全のまま平面料紙に糊差し有	**未完** 台紙料紙継目へ糊差し，一部平面料紙の貼直し，平面料紙へ糊差し，要虫損直し		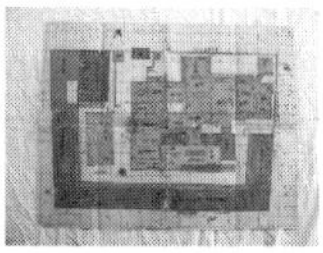
1881-① 大坂蔵屋敷新絵図ひかへ　E 貼　墨　1寸計　885×1150 虫喰，台紙料紙継目剥離，平面料紙剥離・剥落，折損，端部の破損，汚れ	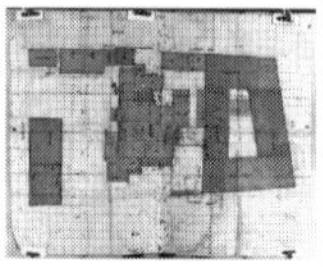		**済** 2001/11/20 平面料紙の貼直しと糊差し（不明箇所有り），台紙料紙継目の補正・糊差し		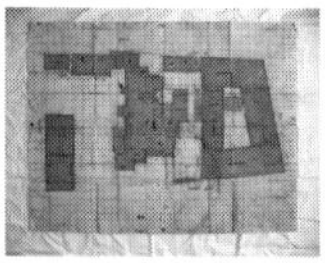
1881-②〔大坂蔵屋敷図〕　E 貼　墨　1寸計　785×1280 虫喰多，台紙料紙継目剥離，掛紙折損，平面料紙剥離・剥落	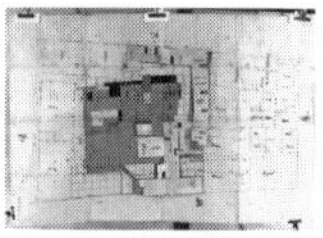		**未完** 2001/11/19，2004/01/29 平面料紙の貼直しと糊差し（不明箇所有り），台紙料紙継目の補正・糊差し，貼り位置不明の紙片は別袋へ，修補作業不十分につき閲覧禁止	5人×3日	
1881-③〔大坂蔵屋敷絵図〕　E 貼　箆　1寸計　993×1285 虫喰，台紙料紙継目剥離，平面料紙剥離，染み	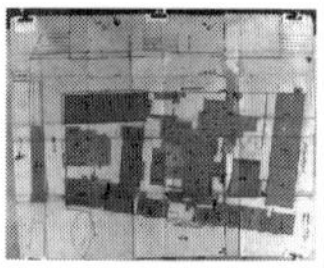		**済** 2001/11/20 平面料紙の貼直しと糊差し（不明箇所有り），台紙料紙継目の補正・糊差し		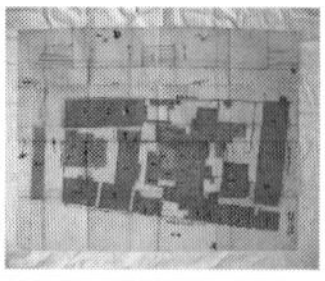
1881-④〔大坂蔵屋敷図〕　E 貼　墨　1寸6分計　1005×1310 虫喰，台紙料紙継目剥離，平面料紙剥離・剥落，折損甚大，汚れ甚大，掛紙折損，シミ多数，台紙の脆弱化	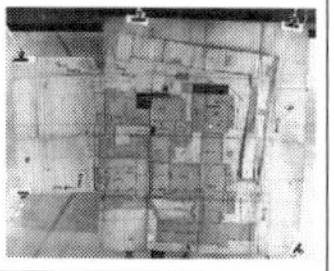	虫損直し，平面料紙貼直し（ズレ大），貼直し後の加筆・虫喰有り，畳方の変更	**未** 2001/11/20，2004/01/29 平面料紙の貼直しと糊差し（不明箇所有り），台紙料紙継目の補正・糊差し，修補作業不十分につき開陳禁止	5人×3日	
1882　〔数寄屋橋御屋敷絵図〕　E 併　4分計(程度)　1173×1458 虫喰多数，折損多数，台紙料紙継目浮き，平面料紙浮き・剥落・欠損	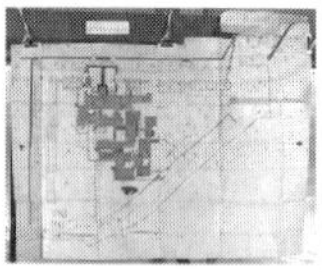		**済** 2001/11/19 台紙料紙継目へ糊差し，平面料紙へ糊差し（平面料紙下に文字がある場合は一部のみに糊付），貼り位置不明の平面料紙は別袋へ		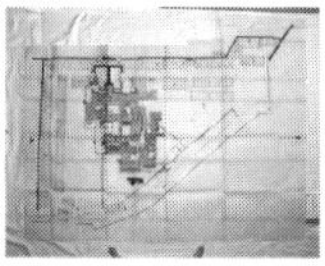
1884　妙寿寺絵図　E 書　1030×850 台紙料紙継目剥離，虫喰甚大		皺伸ばしが不完全な状態での料紙継直し	**未完** 2001/11/22 台紙料紙継目の補正・継直し，要虫損直し		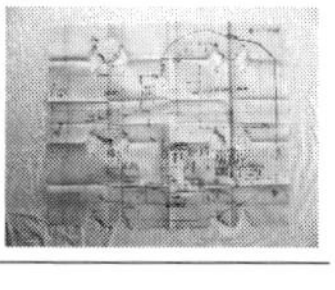

別表　本光寺建築指図　修補記録一覧

破損状況	修補前写真	旧修補・変更	修補目安 修補措置	必要日数人工	修補後写真
1885　**奥慶園御住居替新建御家差図** 貼　墨　　1寸計　　1160×1370 虫喰多数，平面料紙の浮き・剥落	E		**未** 2004/01/29 貼り位置不明の平面料紙は別袋へ，現状保持につき開陳禁止	5人×1日	
1886　**奥慶園（之図）** 貼　墨　　1寸計 台紙料紙継目の浮き，平面料紙の浮き・剥落	E		**未完** 2001/11/20，2004/01/29 台紙料紙継目の補正・糊差し，平面料紙へ糊差し，貼り位置不明の平面料紙は別袋へ，現状保持につき開陳禁止	5人×3日	
1891　**光園寺絵図** 書　　　　1160×930 台紙料紙継目の浮きと変色多数，虫喰少々	D 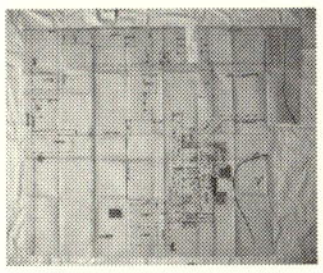	料紙継直しの際，全体的にズレが生じた	**未** 2001/11/20 要再考（部分的継直し or 全継直し）		
M1901-①〔**某屋敷指図**〕 貼　墨　　1分計　　3300×1860 台紙料紙と平面料紙の剥離過大，開陳困難	E		**未** 2001/11/22,2004/01/29 未作業につき開陳禁止	5人×6日	
M1901-② 貼　墨　　1分計 料紙と平面料紙の剥離過大，虫喰甚大，折損甚大，開陳困難	E 		**未** 2001/11/22，2004/01/29 未作業につき開陳禁止	5人×6日	
M1902-1 貼　墨　　8分計 虫喰・損傷甚大，開陳困難	E 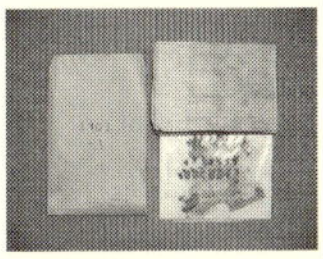		**済** 2002/12/9 開示した断片を台紙に添付，詳細別掲		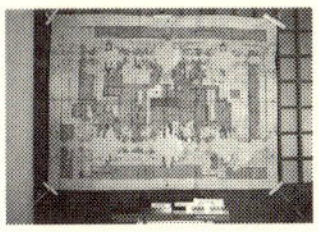
M1902-2 書 虫喰・損傷甚大，開陳困難	E 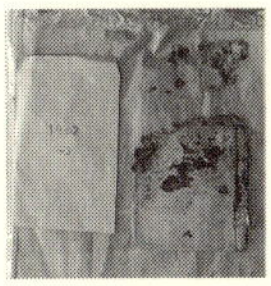		**済** 2002/12/9 開示した断片を台紙に添付，詳細別掲		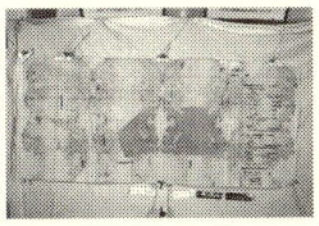

破損状況	修補前写真	旧修補・変更	修補目安 修補措置	必要日数人工	修補後写真
M1902-3 貼　墨　　8分計 虫喰・損傷甚大，開陳困難	E 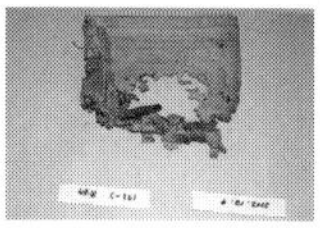		済 2002/12/9 開示した断片を台紙に添付，詳細別掲		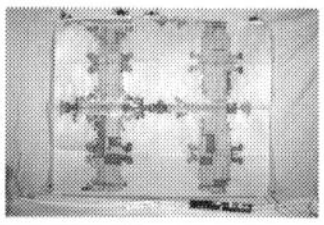
M1902-4 貼　墨　　8分計 虫喰・損傷甚大，開陳困難	E 		未 2001/11/19，2004/01/29 現状保持につき開陳禁止	5人×12日	
M1903 〔江戸御屋敷指図断簡〕 併　　3分計(程度)　606×550 断簡状態，平面料紙の剥離	E 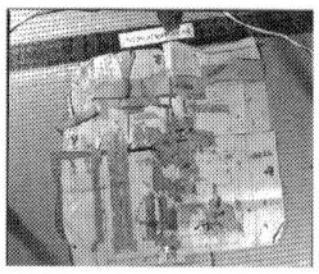		済 2001/9/8 台紙料紙継目への糊差し，平面料紙への糊差し，貼位置不明の平面料紙は紙面端部へ仮貼り，要虫損直し，皺伸ばし		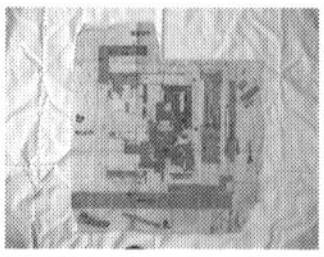
1903M　某廓図 貼　　5分計　　1280×794 折損多数，平面料紙の浮き，裏打紙と本紙間の浮き，虫喰少々，シミ大，裏打紙や補紙による影響大	E 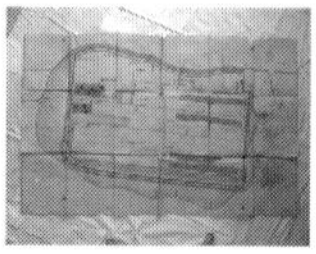	裏打有り	未		
M1905 〔御屋敷指図〕 貼　　1分計 虫喰による損傷甚大	E 		未 2001/11/19，2004/01/29 現状維持（薄様にて梱包），開陳禁止	5人×12日	
M1907 〔数寄屋橋御上屋敷指図断簡〕 貼　墨　　6分計　　696×1084 台紙料紙上部欠損，平面料紙の浮きと剥落	E 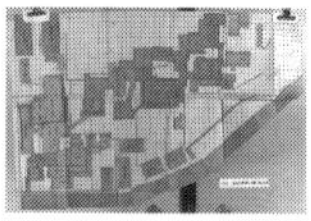		未完 平面料紙への一部糊差し，貼位置不明の平面料紙は別袋へ		
M1908 〔数寄屋橋御上屋敷指図〕 貼　墨　　8分計　1583×2168 台紙料紙継目剥離，平面料紙剥離・剥落（特に訂正個所の小片が顕著），付箋の剥離・剥落，折損（特に折り目や端部），虫喰少々	E 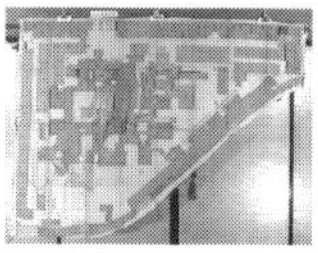	料紙継直し，平面料紙の貼直し・訂正多数	済 2001/11/23 アイロンによる皺伸ばし，平面料紙へ糊差し・貼直し（不明個所有り），台紙料紙継目へ部分的糊差し・継直し		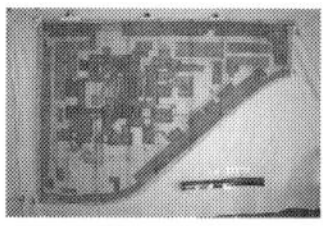

別表　本光寺建築指図　修補記録一覧

破損状況	修補前写真	旧修補・変更	修補目安 修補措置	必要日数人工	修補後写真
M1910　〔屋敷指図断簡〕 貼 断簡同士に関連性が見られないので，異なった指図と推測される，台紙料紙の剥離，平面料紙の剥離多数	E 		**未** 2001/9/6 剥離した平面料紙は別袋へ，開陳禁止	3人×3日	
M1911　〔屋敷指図断簡〕 貼 分離した台紙の集合	E 		**未完** 2000，2001 断簡組み合わせて復原，中央の欠損箇所は1914Bであることが判明，いまだなお断簡残り別袋へ		
M1913　〔御屋敷指図〕 貼　墨　　8分計　　1460×1620 平面料紙の浮き，虫喰いによる欠損多数	E 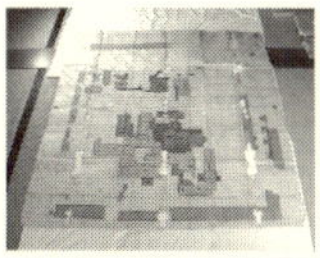	平面料紙の多くは一度台紙から剥がれ，貼直した可能性有り	**未** 2001/11/20，2004/01/29 一部虫喰いによる欠損部へ当紙，1877の一部を移動，修補作業不十分につき開陳禁止	5人×3日	
M1914　〔御屋敷指図断簡〕 貼 分離した台紙の集合（A1-21，B1-5，C1に大別可能）	E 		**未** B1-5は1911へ拠出		
M1915　〔御屋敷指図〕 書　箟　　10分計　　720×480 虫喰，台紙料紙継目剥離，折損	E 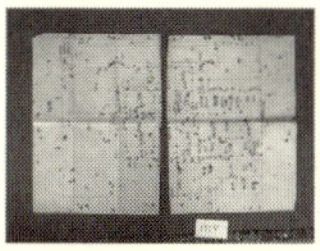		**済** 2001/11/21 アイロンによる皺伸ばし，台紙料紙継目へ糊差し，一部虫損直し		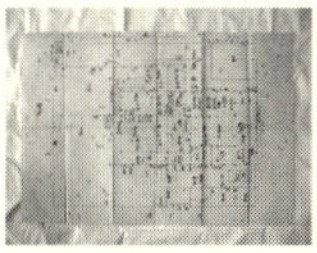
M1916　松之間上段絵図 貼　　402×594 虫喰多数（袋は特に甚大），折損有り，シミ有り，平面料紙の浮多数	C 	虫損箇所に補紙有り	**未完** 2001/9/8 平面料紙に糊差し，要虫損直し		
M1919　〔御屋敷指図断簡〕	E		**済** 継直し，虫損直し，1352，1353を合わせて復元		

破損状況	修補前写真	旧修補・変更	修補目安 修補措置	必要日数人工	修補後写真
1920　〔島原小役人屋敷・足軽屋敷配置図〕 書 シミやや多し，虫喰有り，折損有り	C 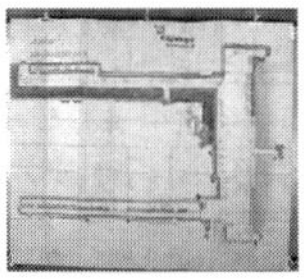		未		
M1921　〔御屋敷図指図断簡〕 貼 台紙の分離，平面料紙の剥離，折損甚大，虫喰甚大，シミ多数	E × 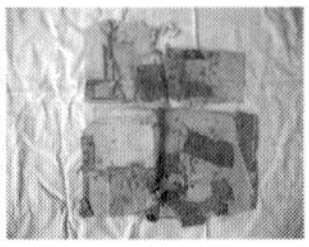		未	2人×2日	
1922　〔北有馬村願心寺間取図〕 書　箆 虫喰甚大，折損多数，台紙継目の浮きと剥離，シミ多数	E 740×616 		未		
1925　〔口ノ津村玉峯寺境内図〕 書　箆　　1分計 虫喰多数，シミ多数，シミによる破損	D 624×758 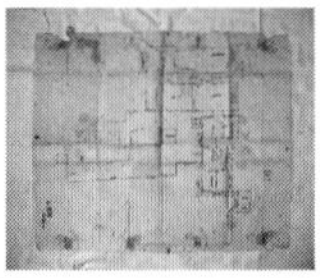	台紙継目に張直しの形跡有り	未 要虫損直し	1人×半日	
1926　〔山田村庄屋長兵衛屋敷図〕 書　箆　　1分計 虫喰多数，シミ少々	B 503×758 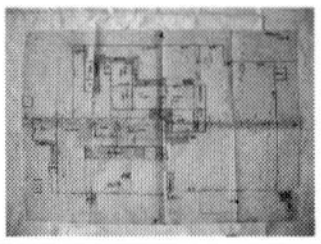	台紙継目に張直しの形跡有り	未 要虫損直し	1人×半日	

別表　本光寺建築指図　修補記録一覧

劣化調査が行えなかった建築指図

127	**高田組頭源右衛門所絵図**		
箆		1寸1分計	940×555
806	**某城之図**		
箆		1寸5分計	865×1090
835	**聖堂之図**		
			785×895
1896	**豊後国高田御陣屋并六軒丁建前図**		
M1909	**三之丸絵図**		
M1924	**〔某屋敷間取図〕**		
		1寸計	745×460

近世建築指図の総合的研究〔第三巻〕
建築指図の修補技法に関する研究

平成二十三年二月 十五 日印刷
平成二十三年二月二十八日発行 ©

著作権代表者 後藤久太郎
発行者 小菅勉
印刷製本 藤原印刷株式会社
用紙 王子製紙株式会社

中央公論美術出版
東京都中央区京橋二―八―七
電話 〇三―三五六一―五九九三

製函 株式会社加藤製函所

ISBN978-4-8055-0650-9